현대사회와 여성

Woman of Modern Society

현대사회와 여성

Woman in Modern Society

김태현 · 이문숙 지음

(주)교 문 사

머·리·말

급속한 산업화와 정보화를 경험한 한국사회는 정치 · 경제 · 교육 · 문화 · 가족 등 다방면에서 많은 변화를 경험하였다. 급속한 사회변화는 특히 개인의 삶에 영향을 끼쳤으며, 남녀의 관계 · 가족구조와 관계 · 사회영역 등에서 질적인 변화를 겪어냈다.

이러한 변화 속에서 오랫동안 억눌려 왔던 여성들의 삶이 21세기에는 조금은 다른 방식으로 엮어지리라는 기대와 희망을 가졌던 것이 사실이다. 흔히 21세기의 정보화 사회는 산업화 사회에 비해 여성의 섬세함 · 부드러움 · 감성이 더 빛을 발하여 여성에게 분홍빛 사회를 가져다줄 것이라고 기대하기도 했다. 그러나 분홍빛으로 채색된 여성의 희망이 회색빛으로 변하여 또 다시 좌절할 수도 있을 것이다. 이를 극복하기 위해서는 동시대의 여성의 삶을 제대로 분석하고 해석해야 할 필요성으로 인하여 본 서를 출간하게 되었다.

본 서는 3부로 구성되어 있다. 1부 「현대사회와 여성의 삶」에서는 한국사회와 여성 그리고 여성문제를 보는 시각을 기술하고 있다. 자본주의가 발달하고 산업화된 한국사회에서의 여성문제를 다루면서, 계급별로 여성문제가 어떤 양상으로 나타나는가를 분석하였고, 21세기 여성의 새로운 삶을 위한 과제를 제시하였다. 또한 여성문제를 보는 시각으로 기존의 이론에서부터 포스트모던 여성이론과 에코 여성주의 이론까지 살펴보았다.

2부 「사적영역에서의 여성의 삶」에서는 여성과 가족, 여성과 일, 여성과 성(性), 여성과 문화를 다루고 있다. 가족구조 · 형태 · 관계 등의 변화 속에서 여성의 지위와 역할을 밝히고 여성의 가사노동의 가치를 재평가하며, 평등한 성을 기본으로 하는 경제활동의 참여를 위한 제언을 하고 있다. 또한 성차의 이해, 성의 상품화, 여성범죄 및 성폭력 등 여성과 성(性)을 다루었고, 여성과 문화를 이해하기 위하여 성별 분리적 생활체계, 여성의 문화현실, 문화활동 활성화 방안을 분석하여 바람직한 여성문화를 위한 요건을 제시하고자 하였다.

한편, 3부 「공적영역에서의 여성의 삶」 에서는 여성과 정책, 여성관련법, 여성과 정치, 여성과 사회운동, 여성과 통일운동을 다루고 있다. 사회변화에 따른 여성정책의 강조점과 변화를 살펴보았고, 가족관련법 · 노동관련법 · 인권관련법 등 여성관련법을 기술하면서 진정한 의미에서의 '법 앞에서의 양성평등'의 의미를 도출해 내고자 하였다. 또한 여성과 정치의 관계를 심층적으로 밝히고, 여성의 정치세력화를 위한 과제를 제시하였으며, 여성의 사회운동의 방향을 제시하고자 하였고, 여성이 통일문제에 어떤 방식으로, 어떻게 기여해야 하는가를 생각하도록 하였다.

본 서를 출간함에 있어 가족 · 후배 · 동료들의 격려가 큰 힘이 되었음에 감사함을 전한다. 또한 서울사이버대학교와 성신여자대학교에서 강의에 참석한 학생들에게도 감사한 마음을 전하고 싶다. 그들의 질문 하나하나가 주제가 되어 결과물을 산출할 수 있었다. 무엇보다도 어려운 여건에도 불구하고 본 서의 출판을 쾌히 수락해주신 (주)교문사 류제동 사장님과 매번의 늦은 원고에도 인내심을 갖고 참아주시면서 출판과정을 꼼꼼히 챙겨 준 편집부 직원분들, 준비작업의 과정에서 도움을 주었던 김난숙, 노성미 선생님에게도 감사의 마음을 전한다.

2011년 5월

김태현 · 이문숙

차례 Contents

Part 3 공적영역에서의 여성의 삶

PART 01 현대사회와 여성의 삶

01 Chapter

현대 한국사회와 여성

자본주의사회에서 여성은 한편으로는 자유로운 노동자로서의 위치를 획득하였으면서도 다른 한편으로는 가사의 전담자로서 가정에 묶이는 모순된 위치에 놓이게 되었다. 따라서 여성노동의 사회화는 전면적으로 이루어질 수 없었으며, 생산노동에 참여하는 것이 곧바로 지위향상으로 연결되지도 않았다. 오히려 대다수 여성노동자들은 생산노동과 노동력 재생산 노동을 동시에 부담하게 됨으로써 이중 노동에 시달리게 되었다.

1. 자본주의의 발달과 산업화

자본주의사회는 본질적으로 상품경제가 전 사회를 지배하는 사회로 모든 생산물이 상품으로 생산되고 교환된다. 따라서 자본주의사회에서는 인간의 노동 자체도 상품화하여 자본과 임금 노동의 관계가 성립된다.

자본주의사회에서의 임금노동자는 봉건사회의 해체과정에서 생겨났다. 오랫동안 토지에 결박되어 봉건적인 예속관계에 얽매여 있던 농민들은 자본의 원시적 축적과정에서 농촌과 토지에서 쫓겨나게 되었다. 이렇게 농민들은 한편으로는 빈털터리가 되었으나 다른 한편으로는 봉건적인 예속관계에서 벗어나 신분이 자유로운 존재가 되었다. 결과적으로 농민들은 노동력을 팔아 생계를 유지할 수밖에 없었지만 스스로의 능력과 의사에 따라 자신의 노동력을 판매할 수 있는 '자유로운' 임금 노동자가 되었다.

한편 오랫동안 사회·경제적으로 남성에게 예속되어 독립적인 지위를 갖지 못했던 여성들에게도 새로운 전기가 마련되었다. 여성들에게도 노동 능력을 가진 노동자로서 자신의 의사에 의해 노동력을 거래·판매할 수 있는 자유로운 임금 노동자의 길이 열린 것이다. 여성들은 누구에게도 의존하지 않고 스스로의 힘으로 독립적인 사회·경제적 지위를 획득할 수 있게 되었다. 따라서 자본주의사회의 가족제도는 노예제나 봉건제 사회의 가족제도처럼 생산양식과 결합된 사회조직으로서의 가부장적 가족제도와는 질적인 차별성을 갖게 되었다. 상품화된 개인의 노동력을 사고파는 사회에서 가부장을 중심으로 한 생산공동체로서 가족은 급격히 해체되었고, 부양자로서 가부장의 위상과 권한은 약화될 수밖에 없었다.

다른 한편 자본주의의 발달은 성에 따른 역할 규정과 분업을 강화하여 여성들이 독자적으로 사회·경제적인 지위를 획득하는데 장애가 되었다. 생산의 분화와 집중은 가정에서 생산을 분리시켜 가정은 단지 소비의 단위로만 남게 되었다. 결국 여성은 생산노동에서 분리되어 가사노동만 담당하게 되었다. 여성이 가사를 전담하고 남성이 사회적 생산을 담당하는 성별분업은 자본주의 초기에는 주로 신흥 자본가 계급에서 이루어졌고, 자본주의가 발달하면서 중간층까지 확대되었다. 이제 자본주의사회에서 여성은 가사의 전담자, 남성은 사회적 생산의 전담자란 성별분업이 고정되기 시작하였다.

결국 자본주의사회에서 여성은 한편으로는 자유로운 노동자로서의 위치를 획득하였으면서도 다른 한편으로는 가사의 전담자로서 가정에 묶이는 모순된 위치에 놓이게 되었다. 따라서 여성노동의 사회화는 전면적으로 이루어질 수 없었으며, 생산노동에 참여하는 것이 곧바로 지위향상으로 연결되지도 않았다. 오히려 대다수 여성노동자들은 생산노동과 노동력 재생산 노동을 동시에 부담하게 됨으로써 이중 노동에 시달리게 되었다. 여성들이 이와 같은 상황에 놓이게 된 것은 자본주의의 속성 즉 자본의 지배원리에 기인한다.

자본주의사회는 자본의 이윤추구를 기본원리로 하는 사회이기 때문에 자본가는 가능한 한 이윤의 원천적 잉여가치를 최대한으로 증대시키고자 한다. 잉여가치는 생산수단과 결합된 노동자의 구체적인 노동을 통해 발생한다. 따라서 생산수단을 소유한 자본가는 노동자를 고용하여 생산활동을 하게하며, 이것을 통해 이윤추구를 극대화하려 한다.
임금형태로 지불되는 인간의 노동력은 살아있는 인간의 능력만으로 존재하며, 노동자의 삶과 분리될 수 없다. 따라서 노동력 재생산은 노동자 자신의 일상적인 생활유지로 요약된다. 또한 자본가에게 노동자의 노동력은 세대를 통해서도 지속적으로 공급되어야 하는 상품이다. 따라서 임금은 노동자와 노동자 가족의 평균적인 육체·사회·문화적 요구를 충족시킬 수 있는 생활비와 노동자를 훈련시키는데 필요한 비용에 의해 결정된다.

이러한 임금결정 요인에 의해 노동력 재생산 비용은 원칙적으로 노동자의 노동력을 구입한 자본가가 부담하도록 되어 있다. 그러나 자본주의사회에서 노동력 재생산 운동은 각 개별 가정에서 무보수로 여성이 전담하고 있다. 즉 자본가는 노동력 재생산 비용을 가능한 한 최소화하고 남녀 노동자들을 저임금으로 묶어두기 위해, 남성의 우월성과 여성의 열등성에 대한 규정, 성별분업의 원리를 바탕으로 한 가부장제 이데올로기를 이용한다.

특히 자본주의사회의 여성억압 이데올로기는 전 시대까지 유지되어 온 가부장제 이데올로기를 자본의 지배에 유리하게 변형·재편하여 보다 정교해졌으며 재생산 구조도 각종 대중매체와 교육제도를 통해 체계화되었다. 가부장제 이데올로기와 위계질서는 가부장제 가족제도의 물적 토대가 사라진 자본주의사회에서도 여전히 여성의 삶을 지배·억압하는 기제가 되는 것이다.

따라서 자본가는 가부장제 이데올로기를 효과적으로 이용하여 노동력 재생산 비용을 부담하지 않거나 일부만을 지급하고, 생산영역에서는 차별적 저임금으로 여성노동을 착취하여 이윤을 극대화하고자 한다. 자본주의사회의 여성문제는 가정과 사회의 두 영역에서 여성 노동과 자본의 관계를 살펴보면 명확해진다.

한국사회의 여성문제는 사유재산의 출현과 함께 등장한 가부장제의 성립과 자본주의의 발전에 따른 그것의 변화라는 보편성을 띠고 있다. 그러나 한국사회의 여성문제는 자본주의의 발전이라는 보편성에 의해 규정되면서도 다른 한편, 한국자본주의 발전의 특수성, 분단체제의 확립, 전통적 가부장제의 특성 등에 의해 규정되는 복합적인 문제이다. 한국사회는 자본주의사회이면서도 제국주의 국가의 지배하에 종속적으로 발전해 온 식민지 종속형 사회이며 오늘날에도 신 식민지적 지배하에 놓여 있다. 따라서 한국사회의 여성들은 자본주의와 가부장제의 보편적 모순에 의해 억압받고 있을 뿐만 아니라 제국주의적 착취와 남북분단이라는 특수한 모순에 의해 선진 자본주의사회의 여성들보다 더 극심한 억압과 착취를 겪고 있다.

한국사회는 구한 말 개항 때부터 자본주의적 발전을 경험한다. 일제의 침략으로 가속화된 자본주의적 발전은 제한된 수준에서나마 봉건제를 해체시키고 자급자족적인 생산의 단위인 가족을 상품이라는 노동력을 재생산하고 상품을 소비하는 단위로 변모시켰다. 이에 따라 많은 농민들이 토지로부터 유리되어 도시의 임노동자화 되었으며, 여성들도 전통적인 유교윤리의 엄격한 가부장제의 이데올로기에도 불구하고 가정 밖의 일을 찾아 나서야 했다. 해방 후 한국사회는 사회주의적 발전의 길과 종속적 자본주의로의 발전이라는 두 가지 선택 속에서 혁명세력이 정치투쟁에서 성공한 북한은 사회주의적 발전의 길로, 미국의 지원 하에 반혁명·반민족 세력이 정권을 수립하게 된 남한은 후자의 길을 밟게 되었다. 이후 북한에서는 여성의 사회적 생산에의 참여와 남녀평등권법의 실현이 조

표 1-1 | 여성노동력의 계층별 구성(1970~1990) (단위 : 천 명, %)

구 분	1960	1970	1980	1990
경제활동인구(여성)	2,562(100.0)	3,740(100.0)	4,518(100.0)	5,900(100.0)
자본가계급	1(0.0)	1(0.0)	2(0.0)	10(0.0)
신중간계급	24(0.9)	55(1.5)	131(2.9)	330(6.6)
비농자영업자층	271(10.6)	521(13.9)	759(16.8)	1,500(25.4)
농어민층	1,822(71.1)	2,202(58.9)	1,841(40.7)	1,600(27.1)
노동자계층	293(11.4)	855(22.9)	1,596(35.3)	2,390(40.5)
실업자	153(6.0)	105(2.8)	191(4.2)	70(1.2)

출처 : 고영복(1993), 현대사회문제, 사회문제연구소, 255.

표 1-2 | **산업별 여성근로자 구성비**

(단위 : 천 명, %)

구분 연도	여성 근로자	농림 어업	광업	제조업	전기가스 수도업	건설업	도·소매 숙박 및 음식점업	운수창고 통신업	금융 및 서비스업	교육 및 보건 서비스업
1980	100.0	0.1	0.3	75.6	0.2	1.8	8.1	4.0	4.9	5.0
1990	100.0	0.1	0.2	68.6	0.2	1.8	7.6	3.2	9.0	9.2
1995	100.0	0.2	0.2	53.1	0.2	3.5	11.2	3.9	15.1	12.6
2000	100.0	0.2	0.1	24.6	0.1	1.9	34.2	2.1	15.0	21.8
2002	100.0	0.2	0.0	21.6	0.1	1.8	36.4	2.3	15.5	22.1
2003	100.0	0.1	0.0	21.7	0.1	1.9	35.1	2.2	15.8	22.8
2004	100.0	0.1	0.0	21.2	0.1	1.9	34.1	2.3	16.3	24.0

출처 : 노동부, 사업체노동실태조사보고서, 사업체노동실태현황, 각 연도.

속히 실현된 반면, 남한에서는 해방 후 미군정기에 분출되었던 변혁지향적 여성운동의 요구들이 좌절되고 1970년대 말에 이르기까지 여성문제를 근본적으로 해결하려는 이론적·실천적 움직임들이 거의 존재하지 않았다. 한국에서 여성문제에 대한 논의가 본격적으로 이루어지고 전체사회의 변혁과 결합된 여성운동이 부활하는 데에는 1960년 이후의 급속한 산업화가 객관적인 조건으로 작용하였다.

1960년대 이후 한국사회의 변화 가운데 가장 두드러진 특징은 전체 계급구성에서 노동인구가 차지하는 비율이 현저히 늘어났다는 점이다. 1960~70년대의 산업화는 여성들을 광범위하게 사회적 생산의 영역으로 유입하였는데 이들 대부분은 여성노동자와 농·어민층으로 구성되어 있다.

여성취업자는 제조업의 경우 1980년 75.6%에서 2004년에는 21.2%로 높은 비율로 감소하고 있는 반면, 도·소매 숙박 및 음식점업의 경우 1980년의 8.1%에서 2004년 34.1%로 큰 폭으로 증가하고 있음을 알 수 있다. 또한 금융 및 서비스업과 교육 및 보건서비스업에서도 마찬가지의 상황이 전개되고 있다.

그러면 1960년대 이후 1990년대에 이르기까지 여성노동자들이 비약적으로 증가했던 이유는 무엇인가? 가장 큰 이유로는 자본이 여성노동자들에 대한 차별적 저임금으로 초과이윤을 획득할 수 있었다는 점이다. 한국사회의 경우 자본주의 발전의 일반적인 경향에 더하여 자본축적이 저임금, 저곡가정책을 기반으로 하였기 때문에 노동계급, 농·어민층 가족의 절대적인 빈곤이 불가피하였으며, 그들 가족구성원들은 아무리 열악한 조건일지라도 사회적 생산에 참여하지 않을 수 없게 되었다. 생산직 여성노동자의 대부분은 노동집약적인 섬유, 의류, 전자, 식료품 등의 제조업 부문에 집중되고 있었으며, 남성 임금의 절반의 수준에도 못 미치는 차별적 저임금과 장시간 노동에 시달렸다.

여기에서 더 나아가 한국의 종속적 자본축적은 여성노동을 근대적 산업부분으로 끌어들였을 뿐 아니라 비공식 부문에도 불완전 고용형태로 끌어들였다. 도시빈민층의 기혼여성들은 가족의 생계를 위해 막노동, 도시 중류층 가정의 가사노동, 노점상, 행상 등의 영세상업, 가내 부업 등 어떤 일이든 가리지 않고 뛰어 들었다. 이들은 노동의 비공식성과 주변성, 고용의 불안정성 때문에 장시간 노동과 저임금에도 불구하고 아무런 사회적 보호를 받지 못했다.

농업의 몰락으로 농어민 인구가 전반적으로 감소하고 그에 따라 경제활동 인구 가운데 여성 농어민의 비율은 1960년 71.1%에서 1985년 27.1%로 현저하게 줄어들고 있다. 그러나 농촌에 남겨진 여성들은 농촌가정의 주부로서 농업노동을 보조하는 정도가 아니라 농업생산의 핵심적인 담당자로서 농업생산의 전 과정을 떠맡아야 했다. 더욱이 토지규모의 영세성과 소규모 경영으로 인해 가족노동을 중심으로 생산이 이루어지기 때문에 고된 농업생산노동, 가사노동 등 부담이 가중되었다.

한국사회에서의 자본주의적 발전은 중간 제 계층의 전업주부들에게도 영향을 미쳤다. 경제적으로 안정된 중간계층의 주부들은 대개 고학력의 인텔리여성들로 전업주부를 희망해서라기보다는 적당한 직업을 갖지 못해 가정에 머무르는 경우가 대부분이다. 1960~70년대의 산업화는 저학력·저임금의 생산직 여성노동에 대한 수요를 증대시켰을 뿐, 인텔리 여성들의 취업기회는 제한하였다. 전문·관리·행정직 분야에 대한 여성의 진출이 어려워 이들 여성들은 다른 계급의 여성들에 비해 상대적으로 생활에 여유가 있었음에도 불구하고 고립된 가정 내에서 무료함과 소외감을 맛보는 상황에 처하게 되었다. 본 절에서는 한국사회의 변화과정에서 다양한 계층의 여성들이 겪는 문제들을 좀 더 상세히 살펴보기로 한다.

2. 한국사회의 계층별 여성문제

한 사회에서의 여성문제는 단순히 남성과의 대립·갈등의 문제가 아니라 계급불평등의 문제와 중첩되어 있다. 따라서 가부장적 모순이 경험되는 형태와 성차별의 정도는 계층에 따라 달라진다. 즉 여성이 경험하는 억압과 착취의 상황을 계층·계급별로 분석할 수 있을 때 비로소 여성문제 해결의 주체가 명확해 질 수 있을 것이다.

1) 부르조와 계급의 여성

부르조와 계급의 여성들은 가사서비스 종사자를 고용하여 가정 내에서의 재생산과 관련된 노동을 해결하기 때문에 가족관계에서 정서적 역할이 중요시된다. 이들은 부르조와 계급으로서 물질적·문화적으로 풍요로운 삶을 영위하지만 그것의 대부분은 남편이나 아버지의 배려 하에서만 가능하며 독자적인 재산권이 있는 것은 아니다. 따라서 이들은 여성문제의 해결에 있어서도 가부장적 성별분업 구조를 근본적으로 변혁하려 하기보다는 부르조와적 특권과 그들의 여성상은 고수하면서 독립적으로 재산권을 획득하려는 요구를 갖는다. 예를 들어 가족 내의 남성들과의 동등한 상속권이나 이혼 시 재산분할 청구권 등 법의 제정이나 수정을 요구하고 있다.

2) 중간 제 계층의 여성

중간 제 계층의 여성은 자신이 전문·행정·관리직에 종사하는 경우, 중간계급에 속하는 남편에 소속된 전업주부의 경우, 남편과 함께 자영업이나 소상품생산자로 종사하는 경우로 나누어 살펴볼 수 있다.

(1) 전문·행정·관리직에 종사하는 여성

이들은 전체 여성 가운데 소수의 선택된 집단이다. 이들은 대개 고등전문교육을 받은 여성들로 남성들과의 경쟁이나 차별관행을 뚫고 그들의 자리를 획득한 여성이다. 그러나 이들 역시 전문직종 가운데서도 지위와 임금이 낮은 하위직에 종사하고 있으며 가정주부와 직장인이라는 이중역할에서 벗어날 수 없다.

이들은 다른 계급에 비해 경제적 여유가 있기 때문에 가사노동이나 육아 등 가정 내에서의 재생산 역할을 가사서비스 종사자를 고용하여 해결하고 있다. 직상 내에서 이들은 같은 계급 내의 남성들과의 경쟁 속에서 기회 불균등을 절감하며 그로 인해 동료 남성들에 대해 대결의식과 적대감을 강하게 보이고 있는 것이 일반적이다. 이들은 가정과 직장에서 요구하는 이중역할이나 직장에서 겪는 성차별을 체제 자체의 근본적 변화를 통해 해결하려하기 보다는 개인적 노력을 통해 해결하려는 경향을 보인다. 또한 이들은 모든 면에서 자기 역할을 해내고 인정받으려는 수퍼우먼의 자아상(Super Woman Complex)에 집착하는 경향을 보인다.

(2) 중간계층 전업주부

중간계층 가정의 전업주부는 주부의 정서적 역할을 강조하는 자본주의사회에서 새로운 가부장제 이데올로기의 영향을 깊이 내면화하여 살고 있는 여성이다. 이들은 남편의 소득이 상대적으로 높아 상품화된 재생산 도구들을 활용하여 가사노동의 부담을 경감시킬 수 있으며 전업주부로서의 자신의 일에 대해 전문성과 세련미를 가꾸려고 노력하는 편이다. 그리고 남편에 대한 내조와 자녀를 양육하는 자신의 역할에 내해 창소성을 부여하려 하지만 남편과 자녀들은 실질적으로 주부의 내면적 배려를 그다지 원치 않는다. 더욱이 출산율의 저하는 중간계급 가정의 전업주부가 느끼는 가정생활의 고립감과 공허감을 더욱 심화시켰다고 할 수 있다. 이들은 자신들의 소외감을 해소하기 위해 재산증식이나 자녀교육에 과도하게 집착하기도 하고 자신의 높은 교육수준이나 대학에서의 전문교육의 경험을 바탕으로 전문직에 뛰어들려 하지만 기회는 거의 주어지지 않는다.

(3) 자영업 혹은 소상품생산자 주부

자영업이나 소상품생산자 가족의 주부는 주부이면서 남편과 함께 가족노동에 참여하기 때문에 중간계급의 전업주부에 비해 소외감이 덜하며 그들이 생산에서 차지하는 위치로 인해 가족 내에서 상대적으로 지위가 높고 부부관계에서도 불평등의 정도가 덜하다.

3) 노동계급의 여성

노동계급의 여성들은 미혼시절에는 자본에 의해 차별임금과 차별대우로 착취당하며 결혼 후에도 대부분 노동자가족을 형성하여 노동자가족의 기혼주부로 다시 자본주의적 생산관계에 편입된다. 가구주인 남성노동자의 저임금 때문에 가족의 생계를 위해 사회적 생산에 뛰어들지 않을 수 없기 때문이다. 그런데 기혼의 여성노동자들은 미혼에 비해 불완전 고용분야에 흡수되며 저임금과 장시간 노동에 가사노동의 부담까지 지게 된다. 2007년 통계청의 '생활시간조사'에 의하면 맞벌이 주부의 가사노동 시간은 하루에 3시간 28분으로 남편의 32분에 비해 6.5배 정도로 나타나고 있고, 2002~2007년의 일평균 근로시간은 여성이 8.3시간, 남성이 8.7시간으로 나타나고 있다.

노동계급의 여성들은 그들의 존재조건으로 인해 남성노동자들의 가부장적 허위의식에도 불구하고 동일계급의 남성들에 대해 대결의식보다는 동료의식을 강하게 느낀다. 이들에게는 노동자들의 전반적인 노동조건의 개선과 함께 여성에 대한 차별임금제 폐지, 제반 성차별 관행의 철폐, 양육의 사회화를 위한 탁아소 설치, 가사노동의 사회화, 평생노동을 보장해 주는 모성보호 등이 절실히 요구된다.

4) 빈민여성

빈민가족의 여성은 대개의 경우 가구주가 무직이거나 불완전 취업상태여서 취업의 필요성이 절실하지만 공식적인 산업부문에서 그들의 수요는 극히 제한적이다. 이들은 학력이 낮고 특별한 기술이 있는 것도 아니어서 건설업 분야의 막노동이나 도시의 중·상류 가정의 가사서비스 노동, 영세자영업자의 임시고용, 가내부업, 노점상, 행상 등 비공식 분야에서 일하고 있다. 특히 기혼의 취업여성들은 가사노동과 임노동의 이중 부담을 지고 있으며, 어린 자녀가 있는 경우 대부분 방치할 수밖에 없는 실정이다.

또한 이들은 공식적 산업부문에 취업해 있는 여성노동자들과 달리 조직결성이 어렵고 사회적 보호와 단체교섭의 영역 밖에 놓여 있다. 따라서 이들을 위해서는 산업예비군을 재생산해내는 자본주의 경제구조의 근본적인 재편과 함께 가사노동의 사회화가 절실히 요구된다.

5) 여성농민

한국의 종속적 산업화에 따른 농촌의 피폐화와 이농현상은 농업노동력의 여성화와 노령화를 가져왔다. 산업화 과정에서 이농인구의 대부분이 청·장년층이었기 때문에 농촌에 남아있는 미혼의 남성·여성은 찾아보기 어려웠다. 더욱이 소유경지의 규모가 1ha 미만이 전체농가의 60% 이상을 차지하고 있었기 때문에 농업생산은 전적으로 영세 소농가정의 가족노동력, 그 중 이동하지 않고 농촌에 남게 된 부부를 중심으로 이루어졌다. 따라서 1960년대 이전에는 밭매기, 음식장만 등 일부 농업노동에 농사 보조자로 참여하면서 가사노동을 주로 하였던 농촌가정의 주부들은 이양작업, 모내기, 김매기, 제초, 농약살포, 벼 베기에 이르기까지 농업노동의 전 과정에 참여하는 농업생산의 주체가 되었다.

또한 여성농민들은 과중한 농업생산 노동의 증가에도 불구하고 가사노동의 부담을 벗어나지 못했다. 1985년 현재 농번기의 경우 가사노동과 농업노동을 합하여 하루 평균 19시간에 이르는 노동에 시달리고 있다. 게다가 농촌가족에서 가사노동을 부부가 분담하는 정도는 거의 찾아볼 수 없는 정도이다. 더 나아가 농촌여성들은 다른 계급의 여성에 비해 전통 유교이데올로기의 영향으로 남성의 맹목적인 권위의식을 당연시하거나 남아선호경향 등 가부장적 의식에 강하게 사로잡혀 있다.

최근의 통계에 의하면(산업별/직업별 월평균 근로시간 수, 근로일 수, 일평균 근로 시간) 농림, 수렵 및 임업에서 여성의 일하는 시간이 남성과 거의 같거나 높게 나타나고 있음을 알 수 있다.

여성농민의 문제는 독점자본이 소농을 착취하는 자본축적 구조의 변혁과 국가의 농업정책의 획기적인 변화, 육아, 가사노동의 사회화를 통해 해결될 수 있을 것이다.

표 1-3 | 산업별/직업별 월평균 근로시간 수, 근로일 수, 일평균 근로 시간

연도	산업	월평균 근로자 수		월평균 근로일 수		월평균 근로시간 수	
2008	농림, 수렵업 및 임업	여성	남성	여성	남성	여성	남성
		179.7	175.5	22.1	21.7	8.1	8.1
연도	직업	월평균 근로자 수		월평균 근로일 수		월평균 근로시간 수	
2000	농업 및 어업숙련근로자	여성	남성	여성	남성	여성	남성
		191.2	201.3	24.6	25.5	7.8	7.9
2008	농업 및 어업숙련근로자	여성	남성	여성	남성	여성	남성
		188.0	192.3	23.3	23.2	8.1	8.3

출처 : 한국여성정책연구원(2010), 2009 한국의 성인지 통계, 경제활동.

3. 21세기 여성의 새로운 삶

1) 사회의 변화와 여성의 새로운 삶을 위한 과제

1960년대 이후 급속한 산업화와 도시화를 경험한 한국사회는 정치, 경제, 교육, 문화, 가족 등 다방면에서 많은 변화를 감내하였다. 급속한 사회변화는 특히 개인의 삶에 많은 영향을 끼쳤으며, 남녀의 관계, 가족구조와 관계, 사회영역 등에서 많은 변화를 겪어냈다.

한국사회의 변화 가운데 가장 중요한 과제는 단연 경제성장이었다. 정부주도의 강력한 경제성장 정책은 한편으로는 경제발전 논리를 중심으로 양적팽창에 치중함으로써 한국을 아시아의 신흥개발국 중 선두에 서게 함으로써 세계의 이목을 집중시켰으나, 다른 한편으로 권위주의적 정부의 형성과 비민주적 정치체제를 정당화하는 기제로 작용하였다. 그 결과, 경제적 부의 축적은 늘어났으나 각 부문 간의 균형 있는 발전을 동시에 기대하기 어려울 뿐만 아니라, 부정부패 등 파행적인 사회변화도 경험하게 된 것이다.

1995년 이후 비로소 일인당 국민소득 만불시대를 열면서 그 동안 외면해 왔던 복지문제가 김영삼 정부에 의해 언급되고 삶의 질의 향상과 관련된 정책들이 발표되기 시작하였다. 그러나 1997년 후반기부터 경제체제가 국제통화기금(IMF) 체제로 떨어지면서 삶의

질에 대한 관심은 자연히 퇴조하였으나 개인경제의 파국을 맞이한 수가 늘어남에 따라 공공부조에 대한 국민적 관심과 함께 제도의 정비가 뒤를 따랐다. 본 절에서는 앞에서 살펴본 한국사회의 변화 속에서 여성들이 어떻게 자신들의 삶의 방향을 정하고 나갈 수 있을 것인가에 대해 생각해 보고자 한다.

한 사회 내에서 여성의 지위를 개선시키기 위해서는 개개인의 노력이 중요하다는 것은 언급할 필요조차 없는 자명한 사실이다. 그러나 개개인의 노력만으로 후진적인 위치에 놓여있는 여성의 지위를 향상시키기에는 많은 문제를 가지고 있는 것 또한 사실이다. 즉 제도적인 차원에서의 뒷받침과 규제가 병행될 때 비로소 여성 개인의 노력이 결실을 맺을 수 있을 것이다. 그러므로 이 시점에서 어떠한 개선책이 요구되는지 부문별로 정리해 보고자 한다.

첫째, 경제적 측면에서는 여성에게 평등한 고용기회를 제공함과 동시에 고용 후에도 임금이나 승진에 있어서 여성이라는 이유만으로 차별받지 않고, 자신의 업무능력에 의해서 평가될 수 있는 기반이 제공되어야 한다. 고학력의 여성들이 늘어나고 있음에도 이들에게 제공되는 취업의 기회는 매우 한정적임을 인식하고 이들을 충원할 수 있는 방안이 마련되어야 한다. 여성들이 그들의 능력을 발휘할 수 없음은 여성 개개인의 손실을 넘어 국가의 인력손실이며 경제적 측면에서도 커다란 낭비임을 새삼 인지하여야 할 것이다.

또한 남녀고용평등법이 실시되고 있는 현 시점에서도 여성으로 하여금 자발적으로 일을 포기하게끔 만드는 우회적인 형식의 성차별은 철폐되어야 한다. 직장에서의 성차별을 철폐하고 여성을 한 사람의 동료로서 인정하고 그들의 능력과 업무내용을 중심으로 평가하지 않는 한, 직장에서의 성차별 해소는 기대하기 힘들다. 더불어 여성들을 위한 취업관련 교육과 훈련의 기회도 충분히 준비하여 이들의 잠재력을 키울 수 있는 적극적인 대안을 마련해야만 한다.

둘째, 제도적·법적 측면에서도 노력을 기울여야 한다. 여성이 한국사회에서 정당한 정치적 지위를 확보하기 위해서는 무엇보다도 양성 간의 분배정의가 실현될 필요가 있다. 남녀고용평등법과 여성발전기본법 등 평등을 내세우고 있는 법 조항의 내용들을 개인이나 단체가 어길 경우 처벌이나 불이익을 당하게 함으로써, 법의 실효성 확보에 치중하여야 할 것이다. 즉 법조항들을 지키게끔 하는 구체적인 방안들이 마련되어야 함을 의미하는 것이다. 다시 말하면 현행의 여성관련 법들이 효과적으로 활성화될 수 있는 방안들을 모색하고 제기해야 할 것이다.

셋째, 일상생활에서 쉽게 감지되고 있는 문화적 측면에서의 성불평등 감소를 위한 노력이 필요하다. 한국사회에서 여성권리의 신장을 위해서는 무엇보다도 각 개인의 투철한 노력이 선행되어야 한다. 그러나 각 개인의 산발적인 노력이 사회적으로 실효를 거두기는 쉽지 않다. 일상생활 속에서의 실천을 중심으로 여성의 힘이 집결될 때 비로소 여성의 권리향상을 위한 노력이 결실을 맺을 수 있다. 여성들의 생활 속에서의 실천이 시민의식의 개선과 사회운동과 연결되어 나타날 때 그 효과는 정점에 달할 수 있는 것이다.

21세기 한국여성의 새로운 삶의 방향은 앞서 살펴본 측면들을 일일이 제고하고 그 해결책을 찾아내는데 있다고 할 수 있다. 그러한 노력을 통해 여성의 정당한 권리를 신장시키고 여성의 지위불균형 현상을 줄여나갈 수 있을 것이며, 더 나아가 왜곡되어 있는 남성의 삶도 해소시킴으로써 남녀 공히 인간으로서의 삶을 영위할 수 있는 미래를 기대할 수 있을 것이다.

2) 여성의 사회참여 확대의 필요성

앞으로의 미래는 직업활동을 통한 여성의 사회진출이 더욱 확대되리라는 것을 예측할 수 있다. 정보사회는 산업사회와는 질적으로 다른 새로운 문화를 요구한다. 초고속 정보통신망의 보급은 노동의 개념, 남녀관계, 가정과 직장의 분리뿐만이 아니라 사회조직 등에도 많은 변화를 가져올 것이다.

여성과 남성을 평등하게 대우하고 여성의 자아실현 기회를 충분히 갖도록 하는 것은 국가의 주요한 가치이자 목표이다. 이는 21세기 세계화·정보화 시대를 맞아 추상적 가치로서의 중요성뿐만 아니라 현실적 당위성과 절박한 필요성을 갖게 되었다고 할 수 있다. 따라서 앞으로는 여성의 사회적 지위를 보는 근본 틀을 바꾸어 나가야 할 것이다.

정보사회에서 여성참여의 필요성은 다음의 네 가지 측면에서 살펴볼 수 있다.

첫째, 정보사회와 지식사회는 여성의 새로운 역할을 요구하고 있다. 세계경제가 정보화 및 지식집약화되면서 산업구조도 급격히 변화하고 있다. 정보·지식집약적 경제적 특성은 산업이 정보화·자동화되는 것이다. 지식정보 산업이 21세기에는 전체 산업의 50%를 점할 것으로 예상해 볼 수 있다. 따라서 산업현장에서 육체적 능력보다는 지적능력이 중요하게 되어 직업상 남녀구별이 약화되고 창의성·전문성에 바탕을 둔 인적자원관리가 국가경쟁력의 요체가 되는 것이다.

21세기는 여성(Female), 감성(Feeling), 가상(Fiction)이 중시되는 3F시대로 여성 특유의 감성과 창의성이 요구되는 지식 및 문화산업의 중요성이 커진다. 정보화의 진전에 따른 직장과 가사노동의 과학화·자동화, 재택근무의 확대 등으로 노동과 생활양식이 획기적으로 변화하고, 남녀모두 자유시간의 증대(핵가족화, 출산율 저하, 가사노동 부담경감으로)로 가정과 직장의 양립이 가능하게 된다. 즉 21세기 남녀의 역할은 지금까지와는 달리 자유롭고 창의적이며 새롭게 정의되고 실천되어야 함을 시사해 준다.

둘째, 여성의 사회참여 확대는 국가경쟁력 강화의 필수적 요소이다. 여성도 개인의 능력에 걸맞은 사회적 역할을 극대화할 수 있을 때 국가경쟁력 강화 및 사회적 갈등의 해소가 가능하다. 국민의 총체적 지식 및 기술수준에 따라 국가경쟁력이 결정되는 세계화시대에는 성별이 아닌 개인의 능력에 따라 사회적 역할이 주어져야 한다. 따라서 여성의 사회적 역할증대 문제를 남녀평등의 문제로 접근하기보다는 사회문제인 동시에 국가발전 전략의 문제로 인식할 필요가 있다. 또한 노동의 질 면에서도 여성인력은 21세기 정보화 시대에 적합하고, 특히 산업의 정보화·자동화·연성화로 여성의 창의성이 요구되며, 지식·문화산업의 비중이 증대하여 여성적 감성이 어느 때보다 중요한 역할을 할 것이다.

셋째, 여성의 사회참여는 삶의 질 향상을 위한 필수적 요소이다. 인간의 가치가 사회에의 기여를 통해 실현된다 할 때, 여성의 사회참여 확대는 인간으로서의 기본권이라 하겠다. 여성이 자아를 실현할 수 있는 충분한 대상과 건전한 기회를 갖는다는 것은 여성의 만족인 동시에 가족과 사회의 발전임을 인식해야 한다. 주부의 활발한 사회활동이 자녀교육과 가정생활에 긍정적 영향을 미친다는 것은 선진국 및 한국사회에 대한 연구에서도 입증된 바 있다.

넷째, 여성은 사회변혁의 주체로서 환경과 사회문제 해결을 위해 적극 참여할 필요가 있다. 미래학자들은 21세기 사회에서 가장 큰 갈등을 초래할 요인으로 성(性)과 환경문제를 들고 있다. 여성이 사회를 구성하는 절반임을 인정하고 환경을 비롯한 국가의 제반 결정과정에 깊이 개입할 수 있도록 각 분야에 참여하고 대표성을 보장받아야 한다.

자연은 그 동안 무분별한 성장논리와 인간제일의 신조에 의하여 인간에 의해 힘있는 자의 논리로 지배되고 착취당하여 왔다. 이제는 지배의 논리, 강자의 논리로 자연과 환경을 이용하고 인간제일로 치닫는다는 것은 곧 우리 모두의 파멸을 가져올 뿐임을 인식하여야 한다. 남성과 여성의 관계에 있어서도 남·여성 공히 균형과 통합을 이루는 사회를 만들려 노력해야 한다.

생각해 볼 문제

1. 한국사회 여성문제의 특수성에 대해 생각해 봅시다.
2. 한국사회의 여성문제를 계층별로 접근해야 하는 이유에 대해 생각해 봅시다.
3. 21세기의 여성의 삶이 어떠해야 할까에 대해 생각해 봅시다.

02 Chapter 여성문제를 보는 시각: 페미니즘의 다양성

기존의 여권론적 관점들은 매우 다양한 이론적 편차를 지닌다. 크게는 자유주의적 관점, 마르크스주의적 관점, 사회주의적 관점 그리고 급진적 여권론으로 나눌 수 있다. 또한 이러한 주장을 모두 비판하면서 기존의 가치체계의 해체를 주장하는 포스트모더니즘의 입장에서 본 여성해방론이나 생태학과 여성주의 이론이 결합한 에코 여성주의 이론 등으로 더욱 다양해진 관점들을 볼 수 있다.

1. 자유주의 여권론

여권론의 성장은 서유럽과 미국의 지적 발달에 깊이 관련되어 있으며, 영국의 Mary Wollstonecraft, J-S Mill과 Talor Mill을 포함한 18~19세기의 사상가들이 근대 여권론의 사상적 기초를 제공하고 있다.

인간의 타고난 신분에 의한 모든 인위적인 제한이 철폐되어야 한다고 주장하는 계몽사상은 자유주의 사상과 융합하여 자유주의 여권론의 근간을 이루고 있다. 월스톤크래프트는 1792년 『여성권리의 옹호』라는 책자를 통해 남성에게 종속되어 있는 모든 여성들이 그들의 이성과 능력을 발휘하여 남성과 동등한 권리를 갖고, 그들 속에 내재해 있는 합리성을 실현해야 한다고 주장했다(Wollstonecraft, 1975). J-S Mill은 그의 저서 『여성의 예속』에서 여성에게만 자유주의적 관행이 실현되지 않고 있음을 지적하면서 여성도 남성과 같은 법적 권리와 동등한 교육기회, 참정권의 획득, 직업기회를 가짐으로써 여성의 권익을 신장시킬 수 있어야 함을 강조하였다.

자유주의 여권론은 사회적인 제도 및 법에 있어서의 개혁을 꾀할 것을 주장한다. 이들은 여성들이 생물학적 속성 때문에 주어진 역할을 수행해야 한다고 믿는 보수주의적 관점을 배격하고 있다. 따라서 공중을 재교육시킴으로써 보다 해방되고 동등한 남녀관계를 형성할 수 있다고 믿어 성역할의 재사회화 과정에 주력할 것을 강조한다. 또한 교육과 직업의 균등한 기회보장으로 공적 부문에의 남녀차별이 줄어들 때 여성이 남성과 동등한 권리를 가질 수 있다고 믿었다.

개인의 자율성을 강조하고 있는 이들의 입장은 사실상 부르조와식의 자유로운 사고에 기반을 두고 있으며, 또한 개인주의를 강조하는 서구의 문화적 가치를 반영하고 있다고 하겠다. 그 결과 이러한 입장에서는 어떤 집단의 사람들은 자율성을 성취할 수 있는 동기나 여건이 마련되어 있음에 반하여 다른 사람들은 그렇지 못한 구조상의 불평등 문제를 다루고 있지 않다. 또한 여성이 남성과 동등해져야 한다고 주장하면서도 어떤 남성을 기준으로 여성들이 동등해져야 하는지에 대해서는 명확하게 규정하고 있지 않다. 사회적 관계에서의 계급과 인종을 둘러싼 집단들 간의 위계질서의 문제를 전혀 다루지 않으면서 단지 더 많은 여성들이 기존의 정치 및 경제제도에 더욱 많이 흡수되어야 한다는 주장을 펼치는 점도 한계점으로 지적될 수 있다. 이와 같이 자유주의 여권론의 입장에서는 점진적인 개혁만을 주장할 뿐, 기존의 사회제도 자체가 여성을 억압하는 기제로 작용하고 있다는 사실을 외면하고 있다.

2. 마르크스주의 여권론

마르크스주의 여권론(Marxist Feminism)은 마르크스주의 관점에서 여성문제의 원인과 그 해결책을 규명한다. 마르크스주의는 자본주의 사회에서 인간의 자유와 평등은 생산수단과 부의 소유여부에 의해 제약되기 때문에 자본주의 사회구조의 근본적인 변혁 없이는 그 자체 내부의 사회문제들이 해결될 수 없다고 본다. 따라서 마르크스주의 관점에서 보면 여성문제의 원인 또한 법적·정치적 불평등에 그치는 것이 아니라 그보다 더 구조적이고 심층적인 성별 분업체계에 있는 것이며, 여성문제를 야기시키는 성별분업체계는 각 사회의 계급문제와 긴밀하게 결합되어 있다.

마르크스주의 관점의 특징은 자본주의 사회의 기본적 모순인 계급모순과의 관련성 속에서 여성문제의 원인을 밝힌다는 점에서, 그 해결책에 있어서도 여성문제의 처방이 독자적으로 있는 것이 아니라 자본주의 사회의 구조적 모순의 해결과 근본적인 변혁 속에서 모색한다는 점이다. 따라서 여성차별의 폐지는 전체사회의 변혁운동과 분리된 대남성 투쟁에 의해 이루어지는 것이 아니라 생산수단의 생활화를 통한 자본주의 사회의 지배적인 사회관계의 철폐를 통해 이루어지는 것이다.

마르크스주의 해방론은 19세기 말에 출간된 엥겔스의 저서 『가족, 사유재산 및 국가의 기원』 속에 체계화되어 있으며, 이후 서구사회의 변혁운동 속에서 Bebel A.에 의해 더욱 발전되었고, 러시아의 사회주의 혁명 과정 속에서 실천을 통해 체트킨, 콜로타이 등에 의해 이론적으로 성장하였다.

엥겔스에 의하면 여성억압은 계급사회의 등장과 동시에 출현한 가부장적인 일부일처제 가족의 형성에서 비롯되었다. 계급이 형성되기 이전의 사회인 원시공동체사회는 생산수단을 부족이나 씨족성원 전체가 공동으로 소유하고 그것을 바탕으로 생산된 생산물을 공동으로 분배하는 사회였다. 또한 원시공산사회의 혈통은 자식을 낳는 어머니에 의해 계승되는 모계제 사회였으며, 양성 간에는 여성의 출산기능에 의한 최소한의 자연적인 분업 이외에는 차별이 존재하지 않는 사회였다. 이 사회에서는 자녀양육 또한 생모가 전적으로 책임지는 것이 아니라 씨족의 자손으로서 씨족성원 전체, 즉 사회가 공동으로 책임지는 것이었다.

그런데 생산력의 발전과 농경정착 단계로의 진입에서 목축이 시작되자 씨족성원 개인들에게 사회적 잉여와 부가 축적되기 시작하였다. 증대된 부는 가축의 사육을 맡고 노동도구를 관장하던 남성들에게 축적되었고, 그들은 사유재산에 대한 욕구에 의해 씨족공동체적 질서를 무너뜨렸다. 증대된 부를 소유한 남성들은 모계, 모권으로 인하여 자기재산을 상속할 수 없게 되자 모계제의 공동체를 파괴하고 피정복민들을 자신의 사유재산을 늘릴 수 있는 단순한 노동도구 즉 노예로 복속시켰다.

엥겔스에 의하면 인류의 초기 역사에서는 혼인한 한 쌍의 남녀가 독립적인 가계를 꾸미는 것이 아니라 씨족공동체 내에서 생계를 꾸려갔으며 결혼의 의미는 독자적인 가족의 형성이라기보다는 양성 간의 규제를 의미하는 것이다. 씨족공동체 하에서의 혼인형태는 혈연관계에서의 난혼(promiscuous marriage) 상태에서 형제집단과 자매집단이 공동의 부부관계를 맺는 푸날루아혼(punaluan marriage)을 거쳐 대우혼(pairing)의 단계에 이르기까지 진화해가지만, 이러한 발전과정은 자연적인 진화에 의한 것이며 사회적 요인에 의한 것은 아니다. 그러나 대우혼에서 가부장제로의 이행은 형식적인 측면에서 보면 일부일처제적인 단혼(單婚, Einzelehe)이라는 점에서 유사한 듯 보이지만 그 내부의 양성관계는 질적으로 다르며 진화의 요인 또한 자연적인 진화의 과정이 아니라 사유재산과 계급의 출현이라는 사회적인 추진력에 의한 것이다. 대우혼 하에서 혼인한 부부는 장기적인 성관계를 유지하며, 그들의 물질생활은 씨족공동체 안에서 공동생산과 공동분배에 의해 영위된다. 또한 남녀 간의 관계가 평등하고 자녀양육은 씨족성원이 공동으로 맡는다. 즉 이 사회에서는 공동소유, 공동생산 그리고 공동의 자녀양육이 이루어진다.

반면 가부장적 일부일처제(monogamy)는 사유재산을 소유한 남성가장이 재산을 상속하고 가계를 유지하기 위한 목적에 의해 형성된 것으로, 여성은 사회적 영역에서 배제되어 가족 안에 갇히게 될 뿐만 아니라 가족 안에서도 남성의 성적 욕구의 대상이자 자녀출산과 양육의 도구로 전락되고 남성가장에게 예속되게 되었다.

엥겔스에 의하면 일부일처제는 결코 개인적 성애의 산물이 아니라 내용상으로는 가부장제를 의미하는 것으로서 자연적 요인에 의해서가 아니라 경제적 조건, 즉 공동소유에 대한 사적 소유의 승리를 기초로 한 최초의 가족형태였다(Engels F., 1884). 또 사적 소유와 함께 이루어진 단혼은 이성 간의 합의에 의한 결합이 아니라 한 성에 의한 다른 성에 대한 억압으로서, 그 이전 어느 시대에서도 존재하지 않았던 양성 간의 모순의 선언으로 나타난 것이다. 그런데 사유재산의 출현으로 인한 원시공동체의 붕괴와 가부장적 가족의 성립은 '여성의 세계사적 패배' 만을 의미하는 것이 아니라 사유재산을 가진 지배계급과 그렇지 못한 피지배계급 간의 계급적 대립의 발생을 의미한다.

마르크스주의적 여권론은 여성억압의 기원을 사유재산의 확립으로 인한 가부장적 일부일처제 가족의 출현으로 보고 있기 때문에, 여성문제의 해결을 사유재산의 철폐로 인한 경제적 생산방식의 근본적인 변화와 함께 사회에서는 일부일처제 가족이 더 이상 재산상속의 수단이나 경제단위로서 가능하지 않으며 이성 간의 애정과 평등에 기반 한 '진정한 일부일처제' 로 자리하게 될 때 가능하다고 본다. 마르크스주의적 관점에서 가족이 사회의 경제단위가 되지 않으려면 생산수단의 사적 소유의 철폐가 관건이 된다. 마르크스주의 여성해방론자들은 인류역사에서 사유재산이 출현한 이후 지금까지 계급대립과 가부장적 성차별이 계속되고 있지만 생산력이 고도로 발전한 자본주의에 이르러 비로소 계급대립과 성차별이 소멸할 수 있는 객관적인 물적 기반이 마련되었다고 보며, 그러한 객관적 가능성을 실현하는 문제는 사회운동과 여성운동의 역량에 달렸다고 본다.

이러한 논리는 여성문제의 본질을 전체사회의 모순과 관련지워 총체적인 관점에서 인식하고 그 해결책에 대해서도 사회의 전반적인 발전방향과 변혁운동 속에서 모색하였다는 점에서 기여한 바가 크다.

실제로 마르크스주의 여권론은 구소련, 중국을 비롯하여 사회주의로 이행한 사회들의 혁명과정에서 여성문제 해결의 지침이 되었다. 이들 사회에서는 여성문제 선결요건으로

표 2-1 | **가부장제 출현과정**

사회성격 / 시기구분	야만시대	미개시대	문명시대
생산력·발전수준	수렵·채집	원시농경	농경정착
생산관계	계급없음	계급없음	사유재산에 근거한 계급출현
혼인형태	군혼(혈연혼 → Punalua혼)	대우혼	일부일처제
가족유형	씨족공동체	씨족공동체	가부장적 일부일처제
성차별	없음	없음	여성억압

서 생산수단의 국유화와 사회화를 통해 사유재산과 경제단위로서의 가족의 기능을 해소시키려 하였으며, 혁명의 과정과 사회적 생산에 여성들이 참여할 수 있도록 여성들의 재생산 역할 즉 자녀양육과 가사노동을 탁아소, 보육원, 밥공장, 세탁공장 등을 설치하여 공적영역의 일로 사회화하였다.

그러나 마르크스주의 여권론이 원론적인 측면에서 여성문제 해결의 총체적인 전망에 기여하였고, 현존 사회주의 사회에서 볼 수 있는 것처럼 자본주의 사회에 비해 성차별이 상대적으로 감소되고 가부장제가 완화되었다 할지라도 여전히 다른 형태의 성별분업이 잔존하고 있다. 이것은 경제단위, 재생산 단위로서의 가족기능의 해소는 사회주의 발전과정에서 자동적으로 수반되는 과제가 아니며 혁명 이후에도 가장 영속적으로 추구되어야 할 문제임을 지적해 준다고 할 수 있다.

3. 급진주의 여권론

급진주의 여권론(Radical Feminism)에서는 성차별이 사회제도 내에서 체계적으로 작용되고 있음에 동의하고 가부장제를 여성억압의 가장 중요한 원인으로 삼고 있다. 급진적 여권론자들은 가부장제 사회에서 여성의 지위가 얼마나 낮은가를 보여줌으로써 가부장제가 여성의 지위를 결정하는 근본 요인임을 증명하고자 한다.

이들은 '남성이 우세한 힘과 경제적 특권을 지니는 권력의 체계' 라고 가부장제를 정의하고 있다. 즉 남성의 힘과 권력 및 심리적 발달을 강조함으로써 여성의 삶을 결정하는데 있어서 계급관계보다는 가부장제에 기반을 둔 남녀 간의 사회적 관계가 더 근본적임을 시사하고 있다.

이들은 여성들의 지위가 역사적으로 변해왔으며 여성이 항상 똑같은 방식으로 남성에게 종속되어 있는 것이 아니라는 점에 착안하여, 여성과 남성의 관계란 사회에 따라 다르고 역사적 시점에 따라서도 다름을 인류학자들의 예로 설명하고 있다. 급진적 여권론자들은 남성의 여성에 대한 통제는 단순한 계급억압으로만 설명될 수 없을 뿐만 아니라, 계급적 설명만으로는 문화적으로 다양한 여성에 대한 억압을 전혀 설명할 수 없다고 주장하고 있다.

파이어스톤은 여성억압의 주된 원인을 여성의 출산기능으로 들고 있다. 출산을 이유로 여성은 남성에게 의존해 왔다는 것이다. 따라서 마르크스와 엥겔스처럼 경제관계에만 전적으로 매달려 여성의 지위를 분석하는 것은 오류를 범하는 것임을 지적하면서, 여성의 성적 불평등을 제거하기 위해서는 재생산 수단을 통제해야 한다고 주장하고 있다. 즉 기술혁신으로 인공임신이 가능해져 여성들만이 아이를 낳고 키우는 성차별적 제도적 관습이 제거될 때 남녀평등이 가능해진다고 주장하고 있다(Firestone S., 2003). 이러한 파이어스톤의 이론은 여성에게 부여된 재생산역할의 중요성을 무시한 최초의 이론이라는 점에서 그 의미를 갖는다고 할 수 있다.

맥키넌과 같은 급진적 여권론자들은 남성의 여성지배의 중요한 사실로 여성의 성(Sexuality)에 대한 남성의 통제를 들고 있다. 그에 의하면 여권론에 있어서 성이란 마르크스주의자에게 있어서의 일(work)과 같은 개념이라고 설명하고 있다(Mackinnon C.A., 1991). 여성과 남성은 성의 표출에 있어 서로 다른 사회화 과정을 경험하게 되므로 인간은 사회적인 존재일 뿐만 아니라 성적인 존재로서도 자신들을 인식하게 된다. 성은 남성의 권력에 있어 일차적인 영역으로, 남성들은 성적 권력을 여성들에게 행사하게 된다. 이와 같이 이성 간의 성관계를 통해 남성의 권력이 표출되므로 이성 간의 성관계(heterosexuality)만을 인정하는 것은 남성지배를 제도화하는 길이며, 남성의 여성의 성에 대한 통제가 바로 성불평등의 근원이 된다고 주장하고 있다. 또한 성에 있어서 남성의 지배를 제도화하는 데에도 국가가 한 몫 했음을 상기시키고 있다. 국가는 성의 행사에 대해 중립적 태도를 취하지 않고 시종일관 남성의 편에 서 왔으며, 남성의 성범죄에 대해서는 관대하지만 동성애자에 대한 처벌은 강화시킨 것을 예로 들어 설명하고 있다.

4. 사회주의 여권론

사회주의 여권론(Socialist Feminism)에서는 성의 특성이 어떻게 사회, 경제 및 정치적 범주 내에서 발달되고 지속되어 왔는지를 설명하고 있다. 이들은 기존의 사회제도에 어떻게 여성들을 포함시킬 것인가를 추구하는 자유주의 여권론자들과는 다르게, 주어진 제도가 어떻게 여성들을 억압하는데 체계적으로 작용하고 있는가를 보다 비판적인 입장에서 보여주고 있다.

1970년대 사회주의 여권론의 출현은 여성과 가족에 대한 전통적 마르크스주의자의 관점에 불만을 가진 여권론자들에 의해 이루어졌다. 고전적 마르크스주의자들은 남성의 자산과 이윤추구를 위해 여성노동의 착취를 불가피하게 한 자본주의 제도를 여성억압의 주된 원인으로 삼고 있으나 사회주의 여권론자들은, 여성억압은 자본주의 이전단계에서나 비자본주의 사회체계에서도 계속 존재하고 있음에 주목하면서 여성의 지위를 자본주의 제도에만 국한시켜서 보고 있는 전통적 마르크스주의자들을 비판하고 있다. 그들에 의하면, 마르크스와 엥겔스는 성적 노동분업이 가장 최초 형태의 계급 적대감이라는 것을 심각하게 고려하지 않고 있다. 그 결과 그들은 성별에 의한 차이를 소홀히 했을 뿐만 아니라, 경제적인 계급관계에 치중해서만 여성의 지위를 규정하게 되었음을 지적하고 있다.

사회주의 여권론자들은 자본주의 제도가 여성의 억압을 창출하는 데는 가부장제와의 상호연관성이 크게 작용하고 있음을 강조하고 있다. 따라서 문화적으로 규정된 성이 어떻게 사회적으로 생산 또는 재생산되고 있으며 계급관계와 관련을 맺고 있는지를 질문하고 있다.

미첼(Mitchell J., 1971)은 『여성의 지위』에서 고도 산업사회에서의 여성의 지위에 대하여 포괄적인 이론을 제시하고 있다. 마르크스와 엥겔스는 자본주의가 사회주의로 전환될 때 여성해방은 자연히 이루어지는 것으로 보고 있으나, 미첼은 이러한 사회제도의 변화에 따른 여성의 지위변화를 설명하기 위해서는 여성억압에 관한 구체적인 이론이 나와서 어떻게 전환이 가능한가에 대해서도 설명이 되어야 함을 강조하고 있다. 비록 생산에 있어서의 여성의 역할이 여성억압에 중요하게 작용해 왔지만 이러한 경제적 생산양식과 함께 재생산과 성성(sexuality) 그리고 어린이의 사회화에 있어서의 여성의 역할 등이 여성의 종속적 지위를 결정하는데 관련되어 왔다고 보고 매우 포괄적인 설명을 제공하고 있다.

미첼의 이론은 가정과 경제와의 관계를 규명하는데 중요한 역할을 한다. 이후 여권론자들이 이 두 영역간의 관계를 중심으로 여성의 지위에 대한 토론을 시작할 수 있는 계기를 마련하였던 것이다. 미첼은 여성들이 공공산업에 뛰어들어 임금을 벌어들일 수 있는 권리가 충분히 보장될 때 여성의 해방이 가능하다고 믿고 있다. 자본주의가 발달하는 과정에서 여성이 노동참여에서 배제된 것이 가장 주된 여성억압의 원인이라고 보고 있으며 이에 따르는 해결책으로 성에 따른 노동분화가 없어져야 함을 주장하고 있다.

미첼과 마찬가지로 자레스키(Zaretsky)도 자본주의가 고도로 발전되면서 가정에서의 생산기반이 없어지므로 여성은 가정에 남아서 사적인 세계에서의 주된 책임을 맡게 되며, 개인의 사적 생활이 공적영역으로부터 독립적인 것처럼 보이는 자체가 허위라고 덧붙이고 있다. 따라서 여권의 확립을 위해서는 자본주의의 제거뿐이 아니라 가족과 개인생활에 있어서의 변천까지도 이루어져야 한다고 주장한다(Zaretsky, 1976).

사회주의 여권론의 입장은 자본주의 관계에서의 전환이 있고 또한 가족관계를 변화시키고자하는 노력이 계속될 때 여성의 지위가 변한다는 점에 동의하고 있다. 즉 여성억압은 재생산과 가족과 관련된 사적 세계에서의 여성억압과도 관련이 있다는 점을 덧붙여서 지적하고 있다.

5. 복지주의 여권론

모성의 기능인 사회적 재생산에 대한 물질적 보상이 자본주의 체제에서 제대로 주어지지 않은 자체가 여성억압임을 강조하며, 1970년대부터 어머니로서의 여성의 욕구해결과 아동의 욕구해결 모두에 관심을 기울이면서 등장한 것이 복지주의 여권론이다. 또한 복지주의 여권론에서는 여성의 실용적인 문제해결에 관심을 가지기 때문에 여성의 빈곤, 불황, 보건의료, 고용, 교육문제, 여성에 대한 폭력, 매맞는 여성의 쉼터, 강간과 성적 학대 피해자, 여성 죄수문제 등에 관한 관심이 주류를 이룬다.

한편 복지주의적 여권론은 성차별 문제를 긍정적 차별의 원리에 입각하여 다루기 때문에 가족 내에서 여성의 전통적 역할을 인정하지만, 모성의 사회적 재생산 역할에 대한 보상과 관련해서는 공공 영역인 국가 사회복지정책 개입에 의해 이루어짐을 주장함으로써 성차별 문제를 점진적으로 개혁하고자 한다. 또한 사회복지전문가에 의한 사회복지 실천을 강조하는데, 이러한 사회복지 실천은 이론과 방법에서 삶의 환경, 상황, 자각, 배경을 동시에 처리하려고 노력하는 다문화적이고, 다양식적이며, 해방적인 성격을 갖는다. 따라서 이러한 복지주의 여권론적 사회복지 실천은 모든 사회복지 실천제도와 역할에서 남녀 모두가 함께 일하며, 사회정치적 구조의 변화가 인간 욕구의 처리와 성차별주의, 지배와 착취형태로 인한 복합적 상처를 치료하는데 필요한 일을 전개해 나가게 되었다.

그러나 복지주의적 여권론이 성차별에 따른 문제해결에 점진적인 개혁을 가능하게 하는 것임에도 불구하고 방법과 대상이 제한되어 있는 한계를 가지고 있으며, 기본적으로 보수적인 성격을 갖는다.

6. 그 밖의 시각

1) 포스트모던 여성주의 이론

포스트모던 페미니즘은 근대성에 대한 비판을 여성 범주를 해체하는 쪽으로 밀고 나간다. 여성을 하나로 일반화하는 것이 가능한가? 남성/여성이라는 발상 자체가 또 하나의 이성 대립으로 여성을 차별화하는 빌미로 작용해 오지 않았는가? 남성은 과연 온전한 주체였는가? 여성이란 인위적으로 구성된 범주이지 특정한 본질을 가진 존재가 아니며, 주체라는 것부터가 안정된 통일적 실체이기는커녕 다양한 사회적 관계들이 끊임없이 아로새겨지는 장일뿐이다. 그렇다면 한 여성의 정체성도 하나로 못박기 힘든 것인데, 하물며 모든 여성의 정체성을 한데로 묶을 수 있는 것인가? 따라서 이들 역시 여성을 단일한 주체로 설정하기 보다는 여성들이 지닌 계급적·인종적·성애적 차이를 더 강조하는 것이다.

대표적인 이론가들의 주 활동 무대가 프랑스였던 관계로 '프랑스 페미니즘' 이라고 알려져 있던 포스트모던 여성주의 이론은 미국 내에서 그들의 주요 이론적 배경이 포스트모던 철학자들과 철학적 관심을 공유한다는 점에 착안하여 포스트모던 여성주의 이론으로 명명하면서 사용되기 시작하였다. 이들의 주장은 하나의 진리와 가설을 부인하고 하나의 여성주의 이론을 세우려는데 반대한다. 이들이 주장하는 복수성, 다원성, 차이라는 개념은 여성주의 이론의 지평을 확장하였다. 시몬느 드 보봐르(Simone de Beauvoir)는 그의 저서 『제2의 성(Le Deuxième Sexe)』에서 여성을 '제2의 성' 으로 즉 가부장 사회에서의 타자(他者)로 정의한 점을 출발점으로 여성의 타자성을 적극적으로 해석하여, 극복해야 하는 결핍의 상태로 인식한 것이 아니라 새로운 것을 창조해낼 수 있는 가능성의 상황으로 인식한다(S. de Beauvoir, 1986).

포스트모던 여성주의 이론가에게 있어 이 타자성은 억압 및 열등감과 관련된 것이기는 하지만 오히려 관대함, 다원성, 다양성 그리고 차이를 허용하는 존재방식, 사고방식, 표현방식을 의미하는 역의 기능도 담고 있다. 포스트모던 철학을 대표하는 해체주의 철학자 쟈끄 라깡(Jacques Lacan)과 쟈끄 데리다(Jacques Derrida)가 인간의 의식을 결정하는 언어가 '여성적인 것' 을 배제한다는 점을 주목한 것도 이들의 이론발전에 중요한 영향을 끼쳤다. 포스트모던 여권론자들은 지배질서의 가부장적 측면을 비판하고 여성적인 것과 타자의 가치를 향상시키고자 노력한다. 이들의 주된 관심은 '여성적 글쓰기' 로 모아지고 있다. 이는 억압적인 사고로부터의 자유가 가장 근본적인 해방이라는 점을 전제로 하고 있다. 포스트모던 여성주의 이론의 대표적 이론가로는 엘렌 식수스(Hélène Cixous), 뤼스 이리가레이(Luce Irigaray), 줄리아 크리스테바(Julia Kristeva) 등으로 이들의 생각은 그 주요 강조점에 있어 조금씩 다르다.

엘렌 식수스는 남성적 글쓰기와 여성적 글쓰기를 이분법적으로 설명하면서 다양한 사회·문화·역사적 이유로 남성적 글쓰기는 여성적 글쓰기 위에 군림해 왔다고 주장하였다. 그는 여자들에게 남자들이 건축해 놓은 세상에서 벗어나 생각할 수 없는 것, 생각되어

지지 않는 것을 글로 옮기면서 여성들의 경험과 상상력에 기초한 글쓰기를 촉구하였다. 여성들은 이렇게 현재 언어를 지배하는 법칙들에 의해 제한 받지 않는 글쓰기 방법을 개발함으로써 가부장적인 사고방식과 글쓰기 방법 그리고 그와 함께 그 세계 속에서의 여성의 위치를 변화시킬 수 있다고 생각한다. 그러나 식수스는 가부장 사회에서 사용되는 언어를 분열시키고 파괴하려는 모든 시도가 모험적인 일임을 상기시켰다. 특히 여성의 '성행동(activité sexuelle)' 과 여성적 글쓰기를 연결시키면서 여성적 글쓰기는 복잡하고 다양하면서 리듬감이 있고 기쁨으로 가득차 있으며 또한 가능성으로 가득 차 있다고 주장하고 있다(Cixous, 1992).

뤼스 이리가레이(Luce Irigaray) 역시 여성의 성행동과 여성의 몸이 여성적 글쓰기의 원천이라는 생각을 갖고 있었지만 라깡과 데리다의 사상을 포함하여 남성의 철학적 사고로부터 여성적인 것을 해방시키고자 노력하였다. 이리가레이는 서구철학과 정신분석학을 연구하면서 플라톤과 라깡에 이르기까지 어떻게 자아가 구성되었는가에 대해 많은 남성 철학가들의 설명이 어떻게 그토록 오랫동안 영향력을 유지할 수 있었는가를 설명하고 있다. 이에 대해 이리가레이는 여성들이 거의 조직화되지 않은 상태에서도 자신을 경험할 수 있게 하려는 목표를 위해 몇 가지 전략을 제시하였다. 첫째 여성들의 언어의 특질을 이해하고 적극적인 목소리로 말할 수 있는 용기를 찾기 위해서 힘을 합할 것을 촉구하였다.

둘째 여성의 성행동과 관련된 것이다. 이리가레이도 식수스와 마찬가지로 여성의 몸, 그 중에서도 특히 생식기관이 암시하는 다양성에 주목할 것을 주장하였다. 여성이 자신의 몸을 통해 다양한 영역을 경험하고 탐험한다면 가부장적인 사고방식을 벗어나 여성적인 사고방식으로 생각하고 말하기를 배울 것이기 때문인 것이다(Irigaray L., 1977).

크리스테바(J. Kristeva)는 식수스와 이리가레이가 '여성적인 것' 을 생물학적인 여자, '남성적인 것' 을 생물학적인 남자와 동일시 한 것을 거부한다. 만일 어린이가 가부장적 질서로 진입할 때 어머니나 아버지 두 사람 중 한 사람과 동일화 할 수 있는 선택권을 갖게 된다면, 또 그 아이의 남성성이나 여성성의 정도가 이러한 동일화의 정도에 의존한다면, 남녀 양성의 아이들은 그들에게 각각 똑같이 개방된 선택권을 갖게 된다는 것이다.

그는 사회적 혁명과 언어적 혁명을 연결시켰으며 20세기의 역사적·정치적 경험들이 사회적 혁명과 언어적 혁명이 분리되어서는 이루어질 수 없다는 것을 증명해 주었다고 주장하고 있다. 또한 가부장 문화에 의해 주변부로 정의된 것들, 비합리적인 것, 모성적인 것 그리고 성적인 것에서 발견되는 주변화된 담론들은 그들의 혁명적 요소들을 언어로 발산해야 한다고 주장하고 있다(Kristeva, 1999).

이러한 포스트모던 여성주의 이론은 두 가지 측면에서 비판받고 있다. 첫째 현실세계와 동떨어진 상아탑 속에서 살아가는 학자들의 지적 유희에 불과하다는 점이다. 비판자들은 포스트모던 페미니스트들은 혁명적 투쟁행위에서 지적 유희의 게임으로 돌아가는 쾌락주의자들로 간주한다. 둘째 포스트모던 여성주의 이론의 철학적 가설들이 무질서로 귀결될 것이라는 점이다. 단일한 이론에 대한 포스트모던 여성주의 이론의 반격은 이 이론의 다양성, 복잡성, 풍부함이 발전된 이후에는 어떻게 될 것인가에 의문을 던지게 한다. 즉 여성들 사이의 차이와 다양성을 강조하다보면 페미니스트 공동체를 포함한 '온갖 종류의 공동체를 과연 유지할 수 있는가' 라는 의문을 갖게 된다는 것이다. 하지만 이들의 이론은 다른 여성주의 이론과 마찬가지로 여성억압과 일반적인 억압 사이의 관계를 규명하고자 노력하였고, 다른 어떤 여성주의 이론보다도 여성들 사이에 존재하는 차이의 문제를 토론거리로 가장 생생하게 주체화하였다.

2) 에코 페미니즘 이론

에코 페미니즘 이론은 생태학과 여성주의 이론이 결합한 것으로 여성해방과 자연해방을 동시에 추구하고 있다. 이 이론은 두 가지 전제에서 출발하고 있다. 첫째는 여성과 남성, 자연과 문화의 관계에서 여성과 자연의 본래의 속성이 동일하고 문화와 남성의 본래의 속성이 동일하다는 점이다. 둘째 여성의 가정과 사회 내에서의 수동적·억압적 대상으로서의 위치가 자연의 인간에 대한 수동적·억압적 대상으로의 위치와 같다는 점이다.

이 이론에서는[1] 자연과 인간이 관계를 맺는 방식이 여성과 남성이 관계를 맺는 방식과 비슷하다는 점을 전제로 한다. 즉 자연과 여성은 인간과 남성이 목적을 위한 수단으로 사

1) "역사에 나타난 최초의 계급 대립은 단혼(單婚) 하에서 보게 되는 남녀 간의 상반되는 발전과 일치하며 따라서 최초의 계급적 압박은 남성에 의한 여성의 억압과 일치한다. 단혼은 역사상 일대 진보인 동시에 ... 상대적 퇴보이기도 하다.", Engels F., 1884, 73.

용하는 대상으로 타자에 대한 유용성을 전제로 하여 맺어진 관계라는 것이다. 또한 에코페미니즘 이론[2]에서는 여성과 자연의 파괴를 야기하는 원인이 가부장제 구조와 밀접한 관계를 가진다고 생각한다. 이때의 가부장제적 구조란 차별적이고 도구주의적인 가치관을 주된 내용으로 하고 있다. 또 이 이론은 대안적인 세계와도 연결된다. 이러한 세계는 그 동안 여성주의 문학작품들이 그려낸 여성해방의 유토피아적 대안에 그 뿌리를 두고 있다. 그러므로 이 대안적 세계를 건설하는 이념적 원리는 바로 여성성(Feminity)이다. 이 여성성은 대안세계에서의 분권화, 비위계성, 직접민주주의의 구조, 지역 의존적 경제, 가부장제로부터의 해방 등으로 확대되어질 수 있다(D' Eaubonne, 1992).

사회운동 차원에서 여성운동과 사회운동은 반핵, 반군국주의 운동으로 자연스럽게 결합되었다. 이들 운동에서 여성의 참여가 환영받는 이유는 자연 및 사회에 대한 여성들의 해결방식이 친자연적이고 평화지향적이라는 점이다. 현재 에코페미니즘 이론에 대해서는 상반된 평가가 내려져 있다. 한편으로 중요성은 인정하지만 아직은 여성주의 이론 내에서 주변화된 이론이라는 주장이고, 다른 한편으로 제3의 여성해방의 물결이 될 것이라는 평가가 그것이다.

생각해 볼 문제

1. 복지주의적 여권론에서는 성차별 문제를 어떻게 해소하고자 하는가에 대해 생각해 봅시다.
2. 포스트모던 여성주의 이론의 한계점에 대해 생각해 봅시다.
3. 서구사회 초기 여권론자들 중 한 사람을 선정 해 그의 삶을 조명해 봅시다.
4. 자유주의적 여권론의 한계에 대해 논의해 봅시다.

2) Eco-Feminism이란 용어를 처음 사용한 사람은 Françoise D' Eaubonne이다. 1974년에 출간된 된 *Feminisme ou la Mort* 라는 저서에서 도본느는 인류가 이 지구상에서 살아남을 수 있는 길을 찾는데 여성의 잠재력이 아주 크다는 점을 주장한 바 있다.

PART 02

사적영역에서의 여성의 삶

03 Chapter

여성과 가족

미첼과 마찬가지로 자레스키(Zaretsky)도 자본주의가 고도로 발전되면서 가정에서의 생산기반이 없어지므로 여성은 가정에 남아서 사적인 세계에서의 주된 책임을 맡게 되며, 개인의 사적 생활이 공적 영역으로부터 독립적인 것처럼 보이는 자체가 허위라고 덧붙이고 있다. 따라서 여권의 확립을 위해서는 자본주의의 제거뿐이 아니라 가족과 개인생활에 있어서의 변천까지도 이루어져야 한다고 주장한다(Zaretsky, 1976).

1. 가족의 개념

'가족이란 무엇인가?' 라는 질문에는 누구나 쉽게 답을 할 수 있을 것이라 생각하지만, '누가 가족원인가?' 를 묻는 질문에 대해서는 사람마다 대답이 다르게 나타날 수 있다. 일반적으로 한 지붕 아래에서 경제 공동체를 이루고 살아가는 집단을 가구(household)라고 하며, 가족(Family)은 분석단위로써 가족의 형태만이 아니라 가족 의식 또는 가족 가치도 고려해야하는 개념이다.

사실 가족의 개념을 정의하는 것이 가능한지 자체가 가족 연구에서 중요한 문제 가운데 하나이다. 가족 개념을 정의 가능한 것으로 보는 입장에서는 가족을 다른 인간사회 집단과는 분명히 다른 특성을 가지고 있는 것으로 이해한다. 즉 가족과 가족이 아닌 것의 경계가 분명하며 가족은 인류에게 보편적인 경험으로서 생물학적이고 자연적인 의의를 가지고 있다고 본다.

현대 산업사회에서 핵가족이 보편성을 띤다고 보는 구조기능주의 가족이론에서는 가족(The Family)은 핵가족(Nuclear Family)과 같은 의미로 사용된다. 산업사회에서 핵가족은 정상가족(normal family)으로 통용되며 여기에서 벗어난 가족은 비정상가족이 되는 것이다. 핵가족은 애정에 기반을 둔 부부관계를 중심으로 구성된다고 보아 부부중심가족으로 이해된다. 구조기능주의자들의 핵가족은 생계를 담당하는 남성과 가사노동과 정서적 기능 담당자인 여성이라는 성별분업에 기반을 둔 것이다. 이들은 성별분업을 남녀에게 상호호혜적인 것이라고 보았다.

가족개념을 정의 가능한 것으로 보더라도 한 가지 형태의 가족이 보편적인 현상이며 그것이 정상가족이라는 입장에 대해서는 반대할 수 있다. 이러한 입장에서는 가족의 구성과 경험의 다양성을 옹호하여 'the Family' 라는 용어 대신 'Families' 라는 용어를 사용하도 한다.[1]

가족에 대한 정의는 사회적으로 구성되는 것이다. 특정한 형태의 가족만을 정상가족으로 보는 것은 사실의 측면에서도, 가치의 측면에서도 문제가 있다. 사실의 측면에서 보면, 특정형태의 가족이 통계상 지배적으로 나타나지 않으며, 가치의 측면에서 보면 한 가지 삶의 방식만을 규범화함으로써 개인의 다양한 삶의 기회를 제약한다는 문제가 있다.

가족은 형태나 의식에서, 또한 역사적으로 사회 · 문화적으로 다양하며, 한 사회 안에서의 가족 경험도 계급, 성, 연령에 따라 서로 다르다. 이러한 가족의 다양성을 간과하는 가족에 대한 논의들은 이성애 중심주의(異性愛 中心主義, hetero-sexuality)와 성별 분업체

---

1) Baber Kristine M. & Katherine R. Allen(1922), *Women and : Feminist Reconstruction*, The Guilford Press. 참조.

계에 기반을 두어 여성성과 남성성을 재생산하는 가부장적 가족을 정상화함으로써 남성 중심의 권력구조를 유지하는 결과를 낳는다. 따라서 가족은 어떤 고정된 실체가 아니고 다양하게 정의될 수 있는 열린 개념으로 보아야 할 것이다.

2. 이론적 관점

가족연구의 접근방법은 연구자가 지니고 있는 이론적 입장에 따라 다양하게 나타난다.

제 2차 세계대전 직후부터 비교적 활발히 전개되어 온 가족론을 정리해 보면 구조기능론, 갈등론, 여권론적 관점, 포스트모던 가족론 등으로 나눌 수 있다. 구조기능주의적 가족사회학은 핵가족의 전성기라 할 수 있는 1950년대 미국을 중심으로 발생하였다. 당시에 핵가족은 가장 보편적인 사회조직으로 이론화되었으며, 가족은 개인과 사회를 매개하는 기본단위로서 개념화 되었다.

그러나 1970년대 들어서 핵가족의 해체 징후가 발생하게 되자 가족을 둘러싼 갖가지 문제에 초점이 맞춰지기 시작함과 동시에 이상화된 가족개념에 대한 비판이 일어났다. 1970년대 중반부터는 페미니즘의 영향으로 가족이론에 대한 대대적인 재평가에 돌입하게 되었다. 가정폭력, 육아, 가정주부의 위치 등이 사회문제로 제기되었으며 이에 대한 대책을 모색하였다. 이 과정에서 가족과 국가의 관계, 공적영역과 사적영역의 관계를 재정립하고자 하는 노력이 일어났다. 1980년대 들어서는 현재의 가족생활의 경험을 다루기에는 전통적 이론이 적절하지 않다는 점을 강조하여 다양한 가족생활에 초점을 맞추고 일상의 같음과 다름을 조명 할 수 있는 방법론에 착안한 포스트모던 가족론이 대두하였다.

1) 구조기능론

1940년대부터 미국 사회학계를 풍미한 파슨스(T. Parsons) 학파의 구조기능론적 시각은 가족의 구조와 기능 그리고 가족 내 성역할 분화를 산업화와 관련해서 논의 한다. 특히 산업사회는 가족성원들의 지역적 · 사회적 이동을 요구하기 때문에 핵가족이야말로 그러한 사회구조에 가장 적합한 구조라고 본다.

구조기능적 시각에 의하면, 가족은 산업화를 경험하면서 구조적으로 핵가족화 되었고 그 기능은 축소되고 약화되었다. 산업화 이전의 농경사회에서는 가족이 생산과 소비를 포함한 경제적 기능은 물론 교육적 · 종교적 기능을 담당했으나 산업화되면서 이들 기능이 공장이나 사무실, 학교, 교회 등의 전문기관으로 이전됨으로써 기능이 분화되었다는 것이다. 파슨스는 산업사회에서 핵가족의 기능은 자녀의 사회화 기능과 긴장관리의 기능으로서 성인의 인성을 안정시키는 기능만 남게 된다고 주장한다.

이러한 가족기능의 분화는 가족과 일터를 분리시켰다. 동시에 가족은 여성들의 장소로 일터는 남성들의 장소로, 또한 가족은 사적영역으로 일터는 공적영역으로 구분하는 이분법적 논리가 적용되기 시작하였다. 이러한 논리는 가족 내의 성역할 분화를 자연적이고 필수적으로 보게 한다. 남편은 도구적 · 수단적 역할을 담당하고 아내는 정서표출의 역할을 담당하게 되는데, 이러한 성역할 분화는 여성의 출산 · 양육이라는 독특한 책임 때문이라는 것이다(Parsons & Bales, 1955).

가족을 보는 구조적기능적 시각은 크게 네 가지 관점에서 후기 학자들의 비판을 받았다. 첫째, 핵가족의 형태가 필연적이거나 당연한 것이 아니라는 점이다. 핵가족이라는 '개념' 은 산업화의 산물이며, 그것만이 사회에 잘 어울리는 가족형태는 아니라는 것이다. 핵가족이라는 가족형태는 산업화 이전의 수렵채집사회에서 뿐 아니라 농경사회에서도 나타나고 있음을 가족사학자들이 이미 밝히고 있다. 또한 오늘날 산업사회에서도 가족형태는 핵가족만이 아닌 확대가족, 직계가족, 편모가족, 편부가족, 공동체가구가족 등과 같이 다양하게 나타나고 있다.

둘째, 정서적 지원이라는 가족의 기능이 성역할 분화의 구조에 의해서 이루어진다고 보면서 여성들과 남성들과의 성별분업화를 당연하고 자연스러운 것으로 받아들이는 것은 중산층적 시각이라는 것이다. 역사적으로 볼 때 남편들이 생계유지자의 역할을 담당하고 아내는 정서적 지원 역할만을 담당하는 가족은 극히 일부인 중산층이나 상류층 가족에나 해당될 뿐 이었다. 대부분의 중산층 · 저소득층 가족과 농촌가족 등은 예나 지금이나 여성들의 경제활동 없이는 생활이 어려운 실정이다.

셋째, 공적 · 사적영역 또는 도구적 역할과 정서표출의 역할 등 이분법적인 가정에 입각하기 때문에 가족을 사회와 분리된 것 또는 고립된 것으로 보아 가족과 사회의 상호관계를 분석하지 못하고 있다.

넷째, 구조기능론은 가족이 사회의 변화에 영향을 받으며 다양한 형태로 나타난다고 보며, 기본적으로 그 사회에의 적응을 너무 강조하기 때문에 가족과 사회구조 간의 갈등, 그리고 가족 내 성원들 간의 갈등적인 측면을 보지 못하고 있다.

2) 갈등론

마르크스와 엥겔스는 가족의 형태는 기능이 계급별로 어떻게 변화하고 있는지를 사회변화과정과 연결해서 설명하고 있다. 특히 이들은 자본주의 사회에서 남편들이 가족 내에서 막강한 권력을 행사해 왔음을 지적한다. 남편들은 전통적으로 아내의 재산을 통제할 권리를 가졌으며, 의사결정권이 강하며, 아내와 자녀에게 복종을 강요하기도 했다. 이는 여성에 비해 사회적으로 유리한 지위를 갖고 있는 남성들이 자신들의 이익을 유지하기 위한 수단으로 가족에서의 역할을 재구성한 것이다. 즉 생산에서 소외된 여성들은 사회적으로 경제적 불이익을 경험할 뿐만 아니라 가족 내에서도 불이익을 경험하게 되는 것이다.

마르크스의 갈등론을 가족에 연결시킨 엥겔스는 국가, 사유재산, 가족의 기원 사이의 연관성에 초점을 맞추어서 생사양식의 변화에 따른 가족의 변화과정을 설명하였다.

엥겔스는 사회발전의 단계를 야만, 미개, 문명으로 나눈 다음 각 단계와 가족제도 간의 연관성을 분석하였다.[2] 엥겔스는 가족제도가 일부일처제로 전환되면서 모권은 붕괴된 반면 급속히 부권이 강화되었고 결혼제도의 변화가 명백히 여성에게 불이익을 초래했다고 해석하였다. 그는 일부일처제의 출현이 성애에 바탕을 둔 것이 아니라 경제적 조건에 기초한 것으로 보았다. 사유재산이 가능할 정도로 부가 축적되자 남성들이 자식에게 재산을 상속하고자 하는 목적으로 일부일처제를 채택하게 된다. 그 결과 일부일처제는 여성에게만 요구되었고, 가족 내에서 남성지배를 강화시키는 결과를 초래한 것이다. 사유재

2) Engels F.(1972), *The Origine of the family, Private Property and the State*, N. Y., Pathfinder Press.

산이 없는 여성에게는 일부일처제의 규율이 엄격하게 적용되나 남성에게는 관습상 혼외 정사를 할 권리가 남아있기 때문에 성에 관한 이중규범이 인정된 상태가 되었다. 엥겔스는 일부일처제로 인하여 산업사회에서 부부간의 성애가 강화된 듯이 보이나 자본주의 사회에서는 오히려 타산적 결혼이 성행하고 매춘부가 대대적으로 등장하였으며, 간통이 존재함으로써 에로스는 찾기 힘들다고 주장하고 있다. 예외적으로 대대로 물려줄 재산이 없는 피지배계급인 노동자의 부부관계에서만이 성애가 중시되고 있음을 인정하고 있다. 이와 같은 엥겔스의 시각은 가족 내에서의 남성우위 현상이나 성별권력관계에 대해서는 높은 설명력을 보이고 있다. 그러나 그의 논리는 급속히 변화하고 있는 현대사회에서의 젠더 관계는 충분히 설명해내지 못하고 있다.

계층에 따른 가족관계의 이분화는 경험적 타당성을 입증하기 힘들다. 따라서 엥겔스는 노동자 가족에서 생겨나고 있는 갈등문제를 애써 피하고 있다는 점을 지적받게 된다. 노동자 가족이 지니고 있는 가부장성의 문제도 자본가 계급의 모순과 마찬가지로 강조되어야 하며 경제적 빈곤으로 인하여 가족 간의 관계가 악화되어 있는 저소득층의 가족문제에 초점을 맞추기 위해서라도 노동자 계급에서의 성애와 갈등을 균형 있게 부각시켜야 한다는 비판을 받고 있다.

3) 여권론적 관점

여권론자들은 구조기능주의 가족론의 전형적 가족이데올로기에 집중적인 비판을 가하기 시작하였다. 이들은 핵가족의 보편성과 가족 내 성별분업의 정당화에 대하여 의문을 제기하였다. 여권론자들은 기존의 가족제도가 지니고 있는 모순점을 폭로하고 비판적인 입장을 수용하고 있다. 이러한 점은 갈등론자의 입장과 유사하다고 할 수 있다.

여권론적 시각에서 구조기능론자에 특히 비판적인 이유는 다음의 세 가지로 요약할 수 있다. 첫째, '모성역할의 미화' 이다. 부모와 자녀간의 유대를 승격시키고 자녀양육, 무자아, 이타주의 등이 여성적인 어머니다움의 본질로 규정되었다. 그러나 오늘날 여권론자들은 그것이 오히려 여성억압의 도구가 되었다고 주장하고 있다. 둘째, '가족은 피난처요, 천국이라는 인식' 이다. 구조기능론자들에 의하면, 가족은 산업화와 함께 생산기능을 상실하고 자녀의 사회화와 가족성원들의 정서적 안정의 기능만이 남아 있다는 것이다. 이것은 곧 가족은 고달픈 바깥세계로부터의 피난처요, 노동의 장소가 아닌 애정의 장소로 묘사하고 있는 것이다. 이러한 인식에 대해 여권론자들은 '누구를 위한 피난처이자 천국인가'를 반문하고 있다. 셋째, 구조기능론자들은 가족관계의 기초인 부부관계가 애정과 합의의 관계임을 강조한다. 산업화의 발달과 함께 남편들은 아내들에 대해 권위의 기반을 상실하고 따라서 부부관계는 점점 애정에 의해 성립된다는 것이다. 그러나 여권론자 들은 애정과 우애이기보다는 불평등과 갈등이 더 강조되어야 한다고 주장한다. 실제로 의사소통 과정에서, 제반 집안일의 결정과정에서, 가사노동의 분담 측면에서 남편의 권력이 더 강함이 입증되고 있다.

여권론자들은 일상생활의 많은 부분이 가부장적 사회구조와 가족제도에 의해 끊임없이 영향 받고 있다는 사실에 초점을 맞춘다. 이들은 임노동이 중심이 된 자본주의 사회에서 여성들이 경제적으로 남편의 임금에 의존할 수밖에 없는 사회구조에 놓여 있음을 강조하였다. 가족은 노동력 재생산의 장이면서 또한 불평등한 남녀관계의 장으로 부각되었다. 가족 내의 성별분업은 여성 억압을 위한 수단으로 개념화하기 시작하였다. 즉 가족 내의 여성억압은 남성이 여성 위에 군림할 수 있는 사회적 통제의 제도화 과정이며 가부장제는 이러한 여성의 사회적 통제의 이데올로기적 상징으로 설명하였다. 여권론자들은 가족 내 성별역할의 사회화와 연관지어 여성종속의 문제를 중요하게 부각시키고 있다.

4) 포스트모던 가족론

포스트모던 가족론은 현대사회에서 가족은 더 이상 하나의 동일한 형태로 존재하지 않는다는 기본적인 전제에서 시작된다. 가족유형과 가족관계가 다양해짐에 따라 정형화된 가족의 이미지에 기초한 이론들은 더 이상 현대사회의 가족을 이해하는데 적합하지 않다는 것이다. 가족은 더 이상 고정적인 형태를 띠고 있지 않으므로 기존의 이론들이 고수해 온 가족개념에 대해 해체작업을 시도해야 한다는 것이다.

포스트모던 가족론자들은 가족이 사회변화과정에서 자연스럽게 형성된 제도라는 가정에 도전을 하면서 이제는 정형화된 하나의 가족이 아니라, 유동적인 성격을 지니고 있는 다양한 형태의 가족들이 존재함을 인정해야 한다고 주장한다. 특수한 형태의 가족이 형성된 배경과 유형, 가족관계에 대해서 구체적으로 연구할 필요가 있음을 강조한다.

본 논리는 기존의 구조론적인 입장에 대해서 가족과 관련된 다양한 주제에 관심을 환기시켰을 뿐만 아니라, 가치개입적인 가족이론에서 벗어나게 하는 계기를 마련하였다. 이들은 특히 상담론의 활성화를 통해서 성, 사랑, 에로티시즘을 새롭게 조명하고,[3] 성 욕망에 대한 입장과 통념에 정면으로 반박하기도 하였다.[4] 이들의 논의는 현대사회에서 가족과 직접적으로 연관된 문제, 즉 성과 모성, 동성애, 임신과 출산, 낙태, 가족의 형성, 대리모, 시험관 아기 등 다양한 주제에 대해 기존의 관점을 해체할 것을 요구하며 새로운 관점과 해석을 시도한다.

포스트모던 가족론의 대표적 사회학자의 한 명인 스테이시(Judith Stacey)는 근대적 가족론과는 다른 탈근대적 가족이 이미 미국에 등장했으며 이는 '현대의 성 및 친족관계의 논쟁적이고 애매모호하며 불확실한 성격의 신호' 로서 이해한다. 그리고 부부가족 단위에 기반한 근대 가족체계가 문화적으로, 통계상으로 그 의미를 상실했음을 지적하고 있다. 현대가족의 무질서의 근저에는 근대적 가족의 '구조적 취약성' 이 있으며 이는 현대 가족의 결속이 구성원의 자발성에 근거하고 있기 때문으로 본다.

탈근대 가족의 등장은 후기 자본주의 사회의 특성과 연관된다. 즉 소비의 가치상승으로 사람들을 설득하는데 이데올로기보다는 감각적 유인책이 더 효과적인 상황에서 쾌락, 욕망, 욕구의 추구가 가족 안팎에서 새롭게 정의되고 있고, 가족생활에서도 전환적 사고를 요구한다는 것이다. 탈근대는 상품화의 승리를 나타내며 이는 곧 상품과 문화가 더 이상 분리된 질서 속에 있지 않으며, 합리적 · 경제적 결정과 미학적 · 감각적 감정이 일상생활에 병존함을 뜻한다.

이러한 맥락에서 푸코(M.P. Foucault)의 인체, 몸에 대한 문화적 가치는 포스트모던 가족론의 중요한 학술담론의 시작이다. "몸은 곧 생산하고 또한 소비한다" 는 그에게 있어서의 성적 장치는 가족제도의 가장자리에서 발생해서 서서히 그만의 둥지를 틀고 결국

3) 기든스 A(1995), 『현대사회의 성, 사랑, 에로티시즘』, 배은경 · 황정미(역), 새물결 참조.

4) Michel Foucault(1984), *Histoire de la sexualité*, vol III, Editions Gallimard. 푸코 M.(1990), 성의 역사, 이규현(역), 나남.

가족의 성화(sexualisation)의 전략기지가 된다. 푸코는 성(sexualité)과 권력의 관계를 다룸으로써 현대사회의 성과 가족이론의 주요 자리를 차지한다.

푸코는 남녀관계, 특히 혼인이 18세기에 들어와 두 가지에 의해 규정되는데, 성적관계의 허용여부를 규정해주는 규칙과 관습의 체계인 '동맹의 장치(déploiement d'alliance)'와 권력의 기술을 통한 '성적 장치(déploiement de sexualité)' 라고 본다. 이 양자의 관계는 가족 내에서 끊임없이 변화한다. 결혼이라는 법적 틀은 성욕망에 대한 합법적 · 사회적 지원을 보장하면서 성적 장치는 '욕망의 경제성' 때문에 결혼의 집합력을 강화시킨다는 것이다. 그러나 성적 장치가 동맹의 장치를 대체하는 일이 일어날 수 있으며 그럴 경우 욕망의 해결이 결혼 내로 제한될 필요가 없어질 수도 있다.

현대는 다양한 가족이론이 공존하는 시기이다. 이는 가족에 대한 다양한 입장이 요구되는 때임을 시사하기도 한다. 하지만 다양한 시각과 다양한 생활양식은 때로는 상반된 평가를 내리고 변화에 대해 상이한 입장을 보이는 계기가 되기도 하였다. 포스트모던 가족론은 근대 가족사회학과는 다른 전제를 제공함으로써 가족사회학 분야에 다양한 관점과 쟁점을 인정함과 동시에 가족의 다양성에 대한 이해를 새로운 도전영역으로 부각시키는 계기를 마련하였다.

3. 한국사회의 변화와 가족

한국사회가 급속하게 변화하는 과정에서 가족의 구조, 기능, 유형면에서 많은 변화를 보이고 있다. 가족은 소규모화되고 핵가족화하는 경향을 보임과 동시에 비전통적인 가구의 수가 증가하고 있다.

1) 가족구조의 변화

근래 들어 가족구조에 나타난 가장 뚜렷한 변화는 핵가족화 현상과 가구의 소규모화 이다. 아울러 핵가족이나 확대가족 이외의 비전통적 가구가 지속적으로 늘어나는 현상을 보이고 있다. 한국사회의 가족구조의 변화는 다음과 같이 정리될 수 있다. 첫째, 확대가족의 감소로 인한 핵가족화 현상이 뚜렷하다. 1980년 전체 가구의 17%를 차지하던 확대가족이 1990년에는 12.5%로, 2005년에는 7%로 크게 줄었다.

둘째, 가구규모의 축소는 자녀수의 감소와 3세대 확대가족의 비율감소에 의해 동시에 영향을 받은 결과이다. 예를 들어 가구 당 평균 자녀수가 1960년에 6.0명이던 것이 1986년에는 1.6명으로 급속히 줄어들었고 1995년에는 1.65명, 2000년 현재에는 1.47명으로 점점 줄어들고 있음을 알 수 있다.[5] 또한 가구원의 변화를 보면 평균 가구원수는 1960년 이후 꾸준히 감소하고 있다. 1960년 5.56명에서 1970년에는 5.24명, 1980년에는 4.62명, 1990년에는 3.71명 그리고 2000년에는 3.34명으로 소수화 현상을 보이고 있다.[6] 이는 1962년부터 정부에서 적극적으로 실시해온 가족계획사업에 의해 영향 받은 부분이기도 하지만, 일반인들 사이에서 형성된 소자녀관이 급속도로 확산된 결과이기도 하다. 뿐만 아니라 산업화와 동시에 자녀교육과 양육에 대한 기대치가 향상되면서 자녀를 키우는 것이 과거와는 달리 경제적으로 상당한 비용을 요할 뿐만 아니라 시간적으로도 많은 투자가 요구되는 데에 기인한다.

표 3-1 | 가족 형태별 분포 (단위 : %)

연도	핵가족			직계가족		조손가족	기타가족
	부부	부부와 미혼 자녀	한부(모)와 미혼자녀	부부와 양(편)친	부부와 양(편) 친과 자녀		
1980	6.0	53.0	9.3	0.6	9.8	-	21.3
1985	7.1	52.8	8.9	0.7	9.1	-	21.4
1990	8.3	51.9	7.8	0.8	8.4	-	22.8
1995	10.8	50.4	7.4	0.9	6.8	0.3	23.4
2000	12.3	48.2	7.9	1.0	5.7	0.3	24.6
2005	14.2	42.2	8.6	1.0	4.5	0.4	29.1

출처 : 통계청, 인구총조사.

5) 통계청(2001), 주요출산력지표.

6) 변화순 외(2001), 한국가족의 변화와 여성의 역할 및 지위에 관한 연구, 한국여성개발원.

표 3-2 | 가구의 세대수별 분포 (단위 : 1,000가구, %)

연도	총가구수 (1,000가구, %)	세대수별 가구(%)				1인가구	비혈연가구
		1세대	2세대	3세대	4세대 이상		
1980	7,969(100%)	8.3	68.5	16.5	0.5	4.8	1.5
1985	9,571(100%)	9.6	67.0	14.4	0.4	6.9	1.7
1990	11,355(100%)	10.7	66.3	12.2	0.3	9.0	1.5
1995	12,958(100%)	12.7	63.3	9.8	0.2	12.7	1.4
2000	14,312(100%)	14.2	60.8	8.2	0.2	15.5	1.1
2005	15,887(100%)	16.2	55.4	6.9	0.1	20.0	1.4

출처 : 통계청, 인구총조사.

셋째, 가족형태의 다양한 현상이 나타나 독신가구, 노인 단독가구, 한부모가족의 수와 비율이 증가하고 있다. 확대가족이나 핵가족에 속하지 않는 가구의 비율이 1980년에는 6.3%에 머물렀으나 1990년에는 10.5%로 2005년에는 21.4%로 늘어났다.

이는 특히 이혼률의 증대로 인하여 가속화된 가구해체의 결과이기도 하다. 1972년의 경우 혼인 20쌍에 대해 1쌍 꼴로 이혼하던 것이, 1993년에는 혼인 6쌍에 1쌍의 이혼으로 증가하였다. 통계청의 〈2000년 혼인 · 이혼 통계〉에 의하면, 혼인율은 1970년 이후 최저수준으로 떨어졌고, 이혼율은 98년 이후 3년째 최고 기록을 갱신하고 있다. 결혼은 33만 4,000쌍으로 99년의 36만 2,700쌍보다 7.9%가 줄었고, 이혼은99년 11만 8,000쌍보다 1.7%가 늘었다. 우리나라의 인구 1천명 당 이혼건수인 조이혼율은 2.5로 스웨덴(2.4), 독일(2.3), 일본(2.0)보다 높다.

표 3-3 | 평균 이혼 연령, 이혼건수 및 조이혼률 (단위 : 건, %)

연도	평균이혼연령		이혼건수	조이혼률
	여성	남성		
1987	32.1	36.2	42,375	1.0
1990	32.69	36.75	45,694	1.1
1995	34.47	38.31	68,279	1.5
2000	36.54	40.11	119,455	2.5
2005	38.56	42.08	128,035	2.6
2008	40.45	44.30	116,535	2.4

출처 : 한국여성정책연구원(2010), 2009 한국의 성 인지 통계.

앞에서 살펴본 바와 같이 한국에서도 서구화가 산업화 과정에서 보인 핵가족의 증가와 가구의 소규모화에 있어서는 유사한 경향을 보이고 있으나 핵가족화가 진행되는 과정에서 핵가족의 해체가 동시에 일어나서 비전형적인 가구의 수와 비율이 급속히 증가한 점이 서구와는 다른 경험인 것이다. 즉 서구사회보다 한국사회에서의 다양한 가구의 혼재 현상이 더욱 두드러진다고 할 수 있겠다.

2) 가족형태의 다양화

한국사회는 1960년대 이후 본격적으로 추진된 공업화와 그에 따른 도시화 그리고 자본주의 시장경제의 상품화로 서구사회와 마찬가지로 가족의 소규모화, 사적화를 경험하였다. 특히 최근 20여 년 동안의 두드러진 변화는 가족의 형태가 다양화되었다는 것이다. 현대사회로 넘어오면서 까지도 한국사회에서의 가족이란 3세대의 확대가족을 의미하였다. 그러한 가족만이 자연스럽고, 정상적이라는 전형적 가족개념이 일반적이었다. 그러나 오늘날의 가족형태는 소가족화와 함께 확대가족의 감소, 단독가구 및 1세대가족, 맞벌이가족, 주말부부가족, 한부모가족, 소년 · 소녀가장가족, 공동체가족 등 다양한 것이 특징이며 이러한 다양한 가족 개념을 자연스럽게 받아들이게 되었다. 본 절 에서는 다양한 가족의 유형과 그 특징에 대해 살펴보고자 한다.

(1) 1세대가족

최근 20~30년간 한국가족 변화 중 하나는 가족 크기의 축소이다. 1980년까지만 해도 평균 가구원 수가 4.5명이었으나, 1995년에는 3.3명으로 감소하였다.

실제로 출산율은 1980년의 합계 출산율이 2.7명이었으나 1995년에는 1.7명으로 줄었으며 2009년 현재 1.15를 나타내고 있다. 3세대 가족도 1980년에 21.0%이었으나 95년에는 9.8%로 감소하였다. 그러나 1세대가족은 80년 8.3%에서 95년 13.0%로 증가하였다.[7] 특히 읍면부에서의 1세대가족의 증가는 농촌지역의 노인부부가족의 증가를 의미한다.

7) 통계청(1997), 인구주택 총조사보고서.

표 3-4 | 동, 읍 · 면부별 가구원수

(단위 : 명)

구분	1995	1990	1985	1980	1975
전국	3.3	3.7	4.1	4.5	5.0
동부	3.4	3.7	4.0	4.4	4.8
읍 · 면부	3.1	3.7	4.2	4.7	5.3

* 평균가구원수 = 총 일반가구 가구원수 / 총 일반가구수

또한 도시에서도 노인부부가족이 늘어나고 있는 추세이다. 실제로 1980년에는 노인부부가구가 전체가구의 1.5%였으나 1995년에는 4.5%로 증가하였다. 노인부부가족의 증가 요인 중에는 평균수명의 증대와 가족생활주기의 변화를 지적할 수 있다.

또 다른 1세대가족으로 DINK(Double Income No Kids)족을 들 수 있다. 즉 자녀가 없이 부부가 맞벌이를 하는 가족을 말하는데, 이러한 무자녀 현상은 영원한 것이라기보다는 자녀를 갖는 시기를 일정기간 연기하는 것이라고 할 수 있다.

(2) 한부모가족

이혼율의 증가와 함께 한부모가족이 증가하고 있다. 이혼건수로 보면 1980년에 23,150건이던 것이, 1995년에는 68,005건으로 거의 3배의 증가를 보이고 있으며, 2000년에는 173,628건으로 5년 사이에 2.5배 이상 늘어났다. 좀 더 정확하게 이혼수준을 보여주는 유배우 이혼율은[8] 1980년에는 유배우 인구 1000명당 이혼이 1.6건이었으나. 1995년에는 3.2건으로 배로 증가한 것을, 2008년 현재 조이혼율은 2.4건 임을 볼 수 있다. 특히 동거기간 5년 미만의 이혼은 감소하는데(1980년 42.4%, 1995년 52.8%) 비해 10년 이상 동거한 사람들의 이혼은 증가하는 추세이다(1980년 29.4%, 1995년 41.8%, 2008년 52.9%). 한부모가족은 보통 부부의 이혼과 사별에 의해서 발생한다. 따라서 10년 이상 동거한 후 이혼하는 경우가 증가됨으로써 한부모가족의 증가는 부수적으로 나타날 수 있다. 여기에서는 여성문제와 직접적으로 관련이 있는 편모가족을 좀 더 자세히 살펴보기로 한다.

한부모가족에서 편모인 여성은 어머니와 주부로서의 역할 외에도 생계유지는 물론, 아

8) 실제로 이혼이 가능한 인구인 유배우 상태인 사람을 분모로 계산한 수치.

버지의 역할로 인식되어 온 역할까지 담당해야 한다. 배우자 부재로 인한 본인의 정서문제, 자녀양육 및 교육문제, 생계유지를 위한 취업문제 등이 심각한 문제로 지적되고 있다. 대부분의 편모들은 극히 일부를 제외하고는 직업을 가져야 한다. 그럼에도 불구하고 직업의 안정성이나 소득의 안정성을 기대하기란 어렵다. 사별/이혼한 여성 취업자의 직업 분포는 다음과 같다.

표 3-5 | 혼인상태 및 직업별 여성취업자 분포

구분	계	관리자	전문가 및 관련 종사자	사무 종사자	서비스 종사자	판매 종사자	농업, 임업 및 어업 숙련 종사자	기능원 및 관련기능 종사자	장치, 기계 조작 조립 종사자	단순 노무직 종사자
2000										
여성	8707	24	387	720	1208	3074	999	633	299	1364
미혼	1937	1	164	397	723	511	3	43	48	47
유배우	5703	18	214	304	466	2149	766	514	230	1043
사별 / 이혼	1067	6	9	20	19	414	230	76	22	273
남성	12353	466	714	1622	1151	1963	1155	2077	1942	1264
미혼	2402	9	120	368	287	445	69	437	378	289
유배우	9611	448	588	1230	850	1478	1043	1576	1500	899
사별 / 이혼	341	9	6	25	14	40	44	64	63	76
2005										
여성	9526	45	860	764	1654	3518	765	388	349	1183
미혼	2374	5	423	379	856	560	4	21	76	51
유배우	5904	36	410	355	752	2414	555	308	235	838
사별 / 이혼	1248	4	27	30	46	544	206	59	39	294
남성	13330	529	979	1599	1615	2107	943	2048	2214	1297
미혼	2777	12	204	392	414	529	42	410	438	336
유배우	10041	508	761	1172	1168	1513	855	1531	1674	859
사별 / 이혼	513	9	14	35	33	65	46	107	102	102

출처 : 한국여성정책연구원(2010), 2009 한국의 성 인지 통계.

특히 저소득층 취업편모의 경우 피고용(56.1%), 영세자영업(24.6%), 농업(19.2%) 등에 취업되어 있다. 피고용 부문에서는 파출부, 가정부, 공장가내부업, 생산직근로자, 건설노무자, 막노동 등의 일을 하고 있고, 영세자영업에서는 행상, 노점, 포장마차, 소규모 음식점, 구멍가게 등의 일을 하고 있다.

취업편모의 주당 평균 취업시간은 59.6시간으로 전국 취업여성(53.4시간)이나 전국 기혼 여성(59.5시간)의 취업시간보다 길다.[9] 이들의 가사노동 시간까지 포함하면 하루 총 노동시간은 14시간 44분으로 취업 기혼여성보다 긴 것으로 나타나고 있다.[10] 여기서 더하여 6세 미만의 미취학 자녀가 있는 경우 편모가족의 문제는 더욱 심각해진다. 6세 미만의 자녀가 있는 취업편모의 41.7%가 일하는 동안 자녀를 혼자 내버려두고 있으며, 편모가 아파 누워있을 때에도 방치하거나 큰 자녀 또는 본인이 돌보는 것으로 나타났다. 청소년 자녀들의 경우에도 정서적 · 물질적으로 충분히 보살필 수 없는 점과 진학이 좌절되는 데서 오는 탈선이 문제로 지적된다.

(3) 맞벌이가족

여성의 경제활동이 증가하고 특히 기혼여성의 취업이 증가하면서 맞벌이가족이 증가하고 있다. 1999년 현재 여성의 경제활동 참가율은 46.9%로 1980년의 42.8%보다 증가하였다. 유배우자 여성의 경제활동 참가율을 보면 1990년에 47.2%이었으나, 1999년에는 47.9%로 증가추세이다. 유배우자 여성의 경제활동 참가율은 한국경제가 IMF경제체제로 떨어진 이후 에도 떨어지지 않고 증가하고 있음을 보여주고 있다.

맞벌이가족의 여성문제는 여성들의 다중역할로 인한 육체적 피곤과 정신적 긴장 및 갈등이라고 말할 수 있다. 직장에서의 노동이외에도 가사노동, 자녀양육 및 교육, 부모부양 등으로 인해 육체적 · 정신적 피곤 뿐 아니라 직장일과 가정일 모두가 만족스럽지 못한 데서 오는 심리적 갈등도 긴장의 중요 요인이라고 할 수 있다.

---

9) 한국여성개발원(1998), 저소득층 모자가족에 관한 연구.

10) 취업모의 가사노동 시간은 3시간 9분으로 기혼여성의 평균 가사노동시간이 6시간 42분의 1/2가량이고 취업기혼여성보다 2시간 적다. 또한 하루 총 노동시간도 취업기혼여성보다 40분 긴 것으로 나타나고 있다. 앞의 책.

표 3-6 | **혼인상태별 경제활동 인구**

연 도	경제활동인구		경제활동 참가율(%)		평균 경제활동 참가율(%)
	기혼	미혼	기혼	미혼	
1985	4391	1584	41.0	44.7	42.9
1990	5602	1908	47.2	46.5	46.9
1995	6194	2170	47.6	50.4	49.0
2000	6920	2081	48.7	47.0	47.9
2005	7307	2554	49.0	53.6	51.3
2009	7635	2441	49.0	49.6	49.3

출처 : 통계청, 경제활동인구연보, 각 연도.

맞벌이가족의 경우 가사의 70% 이상을 주부가 수행하고 있는데 그 중에서도 식사준비, 시장보기, 설거지, 세탁 등은 여성이 거의 전적으로 담당하고 있다. 특히 자영업자 여성들은 임금근로자 여성들 보다 가사노동의 수행량이 더 많은 것으로 나타나고 있다.[11] 자영업이라는 특성으로 인해 집안과 일터가 뚜렷하게 분리되어 있지 않은 공간적인 특징과 근무시간이 정확하지 않은 시간적 특징 때문인 것으로 생각해 볼 수 있다.

맞벌이가족의 여성들은 가사 일을 포함하는 가정 내의 다양한 역할에 대해 불공평하다고 느끼고 있고, 가사 일에 대한 불공평 인지도가 매우 높은 것으로 나타나고 있다. 또한 이들은 사회활동이나 문화 활동에 대해서도 만족하지 못하고 있는 것으로 나타나고 있다.[12] 이것은 여성들이 자신만을 위한 시간을 갖지 못하고 있음을 의미하고 있는 것이다.

(4) 대안적 가족

① 동거부부가족

서구사회에서의 미혼 동거라는 남녀 간의 결합 형태는 오늘날 하나의 가족유형으로 자리 잡고 있다. 그러나 우리에게 있어 미혼동거라는 가족유형은 아직은 자유분방한 성 모럴의 단면으로 인식되는 측면이 강하다. 프랑스의 경우 20~30대 연령층에서 부부관계를 이루고 살아가는 이들 중 약 30%가 결혼이라는 제도 밖의 동거상태에 있다는 사실과 이

11) 한국여성개발원(1998), 앞의 책.

12) 앞의 책.

쉬어가기

신세대 대학생 동거커플의 예

서울대 사회대에 다니는 김경수(24. 가명)씨는 느지막하게 잠자리에서 일어났다. 같은 학교 여학생과 동거에 들어간 지 3개월, 여자 친구는 일찌감치 도서관에 가고 없었다. 김씨는 간단한 방 청소와 설거지로 하루 일과를 시작했다.

최근 대학가에서는 김씨 같은 대학생 '동거 커플'을 쉽게 찾아볼 수 있게 됐다. 굳이 결혼을 전제로 하지 않더라도 지방 출신 학생들이나. 수도권에 있더라도 집이 먼 학생들끼리 서로 마음만 맞으면 동거에 들어간다고 한다.

김씨도 사귄지 1년쯤 되던 무렵 여자 친구와 방을 '합쳤다'. "식사도 규칙적으로 하게 되고, 외롭지 않아 좋다"며 "다른 지방출신 친구들 중에도 동거 커플이 꽤 있다"고 말했다. 송모(서울대 인문대, 23, 여)씨는 "정확한 통계는 낼 수 없지만, 친구 10명에게 물어보면 1명 정도는 '주위에 동거 커플이 있다'고 대답한다"며 "굳이 숨기지 않는 분위기"라고 말했다. 작년 5월 서울대 '대학신문'에는 사회대와 인문대에 재학 중인 남녀동거 커플에 관한 르포기사가 실리기도 했다. 지방대학의 경우, 다른 지역에서 유학 온 학생들끼리 동거하는 경우는 더 이상 낯선 사례가 아니다.

조선일보(2001. 4. 20)

들 중에는 적지 않은 수가 자녀를 두고 있으며 여러 가지 사회 제도적인 차원에서 보호를 받고 있다는 점에서 동거부부가 '합법적'인 하나의 가족형태로 인정받고 있다.[13]

한편 한국사회에서는 70년대를 중심으로 주로 노동자 계층에서 생계를 위한 전략 차원에서 미혼의 동거부부가 사회현상으로 나타나기 시작했다. 그러나 대부분의 계층에서 결혼이라는 제도 밖의 남녀 간의 결합은 경제적으로 여유가 없어서 혹은 성적 자유를 주장하는 일부 소수의 스캔들로서의 성격을 넘어서지 못했다. 현재 우리사회에서 남녀 간의 동거가 적극적인 의미에서 결혼에 대한 대안으로 선택되고 있는 새로운 측면은, 비록 미혼

---

13) 프랑스 국회는 1999년 10월 13일 '시민연대협약(PACS)' 법안 즉 "결혼식을 올리지 않은 남녀 간의 동거, 성적 관계를 갖지 않는 또 다른 형태의 '동거 듀오(duo)' 등 모든 형태의 동거부부에게 법적 지위를 부여, 이들이 각종 법률이나 시회보장 측면에서 불이익을 당하지 않도록 하는" 안을 통과시켰다. PACS 법안은 시회당 등 집권 좌파의 주도로 입안되었다(동아일보, 1999년 10월 14일, 조선일보, 1999년 10월 14일).

쉬어가기

비혼 여성의 "독립" 프로젝트

"나 홀로 당당하게 살고 싶다."

결혼을 선택하지 않고 부모로부터 독립해 온전한 주체로 살겠다는 비혼(비혼)여성이 최근 늘어나고 있다. '비혼' 이라는 용어는 '아직 결혼하지 않은' 이라는 의미의 '미혼' 보다 '스스로 결혼을 선택하지 않은' 이라는 주체성을 강조한다. 이같은 비혼여성들은 부모로부터도 독립해 '나 홀로 가구' 를 이루는 추세다. 오랫동안 비혼으로서 독립생활을 해 온 000(비디오칼럼니스트, 42)씨는 혼자 사는 게 너무 익숙하고 자연스럽다고 말한다. 그는 비혼 독립여성의 조건으로 경제력, 건강, 적성에 맞는 평생직업, 애인 등을 꼽는다. 그는 모든 여성들이 '결혼이 나에게 맞는지' 에 대한 적성 테스트를 할 필요가 있다고 말한다. 그리고 배우자가 경제적 · 성격적 측면에서 맞는지도 점검해야하고, 그렇지 않고 그저 관습상 결혼한 사람들은 불행할 수 밖에 없다는 게 그의 생각이다.

미국에서 교수로 자리 잡은 비혼 여성 000(45세)씨는 "미국은 한국과는 달리 만 18세가 되면 딸, 아들 관계없이 집에서 독립하는 것이 보편적인 문화이기 때문에 비혼여성들의 독립생활이 훨씬 자유롭다" 고 전한다. 이씨는 미국에 있다가 가끔 서울에 올 때면 여자가 혼자 산다는 것에 대한 선입관이 너무 크다는 것을 피부로 느낀다. 심지어 '주인 없는 여자' 로 간주해 '한번 데리고 놀아봐도 되겠다' 는 식으로 접근하는 남성들도 있다.

한국여성민우회 〈가족과 성 상담소〉 사무국장은 "비혼여성이 건강하게 혼자 살 수 있기 위해선 무엇보다 지지집단이 있는가 없는가가 중요하다" 고 말한다. 친구나 주변 관계망이 있느냐 없느냐에 따라 삶의 질이 달라질 수 있고, 이는 노후 문제와도 밀접한 관련이 있다는 것이다.

젊은 비혼 여성들의 경우 뜻 맞는 지지집단을 찾기가 어렵지 않지만, 상대적으로 기성세대인 40대 이상의 여성들은 자신의 비혼을 격려해줄 수 있는 집단을 만나기 어렵다. 이에 이들이 사회적 고립을 극복할 수 있도록 여성단체에서 사회적 그룹과 네트워크를 구축하는 프로그램을 개발해야 한다는 지적이다.

여성신문(2000. 9. 8)

동거부부에 대한 정확한 통계수치도 제시되지 못하는 상황이기는 하지만 성에 대한 가치관의 변화와 함께 부분적으로 관찰되고 있다.

② 독신여성가구

독신으로서의 삶은 결혼을 필수요건으로 보지 않는 젊은 층에게 있어 자유와 독립을 위한 대안적인 생활방식으로 그 선택의 가능성이 증가하고 있다. 이러한 추세를 반영하듯 독신 여성에 대한 사회적 편견은 점차 그 완고성으로부터 탈피하고는 있지만 짝을 이루고 살지 않는 삶 자체에 대한 남성 중심적 잣대와 평가는 뿌리 깊게 남아 있다.

"세상에 혼자" 인듯한 감정을 극복하기 위한 독신여성들의 노력은 삶의 질을 높이는 원동력이 되기도 하고, 타인에 대한 애정의 폭을 넓히는 인격적인 삶을 가능하게 해 주기도 한다. 그러나 긍정적인 측면에 대한 사회적 공감은 독신의 삶에 대한 궁극적인 평가의 결과로서 보다는 '이해를 위한 이해' 의 한계 속에서 이루어질 뿐이다.

사회적으로 팽배해 있는 기성세대의 독신여성에 대한 인식은 대체로 남성 중심적인 가치관을 극복하지 못하고 있다. 이러한 가치관 속에서 독신여성의 위상은 남성의 울타리 안에서 보호를 받아야 하는 대상으로 자리매김 되고 있음을 볼 수 있다. 한국사회에서 삶의 다양성이 존중되기 위해서는 무엇보다도 제도의 개선(호주제)없이는 사회 전체적인 차원에서의 의식의 지체를 극복하기 어려울 것이다.

3) 가족기능의 변화

현대사회에서는 의식주를 중심으로 한 가족의 물리적 기능은 약화되고 심리적 기능에 대한 기대는 증대 되는 현상을 보이고 있다. 이렇게 가치관의 변화로 인하여 가족에 대한 기대가 변화하고 있는 중에서도 한국사회에서는 여전히 가족 중심주의적 이데올로기가 강하게 작용하고 있다. 여기에서는 한국가족의 기능 중 가장 중요한 특성으로 생각되는 혈연관계의 유지 및 존속, 자녀양육 및 사회화 기능, 정서적 안정 및 유대의 강화, 경제 및 소비의 기능이 어떻게 변화되어 나아가고 있는가를 살펴보기로 한다.

(1) 혈연관계의 존속 및 유지

오늘날의 한국사회에서는 여전히 전통사회에서 요구되던 부계혈통의 유지현상이 뚜렷이

표 3-7 | 출생 성비 비교

연도	2008	2005	2000	1995	1990	1985
성비율(%)	106.4	107.5	110.2	113.2	116.5	109.5

출처 : 한국여성정책연구원(2009), 성 인지 통계.

지속되고 있다. 대부분의 한국인들은 집안의 대를 잇는 것이 중요하다고 여기며 제사를 모시기위해 아들이 필요하다고 믿고 있다. 이와 같은 부계 혈통주의와 남아선호사상에 있어서는 여성도 예외가 아니다. 여성들 스스로도 아들을 낳아야 한다는 남아선호사상을 고수하고 있다. 그 결과 출생 시의 성비 불균형 현상이 뚜렷하며 이 불균형 현상은 개선되는 모습을 보이고 있지 않다.

전통적인 가족관이 여전히 유지되고, 남아선호사상이 매우 심각함을 보여주지만 이는 가계계승이라는 기능적인 목적보다는 부모세대 관여와 가부장적 사회의 지배문화로부터 소외되기를 원치 않는 수동적인 가치관이 작용한 결과로 보인다. 또한 이상적인 자녀 수가 한두 자녀로 제한되고 있는 사회적 분위기 속에서 의학기술의 발달이 이러한 현상을 증폭시키는 결과를 낳고 있다고 볼 수 있다.

또한 현대사회에서의 부모-자녀관계는 '효' 실천을 기반으로 한 규범적 관계에서 애정이 관계의 중요한 핵심적 · 감정적 관계로 나아가고 있음을 지적할 수 있다. 이와 관련하여 한국사회에서의 부모-자녀관계가 오래 전부터 변화되어 왔음을 지적한 연구도 있다.[14] 앞의 연구에 의하면 자녀와 부모사이의 정서적 교류가 중요하다는 항목이 가문을 잇는다는 항목보다 '외로움에서 벗어나고자', '키우는 재미' 에 훨씬 높은 응답률을 보이고 있다. 따라서 개인적이고 인격적인 관계에 기반을 둔 사랑과 정서적 유대감이 추구되기를 기대하는 부모와 자녀 간의 관계 특성은 자녀를 출산하는 동기에도 변화를 가져오고 있다.

(2) 자녀양육 및 사회화 기능

자녀를 양육하는 한국의 부모들은 태도는 어떠한 특성을 띠고 있나? 그 몇몇 특징들을 지적해 보면 다음과 같다.

14) 한남제(1984), 『한국도시가족연구』, 일지사 참조.

첫째, 부모의 자녀 양육 및 사회화를 위한 역할은 아버지보다 어머니에게 과중적으로 부담 되고 있다. 이는 "우리 사회에서 어머니의 역할에 대한 사회적 기대가 더 크고, 더 많은 가치가 부여되며, 역할수행에 대한 규범이 더 엄격하기 때문" 인[15] 것으로 분석되고 있다. 여성이 배우자인 남성과 마찬가지로 직업활동을 통해 가정경제에 기여하고 있는 경우에도 자녀양육 및 교육을 위한 책임은 여성의 몫으로 돌려지는 경향이 있다. 최근에는 장년층의 아버지를 중심으로 부성을 회복하기 위한 노력이 시도되고 있지만 사회의 일반적인 분의기를 주도하기에는 역부족이다. 성별 역할분담이 고착되어 있는 기존의 가치관과 부성회복을 위한 노력을 제도적으로 뒷받침해줄 수 있는 제도적 장비의 미흡함이 걸림돌로 작용하고 있기 때문이다.

둘째, 가정 내에서의 부모의 성 역할 분담에 대한 태도는 자녀세대에 대해 암묵적으로 내면화되는 사회화 과정의 핵심적 내용을 이룬다.

셋째, 현대사회는 성취지향의 경쟁사회이다. 그 속에서 자녀는 문화적 자본을 획득할 수 있으며, 일정한 지위를 부여받을 수 있다. 한국사회에서는 이러한 경향이 더욱 두드러지게 나타나 학교교육의 성과를 놓고 전개되는 부모 자녀 간의 과민한 긴장감은 가정에서의 인성교육을 소홀히 하게 할 뿐만 아니라 애정의 소통을 왜곡시키기도 한다. 한국사회에서 가정 내의 자녀 사회화는 타인과의 관계를 배려하는 집단의 연대성을 추구하기보다는 개인주의적 가치관을 조장하는 특성이 있다.

(3) 정서적 안정 및 유대의 기능

가족의 정서적 안정 및 유대의 역할기능과 관련한 여성학적 관점은 매우 비판적이다. "정서적 역할을 수행하는 여성의 입장에서 볼 때 가정은 타 가족원에게 안식처를 제공해 주는 일터일 뿐이며, 남편과 자녀에게는 가정이 은신처 또는 최소한의 여가의 장소로 경험될 수 있으나 대부분의 여성에게 가정은 노동의 장소" [16]인 것이다. 가정이 정서적인 안식처가 되기 위해서는 남편과 아내사이의 정서적 서비스의 상호작용적인 교환이 반복적으로 일어나야만 가능하다. 이렇게 볼 때 가족의 정서적 안정 및 유대를 위한 역할은 아

---

15) 유희정(1995), 「부모자녀관계」, 『가족과 한국사회』, 경문사.

16) 이재경(1997), 「정의의 관점에서 본 가족」, 『가족철학』, 이화여대출판부.

내에게만 전담되고 있는 것이 아니라 남편에게도 비중 있는 몫이 기대되고 있는 것이다. 한국사회에서의 이혼률의 증가는 남편과 자녀에게 헌신적으로 안식처를 제공해온 여성들이 '자기희생의 논리'를 거부하는 의식의 변화를 반영하는 것이기도 하다.

(4) 경제 및 소비의 기능

현대사회에서도 가족은 구성원 간에 재화와 용역을 공유하는 중요한 장소로 남아있다. 가족구성원의 소득이 일정 부분 공유되고, 소득에 따라 소비수준에도 차이가 난다. 부모의 수입은 자녀의 교육비, 식비 등 공동의 소비를 위하여 지출하게 된다. 가구의 소득공유방식(incomepooling)에 의해서 소비공동체로서의 가구의 경제적 지위와 삶의 질 간의 긴밀한 관계가 나타나고 있다. 뿐만 아니라 가족 성원들은 상호 간에 가사노동을 제공하거나 제공받는 관계에 놓여있다. 가사노동의 사회화, 상품화, 기계화가 지속적으로 증대되고 있는 속에서도 여성의 가정 내 역할은 중시되고 전 가족 성원들에게 이러한 서비스를 공유할 수 있는 장치를 마련하는 기능이 중시된다.

그러나 최근 우리사회는 부부간의 평등성이 추구되는 의식이 확산되면서 점차 부부 공동명의의 소유권 등록을 긍정적으로 수용하는 변화를 맞고 있다. 수입과 생활비 관리 방식의 특성과 관련해 '수입과 생활비 모두 아내관리' 형과 '수입은 남편관리, 생활비는 아내관리' 형 그리고 '수입은 각자관리, 생활비는 공동관리' 형으로 나누어 계층별로 각각의 특성을 고찰한 연구는[17] 새로운 경제형태로서 개인주의화의 물결 속에서 개성과 인권을 존중하려는 문화 확산의 모습을 잘 보여주는 예라 할 수 있다.

4) 가족관계의 변화

현대사회에서는 산업의 발달과 더불어 가족관계에서도 상당한 변화를 나타내고 있다. 전통적 가부장제 가족에서부터 서구적 관계를 반영하는 평등한 가족에 이르기까지도 다양한 모습을 드러내고 있다. 즉 가족관계의 변화양상과 아울러 혼재된 상태에 있음을 보여

17) 이재경(1997), 「정의의 관점에서 본 가족」, 『가족철학』, 이화여대출판부.

주고 있다. 혼재된 모습은 부모-자녀관계와 부부관계를 유지하는 방식에 있어서도 드러난다. 현대 한국사회에서의 부모-자녀관계가 과거에 비해 많이 약화되고, 부부관계가 강화되는 방향으로 나아가고 있다고 하지만 서구사회에서와 같이 부부 중심적인 양상이 주를 이룬다고 보기는 어렵다. 한국 가정 내에서의 부부관계는 여전히 부모-자녀관계를 포함하고 있고, 부모-자녀관계가 부부관계에 상당한 영향을 미치고 있다.

핵가족화의 추세와 더불어 따로 신혼살림을 차리는 '신거제(neolocal residence)'가 증가 하면서 시가(媤家)와의 관계에 있어서도 상당한 변화를 보이고 있다. 시가의 출입만큼이나 친정의 출입이 자유로워지고 남성들에게도 처가와의 관계가 중시되고 있다. 이와 같은 추세 속에서도 여전히 시가와의 관계가 처가와의 관계를 앞서고 있으며, 부계제가 중시되는 경향을 보이고 있다. 또한 핵가족의 증가가 뚜렷이 나타나고 있는 와중에도 서구와는 달리 가족구조의 내용과 성격은 확대가족에서 예상되는 복합적 성격을 나타내고 있다. 즉 가족구조는 핵가족 형태를 유지하고 있더라도 실제관계에 있어서는 확대가족관계를 유지하고 있는 '수정확대가족(modified extended family)'의 성격을 띠고 있다.

부부관계에 있어서의 주된 모습은 가부장적 남편우위형으로 나타나고 있다. 하지만 내용면에서는 상당한 변화를 보이고 있는 것이 사실이다. 젊은층을 중심으로 우애적 부부관계 또는 동반자적 부부관계로의 전환을 파악할 수 있다. 그러나 겉으로 드러난 평등한 모습이 가사노동의 분담이나 소득활동 면에서도 평등이 유지되고 있는가 하는 질문은 여전히 해결해야만 하는 문제로 남는다.

4. 여성의 가정 내 역할 및 지위

앞에서 살펴본 것과 같이 한국의 가족은 과거에 비해 애정과 우애를 기반으로 한 부부중심의 가족으로 변하고 있다. 특히 여성들의 경제활동에의 참여의 증대로 가족 내에서의 여성들의 지위가 과거에 비해 많이 향상된 것이 사실이다. 그러나 '여성들이 가정 내에서 민주적 남녀관계를 유지하고 있는가?'라는 질문에 '그렇다'라는 답을 내리기에는 많은 문제를 가지고 있는 것 또한 사실이다. 본 절에서는 가정 내에서의 여성의 역할 및 지위를 가사노동의 분담 정도, 자원분배의 정도, 성애 그리고 자녀의 사회화로 나누어 살펴보고자 한다.

1) 가사노동의 분담

가사노동과 여성지위의 상호관련성 논의에 의하면 가사노동이 문제시되는 이유는 가사노동을 여성의 일, 무보수노동으로 간주해 온 사회통념이 가사를 담당하는 주부의 사회적, 경제적 지위에만 영향을 미치는 것이 아니라 시장노동에 참여한 취업여성에 대한 각종 차별과 불평등의 원인으로도 작용한다는 점이다.

현대사회에서 여성에게 교육, 노동에서의 형식적 권리와 평등이 주어짐에도 불구하고 여성이 열등한 지위를 면치 못하는 것은 가사노동을 여성의 당연하고 자연스러우며 천부적인 책임으로 부과하면서 이를 노동으로 보지 않고 무가치한 것으로 보는 가부장제와 그 문화에 깊은 뿌리가 있다. 주부를 집에서 노는 사람으로 보는 사회의 인식은 가사노동을 전담하는 여성을 남편에게 경제 · 사회적으로 의존하는 존재, 피부양자로 규정함으로써 여성의 가족이나 사회 내에서의 지위를 낮추게 한다는 것이다. 따라서 가사노동의 문제는 여성의 역할과 지위와 밀접히 연관된 중요한 문제이며, 남녀가 평등한 사회를 이루기 위해서는 반드시 짚고 넘어가야할 문제로 가사노동의 가치를 제대로 평가하고 이를 제도적으로 보장하기 위한 여러 연구들과 실천적 노력들, 가사를 전담하는 주부의 지위와 역할 그리고 그들의 정체감과 의식을 새롭게 모색하는 작업들이 조금씩 시도되고는 있으나 이것이 정책으로 연결되어 조속히 시행되어야 하는 것이다.

가사일과 자녀양육의 역할분담을 어떻게 하느냐가 부부간의 평등성을 가늠하는 잣대로 적용되고 있다고 강조되고 있으나,[18] 한국사회에서의 가사노동은 여전히 아내들의 몫으로 생각되는 경우가 많으며 여성의 취업이 증가하면서 남편과 부인이 모두 집밖의 사회적 노동에 참여해야 하는 맞벌이 가정의 경우에도 남편들은 가사노동의 책임을 부인에

18) 박숙자(1995), 「가족관계의 변화」, 한국여성사회연구소(편), 『한국가족문화의 오늘과 내일』, 사회문화연구소.

게 떠넘기는 경우가 많다는 것이 취업여성의 문제로 지적되고 있다. 여성들의 사회 경제 활동에의 참여 정도에 상관없이 한국여성들은 서구의 여성들보다 가정 내에서 불평등한 부부관계에 놓여져 있다고 단정할 수 있는 것이다.

2) 자원분배

자원분배는 여성들이 남성들에 비해 가족 내에서 어떠한 위치에 있는가를 측정해볼 수 있는 하나의 방법이 될 수 있다. 즉 가족의 재정적 자원이라고 할 수 있는 소득이 분배되는 방식과 부동산의 명의가 누구의 것으로 되어 있는가를 봄으로써 여성의 지위를 짐작해 볼 수 있다. 보통의 여성들은 소비 우선순위의 첫 번째로 자녀와 남편을 맨 마지막으로 본인 자신을 놓는 것이 일반적이다. 주부가 죄의식 없이 소비하는 유일한 돈은 가족을 위한 음식과 자녀의 옷에 쓰는 것이다.[19]

구체적인 자원분배는 어떻게 이루어지고 있을까? 한국의 20, 30대 부인들은 재산에 대한 공동소유권과 공평한 관리권을 부부의 평등성 지표로 보고 있다.[20] 그러나 실제로 집이나 자동차 등과 같은 것들이 부인의 명의나 부부의 공동명의로 되어 있는 가족은 극소수이다. 이와 같이 재산소유권이 여성들에게 불리하게 된 것은 기본적으로는 가부장제적 가치관 때문이겠으나, 법적 문제점의 영향이기도 하다. 최근에 이러한 문제에 대한 작은 변화가 사회의 시선을 끌고 있다.

이러한 부부 재산계약 제도는 소수에서 일어나는 변화이지만 이러한 제도가 활성화되면 여권신장에 크게 기여할 것이며, 상대적 약자였던 여성들이 심리적 안정감을 얻고 보다 자신감있게 결혼 생활을 영위할 수 있을 것으로 전망해 볼 수 있다.

3) 의사결정

핵가족 부부의 권력관계를 측정하기 위해 가족전체의 생활에 영향을 미치는 사안들에 대

19) 에보트와 엘레스(1991), 박민자 역, 『여성사회학』, 경문사.
20) 박민자(1992), 「부부관계의 평등성」, 『한국가족의 부부관계』, 사회문화연구소.

쉬어가기

국내1호 '부부재산계약' 등기 신청

결혼을 앞둔 예비부부가 결혼 후 부부재산의 관리 및 처분권한 등에 관한 계약을 맺는 '부부재산계약' 듣기신청이 국내법원에 처음으로 접수됐다.

이번 신청에 따라 그동안 사문화됐던 부부재산계약제도가 부활하게 됐으며 대법원은 예비 부부들의 신청이 잇따를 것에 대비, 관련규정과 절차의 정비에 나섰다.

김모씨(남)와 정모씨 부부가 3개월에 걸친 협의 끝에 마련한 계약 내용은 파격적 이다.우선 혼인 중 취득한 재산은 모두 부인 장씨 명의로 등기하기로 했고, 부부의 모든 수입(퇴직금 포함)과 공유재산도 장씨가 처분 및 관리하기로 했다. 또 남편 김씨는 장씨의 동의 없이는 빚을 얻거나 보증을 설 수 없고 이를 어길 경우 김씨의 채무에 대해 장씨는 어떠한 책임도지지 않기로 했다. '불평등계약' 이라고 할 정도로 부인에게 큰 양보를 한 김씨는 "사랑하는 아내에게 말뿐만 아니라 실질적으로 평등한 삶을 보장해주기 위해 계약을 결심했다" 고 설명했다. 장씨는 "아직 우리나라 부인들은 결혼 후 경제권을 남편에게 빼앗기고 참고 사는 경우가 많지만 젊은이인 우리는 그들과 다르게 살기 위해 내가 남편을 설득했다" 고 말했다.

동아일보(2001. 5. 21)

해 부부 중 누가 최종 결정을 하는가에 대해, 부부가 공동으로 결정하는 사안이 많은 경우를 부부공동형, 남편과 아내가 각각 주로 결정하는 경우가 많을 때에는 자율형, 남편이 전적으로 결정하는 사안 많을 경우 남편우위형, 아내가 전적으로 결정하는 사안이 많으면 아내우위형으로 분류하였다.[21] 이 방법에 의한 분석 결과, 오늘날 한국가족의 의사결정 유형은 부부공동형이 제일 많고, 부인우위형, 남편우위형, 자율형의 순으로 나타났다.[22] 이러한 연구의 결과는 과거에 비해 부부공동이나 아내우위가 많은 것으로 봐서 의사결정 측면에서는 가족 내 여성의 지위가 상당히 높다고 말할 수 있겠다. 실제로 여성들은 의사결정이 공평하게 이루어진다고 보는 이가 74.0%로 절대다수를 차지한다. 그러나 이러한

21) Blood & Wolfe(1960), *Husbands and Wives : The Dynamics of Married Living*, Glenco, Ⅲ, Free Press.
22) 박민자(1992), 앞의 책.

결과의 해석에는 깊은 주의가 요구된다.

한국의 가족 내의 의사결정행위는 아내들이 원해서라기보다는 남편들이 귀찮아서 하기 싫은일, 아니면 아내가 결정하는 것이 훨씬 합리적이고 효율적인 일 또는 중요하지 않은 일 등을 아내에게 위임하기 때문에 아내들은 원치 않아도 하게 되는 경우가 대부분인 것이다. 이런 경우 누가 결정하는가 보다는 오히려 그렇게 결정하도록 위임하는 사람이 더 중요한 권력을 행사하는 자이고 이 사람이 통제권을 갖는다. 따라서 실질적인 권한은 남편이 쥐고 있음을 알 수 있다. 실제로 대부분의 일은 부부공동이거나 아내가 결정하는 데 비해 남편의 직장과 관련된 일, 재산증식과 관련된 일, 주거문제와 관련된 일 등 중요한 일은 남편의 의견이 더 많이 반영됨을 알 수 있다.

4) 성 애

부부간의 성애문제는 도덕과 사생활에 관계된 문제라는 일반적인 인식 때문에 주변적 주제로 취급되었던 것이 사실이다. 최근에는 폭력, 피임, 낙태 등이 사회문제화 되면서 성애가 그것들과 연관되어 있어 관심을 끌게 되었다. 성애(Sexuality)의 개념 속에는 성교, 성관계, 월경, 출산, 낙태, 피임 등의 일련의 과정이 포함되는 것으로서 신체적 · 심리적인 특징과 사회규범 등에 의해서 영향 받는 복합적인 하나의 체계로 인식되어져야 한다.

전통적으로 남성은 성충동이 강한 반면, 여성에겐 성충동이 거의 없다는 통념에 기반해서 볼 때, 한국사회에서는 남성의 경우와는 달리 여성을 성적으로 자극시키기 위한 통념은 찾아볼 수 없고, 성적 충동을 느끼는 여성은 정숙하지 못한 여성으로 여기는 통념만을 볼 수 있다. 따라서 남성은 성행위에서도 적극적이고 여성을 주도하는 능력이 강조된다. 한 연구에 의하면 부부간의 권력관계가 남편 지배적인 것과 마찬가지로 구체적인 성관계에서도 남편의 일방적 주도가 보편적으로 나타났다. 부부간에 성관계 제안은 남편이 하고 아내는 이를 수락하거나 거부하는 소극적인 자세를 보이고 있다. 일방적인 요구에 대해 아내들은 대체로 원치 않을 때에도 거절하지 못하고 받아들이는 반면, 남편은 일방적인 요구에 대해 자기 상태에 따라 거절하는 태도를 보이고 있다.

5) 자녀의 사회화

성역할 사회화에 있어 가족이 미치는 영향력은 크다. 전통적으로 한국 가족에서 아들과 딸에 대한 기대는 전혀 다르게 나타나고 있다. 아들은 집안의 기둥으로, 딸은 현모양처로 기대되고 있었기 때문에 그들에 대한 교육내용이 달랐던 것이 사실이다. 최근에는 아들과 딸에 대한 기대나 태도의 구별과 차별이 약화되고 있지만 여전히 영역에 따라 남아와 여아에게 달리 나타나고 있다.

아들에게는 경제력, 권력 등의 형태로 많은 대가가 주어지는 직업역할을 기대하여 모델을 제시해주는 반면 딸에게는 전통적으로 여성적인 품성, 직업만을 기대함으로써 차별적 상황을 지속시키고 전문화된 사회로의 이행을 저해하고 있는 것이다. 최근에는 과거 사회에서처럼 딸과 아들에 대하여 전통적인 성역할 이데올로기를 강요한다던가, 여성다움과 남성다움을 경직된 방식으로 강조하지는 않지만 자녀에게 허용되는 성에 따른 규범적 태도의 선택 폭은 그다지 넓지 못하다.

가족에게서 이러한 차별적 사회화는 유치원을 포함한 각급학교에서의 생활과 대중매체등을 통하여 성역할로 공고화되고 궁극적으로는 성역할 고정관념으로 고착되어 일상생활에서 남녀의 비민주적 관계를 야기 시키는 것이다.

5. 가족에 대한 새로운 이해

가족은 더 이상 사회의 변화에 따라 단순하게 수동적으로 반응하는 것이 아닌, 가족 내에 있는 모든 개인들의 소망과 필요를 충족해 줄 수 있는 목적을 가지고, 그것을 달성할 수 있는, 나아가서는 사회발전을 유도하는 능동적인 집단이어야 한다. 따라서 가족유형은 어느 한 가지만을 이상적이라고 고정시킬 수 없다. 개인의 필요에 따라 다양화되어야 한다. 맞벌이가족, 편부모가족, 공동체가족, 무자녀가족 등 가족생활주기나 개인 생애경로(life course)에 알맞은 유형을 창출하고 선택할 수 있어야 한다.

바람직한 가족은 가족성원 중 어느 누구도 가족의 복리라는 미명하에 희생당하지 않아야 하고, 개인의 성장과 발달이 억압당하지 않아야 한다. 남녀가 같이 일하고, 같이 부모역할을 하며, 같이 남는 시간을 향유할 수 있어야 한다. 이러한 가족에서 개인의 존엄성과 양성평등이 실현되고, 민주적 시민이 성장·배출될 수 있으며, 나아가서 권위주의적이고 경쟁적인 사회를 민주적이고 더불어 사는 사회로 만들어 가는 주체성을 발휘할 수 있을 것이다.

앞에서 살펴본 것처럼 한국의 가족은 그 구조, 기능, 내용면에서 혼재된 모습을 보이고 있다. 그렇다면 과도기에 처해있는 한국의 가족을 위해서는 어떤 방향으로 변화를 꾀할 수 있을 것인가? 이를 위해서는 전통적 가족관이나 남녀역할에 대한 고정관념을 유보하고 실제로 가정생활이나 가족관계가 어떠한 모습을 띄고 있으며, 구성원들의 가족에 대한 요구가 어떻게 변화하고 있는지를 구체화하여야 할 것이다.

새로운 그리고 바람직한 가족상은 어떠한 모습을 띌 수 있을 것인가? 이는 가족, 정부차원, 사회부문과 이웃과의 관계에서 살펴볼 수 있다. 첫째, 가족차원에서는 가족 간의 관계를 원만하게 할 수 있는 방법으로서 보다 민주적이고 평등한 관계를 형성할 필요가 있다. 가족 내에서 본인의 적성을 고려한 역할을 중시하여야 할 것이며, 또한 자발적인 관계를 형성함으로써 진정한 애정을 바탕으로 보다 원만한 관계를 구축할 수 있는 방안을 모색하여야 한다.

둘째, 정부차원에서는 개별 가족이 건강하고 풍요로운 생활을 유지할 수 있도록 정책을 개발하고 물리적인 지원과 대책 마련에 주력하여야 한다. 특히 모든 개인이 헌법에 보장된 인간다운 생활을 영위할 수 있도록 저소득층, 빈곤가족을 위한 배려가 요청된다.

셋째, 가족과 긴밀한 관계를 유지하고 있는 사회부문들과의 연계성을 고려함으로써 가정생활의 질을 향상시킬 필요가 있다. 특히 가정생활의 질을 높이도록 사회의 정책을 전환하고, 가족 중심의 행사를 마련하는 등 가족의 발전과 공적 영역의 발전이 병행할 수 있는 연결점을 찾도록 노력하여야 한다. 또한 현대사회에서 가정생활에 많은 영향을 미치는 대중매체의 내용이 흥미위주에서 벗어나 고정관념을 탈피함과 동시에 가족문제의 해결을 돕는 방향으로 나아갈 수 있어야 한다.

넷째, 도시가족의 고립성에서 벗어나기 위해서는 이웃과의 관계를 공고히 함과 동시에 지역사회에 가족들이 참여할 수 있는 여러 가지 프로그램의 마련이 시급하다.

다섯째, 가족문제를 전담하는 전문기구들이 많이 만들어져 포괄적인 상담을 제공하고 해결방안을 제시함으로써 가족관계와 가정생활의 질을 향상시킬 수 있는 구체적인 도움이 제공되어야 한다.

이렇게 가족구성원들이 민주적인 방식으로 열린 공간을 마련함과 동시에, 정부차원에서의 복지정책이 병행되고, 가족문제를 전담할 전문기구가 생겨나며, 가족이 지역사회와 통합을 시도할 때, 현재 한국사회에서 가족이 당면한 문제들이 보다 수월하게 해결될 수 있을 것으로 전망해 볼 수 있다.

생각해볼 문제

1. 가족연구의 접근방법을 분류하고 각각의 논리를 정리해 봅시다.
2. 한국사회 가족구조의 변화에 대해 설명해 봅시다.
3. 여성의 가정 내의 역할 및 지위는 어떻게 설명 가능한지에 대해 논의해 봅시다.
4. 21세기형 가족에 대해 토론해 봅시다.

04 Chapter

여성과 일

아직까지도 남성중심적 사고와 학문적 편향은 여성이 집안일을 하는 것을 너무나 당연한 것으로 간주하여 이를 관심의 대상으로 삼지 않아 왔다. 그러나 가사노동은 여성들의 삶의 내용을 결정하는 중요한 부분이 되고 있으며, 실제로 여성들의 여러 삶의 기회를 제한하는 요인이 되고 있다.(중략) 여성 취업의 양적 증대가 곧바로 여성의 사회적 지위 상승으로 연결되는 것은 아니다. 자본주의 사회에서 취업해 있는 여성들은 일반적으로 여러 종류의 경제적 차별과 불평등한 대우를 경험한다. 여성들은 노동자로서 겪는 일반적 착취뿐만 아니라 남성에 비해 낮은 임금, 불리한 고용조건, 불평등한 사회적 대우 등의 차별을 경험한다.

1. 가사노동

1) 가사노동의 개념과 논쟁

(1) 가사노동의 개념

가정에서 행해지는 노동력의 일상적인 재생산활동은 가사노동이라는 개념으로 정의될 수 있다. 가사노동은 인간의 생존과 존속을 위해 반드시 수행되어야 할 뿐만 아니라 모든 사회활동, 직업활동 등 모든 생산활동의 기본 전제가 되는 필수적인 노동이다.

아직까지도 남성 중심적 사고와 학문적 편향은 여성이 집안일을 하는 것을 너무나 당연한 것으로 간주하여 이를 관심의 대상으로 삼지 않아 왔다. 그러나 가사노동은 여성들의 삶의 내용을 결정하는 중요한 부분이 되고 있으며, 실제로 여성들의 여러 삶의 기회를 제한하는 요인이 되고 있다.

이 같은 인식을 바탕으로 여성의 지위향상과 여성해방 운동에 있어 가사노동이 본격적으로 논의되기 시작한 것은 서구의 경우 1970년대 이후부터이다. 이러한 여성학적 시각은 여성이 가사노동을 하는 것은 자연적인 것이 아니라 여성에게 강요된 것으로 보면서 여성에게만 가사노동을 부과하는 현 성별 분업구조와 성역할 이데올로기는 여성을 억압하고 여성의 지위를 열등하게 한다고 보아 이를 문제시 한다.

여권론에서 제기되는 가사노동 문제는 여성이 가사노동을 담당한다는 사실이 왜 여성의 지위를 낮추는 요인이 되는지의 문제와 가사노동이 어떤 의미에서 '노동'으로 평가될 수 있는가 하는 가사노동과 '가치' 생산의 문제 즉, '가사노동이 다른 상품생산 노동 처럼 생산적인 노동으로 잉여가치를 낳는 노동인가' 하는 소위 "가사노동 논쟁(The Domestic labor debate)"을 중심으로 제기되었다.

(2) 가사노동에 관한 논쟁

가사노동을 '일 같지 않은 일', '보이지 않는 노동'으로 간주하게 된 요인으로는, 여성은 주부역할에 대해 타고난 욕구와 재능을 갖고 있으므로, 여성이 가정 일을 맡는 것은 너무나 자연스러우며 이러한 천직을 수행하는 데에는 별다른 힘과 노고가 필요치 않기 때문에 노동이 아니라는 생각이 깔려있다. 한편 이러한 인식은 노동에 관한 개념이 유급으로 지불되는 고용과 연관되어 있기 때문이다.

경제학의 전통적 소비자이론에서는 상품의 구매와 소비가 동일한 개념으로 취급되고, 노동시장에 제공되는 시간 이외의 모든 시간은 모두 여가로 정의된다.[1] 또한 사회학의 기

1) 김애실(1992), 「신고전 경제학에서 본 가사노동과 가내 성별 분업」, 『일과 성』, 청하.

능주의이론에서도 현대의 핵가족에서 남성은 사회에 나가 일을 하고 가족을 부양하는 수단적 역할을, 여성은 가정에 머물면서 가족원에게 정서적 안정을 주는 표현적 역할을 하는 것으로 보아 남성은 노동, 여성은 가정으로 이분화 시키고 있다.

이처럼 집안일을 노동으로 간주하지 않는 기존의 남성 편향적인 시각은 1970년대 이후 여성해방론자들의 가사노동 논쟁에 의해 크게 도전을 받게 되었다. 가사노동을 왜 여성들이 하게 되었으며 여성의 가사노동이 결국 누구에게 이득을 가져오게 되느냐를 둘러싸고 여성해방론자들 간에는 상당한 논쟁이 제기되었다.

마르크스 여권론에서는 자본주의체계 내에서의 가사노동의 위치를 규명하고자 하였으며, 가사노동과 자본의 관계를 이론화하고자 하였다. 이들의 논의는 주로 마르크스 경제학의 틀(노동, 잉여가치설)을 이용하여 그것을 가사노동 분석에 어떻게 적용하느냐를 중심으로 이루어졌다. 자본주의 사회에서 인간의 노동력은 상품으로 등장하여 노동력가치 이상의 잉여가치를 생산함으로써 자본축적을 가능케 했다. 그렇다면 가사노동이 다른 상품생산 노동처럼 생산적 노동이 될 수 있으며, 잉여가치를 낳느냐를 중심으로 이에 긍정적인 입장과 부정적인 입장으로 나뉘어 지면서 논의가 복잡하게 전개되어 왔다. 시콤(Secombe)은 가사노동은 무급노동이기 때문에 보이지 않지만, 자본가들로 하여금 남성노동의 착취와 그에 의한 잉여가치를 증대시킬 수 있게 해 주기 때문에 자본주의 생산양식에 필요한 생산적 노동으로 간주되어야 한다고 주장하였다.[2] 다른 마르크스 여권론자들은 가사노동은 즉각적인 소비를 위한 '사용가치' 만을 생산하지만, 가사노동이 수행되기 때문에 자본가들이 노동자에게 보다 낮은 임금을 지불하는 것이 가능해 진다고 주장하였다. 그러나 마르크스 여권론자들은 공통적으로 여성의 무급가사노동에서 이득을 보는 것은 자본주의체제라고 주장한다. 즉 여성의 가사노동은 생산관계를 재생산할 뿐 아니라 노동력 재생산비용을 낮춤으로써 자본주의체제의 유지·존속에 중요한 역할을 한다. 만약 가사노동이 무료서비스가 아니라 시장가치로 제공된다면 자본가는 추가비용을 부담해야 되고 이는 자본주의의 붕괴를 가져올 것이라는 것이다.

또한 급진적 여권론자들은, 모든 남성들은 여성들의 가사노동으로부터 이득을 얻는다

2) Secombe, W.(1974), "The housewife and her labour under capitalism", *New Left Review*, 83, 3-26.

고 주장한다. 델피(Delphy)는 성적 불평등은 남편들이 아내의 노동을 전유하는 방식에서 비롯된다고 본다. 혼인계약도 일종의 노동계약으로 남편들에 의해 제공되는 경제적 부양에 대한 대가로 여성들은 가사 서비스를 제공하도록 기대된다. 그는 공장노동이 노동인 것과 마찬가지로 가사노동도 노동일뿐만 아니라 독특한 생산양식, 즉 '가내 생산양식'으로 제공된다고 본다. 가내 생산양식에서 남편은 아내의 노동력을 전유한다. 따라서 아내는 자신이 행한 가사노동에 대한 정당한 대가를 받지 못한다. 따라서 남성들은 가정에서의 여성들의 무급노동으로부터 이익을 얻으며 성별분업을 존속시키고자 한다는 것이다.

사회주의적 여권론은 앞의 두 주장을 비판하면서 여성의 무보수 가사노동을 통해 전체 노동력 재생산비용을 낮추면서 필요한 때에는 여성을 언제나 저임금의 노동력으로 쓸 수 있는 '산업예비군'으로 활용하려는 '자본'의 이해와 여성의 취업이 노동시장에서 자신들의 지위를 위협한다고 느끼면 여성을 언제나 가정으로 돌려보내고 가사노동에서 면제되기를 원하는 '남성'들의 이해가 일치·타협을 보면서, 성별 격리된 노동시장과 가정적 이데올로기, 여성의 가사노동이 이루어지게 되었다고 본다.

앞에서 살펴보았듯이 가사노동을 왜 여성이 가정에서 해야만 하는가에 관한 설명은 관점에 따라 매우 다르다. 그러나 이러한 시각의 차이에도 불구하고 앞의 논의들은 가사노동이 단순히 상품의 소비라는 차원의 활동이 아니라 자신의 특수한 생산물을 가지는 경제적 활동이며, 여성억압의 주요한 물적 토대는 가사노동에서 찾을 수 있음을 규명하고 있다는 점에서 가사노동에 대한 새로운 개념과 시각을 제공해 준다는 데 의의를 찾을 수 있다.

(3) 가사노동과 여성의 지위

현대사회에서 여성에게 교육, 참정권, 노동에서의 형식적 권리와 평등이 주어짐에도 불구하고 여성이 열등한 지위를 면치 못하는 것은, 가사노동을 여성의 당연하고 자연스러우며 천부적인 책임으로 부과하면서 이를 노동으로 보지 않고 무가치한 것으로 보는 가부장제와 그 문화에 깊은 뿌리를 두고 있다. 주부를 '집에서 노는 사람'으로 보는 사회인식은 가사노동을 전담하는 여성을 남편에게 경제적·사회적으로 의존하는 존재, 피부양자로 규정함으로써 여성의 가족이나 사회 내에서의 지위를 낮추게 한다. 또한 여성의 일차적 의무는 가사노동과 모성역할에 있으며 여성은 가정에서 남편과 자녀를 뒷바라지하는 보조적인 존재, 보조적 노동력에 불과하다는 성역할 이데올로기는 여성노동을 평가절하 함으로써 직종선택, 훈련, 배치, 임금, 승진, 정년에 이르기까지 노동시장에서의 여성의 지위에 불리하게 작용한다. 뿐만 아니라 가사노동은 반드시 여성이 해야 한다는 인식은 실제로 여성의 사회적 노동을 제약한다. 가사노동이 여성에게 일차적으로 부여되는 한 여성의 취업은 가사노동에 의해 근본적으로 제약을 받는다. 집안일과 직장일이 병행될 수 있는 조건에서만 여성은 취업하게 되고 이것은 자주 여성에게 노동시장에서 자신의 노동력을 보다 불리한 입장에서 팔게 만든다.

이와 같이 가사노동의 문제는 현 사회에서의 여성의 역할과 지위에 밀접히 연관된 중요한 문제이며, 남녀가 평등한 사회를 이루기 위해서는 반드시 짚고 나아가야 할 문제이다. 따라서 가사노동의 성격과 본질, 시대적 변화와 실태, 이에 대한 평가, 여성의 의식 및 양성 간의 평등한 관계에 미치는 영향 등을 이해하는 것은 여성문제의 본질과 그 해결책을 모색하는데 핵심적이다.

2) 자본주의의 발전과 가사노동

가사노동은 언제나 있어온 것이 아니라 특정 시기에 발생한 역사적 현상이다. 원시공동체시대에는 육아와 취사 같은 일은 가족이 아닌 집단 단위로 이루어졌으며 지금과 같은 가사노동이란 존재하지 않았다. 그러나 생산이 발전되고 사유재산, 국가의 발전과 더불어 가족과 사회의 분화가 생기면서 집안일은 주로 여성의 몫이었다. 그러나 산업화와 자본주의화가 일어나기 이전의 전자본주의사회에서 여성노동의 성격과 내용은 자본주의사회에서의 그것과는 판이하게 다르다. 가정은 생산을 담당하는 주된 역할을 하였으며, 여성이 하는 일의 경우 "생산작업"과 "집안일"이 지금처럼 분명하게 갈라지지는 않았다. 즉 여성의 가사노동이 남성의 사회적 노동과 뚜렷이 대비되어 무가치하고 열등한 것으로 평가되기보다는 여성과 남성의 노동은 상호의존적이었으며 생산과 가족생활이 구분하기 어려울 정도로 어우러져 있었다.

그 후 분업과 교환이 고도로 발달한 자본주의 사회로 접어들면서 가정과 사회의 분화가 극대화되어 가정단위의 생산체계가 공장위주의 생산체계와 소비위주의 생산체계로 변화됨에 따라 가정은 소비를 담당하는 영역으로 그 기능이 줄어들고 여성노동은 심각한 영향을 받았다. 남성들은 임노동자화 되어 직장에서 사회적 노동을 통해 임금을 벌어들이는 생계책임자가 되고, 이에 반해 여성은 가정에서 살림만 하는 가정주부화 되기 시작하였다. 즉 자본주의와 사회화로 인한 공적영역과 사적영역의 분리는 공적영역의 사회적 노동(임금노동)과 사적영역의 가사노동이라는 구분을 가져오게 되었으며, 무보수의 가사노동은 여성의 영역으로 규정되면서 평가절하되기 시작하였다.

또한 공·사영역의 분리와 여성노동을 무보수의 사적인 가사노동으로 한정시켜 상대적으로 열등한 노동으로 전락시키는 과정은 가정주부를 이상화 시키는 새로운 가정주부 이데올로기의 탄생 및 강화와 병행하여 진행되었다.[3] 서구사회에서는 19세기 중엽부터 여성이 몸담아야 할 장소는 가정이며, 여성은 가족을 위해 봉사해야 할 도덕적인 소명을 가진다는 믿음이 출현하고 널리 퍼져나갔다. 이러한 '현모양처', '가정주부' 이데올로기는 먹고살기 위해 그 당시 공장에서 힘겨운 노동을 해야만 했던 여성노동자들의 현실과는 정반대되는 것이었다. 밖에 나가 일하지 않고 집에서 살림만 하는 아내와 여성은 중산계급, 풍요로움의 상징이었다. 이러한 중산층 위주의 '가정주부' 이데올로기는 여성고용을 규제하는 법률의 제정, 대대적인 노동반대 캠페인의 확산과 함께 19세기 후반에는 노동계급에까지 스며들기 시작했으며, 그들에게조차도 가사노동을 위해 가정으로 돌아가야 한다는 사회적 압력이 계속되었다.

한국사회에서 집안에서 가사노동만을 전담하는 현모양처 이데올로기와 가정주부의 출현은 산업화가 본격적으로 궤도에 오른 1960년대 이후부터 이다. 1960년대 이후 노동집약적인 수출중심의 산업화는 여성노동력에 대한 사회의 수요를 증가시켰고, 이에 따라 농촌에서 올라온 미혼의 젊은 여성들이 공장에서 일하였으나 그들의 꿈은 결혼하여 직장을 그만두고 훌륭한 가정주부가 되는 것이었다. 그러나 남편이 벌어온 돈으로 살림만 하는 가정주부는 도시의 중산층 이상의 여성에게만 가능한 것으로, 여전히 생계를 위해 생산노동에 종사해야 하는 다수 저소득층 여성의 현실과는 거리가 멀었다.

3) 싸쑨(1989), 『여성과 국가』, 한국여성개발원.

그러나 '현모양처', '가정주부' 이데올로기와는 대조적으로 산업화가 진전될수록 시장경제의 발전과 더불어 가사노동이 가정경제에서 차지하는 중요성은 점차 감소하였다.[4] 과거 가정에서 생산되던 것이 시장경제로 이어진데 이어 전기기구, 자동화, 전화기, 텔레비전, 고등교육, 고도의 의료서비스 등 가정경제에서 생산되지 않았던 재화와 서비스가 시장경제에서 생산되게 됨에 따라, 가족이 산업화의 열매를 향유하기 위해서는 가사노동보다는 임금소득에 더욱 의존하게 되었던 것이다. 더구나 물질적인 생활수준이 크게 향상되면서, 식사준비나 의복손질과 같은 기본적인 가사활동이 가족예산에서 차지하는 비중은 감소되었다. 다시 말하면 경제적인 면에서 가사노동의 상대적 중요성은 감소하였다. 더구나 변화하는 가족제도는(핵가족화, 소가족화, 일인가구의 급증 등) 시장에서 구매해야 되는 주택, 설비 등의 수요를 증가시키고 이는 화폐소득과 유급노동의 필요성을 증대시켰다. 이처럼 가족의 소비지위나 가족의 물질적 생활표준을 결정하는데 있어 가정 내에서 수행되는 노동의 상대적 중요성은 감소하였던 것이다. 여기에 더하여 여성교육의 확대 및 의식의 변화로 여성들의 경제적 독립의 욕구도 커져갔으며 이와 더불어 전체 사회의 노동력 부족현상 및 여성노동력에 대한 수요가 증가하였다. 따라서 가정에 경제적으로 기여하고 가족의 의사결정 시 자신의 영향력을 증대시키고 자기발전을 위해 유급노동으로 진출하는 여성이 증가하게 되었다. 더구나 자녀수의 감소와 자녀양육기간의 단축, 탁아소, 유치원 등의 보급으로 양육노동이 감소하고, 가전제품의 개발과 보급, 가사노동을 대체할 수 있는 새로운 상품의 출현 등은 여성의 가사노동 시간을 상당시간 줄일 수 있게 함으로써 여성의 사회진출은 크게 증가되었고, 1980년 이후 기혼여성의 취업률은 급속히 증가하는 추세를 보이고 있다.

가사노동을 대체할 수 있는 새로운 상품의 출현에도 불구하고 가사노동의 사회화[5]가 완벽히 이루어지지 않는 한, 인간의 기본적인 욕구를 만족시키고 노동력의 재생산을 보장하기 위해 가정 내에서 제공되는 대다수의 서비스는 시장에서 구매된 재화 및 서비스에

---

4) 쏘온 & 알롬(1991), 권오주 역, 『페미니즘의 시각에서 본 가족』, 한울 참조.

5) 가사노동의 사회화란 개별가정에서 제공되던 재화와 용역을 공동으로 혹은 집단적으로 처리한다는 의미이다.

의해 일시적으로 대체될 수는 있지만 항구적으로 대체될 수 없으며 비교되기 어렵다.[6] 현대사회의 기술혁신과 주방가전제품의 출현에도 불구하고 가사노동의 표준의 상승 및 이념적 변화는 구체적인 가사노동의 내용과 성격을 변화시켰을 뿐, 가사노동 시간은 과거에 비해 감소되지 않고 있어 여성들은 여전히 상당한 양과 시간을 요하는 가사노동에 얽매이게 된다. 즉 과거에 비해 세탁, 청소, 식사준비 등 단순 가사노동 시간은 줄어들었지만, 자녀양육 및 교육, 실내장식, 가정경영 등 가사노동이 과거보다 더 정교화되고 영역이 확대됨에 따라 가사노동시간은 전체적으로 크게 차이가 나지 않았다. 따라서 가사노동이 여성의 일차적 의무로 규정되고 그 가치가 제대로 평가되지 않는 한, 여성은 자신의 삶의 기회를 제한 당하며 동시에 이로 인해 여러 가지 차별과 불이익을 면하기 어렵다. 여기에서 문제가 되는 것은, 가사노동을 반드시 여성이 해야만 하는가의 문제와 현재 가정에서 이루어지는 가사노동이 사회에 필요한 노동력을 재생산 한다면 이것이 반드시 가정에서 사적·무보수노동으로 이루어져야 하는가 하는 문제이다. 여성노동력에 대한 사회의 수요와 여성자신의 취업에 대한 욕구가 증대하여 기혼여성의 취업률이 날로 증가하는 현 사회에서 가사노동의 분담과 가사노동의 사회화는 반드시 해결해야 할 과제이다.

3) 가사노동 시간과 그 가치

(1) 가사노동시간

가사노동시간을 언급하기에 앞서 먼저 지적해야할 사실은, 가사노동의 대부분을 여성, 주부가 담당한다는 사실이다. '집안 일은 여자가 해야된다' 는 뿌리 깊은 관념은 동서양을 막론하고 남아 있어, 기혼여성의 노동시장에의 참여가 크게 증가하고 있음에도 불구하고 가사노동의 분담이란 아직도 해결해야만 하는 과제인 것이다. 한 예로 한국 부부의 가사노동 분담실태를 보면, 가정에서 집안일에 남편이 참여하는 비율도 낮지만 가사에 투여하는 시간의 비율로 볼 때 가사노동의 거의 대부분을 아내가 맡고 있음을 알 수 있다. 가사노동 중 남편들이 가장 많이 하는 일은 가족돌보기이며 그 다음으로 청소 및 정리, 음식

6) 쏘온(1989), 앞의 책 참조.

표 4-1 | 혼인상태별 가사시간

구 분		미혼			기혼		
		전체	여성	남성	전체	여성	남성
총 가사	1999	0:37	0:57	0:21	2:39	4:31	0:35
	2004	0:33	0:50	0:21	1:58	4:14	0:39
음식준비/정리	1999	0:12	0:20	0:06	1:04	1:56	0:05
	2004	0:11	0:16	0:06	1:00	1:47	0:07
의류관리	1999	0:05	0:09	0:02	0:17	0:32	0:01
	2004	0:03	0:06	0:01	0:15	0:28	0:01
청소 및 정리	1999	0:09	0:14	0:06	0:26	0:42	0:08
	2004	0:08	0:12	0:05	0:24	0:39	0:08
집 관리	1999	0:02	0:01	0:02	0:05	0:04	0:06
	2004	0:02	0:02	0:02	0:05	0:04	0:05
물품구입	1999	0:05	0:08	0:02	0:10	0:17	0:03
	2004	0:05	0:09	0:03	0:11	0:16	0:04
가정경영	1999	0:01	0:01	0:01	0:02	0:03	0:01
	2004	0:01	0:01	0:01	0:02	0:03	0:01
가족보살피기	1999	0:03	0:04	0:02	0:35	0:57	0:11
	2004	0:03	0:04	0:03	0:37	0:57	0:13

출처 : 한국여성정책연구원(2010), 2009 한국의 성 인지 통계.

준비/정리 순으로, 가사노동에 참여하는 남편의 수는 늘어나고 있으나 시간 수로 볼 때 남편들의 가사노동에의 참여는 극히 적음을 알 수 있다. 이처럼 집안일의 대부분은 여성이 하고 있는데, 이것은 맞벌이부부도 마찬가지여서 취업여성의 남편이 전업주부의 남편보다 더 많은 가사노동을 수행하는 것은 아니다.

또한 남성들이 가사노동을 일부 수행한다 할지라도 세탁, 청소, 다림질, 식사준비, 설거지 등 가장 일상적이고 번거로운 것은 여성들이 수행하고 남성들은 요리나 어린아이 목욕시키기, 아이들과 산책하거나 놀아주기, 쓰레기 버리기나 약간의 장보기 등 보다 한정된 일만을 자발적으로 선택한다. 즉 남성은 가사노동에의 참여를 선택하는데 비해 여성은 스스로의 정체감과 사회적 책임감으로 집안일을 선택의 여지가 있는 것으로 생각하지 못한다. 따라서 가정을 지키고 아이를 돌보는 임무는 일차적으로 주부에게 맡겨져 있다. 남편이 다소 집안살림을 분담한다 할지라도 일의 분담은 책임의 분담과는 전혀 다른 것

이다.[7]

또한 서구사회의 주부 노동시간을 연구한 보고서에 의하면,[8] 주부 가사노동시간이 주당 평균 77시간으로, 이는 산업노동자의 44시간에 비해 훨씬 긴 노동시간이다. 그리고 이같이 긴 노동시간은 현대사회의 기술혁신 및 주방가전제품의 출현에도 불구하고 1920년대의 주부와 비교하여 별다르게 감소하지 않았다. 물론 다양한 가전제품의 출현은 청소, 빨래, 식사준비 등 단순한 가사노동 시간을 크게 감소시켰다. 그러나 새로운 모성이데올로기 등 이념적 변화는 여성이 가정에서 베풀어야 할 봉사의 내용과 기준을 새롭게 설정함으로써 가사노동 시간을 증가시켰다. 예를 들어, 세탁기로 빨래함으로써 주부가 빨래를 손으로 하던 것과 비교해 시간은 감소하였으나 과거보다 한 가구 당 소유하고 있는 의류나 침구의 수가 증가하고 '청결'의 수준이 높아짐으로써 세탁을 보다 자주 하게 되므로 결국 세탁에 소요되는 시간은 증가하였다.[9]

한편 전업주부의 1일 평균 가사노동 시간은 조사에 따라 조금씩 다르기는 하지만 8~12시간 사이로 나타나고 있다. 주부의 평균 가사노동 시간을 약 9시간으로 볼 때 주부의

표 4-2 ㅣ 맞벌이·비맞벌이 가구별 가사시간 (단위 : 시간, 분)

구 분	맞벌이 가구		비맞벌이 가구	
	아내	남편	아내	남편
소계	3:29	0:32	6:25	0:30
음식준비/정리	1:33	0:04	2:15	0:02
의류관리	0:23	0:01	0:37	0:00
청소 및 정리	0:33	0:06	0:52	0:04
집 관리	0:03	0:04	0:05	0:03
물품구입	0:13	0:04	0:25	0:05
가정경영	0:03	0:01	0:05	0:00
가족 보살피기	0:41	0:12	2:06	0:16

출처 : 통계청(2004), 생활시간 조사.

7) 싸쑨(1989), 앞의 책 참조.

8) 오클레이(1974), 문숙재 역(1990), 『가사노동의 사회화』, 신광출판사.

9) 앤더슨 저, 이동원·김미숙 역(1987), 『성의 사회학』, 이대출판부.

표 4-3 | 가사분담에 대한 견해

연도, 성별	부인전담	주로 부인	공평하게 분담	주로 남편	남편 전담
2002					
전체	7.2	58.7	30.7	2.8	0.5
여성	5.1	56.2	35.9	2.4	0.4
남성	9.5	61.4	25.2	3.3	0.7
2006					
전체	5.9	59.4	32.4	1.9	0.3
여성	3.9	55.8	38.4	1.6	0.3
남성	8.0	63.3	26.1	2.2	0.4
2008					
전체	6.7	59.8	32.4	0.9	0.2
여성	4.5	57.0	37.5	0.8	0.2
남성	9.1	62.7	27.0	1.0	0.2

출처 : 통계청(2008), 사회조사.

주당 노동시간은 7×9 = 63시간으로 이는 남성근로자의 주당 평균 근로시간인 44~48 시간을 훨씬 웃도는 시간이라 할 수 있다. 이처럼 전업주부는 남편이 벌어온 돈으로 먹고 노는 사람이 아니라 가족의 끊임없는 요구를 충족시키기 위해 정신적·육체적으로 세심하게 신경을 써야 하는 단순반복적인 일들을 끊임없이 수행하는 '보이지 않는 노동자', '보이지 않는 봉사계급' 인 것이다.

여성의 가사노동시간은 취업주부인지 혹은 전업주부인지에 따라 노동시장에서의 위치, 계층적 지위, 주택의 형태나 자녀수와 막내의 나이, 가정환경, 주부의 교육이나 연령 등에 따라 달라진다. 취업주부의 경우 가사노동시간은 전업주부에 비해 짧다. 이것은 다른 이유에서가 아닌 취업주부가 집안일을 단시간에 집약적으로 하기 때문이다. 그러나 취업주부의 경우에도 필수적인 가사노동은 수행되어야 하고, 가사노동 분담이 잘 이루어지지 못하므로 사회적 노동과 가사노동의 이중 부담을 져야 하는 경우가 대부분이다.

이처럼 가사노동 방식이나 시간의 다양성에도 불구하고 가사노동을 여성이 거의 전담하고 있어 가사노동의 분담이 이루어지지 않고 있으며, 가사노동의 간편화를 위한 여러 변화에도 불구하고 한국 주부의 가사노동 시간이 매우 길어 여전히 가사노동이 여성을 집안에 얽어매고 있음을 알 수 있다.

(2) 가사노동의 가치평가

여성들이 일상적으로 행하는 가사노동의 가치는 얼마나 될까? 인간의 행복을 위해 필수 불가결한 가사노동은 사회에서 합당한 평가를 받고 있을까? 최근까지 모든 법률과 제도, 관행은 가사노동을 경제적으로 무가치한 노동으로 평가해 왔다. 1991년 개정되기 이전의 한국의 가족법은 여성은 이혼 시 본인 명의의 재산이 없는 한 가사노동을 통한 재산형성의 기여를 전혀 인정받지 못했다. 주부가 상해나 교통사고를 당할 경우의 보상금은 일용직 여성근로자의 평균임금인 일당 7,360원, 월 228,000원으로 배상해 왔다. 거시적 차원에서도 가사노동은 순수한 소비활동으로만 간주되어 GNP 계정에서도 제외되고 있어 국민경제와는 무관한 노동으로 취급되고 있다. 따라서 가사노동의 가치를 재평가하는 작업은 가사노동의 가치를 이론적으로 규명하려던 70년대 서구의 가사노동 논쟁 이후 실제로 가사노동의 가치를 실제 화폐가치로 환산하는 방법론적인 규명과 더불어 활발히 진행되고 있다.

가사노동을 평가하는 방법은 '기회비용방법'과 '시장비용방법'으로 나뉘어 진다. 전자는 주부가 가사노동에만 전념함으로써 취업의 기회를 상실하였음을 가정하고 얼마만큼의 임금을 상실했는가를 평가함으로써 간접적으로 가사노동의 가치를 평가하는 방법이다. 후자는 주부가 가사노동을 하지 않고 임금을 주고 가사서비스 종사자를 고용하였을 경우 발생하는 비용을 계산하는 방법이다. 이는 모든 집안일을 한 사람의 가정부에 맡겼을 때 발생하는 비용을 계산하는 방법이다. 여기에는 모든 집안일을 한 사람의 가정부에게 맡겼을 때 발생하는 총체적인 대체비용으로 평가하는 방법과 청소, 세탁, 요리, 설거지 등 각각의 일을 청소부, 세탁부, 요리사 등 해당 전문 직업인에게 맡겼을 때 어느 정도의 비용이 드는지 계산하는 방법이 있다.

가사노동의 가치를 화폐로 환산하는 일은 실제로 그 측정이 어렵고 결과도 다양해서 개별 주부의 학력이나 소득수준, 나이, 가족 수 자녀 수에 따라 달라질 뿐 아니라 연구방법, 질문의 형태에 따라 다양한 결과가 나타나고 있으나 한 달 평균 60~80만 원 선이다.[10] 그러나 여성의 사회적·경제적 지위향상을 위하여 가사노동 가치의 재평가는 매우 중요한

10) 김애실(1992), 「신고전 경제학에서 본 가사노동과 가내 성별 분업」, 『일과 성』, 청하.

작업이라 할 수 있다. 이러한 작업을 바탕으로 하여 그 동안 평가절하 되어 온 가사노동의 가치 때문에 여성에게 불리하게 작용하고 있는, 이혼 시 재산분할의 기준이나 남편의 사망 시 부인의 상속에 대한 세금, 공동재산에 대해 부인에게 부여되는 증여세, 국민연금이나 의료보험, 손해보상법을 개선함으로써 제도적으로 가사노동의 가치가 인정될 수 있도록 노력해야 할 것이다.

최근에는 거시 국민경제적 차원에서도 가사노동의 가치가 포함되는 새로운 경제지표가 제시되고 있다. 1972년 토빈과 노드하우스는 MEW(Measure of Economic Welfare)라는 경제복지척도를 주창한 바 있으며, 사무엘슨은 MEW를 수정 · 보완하여 NEW(New Economic Welfare)라는 국민 순경제 지표를 만들었다. NEW는 실제로 복지를 증진시키는 요인이면서도 GNP 계정에서 제외되었던 여가시간과 가사노동의 가치를 포함시키고 환경오염, 도시화에 따른 손실 등은 제외시킨 개념이다.

4) 가사노동 문제의 해결

현대사회에서 가정과 사회의 분리는 가사노동과 사회적 노동이라는 분업을 가져왔으며, 자본주의사회가 유지되기 위해 꼭 필요한 노동력의 재생산은 공적영역이 아닌 사적영역인 개별가정에서 시장원칙과 무관하게 이루어졌다. 이것이 가부장적인 성별분업의 원리와 결합하여 가사노동은 여성의 일로서 규정되어 여성이 혼자서 가족들을 위해 모든 집안일을 전담하여 왔다. 더구나 자본주의 시장경제체제에서 제외되어 가족들의 사회적 노동, 생산노동을 가능케 하고 사회가 존속하기 위해 필수불가결한 노동임에도 불구하고 노동으로 정당하게 그 가치를 인정받지 못한 상태에서 평가절하 되어 왔다. 뿐만 아니라 성취와 경쟁, 자기발전, 물질적 보수를 중요하게 여기는 현대사회에서 가족들을 위한 헌신과 봉사정신으로 가사노동을 수행하도록 이념적으로, 현실적으로 강요당해 온 전업주부들은 자기비하나 무력감, 좌절감 등 정신적으로 어려움을 겪기도 한다. 더구나 집안일은 여자가 해야 한다는 사고방식은 여성의 사회활동이나 직업활동을 제약하여 여성의 지위향상을 가로막는 요인으로 작용하고 있으며, 직장여성에게는 가사노동과 사회적 노동이라는 이중의 짐을 지운다. 또한 가사노동이 여성 모두에게 공통된 중요한 문제임에도 불구하고 개별가정에서 고립되어 독자적으로 수행되기 때문에 여성들은 이 문제를 객관적으로 인식하고 공동의 대책을 강구하기보다는 분열하는 양상까지 보이고 있다.

이러한 문제의 해결을 위해서는 다음과 같은 사회 전반적인 개혁과 변화가 있어야 한다. 첫째, 공적세계에서의 사회적 노동만을 중요시하는 가부장적 가치관을 극복하고 가사노동을 정당하게 평가할 수 있는 새로운 가치관의 변화가 요구된다. 금전으로 환산되는 직업활동만이 아니라 인간의 행복과 번영을 위해 무보수로 눈에 보이지 않는 채 행해지는 가사노동의 소중함과 기여도를 남녀 모두 인식하고 가치 있는 것으로 평가하는 새로운 가치관의 확립이 필요하다.

둘째, 가치관의 변화와 더불어 가사노동을 과소평가하는 기존의 모든 가부장적 법률, 세제, 관행 등이 개선되어 가사노동의 가치가 제도적으로 보장되도록 사회구조의 개편이 있어야 한다. 전업주부를 남편의 피부양가족으로 간주하거나 여성의 가사노동의 가치를 과소평가함으로써 여성들에게 불리하게 적용되고 있는 국민연금법, 의료보험법, 손해보상법 등을 바꾸어야 한다. 또한 개정된 민법은 이혼 시 재산분할청구권을 인정하고 있어 가사노동의 가치를 인정하고 있으나 분할 정도, 재산범위와 협력정도, 분할액수 등을 정하는 문제들이 법원에 일임되어 있는 것은 문제로 지적될 수 있다.

셋째, 가사노동은 여성의 전유물이라는 기존의 성역할 이데올로기와 분업은 지양되어야 할 것이며, 보다 융통성 있는 성역할의 수행과 가사노동의 분담이 요구된다. 이를 위해서 여성은 육아와 요리 등 가정적 행복, 남성은 직업적 성공과 연관시키는 가부장적 문화가 바뀌어야 할 것이다. 즉 인간은 성별에 상관없이 누구든지 자신의 능력과 적성에 맞게 자신의 일을 선택할 수 있어야 할 것이다. 그리고 남성들의 가사노동은 단순히 여성을 돕는다는 수준이 아니라 가사노동을 분담하고 이에 대한 책임까지 공유할 수 있어야 한다. 이렇게 가사노동의 분담은 남녀로 하여금 공통된 생활세계를 경험하게 함으로써 보다 친밀감을 키워나갈 수 있다.

넷째, 현대사회의 가족형태와 생활의 변화는 가사노동의 사회화를 촉진시키고 있으며 앞으로는 가사노동을 사회화하지 않으면 안될 것이다. 가사노동의 사회화란 가족성원의 욕구를 충족시키기 위해 과거 개별 가족 내에서 제공되던 재화와 용역을 공동으로 처리하거나 전문가에 위탁하여 집단적으로 취급하는 것을 말한다. 가사노동의 사회화는 세가지 형태로 구분해 볼 수 있다. 첫째, 자본주의적 사기업에 의해 개별 가족에 사적으로 공급되는 형태이다. 이는 가사노동의 부담을 경감시켜주기는 하나 기업의 영리가 우선하므로 가계의 부담이 커질 수 있다. 둘째, 복수의 개별 가족이 분업이나 협동으로 상호 간에 개별 가족의 가사노동을 대체하는 것이다. 즉 이웃하고 있는 가족들이 기본설비에 공동투자하고 주거를 공유하며 기술을 상호교환함으로써 자녀 돌보기나 식사준비 또는 집수리 등의 일을 공동으로 하는 것이다. 그러나 이는 개인주의적 성향을 극복하고 공동체적인 생활을 지향할 때 가능한 것이다. 셋째, 국가나 사회단체 등 공공기관이 사회적 · 공공적 소비수단 혹은 서비스로서 가사노동을 제공하는 것이다. 공공에 의한 가사노동의 사회화는 매우 중요하다. 특히 복지사회를 지향하는 현 사회에서 사회는 노동력의 재생산, 어린이의 양육, 노인 및 장애자 등을 돌보는데 필요한 시설과 경비를 부담할 책임이 있다. 가사노동의 사회화는 여성의 가사노동을 덜어 줌으로써 자아성장과 발전을 위한 시간적 여유를 줄 뿐 아니라, 여성의 사회참여와 노동시장에서의 지위를 향상시키는데 기여할 수 있다.

다섯째, 뿌리 깊은 가부장제의 문화와 구조가 완전히 극복되기 전까지는 많은 수의 여성들이 가사노동만을 전담하는 전업주부로 남아있게 된다. 이들은 가정에 고립되어 가족이기주의에 매몰되기보다는, 진정한 의미에서 가정을 살리고 올바르게 자녀를 키우기 위해서는 자신이 몸담은 지역사회나 공동체 혹은 전체사회의 문제에 관심을 갖고 이러한 문제들을 바로잡고 해결하는데 그들의 지혜와 힘을 모으는 새로운 의식과 힘을 가진 여성으로 거듭나야 한다. 자신의 정체감을 가정에 한정시키기보다는 교육, 환경, 정치, 문화, 복지 등 다양한 영역에 관심을 가지고 여성 특유의 섬세함과 감수성을 발휘하여 가정과 사회를 살리고, 새로운 정체감과 의식을 가진 여성으로 변화되어야 하며 이를 주도할 수 있는 여성들의 활동이 요청된다.

2. 경제활동에의 참여

1) 산업화와 여성의 경제활동

(1) 자본주의 사회와 여성의 경제활동

여성이 가사노동 이외에 경제활동에 언제부터 참여하게 되었는가는 참여의 형태나 정도 그리고 이에 대한 보상의 변화가 있었을 뿐, 인간의 역사가 시작된 수렵 · 채집사회로부터 오늘날의 산업사회에 이르기까지 계속되어 왔다. 여성의 경제활동에의 참여는 산업화가 진행되면서 증가하는 경향을 보이기 때문에 이를 산업화의 산물로 보는 것이 일반적인 시각이다. 그러나 산업화 이전의 농경사회에서도 여성은 경제활동에 적극적으로 참여하였으며, 오리려 초기 산업사회에서는 참여의 정도가 저조하다가 산업화가 고도화됨에 따라 여성의 경제활동에의 참여가 활발해져 U자형 변화를 보이고 있다는 주장이 제기되기도 하였다.[11] 틸리와 스코트에 의하면, 1700년대 이후 영국과 프랑스에서의 여성 경제활동의 추이를 볼 때, 초기 산업사회에서보다 가족이 생산활동의 단위로 존재했던 전(前)산업사회에서 여성들은 더 적극적으로 생산활동에 참여했었으며 사회적 분위기도 이를 부정적으로 생각하지 않았다는 것이다. 그러나 산업화와 더불어 가정과 일터가 분리되고 여성들의 일터가 가정에서 멀리 떨어져 있을 뿐만 아니라 불량한 자업환경 때문에 여성의 생산활동에의 참여에 대해 부정적으로 생각하게 되었으며, 이에 따라 여성의 경제활동에의 참여가 저조해 지면서 화폐경제 사회에서 실수입이 없는 여성의 지위는 상대적으로 낮을 수밖에 없었다고 주장하고 있다.

산업화가 진전되면서 여성의 경제활동에의 참여는 다시 증대되는 것이 보편적인데 이는 노동시장과 사회적 여건의 변화로 설명될 수 있다. 이러한 변화의 요인을 살펴보면 다음과 같다. 첫째, 기계화에 의해 육체적인 힘과 기술을 크게 필요로 하지 않는 단순노동 분야의 일이 크게 확대되었기 때문이다. 기계의 발전에 따라 노동의 성숙은 숙련이 필요했던 지금까지의 복잡한 노동과는 달리 매우 단순화 · 세분화되었다. 이러한 단순 · 미숙

11) Tilly & Scott J.(1978), *Women, Work and Familly*, N.Y., Holt, Rinehart & Winston.

련 노동이 확대되자 자본가들은 임금이 높은 남성 노동자 대신 임금이 싼 여성이나 연소 노동자를 고용하여 이윤을 높이고자 하였고, 이같은 노동과정의 변화가 여성들을 임노동자화시켰다.

둘째, 노동자계급 가족의 지속적인 궁핍화와 이에 따른 노동자 가족 전체의 노동자화 현상을 들 수 있다. 가정노동을 기반으로 한 가내 수공업이 기계제 대공업으로 흡수되고 농민의 토지상실, 봉건제도의 몰락 등으로 노동인구가 과잉 공급되어 노동자 가족들은 더 큰 빈곤과 질병 속에서 허덕이게 되었다. 이렇게 되자 여성들은 저임금을 감수하면서라도 노동을 할 수 밖에 없었고 심지어는 아동들까지 공장에서 일을 해야 하는, 이른바 노동자 가족 전 구성원의 노동자화가 진행되었다.

이 시기 여성 노동자들이 경험한 현실이 바로 자본주의 여성 노동문제의 출발점인 것이다. 즉 자본주의는 여성의 사회적 · 정치적 지위를 봉건적인 상태에서 해방시켰다는 의미를 갖고 있으나 여성을 새로운 이중 노동의 고통 속으로 몰아넣는 역할도 하였다. 자본주의 체제에서 여성의 임노동자화는 이와 같이 모순적인 의미를 지닌 채 진행되고 있다.

자본주의가 고도로 발전한 단계인 현대 독점 자본주의에서도 여성의 생산활동에의 참여는 지속적으로 증가하고 있으며, 그 요인은 좀 더 복합적이다. 자본가 계급의 이윤추구 동기와 기술적 조건의 변화 외에도 경제성장에 따른 산업구조의 변화, 핵가족화, 결혼연령의 상승, 자녀 수의 감소, 가전제품의 보편화 등으로 여성이 자녀양육과 가사노동에 투여하는 시간이 단축되었다는 측면을 들 수 있다. 그러나 동시에 빈부격차의 확대, 기본 생계 필수품 구입비의 증가, 막대한 교육비, 세금지출이라는 현실 속에서 노동계층의 여성은 물론 중산층 여성들도 경제적 필요에 따라 취업을 선택하는 추세이다.

그러나 여성 취업의 양적 증대가 곧바로 여성의 사회적 지위 상승으로 연결되는 것은 아니다. 자본주의 사회에서 취업해 있는 여성들은 일반적으로 여러 종류의 경제적 차별과 불평등한 대우를 경험한다. 여성들은 노동자로서 겪는 일반적 착취뿐만 아니라 남성에 비해 낮은 임금, 불리한 고용조건, 불평등한 사회적 대우 등의 차별을 경험한다.

(2) 한국의 산업화와 여성의 경제활동

한국사회에서 여성들이 근대적인 임금 노동자로 공장에 취업한 시기는 1900년대 초 일제

자본주의 세력이 침투하기 시작한 구한말로 거슬러 올라간다. 일제 하 자본주의의 진전에 따라 대부분 방직공장과 고무제품 공장에 취업한 여성노동자들은 일제의 식민지정책에 따라 혹심한 민족적 차별과 수탈에 시달렸을 뿐만 아니라 전통적인 가부장제 이데올로기에 따른 성차별로 이중, 삼중의 고통을 겪어야했다.

해방 이후 한국은 미국을 중심으로 세계 자본주의 체계에 종속국으로 편입된다. 불평등한 국제분업 체계 속에서 한국은 주로 노동 집약적인 섬유, 식품, 전자 조립 부분의 경공업을 중심으로 한 산업화를 추구하기 시작하였다. 저임금을 기초로 한 수출지향적 산업화에서 양질의 저렴한 여성 노동력의 역할과 비중은 절대적인 것이었다.

1960년대 본격화 된 산업화 이후 여성들의 경제활동에의 참여는 빠른 속도로 증가하였음을 보여주고 있다. 이것은 1960년대 이후의 노동 집약적인 산업을 중심으로 한 수출 지향적 산업화에 여성노동자들이 적극 편입되었음을 단적으로 보여주는 증거이다. 특히 이 시기의 여성 노동자들은 공업 중심의 경제정책으로 인해 갈수록 피폐해지는 농촌을 떠나 도시로 유입된 16~17세의 어린 여성들로 단순 노동집약적 수출 산업에 저임금의 장시간 노동을 담당하는 노동력으로서 중요한 역할과 비중을 차지하였다.

1970년대 후반 한국경제는 중화학 공업화의 추구와 함께 종래의 섬유, 식품 등 경공업 중심 산업구조에서 기계, 자동차, 화학산업 등 중화학공업 중심으로 옮겨갔다. 중화학 공업은 자본 · 기술 집약적이며 남성중심적 산업이라는 특성을 갖는다. 이 같은 산업화 과정 속에서 여성노동자도 부분적으로 중화학 공업에 진출하기 시작하였으나 여전히 제한적인 분야에만 취업하였다. 1980년대 이후에도 여성들은 여전히 단순한 노동집약적 의류, 봉제 등 섬유산업과 전자산업에 집중되어 있기는 하나, 최근에는 제조업 분야 취업은 다소 정체되고 있는 반면, 3차 산업인 서비스업과 직종별로는 사무직에 취업하는 비율이 높아졌다.

1960년대 이후 연평균 8% 이상의 급속한 경제성장 과정에서 여성 노동자의 수는 급속하게 증가하였다. 지난 40~50년 간 한국 여성노동자의 수는 급격히 증가하여 2006년 천만 명 시대를 연 이후 조금씩 증가하여 2009년 현재 1,007만 6천여 명에 도달하였다. 여성 경제활동인구는 1980년 541만 2천 명에서 점차 증가하여 2009년 1,007만 6천여 명에 이르고 있다.

표 4-4 | 경제활동 인구 추이

(단위 : 천명, %)

연 도	여성		남성	
	경제활동인구	참가율	경제활동인구	참가율
1980	5,412	42.8	9,019	76.4
1985	5,975	41.9	9,617	72.3
1990	7,509	47.0	11,030	74.0
1995	8,410	48.4	12,435	76.4
2000	9,101	48.8	13,034	74.4
2005	9,860	50.1	13,883	74.6
2008	10,139	50.0	14,208	73.5
2009	10,076	49.2	14,319	73.1

출처 : 통계청, 경제활동인구조사보고서, 각 연도.

2) 여성경제활동의 실제

(1) 여성 경제활동의 일반적 현황

현대사회에 있어 산업화에 따른 여성의 경제활동 참여율은 증가추세를 보이고 있다. 이는 노동시장과 사회적 여건의 변화로 설명될 수 있다. 즉 노동시장의 수요면에서 여성이 진출할 수 있는 분야가 확대되었고, 공급면에서는 고등교육 기회의 확대에 따라 훈련된 여성인력이 증가하였고 출산율 저하, 가전제품의 발달로 인한 가사노동시간의 단축 등으로 경제활동에의 참여를 독려하는 분위기가 형성되었다.

산업구조의 고도화와 지속적인 경제성장 및 여성의 사회참여 욕구증대로 2009년 여성 경제활동인구는 1,007만 6천명으로 경제활동 참가율은 1980년 42.8%에서 1990년 47.0%로 2000년 48.8%, 2005년 50%를 넘은 이후 약간의 하락을 나타내고 있다.

여성의 경제활동은 지속적으로 증가되어 왔으나 아직 선진국 수준에는 못 미치고 있다. 앞에서 살펴본 것과 같이 한국의 여성경제활동 참가율은 2009년 현재 49.2%를 보이고 있으나 서유럽의 국가들은 60% 이상의 퍼센테이지를 보이고 있다. 특히 생산성이 높고 경력과 기능을 축적할 시기인 25~34세 연령층의 경제활동 참가율이 타국에 비해 현저히 낮은 것이 큰 취약점이라 할 수 있다. 즉 서구 선진사회에서의 여성인력 활용은 결혼과 자

표 4-5 | 각국 여성의 연령별 경제활동참가율 (단위 : %)

국가	전체	15~19	20~24	25~29	30~34	35~39	40~44	45~49	50~54	55~59	60~64	65~69	70~74	75+
2008년														
한국	50.0	7.5	54.6	69.3	53.3	58.5	65.9	65.8	60.3	52.5	42.3	22.9		
일본	48.4	16.2	69.7	76.1	65.1	64.9	71.1	75.5	71.6	61.6	43.6	26.0	14.9	5.5
캐나다	62.8	57.5	76.2	81.6	81.1	82.1	83.6	84.1	79.2	66.0	41.1	6.8		
덴마크	74.6	66.7	77.4	84.5	87.3	89.5	87.5	88.7	84.0	76.9	25.3	9.1		
아일랜드	54.5	23.0	70.4	80.6	74.2	70.1	67.9	69.7	64.0	49.9	33.8	11.0	3.8	0.9
네덜란드	59.2	65.0	80.5	85.7	85.0	82.9	82.8	80.5	73.6	58.3	25.8	6.0	2.4	0.5
노르웨이	70.7	51.3	74.6	84.9	86.6	86.0	87.2	85.6	83.1	75.9	53.9	20.2	3.8	
포르투갈	56.2	12.7	61.8	85.8	87.9	87.0	83.0	81.3	71.1	55.1	37.3	22.2	15.1	8.1
슬로바키아	51.0	5.3	46.0	70.2	75.5	85.3	92.1	89.7	83.5	40.9	7.3	2.0	1.1	0.2
스웨덴	68.4	38.1	69.7	82.4	87.8	89.9	89.7	88.7	86.5	80.7	58.6	12.6	3.2	
스위스	61.3	52.0	80.5	87.4	80.9	82.2	82.6	86.0	82.9	76.4	46.3	14.1	6.2	2.7
호주	58.3	58.4	78.0	76.2	72.2	71.5	78.2	79.7	74.7	61.0	38.0	14.1	2.0	
뉴질랜드	61.3	52.7	68.4	74.2	72.5	73.6	79.8	81.5	81.4	73.7	54.1	25.6	9.1	1.6

주 : 15세 이상 인구
출처 : ILO 통계

표 4-6 | 한국의 연령 · 성별 경제활동인구 (단위 : 천 명, %)

연도/연령	경제활동인구		경제활동참가율		연도/연령	경제활동인구		경제활동참가율	
	여성	남성	여성	남성		여성	남성	여성	남성
1985	5,975	9,617	41.9	72.3	2009	10,076	14,319	49.2	73.1
15~19	399	314	21.1	14.5	15~19	118	85	7.5	4.9
20~24	1,029	839	55.1	63.3	20~24	810	495	53.0	44.1
25~29	721	1,789	35.9	90.8	25~29	1,299	1,497	69.0	76.3
30~34	646	1,483	43.6	96.4	30~34	971	1,813	51.9	92
35~39	685	1,293	52.9	96.5	35~39	1,197	2,076	56.3	93.5
40~44	659	1,100	58.2	94.9	40~44	1,336	1,985	65.4	94.1
45~49	648	1,039	59.2	93.3	45~49	1,376	1,990	65.4	92.8
50~54	489	759	52.4	88.1	50~54	1,131	1,695	60.9	90.1
55~59	353	467	47.2	77.3	55~59	694	1,092	52.0	82.7
60+	347	534	19.2	44.2	60+	1,144	1,591	27.4	50.5

출처 : 통계청(2009). 지난 30년간 고용사정의 변화.

표 4-7 | 성별 · 산업별 취업자 분포 (단위 : 천 명, %)

산 업	2000			산 업	2009		
	계	여성	남성		계	여성	남성
계	21,156	8,769	12,387	계	23,506	9,772	13,734
농업 및 임업	2,162	1,048	1,114	농업, 임업 및 어업	1,648	738	910
어업	81	25	57	광업	23	2	21
광업	17	0	17	제조업	3,836	1,160	2,676
제조업	4,293	1 535	2,758	전기 가스 및 수도사업	96	15	81
전기 가스 및 수도사업	64	11	53	하수 · 폐기처리, 원료재생 및 환경복원	72	8	64
건설업	1,580	134	1,446	건설업	1,720	163	1,567
도매 및 소매업	3,833	1 774	2,059	도매 및 소매업	3,600	1,632	1,968
숙박 및 음식점업	1,919	1 304	615	운수업	1,247	94	1,153
운수업	1,068	94	975	숙박 및 음식점업	1,936	1,294	643
통신업	192	56	136	출판, 영상, 방송통신 및 정보서비스업	652	179	473
금융 및 보험업	752	405	347	금융 및 보험업	766	382	384
부동산 및 임대업	351	98	253	부동산 및 임대업	500	176	324
사업 · 서비스업	1,010	321	689	전문과학 및 기술서비스업	844	262	581
공공행정, 국방 및 사회보장 행정	758	223	535	사업시설관리 및 사업지원 서비스업	944	407	537
교육서비스업	1,191	730	461	공공행정, 국빙 및 사회보장 행정	1,032	370	661
보건 및 사회복지사업	428	304	125	교육서비스업	1,831	1,233	599
오락, 문화 및 운동관련 서비스업	365	135	230	보건업 및 사회복지사업	998	774	224
기타 공공, 수리 및 개인서비스업	886	389	497	예술, 스포츠 및 여가관련 서비스업	390	157	233
가사서비스업	186	183	4	협회 및 단체, 수리 및 기타 개인서비스업	1,211	583	629
국제 및 외국기관	19	1	18	가구내 고용활동 및 분류불가능한 자가소비생산활동	147	140	6
				국제 및 외국기관	13	3	9

출처 : 통계청(2009). 경제활동인구연보.

표 4-8 | 직업별 월평균 임금 및 임금격차

(단위 : 천 원, %)

직 업	1995			1998			2000			2008		
	여성	남성	여/남 임금비	여성	남성	여/남 임금비	여성	남성	여/남 임금비	여성	남성	여/남 임금비
전직종	790	1,361	58%	1,028	1,666	61.7%	1,167	1,855	62.9%	1,949	3,082	63.2%
의회의원, 고위임원직 및 관리자	1,889	2,271	83.2%	2,245	2,737	82.0%	2,289	2,890	79.2%	3,858	5,134	75.1%
전문가	1,257	1,753	71.7%	1,678	2,197	76.4%	1,696	2,613	64.9%	2,598	4,108	63.2%
기술공 및 준 전문가	907	1,489	60.9%	1,173	1,867	62.8%	1,370	2,013	68.1%	1,899	3,206	59.2%
사무직원	845	1,390	60.8%	1,068	1,658	64.4%	1,183	1,812	65.3%	2,023	3,314	61.0%
서비스종사자	792	1,124	70.5%	958	1,375	69.7%	967	1,531	63.2%	1,516	2,149	70.5%
판매종사자							1,014	1,305	77.7%	2,005	2,628	76.3%
농업 및 어업숙련 근로자	673	1,032	65.2%	805	1,668	48.3%	736	1,409	52.2%	1,282	2,179	58.8%
기능원 및 관련 기능근로자	645	1,203	53.6%	791	1,469	53.8%	908	1,631	55.7%	1,591	2,569	61.9%
장치, 기계조작원 및 조립원	685	1,198	57.2%	842	1,345	62.6%	962	1,556	61.8%	1,625	2,522	64.4%
단순노무직근로자	596	856	69.6%	686	974	70.4%	775	1,041	74.4%	1,171	1,641	71.4%

출처 : 통계청(2009), 경제활동인구연보.

녀양육기인 25~34세 사이에도 70~80%를 나타내고 있는데 비해 한국은 60% 초반대에 머물고 있는 실정이다. 같은 자본주의 사회이며 유교문화권인 일본(70.6%, 2008년 현재)과 비교해도 큰 차이를 보이고 있음을 주지해야 할 것이다.

경제활동을 연령대별로 제시한 앞의 표에 의하면, 30세 이상 35세 미만 여성의 경제활동 참가율이 한국은 58.5%인데 비하여 전체 평균 경제활동 참가율이 48.4%인 일본조차도 30~35세 미만의 경제활동 참가율은 65.1%를 보이고 있다. 서유럽의 대부분의 국가들은 높은 비율(덴마크 : 89.5%, 스웨덴 : 89.9%)을 보이고 있으며, 우리나라와 비슷한 전체 경제활동 참가율을 보이고 있는 슬로바키아의 경우(51.0%)도 30~35세 미만의 경우 85.3%라는 높은 참가율을 나타내고 있다.

산업별로 성별 근로자 현황을 보면, 20~21개 산업영역 중 제조업 종사자가 가장 많고 여성의 경우도 전체 여성근로자의 상당수를 점하고 있다. 산업별 전체 근로자 중 여성의 비율은 보건복지분야에서 여성의 비율이 77.6%(2009년, 2000년; 71.02%)로 가장 높고, 이 67.34%(2009년), 음식숙박업이 66.83%(2009년)로 여성의 비율이 높게 나타나고 있다.

한편 여성의 임금수준은 남성과 비교해 볼 때 매우 낮은 수준이다. 과거와 비교해 볼 때 최근에는 약간의 상승을 보이고 있으나 아직도 그 격차가 크게 나타나고 있다. 1990년대에서 2000년대로 넘어오면서 전직종에서의 남녀임금비는 점차적으로 그 폭을 줄여나가고 있으나, 2008년 현재에도 여/남 임금비는 63.2%를 보이고 있다. 여기에서 우리가 눈여겨보아야 할 사항은, '의회의원, 고위임원직 및 관리자' 나 '전문가' 직종은 다른 직종에 비해 임금격차가 적은 직종이라 할 수 있으나 임금격차의 폭은 시간이 흐를수록 더 늘어나고 있다는 사실이다.

최근 여성의 경제활동이 활발해지고 있는 이유는 여러 측면에서 설명할 수 있다. 첫째, 남녀고용평등법의 제정과 시행 등 사회적으로 여성의 경제활동을 긍정적으로 평가하는 의식이 크게 증가하고 있고, 둘째, 내구재 소비의 급증과 소비수준 향상에 따른 추가소득에 대한 욕구가 강화되었으며, 셋째, 산업구조의 고도화와 인력부족에 따라 여성노동을 필요로 하는 분야가 확대되고 있다는 것 등이다.

그러나 여성의 경제참여가 확대된 만큼 모든 여성들이 남성들과 같은 대우를 받으며 일하고 있는가에 대해서는 회의적이다. 여성 고용의 이유를 살펴보면 여성이 남성과 비교해 어떠한 조건에서 일하고 있는가를 알 수 있다. 여성 고용의 이유를 살펴보면, 대기업, 은행 및 금융계에서는 단순노동, 저 부가가치 사업종목이 주종을 이루고 있으며, 백화점 등에서는 소비구성도의 계층, 영업형태, 사업성 등을 고려해 여성을 고용한다는 것이다. 또한 새로운 상품의 개발로 여성인력의 요구가 증가하거나 사회분위기와 회사의 이미지를 고려하여 여성을 고용하는 기업이 있기는 하지만 기업에서의 여성인력의 활용은 매우 제한적인 것으로 지적되고 있다.[12]

12) 한국여성개발원(1997), 「고학력 여성인력의 양성과 활용방안」.

(2) 여성 취업구조의 특성

① 여성 취업의 구조

한국여성의 전통적 역할과 기대는 현대사회에서도 여성들의 의식과 삶을 지배하고 있다. 사회제도는 비교적 동등한 교육기회를 부여하는 것처럼 보이나, 사회적 태도나 가치관, 교육의 내용면에서는 남존여비, 현모양처의 이미지가 그대로 남아있다. 따라서 여성이 직업을 갖고 일을 한다고 해도 일에 대한 성취감이나 만족감을 느끼기보다는 집안일을 제대로 하지 못하고 있다는 자책감을 갖거나 스스로 여성적이지 못하다는 생각을 갖게끔 한다. 또한 이러한 전통적 가치관의 영향은 기혼여성들의 채용을 거부하는 경향으로 나타나고 있다.

한국사회에서 여성들은 남성과 다른 취업구조를 갖는다. 여성의 취업은 남성들과 매우 다른 경험을 하도록 조직되어 있다. 그 중요한 사항을 살펴보면, 첫째, 대부분의 여성들은 인생의 어느 주기에서 일을 중단한다. 그들은 대부분 자녀를 가진 후에는 임금노동을 포기하고 그 이후 일로 복귀하게 될 경우에는 대체로 시간제로 취업하게 된다. 둘째, 남성에 비해 상대적으로 많은 여성이 시간제로 일을 하고 있는데 이는 가사 일을 하거나 어린이 및 부양가족을 돌보거나 봉사하는 것이다. 셋째, 여성들이 하는 일의 대부분은 다른 사람들을 돌보거나 봉사하는 것이다. 넷째, 많은 수의 여성들이 비공식부문에서 일하고 있고, 다섯째, 대부분의 여성 취업자들은 저임금과 열악한 작업조건, 직업의 불안정성에 시달리고 있다.

여성들은 자신들의 취업이 열세한 이유를 스스로에게 돌리는 경우가 많다. 2007년의 통계청 조사에 의하면 여성취업의 장애요인은 육아부담이 70.1%, 가사부담이 40.2%로 높게 나타나고 있고, 사회적 편견이 36.8%, 승진 등 근로여건이 34.4%를 보이고 있다. 여성취업의 장애요인으로 남성과 여성의 인식에 있어서의 큰 차이는 없어 보이나, 여성이 육아부담과 가사부담, 승진 등 근로여건을 남성보다 더 많이 지적한데 비해 남성은 여성의 직업의식 및 책임감 부족과 능력부족을 지적한 것에 주목하여야 할 것이다.

여성이 가사부담의 1차적 책임을 맡고 있으므로 경제활동은 여성에게 2차적이라는 사회적 인식이 여전히 지배적인 것이 사실이다. 그 동안 여성들은 가사와 육아라는 1차적 부담을 안은 상태에서 직업은 필요에 의해 선택하였으므로 직업을 선택할 수도, 그렇지

표 4-9 | 혼인상태별 여성취업 장애 요인에 관한 견해

구분	사회적편견	직업의식 및 책임감부족	승진 등 근로여건	능력부족	구인정보 구하기 어려움	육아부담	가사부담	기타	모르겠음
1998									
계	28.2	10.0	12.5	4.3	0.0	29.3	10.6	0.1	5.1
미혼	35.6	11.1	16.1	4.3	0.0	19.5	7.3	0.1	5.9
기혼	25.4	9.5	11.1	4.3	0.0	33.0	11.8	0.1	4.7
여성	27.6	8.1	13.0	4.0	0.0	31.4	10.8	0.1	4.9
미혼	38.0	9.7	19.4	3.5	0.0	19.1	6.6	0.1	3.6
기혼	24.3	7.6	11.0	4.2	0.0	35.3	12.2	0.1	5.3
남성	28.8	11.9	11.9	4.6	0.0	27.1	10.4	0.1	5.2
미혼	33.7	12.3	13.4	5.0	0.0	19.8	7.9	0.1	7.8
기혼	26.6	11.7	11.3	4.4	0.0	30.3	11.5	0.1	4.1
2006									
계	37.1	11.8	32.0	5.6	8.2	67.8	38.1	0.2	8.1
미혼	50.6	13.3	39.8	5.7	6.9	63.2	32.4	0.2	8.9
기혼	32.0	11.2	29.1	5.5	8.8	69.5	40.3	0.2	7.8
여성	36.8	9.8	34.4	4.9	9.6	70.1	40.2	0.2	6.9
미혼	56.7	11.4	49.3	4.3	8.2	66.6	35.1	0.2	4.5
기혼	30.4	9.2	29.6	5.1	10.0	71.2	41.9	0.2	7.6
남성	37.5	13.9	29.5	6.3	6.8	65.4	35.6	0.2	9.5
미혼	45.5	14.9	32.0	6.9	5.8	60.5	30.2	0.2	12.5
기혼	33.8	13.5	28.4	6.0	7.3	67.6	38.4	0.2	8.1

않을 수도 있었다. 그러나 지금의 사회에서는 그러한 선택의 폭이 상당히 좁아지고 있다. 즉 여성의 취업에 대한 사회적 인식의 전환과 함께 대다수의 여성들이 취업 자체를 삶의 질과 자기개발의 차원에서 파악하고 있는 것이다.

② 여성취업의 특성

앞에서 설명한 한국여성의 취업구조 속에서 몇 가지 특징을 끌어낼 수 있다. 첫째, 연령별 경제활동률에서 연령 · 취업률 곡선을 보면 여전히 M자형의 참가형태를 보이고 있다. 앞의 표 4-6에서 나타나고 있는 것처럼 미혼인 20세 무렵과 초기 양육기를 지낸 40대 이후의 취업률이 가장 높은데 비해 결혼 · 임신 · 출산이 집중적으로 이루어지는 25~34세까지의 시기에 취업률이 급격히 저하하는 현상을 보이고 있다. 즉 한국 여성들의 노동시장

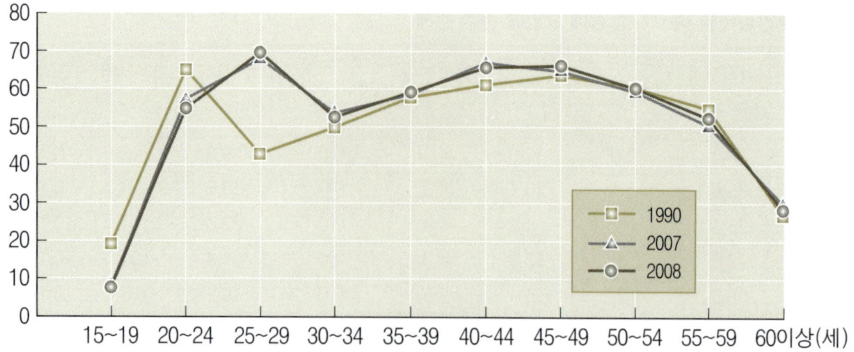

그림 4-1 | 연령별 · 성별 경제활동 참가율

출처 : 노동부(2009), 「여성과 취업」

에의 참여에는 생애주기(life cycle)가 민감하게 작용하는 것을 알 수 있다. 즉 상당수의 여성들이 결혼이나 임신 · 출산 시 노동시장을 떠났다가 초기의 양육기를 지내고 다시 노동시장에 투입 됨을 보여주고 있다.

한국 여성의 경제활동 참가형태를 서구 선진사회와 비교해 보면 서구의 경우(미국이나 프랑스) 종형(鐘形)이나 일자형을 보여주고 있으며 25~34세의 연령층에서 한국보다 20~30% 가량 높은 참여율을 나타내고 있다. 서구사회의 여성들이 일단 노동시장에 들어오면 취업을 계속하는 것과는 달리 한국여성들의 경제활동에의 참여는 불연속성을 보이고 있다. 이러한 경제활동에의 참여의 불연속성은 노동시장에 재진입 시 여성들의 지위를 하향 이동시키는 결과를 가져와 여성들의 경제활동에 부정적인 요인으로 작용하고 있다.

그러나 다행스러운 것은 여성들이 결혼이나 임신 · 출산에도 불구하고 계속 취업하는 비율이 높아지고 있다는 사실이다. 이는 「남녀고용평등법」의 제정과 시행으로 인한 '결혼퇴직제' 의 폐지 및 다양한 보육서비스 지원 등의 효과라고 볼 수 있다.

둘째, 한국여성 취업자의 직종별 구성을 보면 노동시장에서 하위 직종에 많은 여성들이 집중되어 있음을 알 수 있다. 다른 국가들과 비교해 볼 때, 한국여성들은 서비스 · 판매직, 기능원 · 장치 기계 조작원 · 단순노무직, 사무직, 농림 · 어업직에 많은 수가 집중되어 있으며 전문가 · 기술공 · 준전문가나 고위 임원직 및 관리자로 일하는 수가 대단히 적음을 보여준다.

표 4-10을 통해 알 수 있는 것은 한국의 여성노동시장에는 하위직 산업군이라 할 수 있

표 4-10 | 여성 취업자의 산업별 분포

국가	전체	농림, 어업, 수산업	광업	제조업	전기, 가스, 수도업	건선업	도, 소매업	음식, 숙박업	운수, 통신	금융, 보험, 부동산사업 서비스	공공, 개인, 사회서비스업 및 기타
2007											
한국	100.0	8.3	0.0	13.7	0.2	1.8	17.1	14.4	1.9	12.7	30.1
일본	100.0	4.3	0.0	14.2	0.1	3.0	21.7	7.7	2.9	14.0	32.1
덴마크	100.0	1.5	0.1	10.5	0.3	1.5	13.5	3.3	3.8	11.7	53.6
핀란드	100.0	2.7	0.1	10.1	0.3	0.9	12.8	5.2	4.0	14.1	49.8
노르웨이	100.0	1.3	0.7	5.8	0.3	1.1	14.7	3.9	3.4	10.9	57.1
호주	100.0	2.3	0.3	5.9	0.4	2.4	20.3	6.1	3.9	16.6	41.9

출처 : 통계청(2010), 국가통계포탈.

는 농림 · 어업 · 수산업, 도 · 소매업, 음식 · 숙박업에의 참여가 높게 나타나고 있으며 전문직 등 상위직으로의 진입이 제한되어 있다는 사실이다.

셋째, 여성 취업자들의 임금을 살펴보면, 여성근로자의 임금은 2008년 현재 총액기준 월평균 177만 6천원으로 여성임금비는 남성근로자 임금을 100으로 볼 때 65.2% 수준으로 나타나고 있다. 이는 1995년의 58.8%, 2005년의 63.6%에 비교하면 발전적인 방향으로 나아가고 있는 것이지만, 여전히 한국의 여성노동시장의 특징 중 부정적 측면을 보여주고 있는 것이라 할 수 있다. 또한 세계적 차원에서 한국여성의 임금수준 역시 하위권에 머무르고 있는 실정이다.[13]

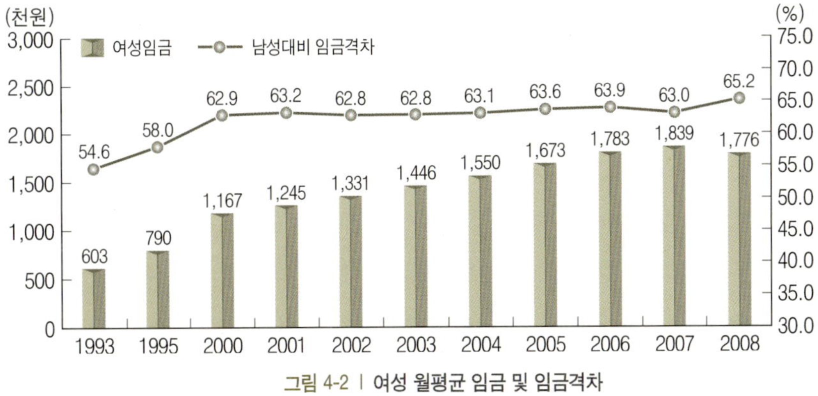

그림 4-2 | 여성 월평균 임금 및 임금격차

출처 : 노동부(2009), 「임금구조 기본통계보고서」

13) 여성들의 임금문제는 노동시장 내에서의 성차별에서 좀 더 자세히 서술할 것이다.

3) 경제활동 내에서의 여성차별

(1) 성차별을 설명하는 관점

노동시장 내에서의 성에 따른 불평등을 설명하는 관점은 크게 두 가지로 나누어 볼 수 있다. 하나는 노동시장 내에서 수요-공급의 측면에 초점을 두어 개인을 분석의 단위로 삼는 접근이며, 다른 하나는 거시 사회학적 · 역사적 관점에서 성불평등의 근원과 이를 지속시키는 구조적 요인을 찾으려는 이론이다. 전자는 '인적자본론(Human Capital Theory)'으로, 후자는 '노동시장분절론(Labor Market Segmentation Theory)'과 페미니즘 이론으로 나누어 설명할 수 있다.

① 인적자본론

인적자본론은 사회적 불평등의 궁극적 원인을 개인적 차원에 따른 시장능력의 불균등 배분현상으로 설명하고 있다. 여기에는 노동시장이 동질적, 완전 경쟁적이며 개별 근로자의 직업적 지위나 임금수준은 학력, 직업훈련, 업무경험, 기술습득 등 인적 자본에의 투자정도에 의해 결정된다는 것을 기본적으로 가정하고 있다. 따라서 노동시장에서의 성차별은 이러한 인적자본의 개인적 차이에서 오는 당연한 결과로 보고 있다.

여성은 가사노동과 임신 · 출산 · 육아로 인해 노동시장에 참여하는 것이 불연속적이므로 지식과 기술의 습득에 필요한 투자를 꺼리게 된다는 것이다. 또 교육과 훈련의 효과가 남녀에게 다르게 나타나는 노동시장 구조도 여성의 인적자본 투자량을 제한하는 원인이 된다. 즉 사회적으로 높은 지위와 보상을 제공하는 직업은 남성에게, 그렇지 못한 직업은 여성에게 주어지는 성별 직업분리가 광범위하게 존재하는 한, 여성은 실제 교육에 대한 투자수익이 낮게 나타나므로 인적 자본 투자에 소극적이게 된다는 것이다.

이러한 인적자본론은 여성의 낮은 성취동기로 비롯된 교육, 훈련 등 인적자원의 결여가 소득의 불평등을 가져올 수밖에 없다고 설명하고 있으나, 근대 민주주의적 남녀평등사상의 보급과 교육기회의 확대로 여성에 대한 교육투자가 상당히 높아졌음에도 불구하고 여전히 노동시장에서는 여성이 남성에 비해 불리한 고용조건에서 낮은 임금을 받고 있는 현상을 설명하기에 설득력이 부족하다. 실제 노동시장 내에서는 동일한 인적 자원을 소유하고 있어도 여성이기 때문에 불리하게 차별적 대우를 받고 있는 경우가 일어나고 있는 것이 사실이다.

② 노동시장 분절론

노동시장 분절론은 노동시장이 하나의 동질적인 완전경쟁 시장이 아닌 두 개 또는 그 이상의 노동시장으로 분절되어 있다는 전제에서 출발한다. 즉 1차 노동시장은 고용안정성, 높은 임금, 승진 사다리, 직업훈련 등을 보장받는 직업들로 구성된다. 이와 대조적으로 2차 노동시장은 고용의 불안정성, 저임금, 승진기회의 부족, 여자, 연소노동자, 도시빈민층 등이 그 특징으로 나타난다. 직업을 예로 들어 1, 2차 노동시장을 살펴보면, 교사나 의사, 대기업의 대졸 사무·관리직 사원 등이 1차 노동시장에 속하며, 학습지 교사, 백화점의 시간제 판매원, 영세기업의 임시직 근로자, 은행의 계약직 사원, 기업의 별정직 사원 등이 2차 노동시장을 형성하고 있다. 이러한 이중 노동시장 구조 속에서 여성은 2차적 노동시장을 구성하는 대표적 집단이다.

노동시장이 이처럼 이중으로 분리된 이유는 자본주의의 발전단계에서 자본이 최대한의 이윤을 확보하기 위해 직무구조를 계층화하고, 노동력의 자연적·사회적 차이를 기초로 노동자 집단을 이질화함으로써 분할지배(divide and Rule)를 꾀하기 때문이다. 자본은 인종이나 성, 연령 등 다양한 요인을 토대로 노동자 집단을 구분한 후 서로 경쟁하게 만듦으로써 노동자 계급의 연대를 막는다. 여기에서 성(性)은 노동력의 자연적 차이의 하나로 노동시장을 분절화하는 가장 중요한 차별기준으로 활용되는 것이다.

노동시장 분절론은 여성이 받는 불평등한 대우를 개인적 실패가 아니라 노동시장 구조적 요인으로 설명한다는 점에서 한걸음 나아간 이론이라 할 수 있다. 그러나 이 이론은 노동시장이 1차와 2차로 분절되어 있다는 점만을 언급할 뿐 왜 여성이 2차 노동시장의 주요 노동력이 되는가에 대해서는 설명하고 있지 않다.

③ 페미니즘이론

여성은 왜 노동시장에서 불평등한 대우를 받는가? 이 문제의 설명을 위해 여권론은 하나의 구조에 대한 분석을 필요로 한다. 가부장제, 가부장적 구조가 그것으로 이 가부장적 구조가 가정뿐만이 아니라 노동시장 곳곳에서 여성의 일에 영향을 끼치고 있다는 것이다.

하트만에 의하면, 자본주의는 가부장제와 서로의 체제를 유지하기 위해 상호보조하며 공모관계를 유지해 왔다고 한다. 즉 여성을 가정에 머물게 함으로써 남성들에게 정서적 · 성적 서비스를 제공하고 나아가 노동시장에 참여한 여성의 지위를 열악하게 한다는 것이다. 하트만이 설명하는 가부장제란, 여성의 노동력을 통제할 수 있도록 하는 남성들 간의 위계결속이 나타나는 일련의 사회적 관계로, 바로 이 점에서 여성문제의 핵심은 가부장제와 자본주의의 결합이라고 주장하고 있다.[14] 이로써 이득을 얻는 계층은 미숙련 저임금의 여성노동자를 고용하는 자본가들과 남성들이며, 따라서 노동시장 내의 성차별을 고착화시키는 성별 직업분리는 남성지배의 가부장적 체제의 유지와 자본가의 이윤 극대화를 위한 메커니즘으로 이용된다고 할 수 있다.

하트만은 가부장제가 자본주의 노동시장에서 작용하고 있음을 보여주는 대표적인 현상의 하나가 성별직업분리라고 본다. 이러한 문제가 자본주의 사회에서 여성에 대한 남성의 우위를 유지하는 1차적 기제라는 것이다. 성별직업분리 때문에 노동시장에서 여성은 낮은 임금을 받게 되며, 결과적으로 미혼여성은 결혼을 통해 남성에게 의존하라는 압력을, 기혼여성은 가사노동에 전담하라는 압력을 받게 되는 것이다. 따라서 가부장적 구조에 의한 성별직업분리와 가사노동은 여성의 노동시장에서의 지위를 낮게 만드는 근본적인 요인들이다. 이러한 성별직업분리는 노동시장에서 지속적으로 이루어진 탈숙련화(deskilling)가 가부장적 구조와 맞물리면서 나타난 현상이다. 탈숙련화는 새로운 기계와 기술의 도입으로 노동자에게 체화된 기술과 지식이 기계로 이전되면서 노동자의 수련이 저하되는 현상을 말한다. 이러한 탈숙련화의 과정에서 여성은 저숙련 노동자로서 남성을 대체한다.

(2) 경제활동 내에서의 여성차별의 실제

선진국에 비해 급격한 산업화의 과정을 경험한 한국은 여성들의 경제활동에 다양한 차별과 문제가 여성 노동자의 수적 증대와 더불어 함께 진행되어 왔다. 한국여성들이 사회 경제활동을 하면서 경험하게 되는 차별의 형태를 살펴보기로 한다.

14) Hartmann H,(1976), "The Unhappy Marriage of Marxism and Feminism : Towards A More Progressive Union" in Sarget L. & Hartmann H.(eds.), *Women and Revolution*, Boston, Southern Press.

① 모집과 채용

모집과 채용과정에서 나타나는 대표적인 성차별은 응시기회를 성별로 차별화하거나 아예 기회조차 주지 않는 경우이다.

모집광고 상의 성차별은 「남녀고용평등법」에 따른 처벌 사례들이 알려지면서 많은 부분 시정된 것도 사실이다.[15] 그러나 채용과정에서의 성차별은 훨씬 교묘하게 진행되기 때문에 문제제기를 하는데 많은 어려움을 겪고 있다. 필기시험에서의 여성합격률보다 면접시험의 합격률이 현저하게 낮은 상황 등은 객관적인 기준이나 명백한 증거가 없기 때문에 법규정을 적용하기 어려운데 이는 여성에 대한 편견과 법규정상의 모호함 그리고 처벌이 미약하기 때문에 지속되는 것으로 볼 수 있다.

이러한 모집 · 채용 상의 성차별은 노동시장 입직구에서부터 차별을 받는 것이므로 매우 중요한 의미를 갖는다. 입직구에서의 성차별적 채용은 고용 전 과정에 대한 계획에 근거하여 이루어지기 때문에 채용상의 성차별을 해소하는 문제는 매우 중요하면서도 여성 노동력에 대한 인식의 변화를 요구하는 문제인 것이다.

② 임 금

임금에서의 성차별은 앞에서 언급한 것처럼 여성이 평균적으로 남성 임금의 65.2%로 2001년의 64.8%와 비교해 약간의 상승을 보여주고 있을 뿐이다. 이러한 수치는 10 - 20년 전과 비교해 볼 때 긍정적인 발전이라 할 수 있다. 물론 남녀 간의 임금 차이가 모두 성차별에 해당되는 것은 아니다. 성별에 관계없이 노동자의 생산성이나 하는 일의 난이도, 기술에 있어서 만의 차이로 인한 임금격차는 성차별이라 할 수 없을 것이다.

그러나 한국여성정책연구원의 〈성인지 통계(2009)〉에 의하면 2008년 여성의 평균 임금은 176만 6천원으로 남성의 254만 4천원보다 76만 8천원 낮은 것으로 나타나, 2008년 여성과 남성의 임금격차는 전년대비 2.2% 감소한 65.2%를 보이고 있다. 남녀임금격차는 1993년 이래 성별 임금격차는 감소추세를 보이고 있다. 성별 임금격차가 감소하는 추세

15) 1990년 5월에는 신문을 통한 사원모집 광고에 지원자격을 남자로 제한한 국내 4개 회사와 대표들에게 100만 원씩의 벌금이 선고된 바 있으며, 1994년 6월에는 고졸 여사원 모집에서 직무수행과 관련이 없는 신체적 조건(신장 160cm 이상, 체중 50kg 이하)을 채용기준으로 내세운 44개 기업체 대표들이 무더기로 고발된 사례가 있다.

표 4-11 | 여성 취업자의 산업별 분포 (단위 : 건)

직 업	2002			2008		
	여성	남성	남녀임금격차	여성	남성	남녀임금격차
전 산업	1,331	2,120	62.8	1,949	3,082	63.2
농림, 수렵업 및 어업	1,133	2,024	56.0	1,481	3,105	47.7
어업	1,181	2,043	57.8	1,977	2,561	77.2
광업	1,111	1,953	56.9	1,872	3,043	61.5
제조업	1,160	2,058	56.4	1,783	3,002	59.4
전기, 가스, 수도사업	1,783	3,268	54.6	2,457	4,843	50.7
건설업	1,102	1,912	57.6	1,710	2,684	63.7
도매 및 소매업	1,353	2,123	63.7	1,905	2,925	65.1
숙박 및 음식점업	1,086	1,443	75.3	1,462	2,037	71.8
운수업	1,278	1,729	73.9	1,953	2,475	78.9
통신업	2,384	3,406	70.0	3,072	4,405	69.7
금융, 보험업	1,908	3,339	57.1	2,935	5,127	57.2
부동산 및 임대업	980	1,306	75.0	1,421	2,074	68.5
사업서비스업	1,271	2,096	60.6	1,929	3,289	58.7
교육서비스업	1,649	2,548	64.7	2,110	3,746	56.3
보건 및 사회복지사업	1,486	2,371	62.7	2,006	3,476	57.7
오락, 문화 및 운동 관련 서비스업	1,360	2,352	57.8	1,971	3,335	59.1
기타 사회 및 개인서비스업	1,171	1,803	64.9	1,621	2,459	65.9

출처 : 노동부(2009), 임금구조기본통계보고서.

를 보이고는 있으나 여성 임금은 2000년 이래 남성 임금의 60% 수준에 머물고 있다.

③ 배치 · 교육 및 승진

여성이 취업 후 직무배치에 있어 차별대우를 받는 일 또한 한국노동시장에 있어서 흔하게 볼 수 있는 것이다. 동일 학력과 동일 자격을 소유한 경우에도 일반적으로 남자는 기간업무나 숙련을 요하는 직무에, 여자는 보조업무나 단순기능을 요하는 직무에 배치된다. 이러한 차별의 근거는 여성의 일에 대한 사회적 폄하나 성차별적 이데올로기에서 비롯된다고 하겠다.

1993년 정부는 「남녀고용평등법」의 정착을 위해 배치 및 승진의 차별을 가져오는 여사원제, 성별분리 호봉제 등을 시정하도록 지침을 내린 바 있으며 이에 따라 일부 기업체에서는 성별을 기준으로 나누던 것을 직무에 따라 종합직과 일반직으로 나누는 '신인사

제도' 를 채택하고 있다.[16] 1999년 2월에 개정된 「남녀고용평등법」에서는 이러한 인사상의 불이익을 차별로 규정하고 있다. 이러한 인사상의 차별은 이것으로 그치는 것이 아니라 임금, 교육, 승진에서의 차별로 이어진다.

④ 정년 · 퇴직 및 해고

노동시장에서 퇴출되는 시기를 나타내는 정년과 관련된 문제는 그 동안 상당히 향상되었다. 1980년대까지만 해도 여성들은 입사 시에 '결혼퇴직 각서' 를 썼었다. 산업화 초기 미혼여성 생산직 노동자들에게 관행적으로 작용하였던 결혼퇴직제는 근속년수를 단절시킴으로서 승진의 기회를 차단하며 저연령 · 저임금을 고착화시키는 기제로 작용해 왔다.

「남녀고용평등법」 시행 이후 강제적인 결혼퇴직제는 사라졌으나 결혼 후 여성의 퇴직을 암묵적으로 종용하는 사례는 여전히 찾아볼 수 있다. 또한 여성 조기정년제는 '기업에서는 여성의 노쇠현상이 남성보다 빨리 온다. 가사노동의 부담으로 능률이 저하된다.' 등의 이유를 들어 여성노동자에 대하여 남성보다 낮은 정년연령을 정하는 것으로 오랜 고용관행으로 행해져 왔었다. 그러나 성차별적 정년에 대해 끈질긴 투쟁을 벌인 '김영희 사건' 이 대법원에서 승소판결을 받음으로써 오늘날 문서상의 여성조기정년제는 사라졌다고 할 수 있다.

한편 기업 측에서 경영상의 필요에 의해 근로자를 집단적으로 해고하는 경우를 정리해고라고 하는데 IMF 이후 여성 우선해고는 매우 심각한 상태에 이르고 있다. 1988년 「남녀고용평등법」이 시행되면서 꾸준히 향상되어 온 여성고용문제가 경제위기가 올 때마다 급격히 후퇴하고 있음을 보여주고 있다.

4) 성 평등한 경제활동을 위한 방안

한국여성의 경제활동 참가율은 지속적으로 상승하고 있고 일부 전문직에서 여성의 참여율이 높아지고 있지만, 아직 노동시장 참여형태에서 생애주기에 따른 불연속성이 강하게

---

16) 그러나 이 제도 또한 또 다른 성차별제도임이 지적되고 있다. 이 제도를 한국보다 먼저 도입했던 일본의 경우 남성은 99%가 종합적인데 반해 여성은 3.7%가 종합직인 것으로 나타나고 있다.

쉬어가기

전화교환원 김영희 사건

김영희씨는 1961년 체신부 중앙전화국 교환원으로 임용되었으며, 1982.01.01. 체신부의 전기통신업무가 한국전기통신공사로 이관됨에 따라 그도 동 공사의 서울시외전화국 일반직 5급 교환원으로 옮겨 근무하던 중, 공사측의 인사규정 개정으로 전통적으로 여성이 충당해 왔던 교환직렬직원의 정년을 기능직과 구분하여 만 55세에서 만 43세로 낮춤에 따라 1982.12.31.에 정년퇴직 발령을 받았다.

김영희씨는 이러한 공사측의 조치는 법 앞에서의 평등을 규정한 헌법 제 10조 및 남녀의 차별적 대우를 금지한 근로기준법 제5조를 위반하였다고 하여 1983.1.13.에 전연무효확인 소송을 서울민사지방법원에 제기하였다. 서울지방법원과 고등법원에서는 패소판결을 받았으나 1985.3. 다시 대법원에 상고한 결과 대법원에서 파기환송하여 6년여만인 1989.4.19. 최종판결에서 '원판결을 취소하고 남녀차별정년을 무효로하여 비용은 국가(한국전기통신공사) 부담으로 한다' 는 승소판결을 받고 동년 6.14.에 복직하였다. 그러나 한국전기통신공사에서는 1987년 일반직의 정년을 58세로, 교환원은 53세로 또다시 차별적 정년의 연장으로 김영희씨는 1992.12.31. 53세로 정년퇴직하였다. 이에 다시 1993.3.30. 서울지방노동위원회에 부당해고(차별정년) 구제신청을 하였으나 패소하였으며, 이에 불복하여 중앙노동위원회에 재심을 청구하여 정년차별이 무효라는 결정을 받아내었다. 그러자 한국통신공사측에서는 고등법원에 행정소송을 제기하였고 이에 패소하자 대법원에 상고하였으며, 대법원은 한국통신의 주장을 인정하여 1996.8. 원심파기를 선언하였다. 이에 분개한 한국여성단체협의회에서는 공동변호인단을 구성하여 1997년 6월 대법원에 여성차별정년무효확인 소송을 제기하였고, 이에 대법원은 사실상 여성 전용 직종인 교환원의 정년을 합리적인 이유 없이 다른 분야에 비해 부당하게 낮게 정하여 여성 근로자를 조기 퇴직하도록 한 인사규정이라며 무효 판결을 내린다.

이는 직장 내 남녀평등원칙을 확인한 획기적인 판결이었다. 이 판결은 훗날 대법원이 꼽은 '한국을 바꾼 시대의 판결' 에 선정될 정도로 여권 신장에 기여한 판결이다.

나타나고 하위직이 다수를 차지하며 소수의 직업에 몰리고 있음을 알 수 있다.

이러한 문제점을 해소하고 여성과 남성이 평등하게 일할 수 있는 노동문화를 형성하기 위해서는 어떻게 해야 할 것인가?

우선은 여성들의 개인적인 노력이 필요하다. 의식적인 측면에서 여성도 남성과 동등한 노동자로서 자신의 일을 통해 경제적으로 자립하고 사회적으로 봉사하려는 생각을 확고히 해야 한다. 특히 평생노동의식은 여성이 가져야 할 직업의식의 첫 번째 항목이라 할 수 있다. 이러한 직업의식을 가지고 여성들이 노력해야 할 또 하나의 과제는 여성들 사이의 유대를 만들어가는 것이다. 여성들을 서로 반목하게 하고 분열시키는 고정관념이나 관습들을 뛰어넘어 여성들 간의 분리를 극복하고 함께 만날 수 있는 네트워크를 형성하는 것, 즉 여성의 조직화를 위한 노력이 필요하다.

둘째, 사회조직의 차원에서 여성이 일하는 조직과 가족을 새롭게 개편해야 한다. 즉 여성과 남성이 평등하게 일할 수 있는 사회적 조건을 마련하기 위한 노동조직과 가족의 재조직화가 필요한 것이다. 일-가정의 양립 지원체계 확립을 위한 육아휴직제도의 정착, 공공부문에만 시행되고 있는 가족휴직제도의 민간에의 도입, 정보화의 진행과 더불어 가정 · 직장생활의 조화와 개인의 능력개발을 지원하는 방법으로 재택근로제, 선택근로제 등의 도입을 통한 근로시간제의 효율적 활동, 전일제 취업여성을 기준으로 하고 있는 아동보육시설이 파트타임 취업여성과 전업주부의 아동까지 포함할 수 있어야 하는 것 등이 그 구체적인 예일 것이다.

셋째, 성평등한 노동문화를 정립하기 위해 필요한 또 다른 요소는 국가의 적극적인 노력이다. 노동시장과 조직문화에 뿌리박고 있는 가부장적 관념과 관행은 여성이나 남성 개인들의 의지만으로 극복할 수 있는 것이 아니다. 성평등한 노동에 대한 국민들의 요구를 수렴해 현실적인 정책으로 만들어 가려는 국가의 의지와 노력은 노동시장의 상황을 개선하는데 필수적인 부분이다. 한국에서는 「남녀고용평등법」이 이러한 작업의 출발점이었으며, 수차례의 개정작업을 거쳐 지금에 이르고 있다. 이 밖에 여전히 활발하게 논의되고 적용되고 있는 채용과 승진 목표제, 직장 내의 성희롱 금지, 여성관련 각종 실업정책 등이 경제활동에 있어서의 양성평등을 위해 국가가 적극적으로 관심을 갖고 그 결과를 엄중히 평가하여야 하는 부분인 것이다.

생각해 볼 문제

1. 가사노동 평가방법에 대해 생각해 봅시다.
2. 가사노동의 사회화의 형태에 대해 설명해 봅시다.
3. 한국사회의 여성 취업의 특성에 대해 설명해 봅시다.
4. 남·여가 평등하게 일 할 수 있는 노동문화를 형성하기 위한 노력에 대해 생각해 봅시다.
5. 한국 여성들의 취업구조를 설명해 봅시다.

05 Chapter

여성과 성

일반적으로 성(性)이라 하면, 생물학적 의미의 성(Sex), 성역할의 개념(사회적 성, Gender), 육체적 성관계의 개념인 섹슈얼리티(Sexuality)의 개념을 들 수 있으나, 크게는 성역할과 섹슈얼리티(Sexuality)의 개념으로 구분할 수 있다.
남성이 재생산과정에서 체험하는 생물학적 소외에 대한 반작용으로 남성지배이데올로기가 발생, 제도화되었던 것이다. 남녀 간의 불평등한 권력관계가 가장 극명하게 나타나는 영역인 성적 남녀관계의 불평등구조는 산업화 과정에서 더욱 강화되었다.

1. 성차(性差)의 이해

일반적으로 일상생활에서 남녀 간의 차이를 어떻게 느끼는가? 얼굴이나 차림새를 보고 자신의 문화적 경험에 비추어 상대방의 성을 판단하며 그것에 근거하여 대응하는 것이 일반적이라 할 수 있다. 그런데 꼭 성을 판별해야 하는가? 라는 문제제기가 있을 수도 있다. 그럼에도 불구하고 양성 간의 차이는 많이 희석된 듯 하면서도 여전히 중요한 이슈이다. 특히 여성들의 기회를 제한 할 때 남녀 간의 차이는 그 위력을 발휘한다.

역사적으로 많은 이들이 남녀의 차이를 다양한 방식으로 설명해 왔다. 그런데 남녀의 차이에 대한 설명은 대부분 남성들이 주도해 왔고, 여성의 열등성을 공공연히 강조하고 있음을 알 수 있다. 아리스토텔레스 이래로 서구문화는 오랫동안 '인간' 으로서의 남성과 '모자란 인간' 으로서의 여성을 상정했다. 동양의 음양이론 역시 남녀를 상호보완적으로 바라보는 듯 하지만 여전히 우열의 논리를 드러내고 있다. 이러한 설명들은 상식의 차원에서 우리들의 의식을 지배하며 전통의 이름으로 자연스럽게 이어져 내려오고 있다.

1) 성차의 생물학적 기원

성차하면 가장 먼저 떠오르는 것은 아마도 남녀는 생물학적으로 다르다는 '자연적 사실' 일 것이다. 토마스 라쾨르(Thomas Laqueur)에 의하면 자연과학이 남녀의 차이를 연구하기 시작한 것은 18세기 중반 경이다. 이때에 이르러 남녀를 동일한 몸으로 바라보던 이전의 생각이 비판의 대상이 되고 생물학적 차이를 찾으려는 연구가 활발하게 일어났다.

오늘날에도 성차의 생물학적 기원에 대한 탐구는 꾸준히 이루어지고 있다. 이러한 연구는 남녀의 모든 차이가 생물학적 조건에서 유래되었다고 주장한다. 특히 사회생물학자들은 남녀 간의 차이는 진화의 과정에서 우리 몸 곳곳에 새겨져 있기 때문에 도저히 변화될 수 없는 것이라고 주장하고 있다.

그러나 생물학적 기원에 대한 설명은 많은 위험이 존재한다. 그러한 입장은 생물학적 기원을 고정된 것으로 상정하면서 인간을 마치 초기 설정된 프로그램처럼 바라본다. 그리고 생물학적 원인으로부터 어떤 차이가 유래한다고 인과관계를 설정할 때 그 중간에 설명되지 않는 간극이 분명히 있는데도 '과학적 사실' 임을 강변한다. 가장 큰 위험은 그것이 '과학적 사실' 에 기반 한다고 주장하는 경우, 너무나 쉽게 진리와 동일시된다는 점이다.

비단 성차뿐만 아니라 곧잘 등장하는 인종 차이의 생물학적 근거 역시 피지배 집단의 열등함을 강조함으로써 사회적 차별을 정당화하는 데 사용된다. 두개골이나 성호르몬 때문에 우월한 성차가 나타난다고 주장하지만 그러한 생물학적 근거 역시 성차가 나타나는 것인지 아니면 부당한 불평들이 생물학적 근거를 빌려서 합리화되고 있는지 살펴보아야 할 문제이다.

또한 언제나 성차가 강조되는 것은 아니다. 성차가 강조된 시기를 보면 바로 여성의 사회 · 정치적 역할이 커다란 변동을 겪은 때임을 알 수 있다. 생물학적 성차가 강조되기 시작한 18세기부터 이미 그 배경에는 당시의 정치적 지형변화가 자리 잡고 있었다. 18세기는 신분질서가 무너지기 시작하고 다양한 집단의 사회운동을 중심으로 정치적 영역이 확대되던 시기이다. 또한 역설적으로 신분질서가 무너지기 시작하는 동시에 집단 간의 차이를 부각시키려는 시도가 등장한 시기이기도 하다. 이때부터 남녀뿐만이 아니라 인종이나 민족의 차이에 대한 생물학적 연구가 활발히 이루어지기 시작하였다.

또한 1970년대의 서구사회에서는 성차에 대한 연구가 각 분야에서 활발하게 전개 되었는데, 이 시기는 1960년대부터 시작되었던 여성운동이 한창 무르익을 때였다. 이러한 배경에서 등장한 차이가 바로 여성의 열등성이었다. 즉 여성의 사회참여는 생물학적인 운명에 역행하는 것이라는 주장이었다. 이렇게 발견된 차이는 불평등한 사회관계를 정당화하는데 크게 기여하였던 것이다.

2) 성의 사회 · 문화적 성격

일반적으로 성(性)이라 하면, 생물학적 의미의 성(Sex), 성역할의 개념(사회적 성, Gender), 육체적 성관계의 개념인 섹슈얼리티(Sexuality)의 개념을 들 수 있으나, 크게는 성역할과 섹슈얼리티(Sexuality)의 개념으로 구분할 수 있다. 2장에서 소개되었던 것처럼 미첼(Mitchell J.)은 남성과 여성의 차별과 연관된 문제의 영역을 생산(경제활동), 재생산(출산), 사회화, 섹슈얼리티의 영역으로 나누고 있다. 미첼의 이 네 가지 분류는 다시 둘로 구분하여 경제활동과 사회화 영역을 성역할의 측면으로, 재생산과 섹슈얼리티의 영역을 섹슈얼리티의 측면으로 볼 수 있다.[1]

남성지배의 사회구조의 역사는 자본주의적 생산양식이 이루어지기 훨씬 이전으로 거

1) 심영희(1992), 『여성의 사회참여와 성폭력』, 나남, p. 15~16.

슬러 올라간다. 동물에게 나타나는 발정기가 따로 없는 인간의 성, 특히 여성의 성은 남녀 간의 성관계를 항상 가능케 하여, 여성이 재생산과 성의 측면에 묶여 있는 동안 남성은 사냥터에서 고기를 획득하여 여성의 성과 고기가 교류되었다고 한다.[2] 여성도 채집을 통해 식량생산에 기여하였으나, 역동적인 기민함을 필요로 하던 시대였던 만큼 고기의 고단백질 섭취가 요구되었고 그에 따라 동물을 잡는 사냥꾼의 능력이 중시되어, 부족의 생활과 사냥꾼을 중심으로 이루어졌던 것이다. 또한 세상이 변화하여 사냥이 더 이상 필요 없게 되었을 때에도 예전의 태도는 여전히 남아 남성의 우위를 유지시키고 있는 것이다.

여기에 더하여 우위를 점하였으나 재생산과정에서 소외된 남성은 남성이데올로기를 필요로 하였다. 남성이 재생산과정에서 체험하는 생물학적 소외에 대한 반작용으로 남성지배이데올로기가 발생, 제도화되었던 것이다. 남녀 간의 불평등한 권력관계가 가장 극명하게 나타나는 영역인 성적 남녀관계의 불평등구조는 산업화 과정에서 더욱 강화되었다.

전(前)산업사회에서 가족은 생산활동의 단위가 되어 남성뿐만이 아니라 자녀와 부인들도 생산활동에 참여하였고, 이 가족경제 단계에서의 여성다움은 생산활동과 관련되어 생각되었다. 그러나 초기 산업화가 진행되면서 등장한 공장은 가정과 직장의 분리를 가져왔고 여성의 생산활동 참여에 큰 변화를 가져왔다. 여성의 장소는 가정이라는 의식이 싹트게 되고, 자녀양육과 가사활동에만 전념하는 여성, 남편에게 복종하고 봉사하는 여성, 신체적으로 생산활동에 어울리지 않는 가녀린 몸매를 지닌 여성이 이상적인 여성으로 인식되었다. 이 시기가 가족임금경제 단계이다. 산업화가 더욱 진전된 가족소비경제 단계에서는 남성들의 수입이 늘어나고 생활수준이 향상됨에 따라 여성들이 생산활동에 참여할 필요는 더욱 감소되고 가정에서 할 일이 늘어나게 되었다. 이는 생활수준이 향상됨에 따라 가사에 대한 기대 수준도 향상되었기 때문이기도 하지만, 유아사망률의 감소로 자녀수가 늘어나고, 자녀를 잘 양육해야 한다는 부담과 자녀교육에 대한 관심이 고조되어 여성이 자녀보호 및 양육에 보내는 시간과 정성이 증대되었기 때문이다. 후기 산업사회에 들어선 현재의 여성취업은 다시 증가하고 있으나 여성에 대한 고용증대는 요원하며. 여성다움을 강조하는 현모양처 이데올로기는 여전히 여성의 역할과 기회를 제한하

2) 헬렌 피셔, 박미영 역(1993), 『성의 계약』, 정신세계사. 참조.

고 있다.

일터와 가정의 분리는 여성을 사랑의 전문가로서 가족을 사랑으로 돌보고 양육하는 일을 전담하게 하였다. 그러나 경제활동에서 소외된 채 감정적 역할에만 할당된 여성은 적극적으로 사랑 만들기를 강요받는 비주체적 사랑전문가일 뿐이었다.

즉 경제활동으로 사회에서 우위를 점한 남성은 사랑과 성의 영역에서도 우위를 점하여 남성중심의 성문화를 만들어 갔다. 이렇게 남성과 여성의 성은 남성중심의 성문화에서 현격한 차이를 보이며 불평등한 구조 속에서 왜곡되어 온 것이다.

3) 여성성, 남성성 그리고 양성성

사회적 성(Gender)에 대한 논의들은 사회화의 결과로 성역할이 학습되는 측면에 주목한다. 부모, 가족, 학교, 대중매체는 성 고정관념에 따른 모델들을 제시하고 이를 통해 사람들은 여자와 남자라는 성 정체성을 직·간접적으로 내면화한다. 이렇게 해서 여성성과 남성성이라는 관념이 통용되는데, 문제는 여기에 토대가 되는 실체가 있느냐 없느냐가 아니라 여성성과 남성성이라는 이름으로 불리고 이해되는 것들이 우리에게 어떤 의미를 갖는가 하는 것이다.

여성성과 남성성의 내용이 사회와 시대에 따라 변화한다는 사실 외에도 그것이 지칭하는바가 무엇인지에 대해 정의하는 것이 간단한 문제는 아니다. 남자다움이나 여자다움의 구분은 곧 남자와 여자의 역할이 다르다는 논리로 이어지고 이것이 자신의 본성에 맞는 역할이 있다는 전제를 기반으로 한다. 본성론적인 접근은 특정 본성을 미리 상정하고 거기에 부합하지 않을 경우를 예외로 치부함으로써 동어 반복적인 논리로 빠지는 경향이 있다. 예를 들어 여성이 살림을 담당하는 성역할을 해야 하는 것이 당위의 차원에서 먼저 존재하고 그러한 성향이나 행동을 보여 주지 않는 여성은 자신의 본성을 갖추지 못한 비정상인으로 진단되는 것이다.

여성들의 취업이 늘어나고 여성도 사회활동을 적극적으로 할 수 있다는 인식이 확산되고 있음에도 불구하고 성역할 구분에 대한 편견은 여전히 존재한다. 최근 들어 남녀의 일을 구분하는 사고방식이 변화하여 성역할 규범이 억압적이라는데 공감하기 시작 하였다. 성의 문제를 떠나 인간을 정형화된 삶의 형태로 국한시키는 것은, 개인의 자유로운 선택의 폭을 좁히고 삶에 있어 풍부한 경험을 할 기회를 제한하는 것이라는 사고에 공감하기 시작한 것이다.

남성성의 내용으로 취급되는 독립성, 합리성, 용기 등과 여성적 특징인 감정이입, 부드러움 등은 남녀 모두에게 바람직한 덕목이고 실제로 누구나 잠재적으로 양성적 능력을 가지고 있다고 볼 수 있다.

그러나 양성적인 인간에 대한 바람은 현실적으로 많은 한계를 갖고 있는 것이 사실이다. 왜냐하면 남성성과 여성성은 서로 보완적인 덕목으로만 구성되어 있는 것은 아니기 때문이다. 예를 들어 남성성에는 공격성, 지배욕구 등이 있다고 여겨지고, 여성성에는 의존성, 양보, 희생 등이 포함되어 있다고 할 때 이러한 양면성을 동시에 갖고 있다는 것은 현실적으로 불가능하기 때문이다. 나아가 이러한 여성성과 남성성의 의미를 따르게 되면, 남성의 지배와 여성의 복종과 양보가 자연스러운 것으로 간주 된다. 이러한 점에서 성역할 규범의 문제는 그것이 단순히 개인을 제약하는 차원의 문제가 아니라, 구조적 불평등을 양산한다는데 문제가 있는 것이다.

경쟁과 능력위주의 자본주의 사회에서 여성은 사회적으로 인정받기 위해 끊임없이 남성적인 모습을 보여야 함과 동시에 여성으로서의 모습을 보이라는 사회적 압력을 받게 된다. 사회적으로 성공한 여성일수록 현모양처의 역할을 잘 해내고 있음을 증명하려 한다. 이는 여성의 일차적 위치는 '가정'이라는 인식이 전제가 되기 때문인 것이다. 여성이 자아실현을 하면 할수록 여성성에 위배되는 방향으로 나아가 남성과의 조화로운 관계 유지를 어렵게 한다.

심리학자들은 양성성(Androgyny)을 가진 사람을 미래의 이상적인 인간상으로 제시하였다. 양성성을 가진 사람은 성별 전형화된 사람에 비하여 타인으로부터 존경을 더 많이 받을 뿐 아니라 스스로도 자부심을 느낀다고 한다. 그럼에도 불구하고 흥미로운 것은 남성성이 여성성보다 심리적인 건강과 더 관련되어 있다고 주장한다. 존슨 등은 일련의 연구를 통하여 개인의 적응력에 결정적인 역할을 하는 것은 양성성이 아니라고 밝히고 있다. 양성적인 사람으로 묘사되는 개인의 적응력과 자부심은 높은 등급의 주요인이 남성적 요소이며, 여성적 요소는 대단히 적은 영향을 미친다는 견해이다.[3] 이러한 연구의 결과가 제시해 주고 있는 사항은, 현대 사회가 이미 도구적 속성에 더 가치를 두는 남성적인 규범과 특성을 중심으로 구조화되었기 때문에, 공존을 위한 윤리가 더 요구되는 미래사회에는 성역할 초월모형이나 다원주의적 모형이 지향되어야 한다는 것이다.

2. 성의 상품화

남성에게 생존을 의지하고 있는 여성들에게 사랑받기 위해 성적 매력을 가꾸도록 하여 남성의 능력과 여성의 성적 매력을 교환하게 하는 시장의 원리는, 오늘날 하나의 성문화로서 비공식적 성의 영역은 물론 공식적 성의 영역도 잠식해 들어가고 있다.

1) 자본주의 사회에서의 성의 상품화

자본주의 하에서 인간의 성은 시장경제의 원리에 의거하여 이윤증대를 목적으로 상업문화에 이용되면서 상품화하고 있다. 즉 자본주의 사회에서는 성적 욕구 자체도 상품화되어 성에 대한 소비욕구를 만들어 내어 스포츠신문을 비롯한 황색 저널리즘, 미국이나 일본으로부터 수입된 저질 문화상품, 포르노 비디오와 에로티시즘을 표방하는 영화 및 연극계의 성 상품들은 성인층을 넘어 청소년층에까지 파급되고 있다. 특히 정보사회화에 따른 컴퓨터 통신의 보급으로 청소년들은 인터넷 음란정보에 무방비상태로 노출되어 있다. 이들이 탐닉하는 자극적인 성문화 속에서 청소년들은 성의 자유를 누리는듯한 착각에 빠져있는 경향마저 보이고 있다. 이러한 상황은 인간 스스로가 소외시켜 사물화된 성이 인간에 대하여 파괴적이고 적대적인 힘으로 역작용하고 있음을 보여주는 예인 것이다.

---

3) Lamke L.K.(1985), "The Imapact of Sexrole Orientation on Self-Esteem in Adolescence", *Child Development*, 53, 1982, Whitley B.E. Jr., "Sex-role Orientation & Self-esteem : A Critical Meta-analytic Review", *Journal of Personality & Phychology*, 44.

여성이 성적 대상으로 취급되면서 이익을 보는 쪽은 자본가이다. 번창하고 있는 음란 외설물과 향락산업은 자본주의적 이익에 부합하고 있다. 자본가는 대중매체에 영향력을 행사하면서 자신의 이익에 도움이 되는한 성차별적 이데올로기를 영속화한다. 이러한 현상은 소비를 위한 전략으로 성의 상품화가 빈번하게 이용되고 있다는 점에서 잘 드러난다. 인간의 성과 육체에 대한 물상화는 성에 대한 향락과 퇴폐성을 가중시키고 성의 인간적인 가치를 떨어뜨린다.

이렇게 자본주의는 가부장적 성문화와 결탁되어 여성 신체에 대한 물상화와 향락산업의 번창을 초래하였는데, 이 외에도 성 개방 풍조와 함께 수입된 음란 외설물의 범람은 청소년에게 성에 대한 왜곡된 가치관을 심어주고 있으며 성폭력이나 성범죄까지 유발하고 있다.

2) 대중매체와 성의 상품화

오늘날의 대중매체들은 성의 상품화에 일조하여 여성의 성적 매력 가꾸기를 부추기며 신데렐라의 꿈을 팔고 있다. 대중매체 속의 성적 매력을 지닌 여성의 이미지는 남성을 향한 것인 동시에 여성을 향한 것으로 상품화되어 많은 여성으로 하여금 외모 가꾸기에 집착하도록 만들고 있다. 이러한 상품화 현상은 자본주의 경제와 맞물려 더욱 증폭됨을 볼 수 있다.

현대 자본주의 경제의 특징 중 하나는 소비문화를 들 수 있고, 소비문화의 중심은 몸의 이미지에 있다. 이는 특히 여성의 몸이 상품에 대한 구매욕망을 촉진시키는데 적극적으로 사용된다는 것과 관련이 있다. 시각적 이미지에 의해 지배를 받는 현대사회에서 시선과 욕망은 밀접한 관련성을 갖게 된다. 새로운 욕망들을 끊임없이 끌어내는 기제로서의 광고들은 상품을 갖고 싶다는 욕구 뿐만이 아니라 그 상품과 연관된 이미지를 판매 한다. 후기자본주의 사회의 소비문화는 상품을 구매하면, 육체적 욕망과 필요를 충족하고 해결할 수 있다는 믿음을 갖게 하는데 그 위력이 있다. 또한 한 개인의 가치는 젊음, 건강, 날씬함, 섹시함 등의 대중적인 여성성 · 남성성에 도달했느냐에 따라 평가된다.

여성의 육체는 '찬미하고 가꾸어야 할 대상' 이 되므로 그것과 연관된 다양한 산업이 생겨나면서 소비문화와 밀접하게 연결된다. 여성은 생산적 주체로서보다는 소비적 주체로 대상화 되는 것이다. 여성의 몸은 또한 '에로틱 경제'와 연결된다.[4] 즉 여성의 몸을 상품가치화 하는 광고나 포르노그래피 또는 매춘산업 등은 성적 요구를 성상품으로 둔갑시켜 여성의 몸을 살 수 있는 대상으로 만드는 것이다.

3) 성매매 문제

성매매 문제는 현재의 문제만은 아닌 것으로 각 시대마다 성행되어 왔으며, 성의 이중규범을 적용하여 정당화시킴으로 인해 근절되지 못하고 있다. 남성의 성적 방종을 수용하게 하는 비공식적 성의 영역에서는 성매매여성을 가정의 아내와 딸을 순결하게 지켜주는 '미덕의 수호자'요, '사회의 필요악'이며 이중적 성규범의 대가를 치르는 '속죄양'이라고도 일컬으며 정당화 시켜 왔다. 그런데 이는 한 집단의 순결을 보존시키기 위해 또 하나의 집단의 순결은 무시되는 모순을 내포하고 있어 결국 양쪽 모두 순결이데올로기에 의해 억압받는 희생자임을 보여주고 있다.

현대 소비자본주의 사회에서의 성 거래는 점점 대중화되어 성의 상품화가 소비자본주의의 대명사가 될 만큼 일상적인 현상으로 나타나고 있다. 이제 성의 상품화 현상은 몸을 직접 사고파는 성매매에서부터 미인대회, 폰섹스, 인터넷을 사용한 성매매 등과 같이 성을 매우 다양한 방식과 내용의 상품으로 만들어 소비하게 하는 모든 것을 포함한다고 할 수 있다. 과거에는 몸을 판다는 것이 성기 중심적인 것으로 이해되어 성관계의 대상으로 몸을 제공한다는 것을 의미하였지만, 오늘날의 상황에서는 몸을 파는 것을 성관계의 유무 자체에 초점을 맞추어 규정하는 것은 지나치게 협소한 개념이라 할 수 있다. 직접적인 육체적 거래가 없는 성의 상품화는 그 대상이 불특정 다수이고 공개적으로 일상적으로 이루어진다는 점에서 매매춘의 파급효과보다도 훨씬 막강하다고 볼 수 있다.[5]

---

4) 이영자(1996), 「소비사회와 여성문화」, 『한국여성학』, 제12권 2호. 여기에서 '에로틱 경제'란 "주로 여성의 성의 상업적 관리를 주요 과제로 삼아 각종 성 상품들, 성적 장치, 성적 서비스들을 증식시키는데 전념하는" 소비산업을 의미한다.

5) 성매매의 문제는 다음 절 '여성범죄'에서 보다 자세히 서술될 것임.

3. 여성범죄

1) 여성범죄이론

여성의 일탈행위에 대한 견해는 크게 보수적인 입장과 진보적인 입장으로 나누어 볼 수 있다. 보수주의적인 입장은 기존의 범죄를 설명해 주는 이론으로 생물학적, 심리적, 기능론적인 견해들이다. 이러한 견해들은 범죄의 원인을 개인에게 초점을 맞추어 보려는 시각이다. 진보주의적인 입장은 범죄가 일어나는 원인을 개인보다는 사회구조, 경제 · 권력관계로 보려는 시각을 지닌 것으로 비판범죄학이론, 낙인이론, 사회통제이론, 여권론적이론 등이 여기에 속한다.

(1) 보수주의적 입장

① 범죄자의 생물학적 특징

달튼은 여성범죄가 생리주기 중의 변화로서 설명되어질 수 있음을 시사하였다. 그는 여성 재소자들을 대상으로 조사한 결과 49%가 월경 전이나 월경기간에 범죄를 행한 사실을 밝혀내고 월경과 범죄 사이에는 상당한 관계가 있다고 보았다. 임신, 폐경과 범죄와의 관계를 다룬 연구들도 이 기간의 심리적인 특성, 충동, 일시적인 의식장애 등이 범죄의 원인이 될 수 있음을 지적하였다. 이러한 견해는 범죄행위를 생물학적인 것으로 보는 롬브로소(Lombroso)와 같은 맥락이다. 그는 범죄자의 생물학적 특징에 대해 설명하고 있다. 즉 범죄형에 가까운 생물학적인 특징을 지니고 있는 사람에게서 범죄행위가 저질러진다고 주장하고 있다. 여성 범죄자는 일반 여성보다는 남성과 비슷한 두개골을 가지고 있고 두뇌 무게가 일반 여성보다 가볍다는 것이다. 또한 일반적으로 여성은 남성에 비해 진화가 덜 되었고 사회질서의 문제에 대해서 더 보수적이며, 사회에 노출이 덜 되었기 때문에 남성에 비해 범죄를 적게 저지르게 된다고 보았다.[6]

그러나 여성이 생리기간 동안 범죄를 저지른다는 사실이 이 두 가지 변인 사이에 인과

6) 박민자 외(1991), 『여성사회학』, 경문사, 7장 참조.

관계가 있음을 결정적으로 말해주는 것은 아니며, 이 기간에 경험하게 되는 심리적 · 감정적 문제들과 범죄와의 관계를 일반화시킬 만한 경험적인 연구는 부족하다고 하겠다.

② 해체이론

머튼(R. K. Merton)에 의하면, 아노미(Anomie)의 개념은[7] 사회가 추구하는 목적과 그것을 성취할 수 있는 제도적 수단과의 괴리에서 생기는 혼돈상태를 말한다. 일탈현상이란 그 사회의 문화적인 목표가 합법적인 수단으로 달성되지 못할 때 일어날 수 있다고 본다. 따라서 한 사회의 문화적인 목표가 경제적인 성공, 높은 학력, 좋은 조건의 직업획득 등이라고 가정해 볼 때 여기에 도달할 수 없는 여건에 있는 사람들은 일탈의 가능성이 있는 것이다. 교육과 직업세계에서 여성들이 남성들 보다 훨씬 더 많이 불평등한 기회를 경험하고 있는 것을 전제한다면 이는 여성범죄를 설명하는 것을 가능하게 한다.

이 이론은 사회적인 목표와 그 목표를 달성하기 위해 채택된 합법적인 수단에 대해 보편적인 의견일치가 있다는 것을 가정하고 있다. 그러나 이는 여성과 남성 각각의 성에 부여된 사회적 목표가 다르다는 사실을 간과하고 있다. 여성에게 순결을 강조하고 현모양처가 되기를 기대하는 사회에서 여성들의 사회적 목표는 남성들의 그것과 다르게 나타난다. 그러므로 범죄의 양과 그 질적인 측면에서의 남성과 여성의 차이는 바로 남성과 여성의 사회적인 목표가 다를 뿐 아니라 사회화 과정에서 여성에게 가정적이고 모성적인 역할을 강요하는 가족제도와 학교제도에 그 근본적인 원인이 있는 것이라고 볼 수 있다.

여성의 사회적 활동이 증가하고 여성의 의식도 변화하면서 도달하고자 하는 사회적 목표는 높아지나 기회와 연건이 제한되어 있기 때문에 여성범죄가 증가하리라고 예측해 볼 수 있다.

③ 차별교제이론

서덜랜드(Sutherland)는 범죄행위는 가난이나 부적절한 사회화 과정의 결과가 아니라, 범죄자가 여러 관계를 맺는 사람들과의 교제 때문이라고 주장했다.[8] 행위나 가치관, 정당성은 다른 사람들과의 교제에 의해서 익히게 되는 것이다. 범죄를 저지르는 사람들은 범죄

7) R.K. Merton(1938), "Social Structure and Anomie", *American Sociological Review*, vol. 3.

8) 박민자 외(1991), 앞의 책.

를 거부하는 사람보다는 범죄행위를 너그럽게 보아주는 사람과 더 많이 접촉하고 있다고 주장하였다. 그는 이 이론이 남성과 여성 모두에게 적용된다고 주장하였다. 그러나 그의 이 이론은 왜 남자형제들은 범죄자가 되는데 여자 자매들은 범죄자가 되지 않는가? 범죄자의 부인들은 왜 범죄자가 되지 않는가? 등의 문제들은 설명해 주지 못하고 있다.

(2) 진보주의적 입장

① 마르크스주의 범죄학

마르크스주의적 견해는 범죄의 원인을 다음과 같이 설명하고 있다. 첫째, 범죄나 사회통제는 사회의 경제적 · 물질적 조건의 영향을 받는다. 둘째, 자본주의사회는 구조적 불평등이 내재하고 있기 때문에 많은 수의 일탈자를 만들어 낸다. 셋째, 동조자와 일탈자의 구별 기준은 보편타당한 기준 위에서 만들어지는 것이 아니라 상당한 정도의 계급편견이 존재한다. 즉 가난하고 권력 없는 사람은 처벌을 받고 권력과 재산이 있는 사람은 법망에서 제외된다는 것이다. 그러나 여성들은 자본주의사회에서 비교적 권력도 없고 경제적인 힘도 없으며 범죄를 저지르는 일도 드물기 때문에 여성범죄를 설명하는데 이 이론을 적용하는 데에는 한계가 있다.

② 낙인이론

"사회집단은, 위반하면 일탈자가 되게 하는 규칙들을 만들고 그것을 특정 사람에게 적용함으로써, 그리고 그들에게 국외자라는 낙인을 찍음으로써 일탈자를 만든다."[9] 이러한 관점에서 본다면, 일탈은 개인이 범한 행위의 본질이 아니고, 오히려 다른 사람들이 위반자에게 규칙과 제재를 적용한 결과일 뿐이다. 일탈자란 낙인이 찍힌 사람을 말한다. 또한 일탈행동은 사람들이 일탈행동이라고 딱지를 붙인 행동을 말한다. 그러면 누가 일탈행동과 일탈자를 규정하는 규칙을 만드는가? 이는 사회에서 경제적 · 정치적 힘을 가진 사람들이 자신들의 기준에 의해서 일탈행동의 기준을 만들고 힘없는 사람들을 일탈자라고 규정한다고 설명한다. 낙인이론은 낙인을 찍는 자와 찍히는 자의 관계로 일탈행동을 간단명료하게 설명한다는 강점이 있다.

9) 박민자 외(1991), 앞의 책.

③ 사회통제이론

하이덴손(Heidensohn)으로 대표되는 사회통제이론은 여성들이 공적인 영역과 사적인 영역 속에서 통제되는 방식에 따라서 어떻게 여성들이 남성들보다 더 순응주의자가 되는가에 역점을 둔다. 사회통제이론은 여성이 왜 남성에게 공격받고, 매 맞고, 희롱 당하는지를 설명해 준다. 예를 들어 강간을 당한 여성은 미리 자신을 보호하지 못하고 짧은치마를 입어 상대 남성의 성적인 자극을 불러 일으켰기 때문에 일을 당한 것으로, 왜 그러한 장소에 따라 갔느냐고 반문하는 것이다. 따라서 사회통제이론은 남성의 통제와 보호 하에 길들여진 여성의 경우 상대 남성을 순순히 따라가는 것이 미덕이라고 생각하여 그 상황에 까지 이른 것이라고 설명한다.

④ 여권론자들의 견해

여성범죄를 보는 여권론자들의 시각은, 가부장적인 가족제도의 권력관계와 여성의 착취 및 종속적인 위치를 강조하여 설명하려 한다.

여성범죄자에 대한 경험적인 연구는 여성들이 어떠한 상황에서 법을 위반했는지를 밝히고 여성이 범죄재판 과정에서 어떻게 다루어지고 있는가를 분석하는 것이 필요하다고 주장한다. 또한 여권론자들은 여성의 범죄행위보다는 여성이 피해자가 되어가는 범죄, 즉 여성에 대한 범죄행위인 아내폭행이나 강간, 매춘 등에 대하여 관심을 가져왔다. 여성과 매춘에 대한 연구를 해온 에드워즈는 여성이 매춘부가 되는 이유를 가부장제사회 속에서 여성이 받는 억압과 착취의 단면이라고 주장한다. 여성의 저임금, 취업기회의 감소, 복지수당의 착취 때문에 젊은 여성들이 점점 매춘부가 되어 간다고 설명한다. 매춘부들은 경찰에 의해 괴로움을 당하고 포주들에 의해 통제 받으며 매춘행위로 이득을 보는 사람들은 법적으로나 경제적으로 그 위치가 점점 더 윤택해져 비교적 자유롭게 매춘여성들을 계속 착취하는 포주나 기둥서방이라고 설명하고 있다.

이렇게 살펴본 범죄이론은 모두 서구사회에서 만들어져 발달한 이론들이고 다른 사회의 경험을 토대로 범죄의 원인과 과정을 설명하고 있는 것이나 우리 사회에도 공통적으로 적용될 수 있는 면면들을 가진 이론도 있다. 이러한 이론적 틀을 가지고 여성범죄의 유형을 살펴보기로 한다.

2) 여성범죄의 유형

(1) 간 통

간통의 법적 개념은 '혼인한 사람이 배우자 아닌 다른 사람과 성관계를 가지는 경우를 가리킨다. 이전에는 결혼한 여자가 배우자 아닌 다른 남자와 성관계를 가질 때(adultery)와, 결혼한 남자가 배우자 아닌 여자와 성관계를 가질 때(fornication)를 구별했으나 그러한 구분은 오늘날에는 별로 통용되지 않는다. 또한 간통의 사회학적 개념은 기혼자의 혼외 성관계를 가리킨다. 사회학적인 혼외 성관계의 개념은 (1) 간통자가 결혼한 사람일 것, 즉 유부남이거나 유부녀일 것. (2) 강제적 관계가 아니라 자발적 관계일 것. (3) 정신적 관계만이 아니라 육체적 관계도 포함하는 경우일 것. (4) 그 육체적 관계가 결혼에 위협을 줄 수 있는 관계일 것이라는 점을 포함한다.[10] 이렇게 볼 때 강제적인 성관계(강간이나 상품화된 성관계)인 매춘 등과는 구별된다. 간통에 대한 태도와 시각은 보수적인 성향을 띠고 있다. 또한 간통에 대한 태도에서도 남녀에 대한 이중적 성윤리가 적용된다. 즉 남녀가 함께 간통을 해도 비난받는 쪽은 언제나 여성이다. 남성에게는 관대하며 여성에게는 엄격한 것이 한국사회에서의 간통인 것이다.

한국사회에서는 남자의 외도, 여자는 정절이라는 이중적 성윤리의 문제가 심각하다. 남성의 간통에 대해서는 본능 상 있을 수 있는 일 혹은 불가피한 현상으로 받아들여져 관용되거나 은폐되기도 한다. 반면 간통한 여성은 타락한 여성으로 성도덕을 문란하게 하고 혼인의 신성한 질서를 위협하는 것으로 간주된다. 또한 여성은 배우자의 간통으로 피해자의 입장에 설 경우에도 남자로 하여금 간통에의 여건을 조성한 것으로 비난받기도 한다. 여성들에게는 간통의 피해자나 간통의 상대자 어느 입장에 있든지 부정적인 반응이 주어진다.

대부분의 경우, 간통에 따른 피해자는 바로 간통을 한 남성의 아내이다. 간통을 한 남편

10) 심영희(1993), 『여성의 사회참여와 성폭력』, 나남, 304.

과 계속 혼인을 유지하려면 간통의 문제로 법정에 가서는 안 되기 때문이다. 왜냐하면 간통한 남편과 계속 혼인을 유지하지 않는다는 전제하에 남편을 고소해야 하기 때문이다. 현실적으로 여성의 이혼은 경제력이 마련되지 않은 상황에서는 모험이다. 또한 남편의 간통의 책임의 절반은 바로 그 아내가 져야 한다는 사회인식의 피해자인 것이다.

① 간통죄의 존폐문제

근래에 야기되었던 간통죄에 대한 논란은 1990년과 1993년에 이어 2001년, 2008년에도 헌법재판소가 합헌결정을 내림으로서 일단락 지어졌지만 여전히 논쟁의 대상이 되고 있는 실정이다. 본 절에서는 간통죄의 법률적 위헌여부를 떠나 사회적으로 간통죄를 존속시키는 것이(혹은 폐지하는 것이)성도덕의 유지나 여성보호에 유리한가 하는 점을 살펴보고자 한다.

간통죄가 존치(存置)되어야 한다는 입장에서는 간통죄를 한국의 전통적인 정조관념을 보호하고 가족을 유지시키는 장치로 보아 만일 간통죄가 폐지된다면 간통행위가 급증하여 성이 문란해질 것으로 본다.

한편 여성계에서는 간통죄가 간통을 실제적으로 예방하기보다는 상징적인 의미밖에 갖지 못한다는 점에 동의하나 남성의 간통이 만연한 사회에서 여성을 보호할 수 있는 제도적 장치라는 점에서 한시적으로 존속되어야 한다고 본다. 즉 성행위에 대한 도덕적 판단이 남녀에게 다르게 적용되는 우리사회에서 여성의 성행위에 대한 비난이 크므로 여성의 경우에는 간통죄가 없더라도 스스로 자제하게 되나 남성의 성행위에 대해서는 있을 수 있는 일로 보아 묵인되고 이를 규제할 수 있는 대안이 없으므로 남성의 혼외 성관계의 방종을 막는 보호막으로서 간통죄가 필요하다는 시기상조론을 펴고 있다.

또한 간통죄 폐지론자들은 아래의 이유를 들어 간통죄의 폐지를 주장하고 있다. 첫째, 간통죄가 형법에 규정되어 있음에도 불구하고 간통이 만연하고 있어 성문란을 방지하고 가족을 유지시키는 본래의 기능을 다하지 못하고 있다는 점, 둘째, 남녀에게 다르게 적용되는 이중성윤리와 이혼 뒤의 불리한 조건으로 인해 간통한 남자를 고소하는 예는 드물지만 여성은 단 한번 간통을 하더라도 고소를 당하는 경우가 많으므로 오히려 여성에게 불리하다는 점, 셋째, 성행위를 사적인 문제로 보아 사적인 일은 개인의 도덕적 양심과 판

쉬어가기

헌법재판소가 30일 간통죄에 대해 네 번째로 합헌 결정을 내린 데 대해 여성계는 대체로 아쉬워하면서도 이전과는 다른 변화에 기대감을 표하기도 했다. 하지만 여성계 내부에서도 여전히 찬반 의견이 엇갈리고 있다.

이전까지의 판결에서는 9명의 재판관 중 6명 이상이 합헌 의견을 낸 데 반해, 이번에는 5명의 재판관이 '위헌' 의견을 냈지만 위헌 결정을 위한 정족수(6명)를 채우지 못해 '합헌' 결정이 내려졌다.

간통죄 폐지를 적극적으로 주장해 온 한국여성민우회 성폭력상담소의 이임혜경 소장은 이 같은 결정에 대해 "많은 변화가 있었고, 그 변화에 대해서는 높이 평가할 만하다" 며 "합헌 결정이 아쉽기는 하지만 곧 폐지되지 않겠느냐" 라고 기대감을 나타냈다.

이임 소장은 "간통죄 폐지를 주장하는 이유 중의 하나는 죄를 입증하는 과정에서 인권침해가 발생한다는 점인데, 이는 여성뿐 아니라 남성에게도 해당하는 문제" 라고 강조했다.

한국여성단체연합 관계자도 "간통죄가 여성의 인권을 실질적으로 보호할 수 있는 법이 아니다" 면서 "우리나라 정서상 합헌 결정이 났겠지만 언젠가는 바뀌지 않겠느냐" 라고 말했다.

민우회 성폭력상담소와 한국성폭력상담소는 지난 4월 간통죄 폐지를 주장하는 의견서를 헌법재판소에 제출했었다.

또 다른 여성단체인 한국여성의전화연합은 공식 입장을 정하지 못하고 있다. 전국 조직망을 가진 이 단체의 관계자는 "내부적으로 간통죄 폐지가 시기상조라는 의견과 이제는 없어져야 한다는 의견이 엇갈리고 있어 논의가 더 필요하다" 고 전했다.

조선일보(2008.10.31)

단에 맡겨야 한다는 점, 넷째, 국가의 공권력을 이용하여 위자료를 받아내는 수단 혹은 배우자에 대한 개인적인 보복의 수단으로 악용될 우려가 있다는 점을 지적하고 있다.

간통죄가 실효성이 있는가에 대한 문제는 좀 더 깊은 연구를 필요로 한다. 앞선 논의들에서 끌어낼 수 있는 결론은, 개인의 자율성이나 합리성이 성숙되지 않고 사회의 성 질서가 확립되지 않은 상태에서 간통이 만연하는 현실에 대한 혼란이 있으나 이를 제제할 다른 수단이 없기 때문에 사람들은 법에 최소한의 기대를 걸고 있는 것이 아닐까 하는 추측을 해 볼 수 있겠다. 따라서 간통죄의 실효성이 없다고 하더라도 이러한 일반인의 의식을 무시한 상태에서, 또한 개방화된 성에 대처할 수 있는 윤리의 확립이나, 다른 제도적 장치들이 보완되지 않은 상황에서 법 개정이 진행된다면 일반인이 심리적으로 느끼는 성도덕의 혼란과 가정 파탄의 위협은 매우 클 것이다.

(2) 낙 태

낙태는 태아의 생명파괴를 본질적 요소로 하는 범죄이다. 그러나 낙태죄에 의하여 원치 않는 임신이 강요될 때 입게 되는 여성의 정신적, 육체적 부담과 함께 여러 가지 사회적 제약 또한 도외시할 수 없다. 낙태를 범죄로 볼 것이냐 아니냐는 생명의 시기를 어느 시점에 두느냐에 달려있고 종교적인 견해에 따라 달라질 수 있는 논쟁거리이다.

한국의 경우 모자보건법 제14조는 합법적인 인공임신중절수술의 요건 즉 〈인공임신중절수술의 허용한계〉를 규정하고 있다.[11] 따라서 이러한 사유에 근거하지 않는 인공유산은 낙태죄에 해당된다. 하지만 사실상 이러한 법규정은 유명무실화되어 있어 이 법에 저촉되어 처벌받는 경우는 거의 없다.

낙태에 대한 찬 · 반 논쟁은 종교계와 여성계의 입장에 따라 다르게 나타나고 있다. 종교계에서는 낙태에 대하여 근본적으로 죄악시하면서 생명을 존중하는 도덕성 회복을 요구하고 있다. 낙태가 불법화되어 있는 현실에서도 낙태가 만연되고 있는 점에 비추어 볼 때 낙태를 합법화 할 경우 더욱 보편화될 것이라는 우려가 크기 때문에 낙태를 계속 불법적으로 규정하고 더욱 법 집행을 강화해야 한다고 주장한다. 이에 반하여 여성계에서는 낙태에 대한 새로운 시각을 요구하고 있다. 즉 낙태를 불법화함으로써 나타나는 문제점

---

11) 제14조 (인공임신중절수술의 허용한계)

① 의사는 다음 각 호의 어느 하나에 해당되는 경우에만 본인과 배우자(사실상의 혼인관계에 있는 사람을 포함한다. 이하 같다)의 동의를 받아 인공임신중절수술을 할 수 있다.

1. 본인이나 배우자가 대통령령으로 정하는 우생학적(優生學的) 또는 유전학적 정신장애나 신체질환이 있는 경우
2. 본인이나 배우자가 대통령령으로 정하는 전염성 질환이 있는 경우
3. 강간 또는 준강간(準强姦)에 의하여 임신된 경우
4. 법률상 혼인할 수 없는 혈족 또는 인척 간에 임신된 경우
5. 임신의 지속이 보건의학적 이유로 모체의 건강을 심각하게 해치고 있거나 해칠 우려가 있는 경우

[전문개정 2009.1.7] [[시행일 2009.7.8]]

[본조제목개정 2009.1.7] [[시행일 2009.7.8]]

으로 의료보험의 혜택을 받지 못하는 점과 불법시술로 인한 감염 등으로 신체상의 후유증이 심각할 뿐만 아니라 때로는 불임이나 생명까지 잃는 사례까지도 있다고 지적하면서 이를 극복하기 위해서는 오히려 낙태의 합법화가 요구된다고 주장한다.

또한 여권론자들은 인공유산을 여성들만의 문제로 보거나 여성의 잘못으로 돌리기 이전에 인공유산을 할 수 밖에 없는 상황에 대한 이해를 요한다. 즉 출산자=피해의 책임자=여성이라는 잘못된 인식을 바꿔야 한다는 것이다. 다시 말하면 인공유산을 하는 여성은 '왜곡된 남성 중심적 성문화의 희생자' 라는 사실을 인식하는 것과 여성 자신들도 자신의 몸이나 성에 대해서 주인의식을 갖고 주체적으로 행동하는 것이 요구된다는 것이다.

낙태를 하는 사람들이 낙태를 보는 기본적인 시각은 원하지 않은 출산을 조절하는 행위이다. 그러나 낙태를 반대하거나 비난하는 사람들은 이러한 여성들의 시각을 '책임지지 못할 행위를 한 여성들의 무책임한 성적 방종' 으로 바라본다. 이러한 비난에는 여성의 재생산성과 성은 여성 개인의 책임과 권한 내에서 행사되는 사적 영역이라는 의미가 함축되어 있다. 그러나 여성의 재생산성이나 성은 사회가 규정한 사회관계 내에서 사회적 적합성을 갖는 것이고, 낙태는 여성들이 이러한 사회 규범 속에서 자신을 그것에 적응시키는 하나의 방법인 것이다.

가부장적 성 규범과 여성의 성에 대한 뿌리 깊은 이중성은 원하지 않는 임신을 예방하여 낙태에 이르지 않아도 되는 경로를 사회적으로 차단한다. 이 이중성이란 여자들에게 성에 대한 무지와 수동성을 기대하는 사회 · 문화적 관습 때문에 피임에 대한 적극적인 지식을 여성들이 가지는 것을 질타하는 동시에, 남자들은 생물학적으로 공격적이고 억제할 수 없는 성적 충동이 있기 때문에 피임을 책임질 수 없으니 여자가 알아서 해야 된다는 모순적인 사회 분위기를 의미한다. 게다가 이러한 가부장적 성 이데올로기는 적극적인 성교육을 시행할 수 없게 만들고, 많은 여성들이 원하고 관심을 갖는 출산조절 방법을 비공식적이거나 사적인 것으로 만든다. 그 결과 원하지 않는 임신은 낙태로 해결될 수 밖에 없고, 이는 여성의 건강 악화라는 악순환을 낳는다. 그러므로 낙태에 관한 여성의 구체적인 현실은 낙태 허용 가부에 우선하여 여성 건강의 차원에서 "어떻게 여성들이 낙태가 아닌 안전하고 효과적인 피임 방법에 접근할 수 있을까" 가 논의 되어야 할 것이다.

가족계획정책은 미혼여성은 무(無)성적이어야 하고, 그들의 성은 부자연스러운 것이라는 한국사회의 성규범 위에 구축되어 있었다. 이런 의미에서 소자녀 출산을 사회적으로 강제했던 가족계획정책은 기혼여성들에게 낙태를 자녀 수 조절을 위한 한 방법으로 선택케 하는 사회적 근거를 제공했다. 하지만 전통적인 가부장제 규범 위에서 시행된 가족계획정책은 변화된 사회상황 속에서 혼인이 매개되지 않은 채 원하지 않는 임신을 할 가능성이 있는, 결혼하지 않은 많은 여성들에게 적절한 성교육이나 출산 조절 서비스를 위한 어떤 채널도 제공하지 않았다. 그로 인한 미혼여성들의 원치 않은 임신은 성적 방종의 결과라는 사회적인 비난을 받으면서 계속 되는 낙태로 해결될 수 밖에 없었고, 이는 많은 여성들의 육체적 · 정신적 건강을 해치는 결과를 초래했다. 최근에는 사후 피임약의 시판문제가 다시금 논란의 대상이 되었었다.

(3) 성매매

1961년 법률 제 771호로 공포한 「윤락행위 등 방지법」에서 "윤락행위란 불특정인으로부터 금전, 기타 재산상의 이익을 수익 또는 약속을 하거나 기타 영리의 목적으로 성행위를 하는 것" 이라고 규정하고 있다. 위안부, 양공주, 접대부, 관광기생, 현지처 등으로 불리는 여성들을 일컬어 윤락여성이라고 불러 왔으며, 윤락이라는 단어는 상당한 편견이 포함된 비사회여성 즉, 사회의 윤리를 떨어뜨리는 여성이라는 의미에서 사용되었다. 그러나 이들의 성매매 행위가 사회의 윤리를 떨어뜨리는 행동이고 윤락여성을 찾아가는 남성들의 행동은 합법적인가 하는 의문이 제기되기 시작했다. 또한 매춘의 개념도 윤락, 매춘, 매매춘으로 달리 불리웠다. 매춘이란 성을 판매하는 행위에만 중점을 둔 것이나, 매매춘이란 성관계가 남녀 쌍방이 있어야 성립되는 것이므로 성을 사고파는 행위라는 점을 강조한 것이다.

그러나 앞선 개념과는 달리 '성매매' 란 경제적 이득을 목적으로 여성의 몸을 매매하고 상품화하여 착취하는 것을 말하고 아동매매, 인신매매, 매매춘을 모두 포함하며 향락업소, 유해업소 등에서의 '퇴폐행위', '유해행위' 로 성매매현상을 설명하기도 한다. 이러한 성매매는 일반적인 성행위와는 달리 성이 상품화된다는 점, 사회적으로 인정된 배우자 이외의 상대와 성행위를 맺는다는 점, 성행위를 맺되 아무런 정서적 교감 없이 무차별적으로 관계를 갖는다는 점의 구성요소를 갖는다.

표 5-1 | 성매매 유사 개념들

용어	정 의	관점	문 제 점
윤락(淪落)	불특정인을 상대로 금품 기타 재산상의 이익을 목적으로 성행위를 하는 것(윤락행위 등 방지법)	도덕적	• 성기 접촉에 의한 성행위에 한정 됨. • 성매매를 '문란한 성관계' 로 규정. • 문제의 초점을 윤락여성에게 둠 • 윤락여성에 대한 도덕적 낙인 효과 • 사회적 필요악 또는 '즐김' 을 강조.
매매춘(買賣春)	'윤락' 과 동일한 의미이나 사고파는 행위(買春/賣春)라는 것을 강조	경제적	• 많은 경우 윤락과 마찬가지로 성기 접촉에 의한 성행위에 한정시켜 사용. • 성매매를 가능케 하는 중간 매개자의 존재 비가시화 효과 • 성매매를 春으로서 자연주의화하여 사회구조적 문제의 성격을 은폐
성매매(性買賣)	인간의 신체와 감정이 '성상품화' 되고 있음을 가시화	사회·문화적	• 성매매 = 범죄현상
성적 노동(sex work)	인권과 노동권의 향유라는 전제하에서 성매매는 '성적노동' 으로 재규정	pro-prostitutionist	• 성매매 개념보다 덜 오명화 된 개념 • 성과 화폐를 교환하는 일종의 노동행위로 이해.

성매매는 인류의 역사에 있어 남녀가 존재하는 한 어느 시대, 어떠한 제도하에서도 존재해 왔기 때문에 성매매를 보는 기능론적 시각에서는 성매매를 하나의 필요악이라고까지 설명하고 있다. 즉 남성들의 성욕구 충동을 처리하기 위해서는 반드시 필요한 것이며, 다수의 정숙한 여성들을 보호하기 위해서라도 성매매 여성이 반드시 필요하다는 논리이다. 그러나 현대사회에서는 성매매 행위를 필요악에 의해 방치하는 경우는 드물고, 사회문제의 하나로 보아 이를 규제하는 경향이 강하며 규제의 필요성의 하나로서 성매매 여성 자체의 인권이라는 점에 초점을 두고 있다. 1960년 UN총회에서는 〈인신매매 및 매춘에 의한 이익을 얻는 행위에 관한 조약〉을 통해 성매매 행위 그 자체보다는 인간의 양심과 도덕 그리고 존재가치에 기초하여 고려해야 할 문제로 보는 입장을 표명하고 있다.

일반적으로 여성들이 성매매로 진입하게 되는 경로는 다음과 같다. 첫째, 성매매로의 유입과정은 경제적인 빈곤이 제일 큰 이유이고 성관계를 이미 경험한 이후에 들어오게 된다. 둘째, 성매매 여성들 자신들이 순결, 절정 이데올로기를 수용함으로써 모순적인 자아정체감을 가지고 있다. 셋째, 성매매 여성들의 수입정도, 학력, 연령은 여타의 여성노동시장과 비교할 때 높은 수준을 나타내고 있다. 넷째, 성매매여성의 개인적 소망은 '탈성매매' 이지만 외부세계에 대한 두려움, 자신감의 결여 등으로 행동에 옮기지 못하고 있다.

성매매의 원인을 설명함에 있어서 지금까지는 경제적 빈곤이 가장 많은 원인으로 대두했었으나 사회가 점차 빈곤을 벗어나 경제적 성장을 하고 있음에도 성매매에 종사하는 여성의 수가 줄어들지 않고 있는 실정이다. 경제발전 수준과 더불어 서비스 산업의 발전은 성매매에 대한 사회적 요인을 더욱 크게 하고 있다.

자본주의사회의 모순과 가부장적 이데올로기의 두 체제가 상호연관 되어 나타난다고 볼 수 있는 한국사회 성매매의 구조적 원인은 다음과 같다. 첫째, 종속적인 산업화과정에서 3차 산업의 비대화는 퇴폐 · 향락적인 문화의 만연으로 성의 상품화를 부추기고 있다. 차별적 노동시장에서 여성들의 저임금, 고용의 불안정성, 취업기회의 차별 등은 구조적으로 취약한 여건의 여성으로 하여금 성매매의 성향을 조장하고 있다. 둘째, 가부장적 이데올로기는 여성들에게 희생과 순결을 강조하고 있다. 셋째, 관광기생과 같은 유형의 성매매 현상은 정부의 승인 하에 공공연하게 매춘을 조장하고 있다.[12]

3) 문제해결의 모색

여권론자들은 사회학자들의 기존 여성범죄의 일반적 특징에 대한 견해를 반박한다. 여성과 범죄에 관한 여러 가지 문제들을 이해하기 위해서는 범죄학, 사회학, 심리학, 생물학 등과 같은 기존의 사회 · 자연과학적 시각에서 벗어나 비판적인 여성학 이론을 가지고 분석해 보아야 할 것이다. 여성범죄 역시 남성범죄와 마찬가지로 다음과 같은 다양한 원인들로 인해 발생하는 것이기 때문이다.

첫째, 여성범죄는 빈곤한 상태에서의 경제적 어려움에 기인하고 있다는 점이다. 여성범죄를 낮추기 위한 하나의 방법으로, 남녀 간의 경제적인 불균등을 해소하고 여성에게 남성들과 동등한 취업의 기회를 보장하는 것이다.

둘째, 여성범죄는 가정의 불안정과 깊은 관계가 있다. 범죄의 대상이 주로 가족이나 그

12) 여성한국사회연구회 편(1998), 『여성과 한국사회』, 사회문화연구소, p. 270.

주변인물인 것은, 여성들의 생활반경이 거의 가정에 한정되어 있어 불안한 가정생활이 범죄의 원인이 될 수 있다는 것이다.

셋째, 여성범죄자는 이중으로 더 통제 받고, 낙인찍히기 때문에 재범과 누범의 비율이 증가하고 있고, 출소 후 사회에 적응하는데 실패하는 여성범죄자의 수가 늘고 있다는 사실이다. 따라서 여성범죄자들로 하여금 자신에 대한 긍정적인 태도를 갖도록 하여 사회 재적응에 성공할 수 있도록 도와야한다.

넷째, 간통, 낙태, 성매매와 같은 범죄는 여성 자신이 가해자인 동시에 피해자인 것을 간과해서는 안 된다. 남성과 함께 이루어진 범죄임에도 불구하고 일방적으로 여성에게만 법적인 제재와 사회적 낙인이 찍히는 것은 불평등한 것으로 이러한 성차별적 이데올로기에 대한 인식의 전환이 요구된다.

다섯째, 최근 들어 여성범죄가 양적으로 증가하고 있고 유형적으로는 '남성화'의 경향을 띠기 시작했다는 점이다. 따라서 여성범죄는 "왜, 어떠한 과정을 거쳐 발생하는가?"에 대한 연구와 이에 따른 대책이 마련되어야 할 것이다.

4. 성폭력

1) 여성에 대한 폭력의 이론적 접근

(1) 이론적 접근

여성에 대한 폭력의 원인은 크게 세 가지 관점으로 설명되고 있다. 생물학적 접근, 심리학적 접근, 사회학적 접근이 그것이다. 첫째, 생물학적 접근은 유전적인 요인에 주목한다. 폭력적인 성향은 부모로부터 타고난 유전자에 의해 생리적으로 결정된다고 보고 있다. 둘째, 심리학적 혹은 정신분석학적 설명은 폭력을 정신병리학적인 입장에서 정신박약이나 정신이상증세와 폭력적인 행동과 연관지워 연구하기도 하였으나, 가장 근본적인 접근은 욕구불만 - 공격행동의 차원에서 폭력의 원인을 조명하고 있다. 즉 욕구불만을 폭력적인 행동의 가장 중요한 결정인자로 보고 있다. 셋째, 사회학적인 접근은 인간을 둘러싼 환경의 결과로서 폭력을 이해하고 있다. 사회학적인 접근은 또 다시 학습이론, 폭력하위문화론, 여성사회학 이론으로 나누어 볼 수 있다.

① 학습이론

개인의 행동을 규정하는 사회 · 문화적인 요건으로서는 무엇보다도 규범, 가치, 법률, 관습, 도덕 등이 일차적으로 중요하다고 보았다. 사회적 규범과 가치관은 유아기부터 성장 · 발달해감에 따라 사회화과정을 통하여 형성되고 내면화된다. 학습이론은 아동기에 가정폭력에 지속적으로 노출되었던 사람들이 성인이 되어서도 가정폭력을 행사할 가능성이 크다는 사실을 제시하였고, 사람들은 모방학습을 통해 가정폭력에 대한 사회 · 도덕적 정당성까지를 내면화한다고 주장하였다.[13]

② 폭력하위문화이론

모든 사회는 고유한 문화체계를 갖고 있으며 사람의 행위는 각기 사회 속의 문화체계를 통하여 이해된다고 주장하고 있다. 하위문화란 전체문화의 하위부분으로서 구성원들을 통합하여 단일체를 형성하는 것이다. 그리고 성원들이 학습을 통하여 하위문화의 내용을 행동의 기준으로 삼는다고 볼 때 비행 및 일탈에 있어서의 하위문화는 어느 특정 지역, 계급, 인종집단에서 학습되어진 생활양식의 총제로서 일탈에 영향을 미치는 가치 및 규범의 체계를 말한다.[14] 현재의 폭력하위문화라고 일컬어지는 사회현상들이 - 물리적인 힘의 과시, 강탈, 공격성 - 남성문화의 일부로서 자리 잡게 된 것은 불평등 구조의 심화과정에서 이해될 수 있다. 남성문화는 권력과 폭력의 수단적 역할을 대다수 남성에게 강요하며 여기에 종속적인 역할만 강조하는 여성문화는 그러한 사회구조의 유지에 기여할 뿐이다.

③ 여성 사회학적 접근방법

여성에 대한 폭력을 남녀 간의 권력문제로 인식한다. 가부장적 이데올로기가 지배하는 가정에서 남성들은(아버지와 오빠) 여성을(아내와 딸) 통제하기 위한 수단으로 폭력을 사

---

13) Gells R. & Claire C.(1990), *Intimate Violence in Families*, Newbury Park, Sage. 참조.

14) Cohen J.(1995), "Critical Social Theory and Feminist Critiques", in Johanna Meehan(ed.) *Gendering the Discourse*, New York.

용하였다. 남성이 아내를 비롯한 자신의 가족에 대하여 우월적인 권위와 권력을 가지고 있는 반면, 여성은 경제적 혹은 감정적으로 종속되는 제도와 내면화된 의식을 갖게 되는 것을 의미한다. 이러한 가부장제 사회에서의 남성지배는 폭력과 연결되어 모든 조직이 지배와 통제를 위해 구조적으로 폭력을 사용해 왔다. 직장에서는 여성노동자에 대한 통제의 수단으로 폭력을 사용하기도 하였다.

(2) 여성에 대한 폭력의 잘못된 인식

최근 여성에 대한 폭력의 심각성이 사회적으로 인식되면서 폭력의 피해자인 여성을 중심으로 폭력의 원인과 배경을 살펴보기 시작하였다. 피해자의 입장에서 폭력의 원인을 찾기 시작하면서 기존의 잘못된 사회적 통념들이 여성에 대한 폭력의 인식을 가로막고 있었음을 알 수 있었다. 성폭력에 대한 잘못된 사회적 인식은 다음과 같다.

첫째, 흔히 심한 성추행이나 강간만이 성폭력으로 간주되는 경향이 있으나 엄격한 의미에서의 성폭력은 상대방에게 불쾌감이나 공포, 불안 등을 주는 모든 성적 행위가 포함된다. 즉 직장 내에서 여성을 대상으로 한 진한 농담이나 지하철과 같은 공공장소에서의 추근거림, 성기노출, 음란전화, 인신매매, 강요된 매춘, 포르노 등도 성폭력에 해당된다. 이렇게 볼 때, 성폭력은 일상문화 깊숙이 스며들어 있고, 모든 여성들은 크고 작은 성폭력의 위험에 노출되어 있다고 할 수 있다.

둘째, '강간은 폭력이 아니라 조금 난폭한 성관계 이다' 라는 잘못된 사회적 통념은 피해 여성이 성폭력 사건을 신고하지 못하고 숨기거나 깊은 자책감, 수치감, 절망감으로 고통받게 한다.

셋째, 사람들은 성폭력 문제가 심각한 사회문제라고 막연히 느끼면서도 자신과는 무관한 일로 생각하기 쉽다. 그러나 성폭력은 연령, 종교, 직업, 교육정도, 사회적 지위, 용모에 관계없이 모든 여성에게 일어나고 있다.

넷째, '성폭력은 남성의 성충동 때문에 일어나는 우발적 범죄이다' 라는 잘못된 사회적 통념이다, 이러한 통념은 남성의 성욕은 본능적이며 충동적이고 억제할 수 없다는 생각에 근거하고 있다. 그러나 한 연구소의 사례분석에 의하면,[15] 70% 이상의 사건이 계획된 범죄로 나타나고 있다. 가해자는 성폭력의 시간과 장소를 치밀하게 계획하고 실행에 옮기며, 자신에 대한 불만이나 분노, 소외감의 표출을 위해, 또 때로는 자신의 남성다움을 과시하거나 능력을 입증하는 방법으로 사용하기도 한다.

다섯째, '여성들의 심한 노출이 성폭력을 유발한다' 는 통념이다. 우리는 흔히 여성의 심한 노출이 남성의 성충동을 자극하여 성폭력을 유발시킨다는 주장을 경험한다. 그렇다면 성폭력은 노출이 심한 여성에게만 발생해야 한다. 그러나 성폭력은 노출이 심한 여성에게만 일어나는 것도, 젊은 여성에게만 일어나는 것도 아닌 아동에서부터 70세 노인에게까지 일어나고 있다. 또한 성폭력은 노출이 심한 여름뿐만이 아니라 겨울에도 비슷한 비율로 나타나고 있다. 이렇게 왜곡된 사회적 통념은 단지 피해자의 옷차림이나 언동에 성폭력에 대한 책임을 전가하거나 범죄를 정당화하려는 논리일 뿐, 보다 근본적인 원인은 여성을 남성의 성적 욕망을 만족시키는 대상으로 간주하는 사회풍조에 있다고 할 수 있다.

여섯째, '대부분의 강간은 낯선 사람에 의해 발생 한다' 는 잘못된 통념이다. 실제로 강간 피해는 모르는 사람보다 아는 사람에 의한 경우가 더 많다(전체의 70% 이상). 이러한 통념 역시 성폭력을 남성의 우발적 성충동에 의해 일어나는 범죄로 보는 잘못된 인식에서 비롯된 것이라 할 수 있다.

일곱째, '강간범은 정신이상자이다' 라는 통념이다. 대부분의 사람들이 강간범은 성격파탄자나 정신이상자일 것이라고 막연히 생각한다. 그러나 가해자가 정신이상인 경우는 거의 없다. 대부분의 가해자는 외형상 일반인과 다르지 않고 어떤 직업이나 계층에서도 발생하고 있다.

마지막으로, '여자가 끝까지 저항하면 강간은 불가능 하다' 라는 통념이다. 이러한 통념은 강간을 화간(和姦)으로 간주하여 피해여성을 정조관념이 없는 여성으로 매도하기까지 한다. 그러나 피해자는 극도의 두려움 혹은 생명의 위협을 느껴 무기력해지며 저항하지 못하는 경우가 대부분이다.

---

15) 한국성폭력상담소(1998), 『1997년 상담현황분석』, 나눔터.

2) 여성에 대한 폭력의 유형

(1) 가정에서의 폭력

가정폭력은 남편학대, 아내학대, 아동학대, 노인학대 등 가족 내에서 일어나는 신체적, 정신적 학대를 모두 포함하고 있으나 좁은 의미로는 일반적으로 가장 많이 발생하는 아내구타를 칭한다. 본 절에서는 협의의 가정폭력의 의미인 아내구타와 최근 우리 사회에서도 논쟁거리로 떠오른 부부강간문제 그리고 아동학대에 대해 다뤄보고자 한다.

① 아내구타

한국 가정법률상담소의 한 보고서에 의하면, 이혼상담을 한 전체 여성 중 30%가 남편으로부터 구타와 폭언, 학대를 이혼 원인으로 들고 있다.[16] 폭력 행사 시 남편들은 "말을 듣지 않고 잘난척한다", "남편 일에 참견하고 시댁과 자신을 무시 한다" 등을 원인으로 들고 있다. 즉 피해자에게 어떤 잘못이 있어서라기보다는 남성우월주의와 가부장적인 의식구조, 자라는 과정에서 폭력이 학습되어지는 것이 근본 원인임을 알 수 있다.

게다가 부부간의 폭력행위는 범죄행위로 의식하지 않기 때문에 가정사를 가지고 경찰에 신고한 여자는 못됐다는 가해자의 생각에 공감대를 형성하는 것으로 나타났다.

가정폭력이 자녀에게 미치는 영향에 관한 연구결과를 보면, 자녀들은 왜곡된 인간관계의 모델을 보면서 성장하기 때문에 분노와 적개심의 정서가 고양되고 일상생활에서 자신도 모르는 사이에 익숙한 폭력의 상호작용에 빠지게 된다. 따라서 가정폭력을 경험하면서 성장한 자녀들에게서 인격적인 장애가 나타날 수 있다. 즉 난폭하고 반항적인 성격이 되어 반사회적인 공격성이 강하게 나타나기도 하고 반대로 소심, 우울, 불안, 내성적이고 비사회적인 성향의 인격을 갖게 되기도 한다.

아내구타가 발생하는 근본 원인은 가부장적인 가족문화와 여성의 낮은 사회적 지위 때문이다. 남성의 권위에 여성이 종속되어 있어야 한다는 가부장적 가치관으로 길들여진 문화에서는 남성이 여성을 통제하는 수단으로 폭력이 정당화되는 것이다. 이 경우 아내구타는 폭행으로 이해되기보다는 아내 길들이기로 받아들여진다. 가부장적 문화 속에서

16) 한국가정법률상담소(1996), 『가정폭력, 그 실상과 대책』, 한국가정법률상담소 창립 40주년기념 심포지엄.

자라난 남편은 때로 자신의 권위가 아내와 자녀 앞에서 손상되는 것을 참지 못해 왜곡된 형태로 폭력을 행사하기도 한다. 여성의 사회적 지위가 낮기 때문에 남성들은 여성을 소홀히 취급하고, 남편의 폭력 행사 시에도 적극적으로 대항하기 보다는 참고 지내는 경향이 있기 때문에 가정에서 아내 구타가 빈번히 일어난다고 본다, 이와 같은 아내구타는 남성과 여성 간의 상이한 권력차이가 표출된 결과라고 할 수 있다.

급진주의적 여권론자들은 폭력이 지속되는 요인을 국가와 연결시켜 접근한다. 국가의 복지는 폭력적인 남성에게서 독립하고자하는 여성의 요구를 지원하지 않거나 개입하기를 꺼려하고 있다. 여성에 대한 폭력은 그 자체가 여성에 대한 권력의 한 형태이다. 그러한 폭력에 대하여 국가가 개입하지 않는 맥락, 그리고 가정 내의 폭력을 피할 수 있는 물질적 수단을 가질 기회가 한정되어 있는 맥락을 떠나서는 가정폭력이 이해될 수 없다는 것이다.[17]

② 부부강간

다른 유형의 성폭력에 비해 부부강간(Marital Rape)이 심각한 문제로 제기되지 않았던 것은 무엇보다도 사회적 요인에서 그 원인을 찾을 수 있다. 즉 성에 대한 프라이버시는 결혼생활에서의 마지막 비밀스러움이라는 인식과 결혼생활 안에서의 성행동은 합법적인 권한과 의무라는 생각 때문이다.

그러나 결혼이 더 이상 배우자 강간의 면책권이 될 수 없음을 인정하고 부부강간죄를 도입하는 국가들이 점차 늘어나고 있다. '부부강간죄의 명문화' 를 놓고 여성과 남성이 보여주는 반응은 대조적이다. 이러한 상반된 반응은 비단 일반인들 사이에서만 나타나는 현상이 아니고, 관련학계 및 전문가들에게서도 여전히 뚜렷하게 발견할 수 있다.[18]

오늘날 대부분의 사람들은 전통적인 성 역할보다 개인의 관심과 능력에 따라 자신의 일을 자유롭게 선택하고 있다. 이러한 사회변화에도 불구하고 성적상황에서 남성은 '적극적이고 주도적' 이며, 여성은 '의존적이고 피동적' 임을 강조하는 전통적 성역할이 여전히 뚜렷이 존재한다. 아내강간은 가부장제에서 왜곡된 전통적 성규범의 역기능으로 인해 파생된 전형적인 문제이다.

---

17) 여성한국사회연구소 편(2000), 『새로 쓰는 여성과 한국사회』, 292.

18) 조선일보 2001. 8. 31, 〈부부강간죄 한국서 가능한가〉 참조.

쉬어가기

각국의 '부부강간죄'의 예

미 국 : '여성이 거부하는데도 성행위를 강요한다면 그것은 강간이다. 남편이라 해도 마찬가지다.' 미국에서도 '부부강간'이 본격적인 범죄로 취급되기 시작한 것은 최근의 일이다. 1976년까지는 부부 사이의 강간을 인정하지 않는 '결혼 강간 면제(marital rape exemption)' 법조항이 있었으나, 이후 이 조항들을 폐지하기 시작해 1996년까지 17개 주에서 완전 폐지했다. 대신 미국의 50개 주 모두에서 부부강간은 성폭행에 따라 범죄로 다루고 있으며, 피해자는 민사소송도 제기할 수 있다.

프랑스 : '부부간 강간(le viol entre époux)'을 강간죄로 처벌한다. 프랑스에서도 부부간 강간죄가 인정된 것은 최근의 일이다. 1910년까지만 해도 부부간 강간은 처벌할 수 없다는 판례가 있었다. 부부간 강간을 처벌한 판례는 1981년부터 등장했다. 제3자를 동원해 아내를 바닥에 눕힌 뒤 강제로 성행위를 한 남편에게 강간죄가 적용되었다. 또한 이혼소송 진행 중 폭력을 사용해 아내를 성추행한 남편에 대해서도 강간죄를 인정, 부인이 이혼 절차가 끝나기 전에 별거를 할 수 있도록 했다.

일 본 : 일본 법원은 제한적인 경우에 한정해 '부부강간'을 인정한다. '부부간 강간'과 관련해 일본에서 가장 널리 인용되는 판례는 1986년 돗토리현 지방법원 판결이다. 이 사건에서 법원은 "부부는 성교의 의무가 있다. 그러나 혼인이 파탄에 이르러 별거중이며 이름뿐인 부부에 지나지 않는 경우, 남편이 친구와 함께 아내를 성폭행 했다면 강간죄에 해당된다."고 판결했다. 따라서 "정상적인 부부간에는 폭행이나 협박죄는 성립할 수 있지만 성적인 자기 결정권 또는 정조를 침해 한다고 할 수는 없으므로 '강간'은 성립하지 않는다"는 입장이다. 결국 파탄 등으로 정상적인 부부가 아닌 경우에만 제한적으로 강간죄를 인정하고 있는 것이다.

여기에서 지적하여야 할 사실은 아내강간의 높은 발생률에 대한 인식과 피해의 심각성에 대한 올바른 이해이다. 아내강간 발생 정도를 살펴보면, 조사 대상자 및 조사시점에 따라 다소의 차이는 있지만, 적게는 33%에서 많게는 55.1%의 기혼여성이 실제로 남편으로부터 성폭력을 경험한 것으로 드러나고 있다. 또한 최근의 한 연구에 의하면 42.9%의 기혼남성들이 아내강간을 한 것으로 밝혀졌는데, 유형별로는 '단순 강압에 의한 강간'이 가장 많았다(35.4%). 그러나 '구타동반 아내강간(12.4%), '가학적 강간(10.4%)'과 같은 상대적으로 행동특성이 심각한 형태의 아내강간도 평균 10% 이상이 실제로 행한 것으로 밝혀져 주목을 끌고 있다.

배우자로부터 당하는 강간이 일반 강간과는 달리 여성들에게 덜 문제시 될 것이라는 생각도 잘못된 것이다. 자신에게 가장 친밀한 존재인 배우자로부터 비인격적이고 폭력적인 방법으로 성행위가 강제될 때, 여성들은 오히려 더 많은 상처를 받을 수도 있다는 점에 주의해야한다. 피해여성들은 다양한 신체적 증상을 호소하고 있고 심지어 유산, 사산, 불임까지도 포함하는 신체적 영향을 받기도 한다. 불안, 충격, 강한 두려움 그리고 자신에 대한 부정적 이미지가 증가되면서 자아 존중감이 크게 훼손된다.

따라서 부부강간의 문제는 더 이상 개인의 그리고 개별적 부부간 성문제의 차원에서가 아닌 인권문제의 차원에서 다루어지고 논의되어야 할 것이다.

③ 아동학대

아동학대의 개념은 초기(1960년대)에는 신체적 폭력으로 한정하고 아동의 연령도 영아로 한정하였으나, 이후에는 연령도 18세 미만으로 확대시키고 신체적 학대뿐만이 아니라 성적학대, 아동유기, 아동노동, 근친상간 등을 포함시키는 것으로 정의하고 있다. 한국사회에서 아동에 대한 성폭력은 잘 알려지지 않았지만 그 피해는 심각한 것으로 나타나고 있다. 1995년 한 연구소의 분석에 의하면,[19] 피해자의 83%가 학령기 아동이며 이들의 95.1%가 강간 피해자였다. 친족 성폭력의 피해 장소는 대부분 피해자와 가해자의 공동주거지로 나타나고 있다. 친족 성폭력의 피해는 어린시절부터 시작되어 청소년기, 성인이 되어서도 지속되는 특징이 있다. 피해 어린이는 가족이나 친척 등 가장 신뢰하는 사람에게서 피해를 입기 때문에 신체적, 심리적, 사회적으로 더욱 심각한 후유증과 어려움을 겪게 된다.

특히 아버지나 남자형제로부터 강간을 당한 피해자일 경우 남성에 대한 극도의 분노 감정을 갖게 되어 극단적으로 자살을 기도한다든지 가해자에 대한 복수심이 타인에게 전이

19) 한국성폭력상담소(1996), 『어린이의 성폭력실태』.

되어 원만한 대인관계를 만들어 가기 어렵게 된다. 이러한 경우 피해자에게 가장 치명적인 상처를 주는 것은 어머니가 알면서 방임 혹은 묵인, 조장하는 경우이다. 친족 내 성폭력을 방치하는 어머니의 심리적인 특징은 무기력, 무능력이다. 가해자인 친부 혹은 양부는 폭력과 위협, 구타를 자녀에게만 하는 것이 아니라 아내에게도 행사한다. 이러한 가정의 아내는 남편에게 의존적이며 가정 내의 발언권이나 경제적 권한은 존재하지 않는다. 대부분의 아내들은 장기적인 구타와 학대를 받으며 살았기 때문에 남편에게 경제적 · 사회적 · 심리적으로 의존하게 되면서 무능력하게 된다.

1992년 발생한 〈김보은 사건〉은 친족 강간의 전형을 보여준다. 12년간 딸을 강간하고 아내를 구타해 온 양아버지를 남자친구와 함께 살해한 이 사건은 근친상간의 위험의 파장이 얼마나 클 수 있는가를 일깨워준 사건이었다.

⑵ 직장에서의 성폭력 : 성희롱

'성희롱' 이라는 용어는 영어의 'Sexual harassment' 에 해당한다고 할 수 있다. Sexual harassment는 1970년대 중반 '성적 강제' 를 반대하는 미국의 여성운동 단체나 여성학자가 중심이 되어 발전시켜온 개념으로 현대 여성운동의 과정에서 의도적으로 만들어진 조어이다. Sexual harassment라는 개념의 역사적, 정치적 함의를 고려할 때, 한국사회에서 그것에 해당하는 개념으로 상용되고 있는 '성희롱' 은 적절한 용어라고 보기 어렵다는 비판이 제기되기도 한다. 성희롱은 말 그대로 '성적으로 실없이 놀리는 것' 을 의미함으로써 Sexual harassment라는 용어에서 가장 핵심적인 '권력' 의 개념을 담아내지 못한다고 보기 때문이다.[20] 본 절에서의 '성희롱' 의 개념은 이러한 논의를 배제시키면서 통념화된 의미로서의 사용하고자 한다.[21]

---

20) 장필화(2000), 『여성, 몸, 성』, 또하나의문화.

21) 성희롱의 의미와 내용, 범위를 어떻게 볼 것인가는 성희롱 문제를 다루어 온 학자나 단체들마다 조금의 차이를 보이나 공통적으로 합의된 내용은 아래와 같다.

① 성희롱은 일반적으로 '직장에서 일어나는 원하지 않는 성적 행위의 부과' 로 규정된다. ② 성희롱의 형태는 '고용조건형' 과 '노동환경형' 의 두 가지로 구분된다. 고용 조건형은, 성적 행위에 대한 수용 여부가 명시적으로 또는 암묵적으로 한 개인의 고용에 대한 대가나 조건인 경우, 또는 이러한 행위에 대한 개인의 수용 또는 거부 여하가 당사자에게 영향을 주는 고용결정의 기초로 사용되는 경우이다. 노동환경

① 성희롱의 유형

성희롱의 유형은 크게 '성적 행위' 와 '성별에 기반한 행위' 로 나뉜다. '성적 행위' 와 관련된 성희롱의 유형은 시각적, 언어적, 육체적, 음란물의 전시나 낙서, 성적 봉사의 요구 등으로 유형화 할 수 있다.

시각적 성희롱은 불쾌한 응시나 음란한 시선 등 가해자의 직접적인 시각적 행위와 가해자의 성적인 제스처 등에 의해 야기된 피해자의 불쾌한 시각적 경험, 양쪽을 다 포함한다.

언어적 성희롱의 가장 흔한 것은 성을 암시하거나 빗대는 '우스갯소리' 혹은 농담의 형태나 농담을 가장한 성희롱이다. 언어적 성희롱의 또 다른 형태는 언어를 통한 직접적인 성관계 의사의 표현이다. 대부분의 경우 특정 개인을 대상으로 한 성관계 의사로 나타나지만, 역시 농담의 형태를 띠거나 가장하기 때문에 직접적인 대응이 어렵다.

육체적 성희롱의 형태는 손을 잡거나 엉덩이를 툭 치는 행위, 무릎에 앉히는 행위, 포옹이나 뒤에서 안는 행위 등이다. 또 다른 형태는 업무 수행을 빙자해서 혹은 업무수행을 가장한 육체적 접촉이나 추행행위이다. 이 경우 가해자의 행위는 은밀하게 이루어지기 때문에 피해자는 거부하거나 저항하기가 더욱 어렵다.

음란물의 전시나 낙서는 가해자가 고의적으로 음란물을 보여줌으로써 피해자에게 당혹감을 주는 경우에 해당한다. 또한 의도적이지 않은 음란물의 전시나 낙서도 보는 사람

형이란 그러한 성적 행위가 개인의 업무능률을 저해하거나, 위협적, 적대적, 공격적인 업무환경을 형성할 의도를 띠었거나, 아니면 그 행위로 인하여 이와 같은 결과가 발생하는 경우를 말한다. ③ 성희롱의 범위는 : ㉠ 단지 응시하는 행위에서부터 강간까지의 행위를 모두 포괄한다. 구체적으로 시각적, 언어적, 육체적, 음란물의 전시나 낙서, 성적 봉사 요구 등으로 유형화 할 수 있다. ㉡ '성별에 기반 한 행위' 란 성별로 그 사람의 평판을 떨어뜨리거나 비웃는 행위 혹은 위협적이거나 육체적으로 학대하는 행위를 의미한다. ④ 성희롱에 피해자의 전형은 없다. 성희롱에 관한 연구들은 피해자의 연령이나 결혼여부, 직종에 관계없이 누구나 성희롱의 대상이 될 수 있음을 보여준다. ⑤ 성희롱은 일상생활의 장 어디서나 일어날 수 있지만, 일반적으로 성희롱이 가장 문제가 되는 장은 '직장 내' 이다. ⑥ 성희롱을 일상적인 남녀 관계 혹은 인간관계 혹은 인간관계에서 나타나는 친밀함의 표현과 구분시켜 주는 기준은 그것이 '원치 않는 행위의 부과' 라는 것이다. 원하지 않는 행위란 피해자에게 바람직하지 않거나 불쾌한 것, 혹은 위협적인 것으로 간주되는 행위로 스스로 자청하거나 부탁하지 않은 행위를 말한다. ⑦ 성희롱의 판단은 피해자 관점을 기초로 한다. ⑧ 피해자 관점의 '주관성' 은 여성의 독특한 경험을 고려한 '합리적' 판단이 될 수 있다. ⑨ 성희롱은 성차별의 한 형태이다.

이 불쾌감을 느낀다면 성희롱 행위로 간주할 수 있는 것이다.
성적 봉사요구란 업무수행 상 필요한 친절 이상의 과잉 서비스나 애교의 요구를 말한다. 성적 봉사요구의 전형적인 형태는 회의나 회식, 야유회 같은 공식·비공식적 모임에서 여직원을 상사 옆에 앉도록 강요하거나, 몸을 만지는 행위, 술을 따르게 하는 행위 등이다. 이밖에 업무수행 과정에서 상사나 관리자가 여직원에게 고객이 요구하는 필요이상의 과도한 서비스에 응하도록 강요하거나, 응하지 않았다고 부당한 처리를 하는 경우도 성희롱에 해당된다.

성별에 기반 한 행위는 직접적으로 성적 행위는 아니지만, 명백히 성별에 기반 해서 이루어지고, 그러한 행위가 여직원에게 불쾌한 느낌을 주거나 업무에 영향을 준다면 성희롱으로 볼 수 있다. 예를 들어 옷이나 외모, 화장에 대한 평가나 언급이 '여성'이라는 성별에 기반 해서 이루어지는 경우, 직접적인 성적 행위는 아니지만 성희롱에 포함되는 것이다. 또한 명백한 성차별적 발언이나, 고정관념적 성별분담의 강요 등도 성별에 기반 한 성희롱이다.

② 성희롱으로 인한 영향

성희롱은 피해 당사자의 개인적 피해는 물론 직장 전체에도 부정적인 영향을 미친다. 더 나아가 성희롱은 사회·국가적인 측면에서 바람직하지 않은 문화·경제적 손실을 가져올수 있다. 성희롱으로 인한 피해는 개인이 받는 영향과 기업이 받는 영향으로 나누어 살펴보고자 한다.

우선 개인이 받는 영향으로는 첫째, 정신적·육체적 후유증을 들 수 있다. 성희롱의 피해자들은 개인적인 차이는 있지만 특정한 종류의 정신적·육체적 후유증을 겪을 수 있음을 서구사회의 연구를 통해 알 수 있다. 둘째, 성희롱으로 인한 정신적·육체적 스트레스는 여성의 자존심을 상실시키고 자기비하를 내면화시킨다. 특히 여성다움을 깊이 내면화한 여성일수록 성희롱의 경험으로 인한 분노나 불쾌감을 상대에게 표현하기보다 그 자체를 자신의 탓으로 자책하거나 안으로 삭이려고 노력하게 된다. 셋째, 노동자로서 여성의 업무수행의 의욕 저하나 능력의 저하를 가져온다. 성희롱으로 인한 업무의욕의 상실과 능력의 저하는 직장 자체의 의미를 잃게 해서 직장을 그만두게 하는 극단적인 결과까지 초래한다. 넷째, 특정 개인을 대상으로 성희롱과 관련해 일어나는 업무상 불이익이나 부당대우나 해고 등은 고용조건형 성희롱의 유형으로, 이러한 유형은 일반적으로 피해 여성이 성희롱에 대해 거부 의사를 표시하거나 항의를 하는 경우 표면화 된다.

한편 성희롱으로 인해 기업이 받게 되는 영향은 건전한 직장문화의 형성을 저해한다는 것이다. 대부분의 남성들은 성희롱을 '분위기를 좋게 하는 농담' 이나 '장난 또는 유머' 혹은 '친밀감의 표현' 이라고 까지 생각한다. 그러나 서로를 인격체로 존중하고 따뜻하게 배려하며 친절하게 대우하는 행위와 상대를 비하하고 농담의 대상으로 격하시키며 불쾌하게 하는 행위는 분명히 다른 것이다. 또한 경제적인 측면에서도 성희롱은 상당한 손실을 초래하는 것으로 보고되고 있다. 외국의 연구에 의하면, 직장 내 성희롱의 방치가 생산성 및 효율성의 저하, 높은 이직율 등으로 인한 다양한 형태의 비용을 치르게 된다고 주장하고 있다.[22]

(3) 교육현장에서의 성폭력

교육현장에서의 성폭력은 아무도 의심하지 않는 장소에서 일어나기 때문에 사회문제화 되지 않았었다. 그러나 교육현장에서의 성폭력은 어린이집에서부터 대학 교정에 이르기까지 다양한 형태를 보여주고 있다.

① 어린이 성폭력

최근 들어 사회문제로 최근 들어 사회문제로 부각되기 시작한 어린이 성폭력은 예상 이상으로 많이 발생하고 있으며, 뚜렷한 증가 추세를 보이고 있다. 어린이 성폭력의 문제는 피해자나 가해자 모두 밝히기를 꺼리거나, 어린 피해자의 경우 밝힐 능력이 없어서 드러나기 어려운 문제임을 고려할 때 숨어있는 어린이 성폭력이 더 많으리라는 것을 쉽게 짐작해 볼 수 있다.

어린이 성폭력의 기준은?, 나이는 몇 살인가?, 구체적인 성적행동이 있는가?, 의도적인 성적행동인가? 에 따라 정의하고 있다. 한국사회에서 어린이란 일반적으로 만 13세 이하

---

22) 조순경(1994), 「성희롱, 왜 고용상의 차별인가?」, 『직장 내 성희롱, 어떻게 볼 것인가?』, 남녀고용평등을 위한 교수모임.

의 아이들을 일컫는다. 또한 구체적인 성적행동이란 성기노출, 관음증, 키스, 애무, 구강성교, 질이나 항문, 입 등에 성기나 물체를 삽입하는 것 등 다양한 행동을 포함하고 있다.

한국성폭력상담소의 통계에 의하면,[23] 2010년 성폭행 관련해 상담을 한 어린이 중 7세 이하의 아동이 5.1%, 8~13세의 어린이가 8.5%로 전체의 13.6%를 차지하고 있다. 피해 유형별로 보면 강간(준강간 포함)과 성추행이 높게 나타나고 있다. 유인방법으로는 가해자가 아는 사람인 경우 비폭력적인 방법이 58.2%이며, 폭력적인 방법이 41.8%로 폭력적인 방법이 높은 비율로 나타나고 있다. 어린이 성폭력 문제가 주는 후유증은 크게 심리적, 신체적, 성적 후유증으로 나누어 볼 수 있다. 성적 후유증은 초기에는 자위나 성적인 놀이 혹은 성에 대한 집착으로 나타나다가 장기적으로는 성에 대한 부정적인 태도로 나타난다. 사회적 후유증은 단기적으로는 학교 가기를 거부한다거나 무단결석을 하기도 하고, 집안에 머무르면서 부모에게 지나치게 의존하는 모습으로 나타나고 심할 경우 가출을 하기도 한다. 이러한 사회적 부적응은 장기적으로 가출과 매춘, 알콜이나 마약 남용 등으로 나타나 더욱 심각해지는 모습을 보인다. 가족관계의 부적응 역시 장기 사회적 후유증으로 나타나는 것으로서 이는 분노가 가족에게로 향하는 형태이다.

② 청소년 성폭력

청소년 성폭력은 청소년기의 특수성으로 인하여 윤간 등의 집단형태를 띄는 성향이 강하고, 그 피해대상은 주로 또래 집단의 여학생이거나 자신의 가족, 친족 혹은 이웃집의 아는 어린이로 나타나고 있다. 1996년 중학생을 대상으로 성폭력 피해에 대한 실내조사에서 응답자의 11.36%인 147명이 성폭력의 피해 경험이 있다고 밝히고 있으며, '성폭력의 경험이 있는가?' 라는 질문에 대해 응답자의 11.36%가 성폭력의 경험이 있다고 답하고 있다. 남학생 중 6.97%, 여학생 중 15.54%가 성폭력 피해자로 나타나고 있다. 성폭력 피해의 유형은 강간이 21건으로 3.92%, 성추행은 515건으로 96.08%로 대부분의 청소년이 경험한 성폭력은 성추행이다. 성폭력 발생 시 폭력이나 흉기, 술이나 약물 등이 사용된 경우도 36.31%인 것으로 나타났다. 청소년들의 성폭력 장소는 학교나 학원이 17.3%로, 안심하고 있는 교육 현장에서 이루어지고 있다. 이성친구와의 교제 중에나 생일파티, 크리스

23) 한국성폭력상담소(2010), 「2010년 한국성폭력상담소 상담통계 및 상담 동향분석」, 나눔터.

마스 모임, 캠핑 등의 상황에서 성폭력이 발생하는 것으로 나타나 청소년 성폭력 문제의 심각성을 알 수 있다. 이러한 피해상황은 청소년들 사이의 의사소통의 문제, 성을 가벼운 유희로 여기는 성향, 성에 대한 가치관이 정립되어 있지 않는 것 등이 영향을 미친다고 할 수 있다.

③ 대학생 성폭력

한국사회에서 대학은 진보적 탐구의 공간으로 일련의 사회적 폭력과 문제로부터 벗어난 공간으로 생각되어 왔다. 그러나 대학이라는 공간도 하나의 제도기관이며, 그 구성원들 역시 일반사회 속에서 자신들의 가치관이나 사회성을 키워내 왔다는 점을 생각할 때 대학 역시 일련의 사회적 폭력이나 문제로부터 완전히 동떨어진 공간이 될 수는 없는 것이다. 우리가 이미 접할 수 있었던 몇몇 대학 내 성폭력 사건들은 대학이라는 공간이 한국사회의 남성 중심적 질서와 폭력으로부터 결코 안전한 공간이 아니라는 것을 알게 했다.

1994년 신정휴 사건(혹은 서울대 조교 성희롱사건)으로 연대한 '우조교 성희롱사건 공동대책위원회' 와 '서울대 동아리연합회' 가 공동으로 주관한 공청회에서 정의한 학내 성폭력의 개념은 다음과 같다.

「학교나 이와 유사한 곳에서 일어나는 것으로서 상대방이 원치 않는 성적접근, 성적접촉의 요구로부터 기타 성적인 언어적 · 육체적 행위가 ; ㉠ 그러한 행위의 수용이 명시적 혹은 묵시적으로 피해자의 학업(혹은 직업)의 조건이 되는 경우 ㉡ 그러한 행위의 거부가 피해자의 학업(혹은 직업)상의 결정에 영향을 미치는 경우 ㉢ 그러한 행위가 피해자의 학업생활에 지장을 초래하거나 사기저하 및 불쾌한 학업 분위기를 조성할 의도를 띠었거나 결과적으로 그러한 효과가 발생하는 경우 등 피해자에게 정신적 · 신체적 · 사회적 피해를 입히며 결과적으로 대학 내에서 학습권을 침해하는 행위」를 학내성폭력으로 규정하고 있다.

대학 내 성폭력은 교수와 학생, 교수와 교직원, 학생과 학생, 대학 내 집단과 집단, 타 대학 학생에 의한 성폭력 등 언어적 폭력에서부터 강간에 이르기까지 매우 다양한 형태를 보이고 있다. 발생했던 사례들을 통해 대학생 성폭력의 특성을 종합해 보면 다음과 같다.

첫째, 선후배 혹은 친분이 있는 남학생과 여학생 사이에서 발생하는 성폭력이라는 점이다. 즉 캠퍼스라는 한정된 공간 내에서 남학생이 여학생을 성적 대상으로 보고 성폭력을 하는 것이다. 둘째, 교수와 학생사이에서 일어나는 사건으로 교수와 학생이라는 불평등한 관계에서 일어난다고 할 수 있다.

이러한 사실에서 알 수 있는 것은 대학생 성폭력 역시 남성의 여성에 대한 폭력이라는 것이다. 그러므로 교내에서 성폭력이 발생하였을 경우, 학교 측은 가해자에 대한 적절한 처벌과 피해자의 보호 그리고 예방과 재발방지 차원에서 학내 구성원들에 대한 상담과 성교육, 가해자에 대한 재교육 프로그램 등을 실시할 성폭력 전문상담실의 상설화 등의 내용이 학칙에 포함되어야 하며, 이 학칙의 적용 대상은 학생뿐만이 아니라 교수와 직원 등도 포함되어야 할 것이다. 최근 대학 내에 '성폭력대책협의회' 가 구성되고 '성폭력상담소' 가 개소되는 것은 대학 내 성폭력 문제의 해결을 위해 다행스러운 일이라 할 수 있을 것이다.

(4) 생활주변에서의 성폭력

① 데이트 강간

데이트 강간[24]은 "이성 간의 데이트 중에 상대방으로부터 강요나 조종에 의해 일어나는 성폭행" 으로 외형적으로는 "성적친밀감이 있는 사이에서 남성이 폭력이나 협박을 사용해 여성의 동의 없이 성관계를 하는 것" 으로 정의된다.[25] 데이트를 하는 남녀 사이에 남성이 성행위를 요구할 때 여성 측이 거부할 경우 남성이 완력을 사용하거나 위협 혹은 공포감을 조성하여 이루어진 성행위를 말한다.

데이트 중에 여성이 성행위를 원치 않는다는 의사표현을 하면 남성들은 그것이 여성본래의 부끄러움이나 진심이 아닌 것으로 이해하고 여성의 '부정의 의사표현(No)' 을 긍정

24) 강간(Rape)이란, 훔치고 포획하고 가져가는 것을 의미하는 라틴어 'rapere' 에서 파생되었다. 이는 남성이 아내를 포획하거나 훔치는 가장 오래된 수단으로 남성이 원하는 여자를 강간하고 자신의 부족으로 데리고 오는 강제결혼의 방식이었다. 고대사회에서는 여성의 순결이 강조되었고 순결성의 상실이 가치 하락으로 간주되었다. 이러한 사고는 오늘날까지도 이어져 좋아하는 상대를 점찍어 놓는다는 미명으로 데이트 강간이 발생하고, 무엇보다도 순결의 상실은 '망가진 물건 신드롬' 을 가져와 피해여성들로 하여금 자신의 인생을 포기하도록 하는 극단적인 후유증을 초래하고 있다.

25) 여성한국사회연구소 편(2000), 『새로 쓰는 여성과 한국사회』, 사회문화연구소, 301.

(Yes)으로 받아들여 완력을 사용해서라도 여성을 굴복시키는 것이 남성적인 매력이라고 착각하기도 하는 것이다.

데이트 강간은 일반강간이나 성추행과는 다르게 숙박업소에서 가장 많이 일어나고 그 다음이 가해자의 집인 것으로 나타나고 있다. 이 경우 여성이 어느 정도는 남성에게 끌려 그 장소에 있었던 것이기 때문에 사건의 발생이후 모든 책임을 여성에게 전가하는 경우가 대부분이다. 여성은 피해자이면서 그 상황을 초래한 원인 제공자로 사회적 비난을 받게 된다. 남녀 간에 일어난 일에 대하여 '여성 비난하기'에 익숙한 남성 중심적 사회에서 여성은 피해자가 되어도 가해자를 처벌할 엄두를 내지 못하게 된다. 데이트 강간의 경우 가장 큰 문제로 지적되는 것은 피해자는 가해자를 잘 알고 있는 사람이기 때문에 신고를 하거나 고소를 할 엄두를 내지 못한다는데 있다. 무엇보다도 큰 상처는 상대방에 대한 자신의 신뢰와 믿음이 완전히 깨져버린 데서 오는 자기 환멸이다. 또한 피해자가 자신을 성폭행한 가해자와 지속적으로 만날 수 있는 상황에 놓이게 되므로 계속적으로 강간의 공포와 수치심에 시달리게 된다.

그런데 데이트 강간의 문제점은 가해자뿐만 아니라 피해자도 이것을 강간, 즉 성폭행 범죄로 인식하지 못하고 다만 도덕적으로나 윤리적인 잘못을 저지른 것으로 여기는데 있다. 따라서 이러한 문제가 법정으로까지 가는 경우는 매우 드물지만 간혹 법정으로까지 간다해도 가해자가 명예훼손죄 등으로 맞고소하여 오히려 피해자가 불이익을 당할 우려가 있다.

데이트 강간을 줄일 수 있는 방법은 본인이 원하고 원하지 않는 것이 무엇인지를 정확하게 밝힐 수 있는 정확한 의사표현이다. 여성 스스로가 명확하고 단호하게 '아니다'라고 말함으로써 독립적인 의지가 인격체임을 스스로 인정하고 밝혀야 하는 것이다.

② 스토킹

스토킹(Stalking)이란 상대가 싫다고 하는데도 불구하고 계속 따라 다니는 행위이다. 일방적으로 상대에게 좋은 감정을 갖고 상대도 나를 좋아할 것이라는 환상을 갖고 접근해서, 싫은 행위를 하거나 신체적 폭행 등 온갖 피해를 입히는 행위를 말한다. 피해자는 자신의 의사와는 전혀 관계없이 일방적인 접근으로 인해 정신적 신체적 고통을 입는다. 구체적인 유형으로는 미행, 편지, 전화, 선물공세, 사이버스토킹 등 간접적인 방법에서 협박, 밀착, 폭행, 강간, 살인에 이르기까지 다양한 유형으로 나타나고 있다. 도시의 익명성, 통신수단의 발달, 개인정보의 유출, 타인에 대한 무관심, 인간성의 황폐, 인격장애자의 증가 등 복잡한 요인에 의하여 여러 유형의 스토커(Stalker)가 나타나고 있다.

멀린 교수는 그의 저서에서 스토커를 다섯 가지 유형으로 분류하고 있다.[26] 첫째, 퇴짜형으로 가장 일반적이며 전체 스토커의 절반가량을 차지한다. 주로 남성들이 파경이나 대인관계의 단절로 인해 스토킹을 벌이는 경우이다. 둘째, 친밀형으로 전체의 약 5%를 차지하며 여성들 가운데 이러한 유형이 많다. 주로 유명인사를 따라다니는 경우에 해당하며 주치의를 성가시게 하는 외로운 환자들도 여기에 속한다. 셋째, 무능형으로 전체의 1/3 정도가 여기에 해당한다. 대부분이 남성들이며 스스로 스토킹 대상과 관계를 유지할 권리가 있다고 여기는 부류이다. 넷째, 분개형으로 흔히 직장에서 일 때문에 불만을 품고 스토킹에 나서는 경우로 비중은 그리 높지 않다. 마지막으로 약탈형을 들고 있다. 약탈형은 전체에서 차지하는 비중은 가장 적지만 가장 위험한 부류이다. 성범죄자들이 여기에 해당하며 특히 성적 흥분과 힘의 과시를 목적으로 상대를 괴롭히는 남자들이 대부분을 차지한다.

멀린 교수는 스토킹의 증가 원인을 사회적 변화에서 찾고 있다. 대인관계의 불안정성과 고립감이 갈수록 심화되는 사회현상과 마음에 드는 파트너를 구하는 것이 어려워지는 여건, 비방 문화의 확산, 낯선 사람들에 내한 두려움이 고조되는 현상 등을 스토킹의 원인으로 보고 있다. 그는 스토커들이 스토킹 대상자들에게 정신적 쇼크와 같은 정도의 스트레스를 가할 수 있다고 지적하면서 스토커들에게는 정신과 치료가 요구된다고 강조하고 있다.

한국의 경우 스토킹에 대한 연구는 1998년 이시형 박사에 의해 처음 발표되었고, 이를 계기로 매스 미디어에 스토킹이란 단어가 등장하였다. 그러나 스토킹이라는 행위가 우리 사회에 새롭게 등장한 범죄행위는 아니다. 과거에는 스토킹이라는 단어가 사용되지는 않았지만 스토킹으로 분류될 수 있는 행위들을 쉽게 접할 수 있었다. "열번 찍어 안 넘어가

26) Paul E, Mullen (et al. 2000), *Stalkers and their victims*, Cambridge Univ. Press, 참조.

는 나무 없다" 라든가 "여성의 침묵은 예스" 라는 식의 사회적 인식은 젊은 남성들 사이에서 여성을 집요하게 따라다니는 행위를 용인 또는 장려해온 분위기 속에서 실제로 빈번하게 일어나고 있다.

미국의 경우 캘리포니아 주를 시작으로 49개 주에서 차례로 반(反) 스토킹법이 제정되었다. 1996년 제정된 '주간(州間) 스토킹 처벌 및 방지법' 은 위험한 스토커가 다른 주로 이동하는 것을 금지하거나 여러 주가 관련된 스토킹 사건을 다루고 있다. 1998년 11월에는 '연방 반 스토킹 확대법안' 이 의회를 통과해 스토킹의 범위를 인터넷, E-Mail 등으로 확대하고 재범은 금보석(金保釋)을 어렵게 해놓은 등 스토킹을 상대로 법률제정을 강화하고 있다. 그러나 한국에서는 반 스토킹 법률 제정이 추진되고는 있으나 아직 본격적인 시동이 걸리지 않은 상태이다. 한국사회의 가부장적 분위기가 법률제정에 걸림돌이 되고 있으며, 이러한 가부장적 사회분위기 자체가 스토킹의 범죄적 심각성을 희석시키고 있다는 분석이다.

③ 사이버성폭력

사이버성폭력이란 인터넷, PC통신 등을 통하여 원하지 않는 성적언어나 이미지로 상대방에게 불쾌감 또는 위압감 등의 피해를 주는 행위를 말하며, 나아가 성적인 접근이나 제안을 명시적으로 제시하지 않더라도 성적인 은유나 암시로 상대방이 불쾌감을 느끼게 되는 경우를 말한다.

사이버성폭력의 유형은 다음과 같이 나누어 설명할 수 있다.

사이버성희롱 : 사이버성희롱이란 PC통신이나 인터넷의 채팅코너에서 음란한 대화를 요청하거나 채팅 중에 갑자기 음란한 언어를 사용함으로써 상대방으로 하여금 불쾌감과 모욕감을 느끼게 하는 행위를 말하며, 사이버폭력 중 가장 발생빈도가 높다. 쪽지(instant message)나 전자우편(e-mail)을 통해 원하지 않는 음란한 글을 보내는 것도 성희롱에 해당된다.

사이버스토킹 : 사이버스토킹은 특정인의 개인정보를 빼내 온라인(on-line)상에서 괴롭히는 것으로, 게시판에 마치 본인이 쓴 것처럼 특정인의 이름으로 글을 올리

거나 특정인의 E-Mail ID로 수많은 메일을 보내는 등 사이버활동을 방해하는 것도 스토킹에 해당된다. 사이버스토킹은 본래 의미의 성폭력은 아니지만 대부분 성폭력과 연관되어 발생하므로 사실상 성폭력과 구별이 어렵다. 또한 사이버스토킹은 현실세계에서의 위해로 이어질 가능성이 많아 그 대책이 절실하다.

사이버음란물 유통 : 사이버음란물은 사이버공간에 올려 진 음란물을 말하며, pc통신이나 홈페이지 게시판, 대화방, 동호회, 유료전화, 폰팅, 전화방, 이동전화, 문자정보서비스 등을 이용하여 유통되는 것이 보통이다. 이러한 유통형태는 판매대상이 성인뿐만이 아니라 청소년에게도 무차별 판매된다. 또 이들 음란물의 제작과정에서 개인의 사생활을 침해하는 내용의 음란물 유통 등이 증가하고 있다.

사이버공간을 이용한 원조교제 : 최근 크게 사회 문제화 되고 있는 원조교제는 사이버공간을 그 출발점으로 하는 경우가 대부분이다. 사이버원조교제는 사이버공간에서의 연결을 현실세계로 이어가는 경우이다. 사이버공간에서의 만남을 법적으로 통제할 수는 없지만, 이것이 현실적인 관계로 이어질 경우 청소년보호법이나 성매매특별법 등으로 처벌 가능하다.[27]

사이버성폭력의 특징은 첫째, 가정, 직장, 대학, PC방 등 정보통신 이용이 가능한 곳이면 어디에서든지 발생 할 수 있고, 둘째, 게시판, E-Mail, 대화방, PC통신과 이동전화 등 다양한 사이버공간에서 일어날 수 있으며, 셋째, 시간적으로 하루 24시간 언제든지 발생할 수 있는 것이다. 가해자의 특징은 일반적으로 컴퓨터 초보여성을 표적으로 선택하며, 온라인의 익명성 때문에 힘을 얻으며, 자기가 추구하는 반응을 얻지 못하면 흥미를 잃어버리므로 피해자의 입장에서 당황해하거나 화를 내는 등 가해자가 원하는 반응을 보여서는 안 된다. 피해자의 특징은 대부분 인터넷 및 PC통신을 처음 시작한 10~20대 컴퓨터 초보여성이며, 따라서 채팅을 해도 속도가 느리고 오타가 많다. 또한 가상공간에서 사용하는 단축어 등을 사용하는데 익숙하지 못하며 여성임을 느낄 수 있는 ID를 많이 사용한다.

사이버공간에서의 모든 폭력은 그것을 경험한 이들, 특히 통신공간이 아직 익숙하지 않

27) 각각의 예는 SAFE Cyber Net의 ③ 〈사례로 보는 성폭력 실태〉 참조.

은 이들에게 불쾌감과 두려움을 느끼게 해 통신공간에의 참여의지를 위축시켜 원활한 정보의 흐름과 공유를 차단시킨다. 사이버공간에서 성을 매개로 여성에게 행해지는 폭력도 마찬가지이다. 사이버성폭력을 경험한 여성은 심각한 정신적 충격과 함께 통신공간을 위협적이고 공격적으로 느끼게 되어 통신활동이 위축되고 통신공간에의 참여를 차단하게 된다. 이렇게 사이버상 폭력으로 인한 여성의 정보사회 참여가 위축되고 차단될 때 성별간의 정보 불평등은 더욱 심화되어 또 다른 소외와 불평등을 생산하게 된다.

사이버성폭력은 가해자가 피해자에게 행하는 〈성적 자기결정권〉에 대한 침해인 동시에 〈자유롭고 편안한 환경에서 통신활동을 할 권리〉에 대한 침해인 것이다.

3) 폭력에 대한 예방대책

여아낙태로부터 어린이 성폭력, 청소년 성폭력, 직장 내 성희롱, 데이트 강간, 아내구타, 아내강간, 노인학대 등 여성들은 다양한 형태의 폭력으로부터 일생동안 자유롭지 못한 것이 현실이다.

여성에 대한 폭력은 피해여성들에게 단기적 혹은 장기적 후유증을 남기고 그 후유증은 신체적 · 정서적 · 사회적 · 성적 그리고 가족관계 등에서 복합적으로 나타나기 때문에 개인의 일생에 큰 영향을 미친다. 그러므로 여성에 대한 폭력을 예방하기 위해서는 첫째, 사회구조적이며 문화적인 예방책이 필요하며, 둘째, 법규정 및 사법처리 과정상의 개선책, 셋째, 피해자들에 대한 보호책이 필요하다.

사회구조적 · 문화적 예방책 : 앞에서 살펴본 것처럼 성폭력 중 강간의 절반정도가 10대 청소년에 의해 발생되는 현실을 고려할 때, 성교육의 내용은 이중적 성윤리를 보다 평등한 것으로 바꾸고 강간에 대한 잘못된 통념을 바로 잡으며 강제적 성, 상품화된 성은 진정한 성이 아니라는 내용을 포함해야 할 것이다. 또한 올바른 성교육과 성적 자극물, 향락산업 규제를 통한 건전한 성문화의 확립이 예방적 차원에서 가장 시급하게 필요한 대책이라고 할 수 있다. 이와 관련하여 사회의 각 조직 및 제도를 특히 정부와 여당의 노력으로 보다 적극적인 정책을 펼 것이 요청된다.

법규정 및 사법처리 과정상의 개선책 : 성폭력이 발생하여 피해자가 생겼을 때 이들을 위해 우선적으로 할 수 있는 일은 무엇일까? 한 연구에 의하면[28] 이러한 질문에 대한 답으로 전문 신고센터의 설치(33.2%), 여성 경찰 및 여검사 제도의 도입(31.7%)에 가장 많은 응답이 나왔다. 이러한 응답은 신고 및 재판과정에서 피해 여성의 편이 되어 줄 수 있는 제도를 기대한 것이며, 현재의 신고 및 사법처리 과정에 불만이 많은 때문이기도 하다.

한편 법 개정의 문제에 있어서는, 강간죄를 성폭력 범죄로 바꾸는 것, 친고죄의 폐지, 아내강간도 강간죄에 포함하는 것 등을 들 수 있다. 특히 아내강간을 강간으로 인정한다는 것은 아무리 가까운 사이라도 폭력은 폭력으로 인정해야 한다는 의미를 띄며, 그렇게 된다면 주변의 가까운 사람 사이의 성폭력을 성폭력으로 인정하지 않던 기존의 통념을 깰 수 있는 기회로 삼을 수 있을 것이다. 또한 성폭력을 당하고도 주변의 아는 사람에 의한 것이기 때문에 법의 보호를 받지 못하던 여성들이 법의 보호를 받을 수 있을 것이다.

피해자들에 대한 보호책 : 성폭력 피해자에게 우선적으로 필요한 조치 중에는 상담소에서의 상담이나 피난처로의 피신일 수 있다. 그러나 한국의 경우 이러한 쉼터가 매우 부족한 실정이다. 앞으로 상담소나 쉼터의 설립을 가정하고, 이러한 시설에서 성폭력 피해 여성들에게 해야 할 일 중 가장 중요한 것으로, 피해자 심리문제 해결을 위한 상담, 전문 의료진에 의한 신체적 · 심리적 치료를 들 수 있다. 이는 성폭력 피해자들이 겪는 후유증으로 정신적 · 심리적 피해가 가장 크기 때문인 것이다.

28) 심영희(1993), 『여성의 사회참여와 성폭력』, 나남, 275.

생각해 볼 문제

1. 성의 생물학적 기원에 대한 설명의 위험성에 대해 생각해 봅시다.
2. 사회학적 혼외 성관계의 개념에 대해 생각해 봅시다.
3. 간통죄의 문제점에 대해 논해봅시다.
4. 낙태로 나아갈 수밖에 없는 여성들의 상황에 대해 토론해 봅시다.
5. 한국사회 성매매의 구조적 원인에 대해 설명해 봅시다.
6. 여성범죄문제 해결 방안에 대해 생각해 봅시다.

06 Chapter

여성과 문화

여성을 남성과 대등한 인간 주체로 여기는 시각에서 보면, 지금까지 인류의 문화는 가부장제 문화였고 여성은 그 문화에 의해 지배되어 왔다는 것이다. 이러한 가부장제 문화는 인류의 절반인 여성을 억압했을 뿐 아니라 여성의 주체적인 참여를 통해 인류문화가 더 발전할 수 있는 가능성을 막아왔다고 비판하고 있다. 또한 남성들이 발전시켜온 문화는 분업화, 획일화, 전문화, 물상화를 특징적으로 한다는 분석대로, 현재의 인류문화가 안고 있는 비인간적인 요소들은 지금까지 소외되어 왔던 여성들의 참여를 통해 해소될 수 있다고 보고 있다.

앞장에서 살펴보았듯이 우리 사회에는 남성과 여성에 대한 성역할 고정 관념이 있고 이에 따라 남녀는 각기 다른 역할을 수행하도록 사회화되어 왔다. 그 결과 남성과 여성은 같은 사회에 살면서도 서로 다른 생활세계를 경험하게 되고, 자신들의 삶의 조건에 따라 생활의 정서를 표출하거나 삶의 긴장을 해소시키는 방법에서도 차이가 나게 된다.

그런데 여성을 남성과 대등한 인간 주체로 여기는 시각에서 보면, 지금까지 인류의 문화는 가부장제 문화였고 여성은 그 문화에 의해 지배되어 왔다는 것이다. 이러한 가부장제 문화는 인류의 절반인 여성을 억압했을 뿐 아니라 여성의 주체적인 참여를 통해 인류 문화가 더 발전할 수 있는 가능성을 막아왔다고 비판하고 있다. 또한 남성들이 발전시켜 온 문화는 분업화, 획일화, 전문화, 물상화를 특징적으로 한다는 분석대로,[1] 현재의 인류 문화가 안고 있는 비인간적인 요소들은 지금까지 소외되어 왔던 여성들의 참여를 통해 해소될 수 있다고 보고 있다.

이러한 전망을 가지고 문화에 접근할 때 무엇보다도 남성과 여성의 생활세계를 알아볼 필요가 있다. 사회와 가정은 이분법 아래 서로 동떨어진 별개의 것인 양 여겨져 왔으나, 실제로 이 둘은 인간의 살아가는 공간으로써 서로 유기적으로 연결되어 있다. 여성과 남성을 비교할 때 내부적으로는 나이, 소득수준, 혼인상태, 취업여부 등에 따라 세분되고 그에 따라 삶의 매용이 달라질 수 있다. 특히 혼인상태는 여성의 삶에 중요한 변수가 된다.

앞 장에서 살펴보았듯이 여성에게 있어 혼인은 가사노동과 출산, 양육으로 인해 삶의 질적인 변화를 가져오는 계기가 되기 때문이다. 본 장에서는 우선 남성과 여성의 분리된 생활체계를 살펴보고, 여성의 문화를 크게 미혼과 기혼으로 나누어 분석하였으며, 마지막으로 남성과 여성이 분리된 삶을 극복하고 인간다운 공동체를 실현할 수 있는 문화적 대안을 제시하고자 한다.

1. 성별 분리적 생활체계

1) 남성의 생활세계

제3세계 중에서 비교적 빠른 시일 내에 본격적 산업화 단계에 들어선 한국사회는 현재 농경적, 초기 산업 사회적 그리고 후기 산업 사회적 양상을 동시에 드러내고 있다. 현대 한국사회의 생활세계를 지배해온 주도적 이데올로기는 '경제발전'으로서 국가기구, 기업

1) Simmel G.(1993), 김선(역), 『여성문화와 남성문화』, 이대출판부 참조.

표 6-1 | 산업별 월평균 근로일 수 및 일평균 근로시간 수(2000, 2008)　(단위 : 시간, 일)

연 도	산 업	월평균 근로일 수		일평균 근로시간 수	
		여성	남성	여성	남성
2000	전산업	24.8	24.6	8.1	8.6
	광업	25.8	25.1	8.1	8.0
	제조업	25.0	25.0	8.5	8.7
	전기, 가스, 수도사업	25.5	25.9	8.1	8.7
	건설업	25.2	25.2	7.8	7.9
	도매 및 소매업	24.8	24.9	7.8	7.9
	숙박음식업	24.3	24.8	8.0	8.2
	운수, 창고 및 통신업	24.9	24.2	7.9	9.1
	금융, 보험업	24.7	24.8	7.8	7.7
	부동산, 임대 및 사업서비스업	24.6	22.6	7.8	10.0
	교육서비스업	24.1	24.4	7.6	7.7
	보건 및 사회복지사업	25.1	25.1	7.8	7.9
	기타 사회 및 개인서비스업	24.5	25.1	7.9	8.0
2008	전산업	21.8	21.9	8.4	8.7
	농림, 수렵업 및 임업	22.1	21.7	8.1	8.1
	어업	21.4	21.6	8.2	8.1
	광업	22.6	22.5	8.1	8.1
	제조업	22.3	22.5	8.8	9.0
	전기, 가스, 수도사업	21.1	20.7	8.3	8.7
	건설업	22.1	22.3	8.2	8.3
	도매 및 소매업	22.1	22.0	8.2	8.3
	숙박 및 음식점업	23.6	23.1	8.8	8.8
	운수업	20.9	21.8	8.2	8.9
	통신업	20.4	20.6	8.3	8.3
	금융, 보험업	20.0	20.1	8.2	8.2
	부동산 및 임대업	22.2	18.7	7.9	13.0
	사업서비스업	20.7	21.0	8.2	8.6
	교육서비스업	20.8	20.7	7.9	8.1
	보건 및 사회복지사업	22.2	21.9	8.4	8.3
	오락, 문화 및 운동 관련 서비스업	21.4	21.9	8.4	8.4
	기타 사회 및 개인서비스업	23.0	23.2	8.1	8.3
일평균 근로시간 수				8.26	8.66

출처 : 노동부(2009), 임금구조기본통계조사보고서.

운영, 대중매체와 가족집단은 모두 경제발전을 위해 전력투구해 왔다. 이에 모든 한국 남성들은 '책임 있는 가장'으로 '믿을 수 있는 고용원'으로 새롭게 태어날 것이 요구되었던 것이다. 남성들은 전통적으로 의존심리에서 벗어날 것이 기대되어 왔고, 동시에 일하원하는 초현대적인 경향에 물들지 않도록 사회 각 영역에서 갖가지 기제와 방식으로 심한 통제를 받게 된다. 즉 봉건적인 가부장의 권위에서 자유로워진 듯하면서도 실제로는 더 완벽한 통제를 획일적 교육, 국가정책, 매스컴 등을 통해 받게된 것이다. 다시 말해서 '남성다움' 에 대한 압력은 이 시대에 들어서서 어느 때보다 심하고 광범위하게 이루어지고 있다.

실제로 한국사회가 산업자본주의 사회가 되면서 근대 서구사회에서 나타난 남성다움이 더하여졌다. 산업사회는 공적인 영역으로서 일터와 사적인 영역으로서의 가정으로 사회와 가정을 분리시켰다. 이러한 이분법적 구조는 남성은 사회적인 임금노동에 종사하고 여성은 가정에서 가사노동과 자녀양육을 담당케 하는 성별 역할분담체계로써 여성과 남성을 분리시켰다. 남성들은 일찍부터 사회인으로 사회화되면서 직업생활을 남성다운 삶으로 인식한다. 즉 남성들은 사회인으로서의 안정된 소속감과 자신의 노동으로 가족을 부양한다는 자부심을 안고 직업생활에 몰두하게 된다.

기존의 통계에 의하면,[2] 2010년 현재 한국남성들의 월평균 근로시간은 181.9시간으로 이는 수면시간을 뺀 대부분의 시간을 가정 밖에서 보내고 있다는 것을 보여주고 있는 것이다.

사회적 존재로서의 규정과 부양자로서의 부담 그리고 한국사회의 직장풍토 속에서 남성들은 직장 우선수의를 택하게 된다. 이것은 한국사회의 가정에 아버지 부재현상을 가져오고, 아내와의 대화단절을 초래하는 결정적인 요인이 된다. 또한 의무적인 생계부양자의 역할과 회사의 구속감, 더 나아가 경쟁 위주의 사회에서 출세해야 한다는 강박관념은 남성들을 더욱 힘들게 만든다는 것을 알 수 있다.

더욱이 한국사회의 직장은 이익집단으로서의 능률과 합리성 본위로 움직이는 것이 아니라, 비업무적인 요소가 직장생활에서 강조되고 그 중에서도 인간관계는 아주 중요한 자리를 차지한다. 즉 대인관계의 원만함과 인맥은 직장생활에서 살아남고 승진하는데 또한 업무 협조를 원활히 하는데 중요한 원인으로 작용한다.

2) 통계청홈페이지, e-나라지표.

직장에서의 상사는 인사고과의 작성자로서 결정적인 영향력을 행사하기 때문에 남성들은 감정적 권위주의를 내면화하고 있는 상사들의 명령에 절대복종하게 된다. 이러한 권위주의적 통제는 남성들의 스트레스를 가중시키지만 대부분의 남성들은 이러한 조직논리에 다소 간의 차이는 있으나 대개 쉽게 적응하게 되는데, 그것은 한국사회 고유의 군대에서의 경험이 사전 훈련을 하기 때문으로 볼 수 있다.

결국 남성들은 직장과 가정을 분리시켜 생각하여 집안에서는 아내와의 대화가 단절되고, 서로의 사정을 잘 알고 털어놓을 수 있는 남자들끼리 어울리게 된다. 가족에게 사회생활에서의 애로점을 털어놓는 것은 가장의 도리가 아닐 뿐 아니라 남성의 자존심을 손상시키는 것으로 생각하고 있다. 그러나 남성 동료들 간의 관계는 근본적으로 목적달성을 위한 경쟁관계이다. 이들은 서로 협동하고 친밀해지지만 솔직한 자기감정 표현이나 상대에 대한 의존성은 철저히 억제된다.

이러한 남성들의 생활세계는 공식적인 생활로서의 직장과 비공식적인 사회활동인 '퇴근 후 한잔' 은 두 가지로 이루어진다. 비공식적 사회활동은 직장생활에서의 피로를 풀어주고 권위주의적 통제에서 오는 스트레스 해소에 도움이 될 뿐만 아니라 동료나 상사와 인간적으로 친해져 직장생활이 부드러워질 수 있고, 여러 가지 정보를 교환할 수 있는 효과까지 가지고 있다. 그러나 비공식적인 사회활동에서는 진심을 교환하지 않으면서 친밀감을 표시하고 형성해야 하므로 매개물이 필요하게 되고, '술' 이 그 매개물의 가장 대표적인 것이다. 여기에 여러 종류의 사행성 오락이 더해지고 이러한 오락이 사회문제화 되기도 한다.

2) 여성의 생활세계

남성들이 사회적 존재로서 사회화되는 반면 여성들은 가정적인 존재로 사회화된다. 그 결과 여성의 행복은 결혼해서 살림하며 아이들 키우고 사는데 있다는 믿음이 여성 자신과 그 주변에 퍼져 있다.

2008년 현재 한국여성의 평균 초혼 연령은 28.3세로 점차 연령이 높아지고 있는 추세이다. 2008년 평균 초혼연령은 여성 28.3세, 남성 31.4세로 여성이 3.1세 적으며, 10여년 전인

표 6-2 | 평균 초혼연령 (단위 : 세)

연 도	평균 초혼연령		
	여성	남성	성차(-)
1988	24.7	27.6	2.9
1995	25.3	28.4	3.1
1998	26.0	28.8	2.8
2005	27.7	30.9	3.2
2006	27.8	31.0	3.2
2007	28.1	31.1	3.0
2008	28.3	31.4	3.1

출처 : 통계청(2009), 인구동향조사.

표 6-3 | 혼인상태별 경제활동인구 (단위 : 천 명, %)

구 분	경제활동인구		경제활동참가율	
	여성	남성	여성	남성
2005				
미혼	2,554	3,061	53.6	53.6
유배우	6,021	10,273	51.4	85.2
사별/이혼	1,285	549	40.2	64.3
2009				
미혼	2,441	3,127	49.6	50.9
유배우	6,379	10,624	51.7	84.7
사별/이혼	1,256	567	38.9	62.6

출처 : 통계청(2009), 경제활동인구연보.

1998년 평균 초혼연령은 여성 26.0세, 남성 28.8세로 여성이 2.8세 적었다. 결혼 전의 여성들은 취업을 하거나 학교에 다니거나 가사를 돌보는 것으로 나타나 있다.

2009년 현재 생산연령(15~65세) 여성인구 1,007만 6천 명 중 49.2%만이 경제활동에 참여하고 있고, 기혼여성의 경제활동 참가율은 51.7%, 미혼여성의 참가율은 49.6로 나타나고 있다.[3]

대학을 졸업하고 취업한 여성의 경우에는 전문직에 지출할 수 있고 일의 성격이 사무직

3) 통계청(2009), 「인구동향조사」 참조.

과 달리 보조적이거나 단순 반복적이 아닐 수도 있다. 그러나 여성이 전문직에 진출할 수 있는 기회는 여전히 제한적이어서, 대부분의 여성들은 사무직으로 진출하게 되고 사무직에서는 고졸과 대졸 사이에 큰 업무 차이 없이 '여성적인 일'이 맡겨진다.

여성들도 이러한 현실에 불만을 느끼며 삶의 돌파구를 찾으려 하지만 대안이 없는 상황에서 '여자는 결혼해서 아이 기르며 살림하는 것이 최고'라는 사회적 고정관념과 쉽게 타협하게 된다. 이렇게 결혼에 이끌린 미혼여성들의 생활은 곧 주부의 삶으로 바뀌게 된다. 결혼 후 전업주부의 하루는 아이가 생기기 전에는 남편 출근 준비를 하는 것으로 시작되어 남편의 퇴근시간을 기다리는 것으로 끝난다. 그 사이의 시간에는 개인적인 용무를 볼 수 있다.

그러나 결혼 후 한두 해가 지나면 남편은 직장 일로 늦게 들어오는 일이 잦아지고 여성들은 이 무렵 임신하여 아이들을 기르게 된다. 이때부터 남편과 아내의 삶은 다른 궤도를 가게 된다. 결혼한지 3년쯤 되는 무렵을 흔히 권태기라고 하는데 이는 남편에 대한 아내들의 불만과 눈치보기로 부부간의 갈등이 노출되고 결혼에 대한 회의에 빠져드는 시기이다. 그러나 이것은 결혼생활에서 나타나는 하나의 주기로 치부되어 시간이 지나면 저절로 해소되는 것으로 알려져 있다. 실제로 여성들은 결혼 3년이 지난 이후부터는 양육에 분주해지고 남편에 대한 기대는 일정부분 포기되면서 그것이 아이들에게 옮겨지는 양상을 띠게된다.

전업주부의 생활은 여유있는 살림이면 경제력을 바탕으로 집안일이 좀 더 정교해지고, 빈곤하면 경제적 압박감 속에서 생활하게 된다. 그러나 이러한 차이에도 불구하고 여성들의 의식주를 위한 노동과 자녀양육이라는 기본 틀은 크게 다르지 않다.

전업주부의 삶에서 남편이 차지하는 비중은 취업주부보다 상대적으로 크다고 할 수 있다. 주부의 생활에서 남편의 귀가는 반복되는 일상에서의 낙이다. 그러나 남성들의 생활세계에서 가정은 쉼터로 기능하기 때문에 주부들의 남편들에 대한 기대는 쉽게 충족되지 못한다.

취업주부의 삶은 사회생활을 한다는 점에서 전업주부들의 그것과 구별된다. 그러나 이들은 여성이기 때문에 고정적인 성역할인 주부의 일을 동시에 해야 하는 이중부담을 안고 있다. 경제적으로 여유 있는 층의 취업주부들은 취업의 동기가 경제적 절박함에 있지 않고 상대적으로 좋은 조건에서 일한다는 차이점이 있기는 하지만 기본적으로 취업주부가 갖는 이중부담에서 벗어날 수는 없다.

저소득층의 주부들은 집안에 머물러 있어도 대개 부업을 하기 때문에 전업주부라고 보기는 어렵다. 이들이 하는 부업은 주로 가내 하청업으로, 그런 일들은 여성이 집을 떠날 수 없다는 취업상의 약점 때문에 높은 노동강도에 비해 아주 싼 임금을 받고 있는 것이 현실이다. 여기에다 저소득층 여성들은 가혹한 가부장적 억압까지 더해져 더욱 힘든 삶을 영위한다. 가부장제 이데올로기가 지배하는 사회에서 취업주부는 생활이 빈곤할 경우에는 남성의 자존심을 상하게 하지 않기 위해, 경제적으로 여유가 있을 경우에는 당당한 가장의 권위에 눌려 이중부담을 지고 생활하고 있다.

이렇게 여성의 생활세계는 경제형편과 취업여부에 따라 차이가 있기는 하지만, 기본적으로 가정주부라는 성역할이 지배이념으로 존재하는 사회속에서 여성들은 사적인 영역인 가정에 최선을 다할 것을 요구받고 그에 따라 삶이 조건 지어진다.

쉬어가기

어느 주부교사의 하루

아침 6시 30분에 일어나 식구들 죽을 끓여요. 식구들이 먹도록 준비해 주고 출근준비를 해요. 밥은 못 먹어도 화장은 해야 하니까. 아이들을 깨워 밥을 먹여요. 정신없이 아침시간을 보내고 학교로 출근해오면 그나마 잠시 휴식을 하고 일을 하죠. 학교에서 애들에게 시달리고 잡무에 시달리다 퇴근하고 집에 가면 아이들이 탁아소에서 오기 전에 밥하고, 청소하고, 아이들은 오면 배고프다고 법석을 부리고 그 시중을 들다 보면 녹초가 되어 버려요. 아이들 시중들고 나서 밥 먹고 세탁기 돌리고 아이들 씻기고 설거지까지 하고 나면 내몸이 내 몸인 것 같지가 않아요. 대충 일을 끝내고 잠자리에 들면 벌써 12시지요. 이런 생활을 반복하자니 어떤 때는 눈물이 나요.

여성학 연구모임(1993)

3) 여성문화란

문화를 무엇으로 정의하느냐에 따라 문화의 영향과 관계에 대한 해석이 달라질 수 있다. 먼저 문화의 개념을 나누어 보면 첫째, 토지, 곡식, 가축의 경작, 둘째, 정신, 예술, 문명의 배양, 셋째, 사회발전의 일반적 과정과 보편적인 과정으로서의 문화, 넷째, 특수한 민족, 집단, 계급, 시간 속에서 공유되고 있는 의미, 가치, 생활방식, 다섯째, 의미를 생산하는 실천, 의미화 하는 실천 등으로 구분된다.[4] 문화연구를 할 때 일반적으로 사용하는 정의는 네 번째와 다섯 번째에 해당하는 것으로써, 한 시대, 특정집단 속에서 공유되는 의미, 가치, 생활방식으로서 의미를 생산하고 교환하는 실천과정으로서 문화를 이해하는 것이다.

그렇다면 여성문화란 무엇인가? 여성문화에 대한 관점은 크게 세 가지로 나누어 볼 수 있다. 첫째, 여성문화는 가부장제 사회에서 남성과 구별 또는 차별되는 집단으로서 여성이 공유하는 생활세계의 체험과 문화라고 정의하는 관점이다. 물론 여성들 간에도 계층, 인종, 지역등의 다양한 차이가 존재한다. 그럼에도 불구하고 가부장적 사회에서 여성다움에 대한 규정은 여성들의 공통된 경험과 문화를 형성하게 한다. 여성문화를 가부장 체계 내에서 여성들이 담당하고 있는 사적 공간에서 일어나는 여성세계의 문화로 보는 관점은 여성문화의 특성을 밝히는 장점이 있다. 그러나 여성을 문화에 대한 수동적 존재로 이해하고, 지배문화가 제공하는 여성의 영역을 강조할 우려가 있다.

두 번째, 여성에게는 고유한 본성인 여성성이 있으며 그것의 발현이 여성문화라고 보는 관점이다. 논자마다 여성성에 대한 정의가 조금씩 다르기는 하지만 남성과는 다른 여성의 신체와 성적 쾌감에서 비롯되는 다중성과 확산성, 유동성과 개방성 등을 여성적 특징으로 꼽는다. 이러한 관점은 열등하다고 판단되던 여성문화의 가치를 발견하는 장점이 있으나 남성성과 여성성을 본질적인 것으로 이해하는 문제를 가지고 있다. 따라서 남성과 여성의 대립이 반복되는 것으로 보고 있으며, 여성성이나 남성성도 역사적으로 변화해왔다는 역사적 맥락을 간과하고 있다.

셋째, 여성문화에 대한 정의는 아직은 모색의 과정에 있지만 앞의 두 관점을 통합・발

---

4) 스튜어트 홀 외(1996), 『현대성과 현대문화』, 전효관 외 역, 「현실문화연구」, 참조.

전시켜 나가고 있다. 최근에는 기존의 여성문화가 지닌 특수성을 재평가하면서 여성의 주체성을 발전시키려는 관점으로 전개되고 있다. 이는 여성이 문화의 주체로서 가부장제 문화를 비판하고 여성의 자아를 발견하며, 주체적인 여성문화를 형성하여, 양성 모두가 주체가 되는 문화를 지향하는 발전적 개념이다.

그 내용으로는

㉠ 평가절하되는 여성의 경험이나 표현 대상으로만 존재하는 여성 이미지 비판 : '대상' 으로서의 여성 분석

㉡ 여성문화사의 발견과 주체적인 문화형식 개발 : '주체' 로서의 여성 발견

㉢ 새로운 문화 논리의 추구까지 포괄하는 것이다.

본 장에서는 여성의 문화를 들여다보는 이러한 시각을 중심으로 한국사회에서의 여성문화현실을 분석하고 그 대안을 찾아보려 한다.

2. 여성의 문화현실

본 절에서는 여성의 문화현실을 미혼과 기혼으로 나누어 살펴보고자 한다. 한국사회에서의 여성의 문화현실이 결혼 여부에 따라 어떻게 차이가 나는가를 살펴볼 수 있을 것이다.

1) 미혼여성의 문화

미혼여성의 문화는 고졸학력으로 취업해 있는 여성과 여대생으로 나누어 살펴보기로 한다.

(1) 취업여성의 문화

고졸학력으로 취업해 있는 미혼여성들의 직장생활의 현실은 사무직의 경우, 남자직원보

다 평균연령, 교육수준이 낮은 것이 보통이며, 업무내용상 남성 보조적 성격이 강하며 단순반복적인 일이 대부분이다. 대우 면에서도 임금, 승진, 승급에 있어 성차별로 인한 불이익을 당하고 있으며, 이러한 구조적 차별에 더하여 남성들의 사적인 심부름까지 맡아 행하는 불편을 겪고 있다.

성차별적이고 미래에 대한 전망이 불투명한 직장생활에서 보람을 찾지 못하는 여성들이 갖는 정서는 크게 두 부류로 나누어진다. 한 부류는 기계적인 직장생활을 하면서 막연히 결혼을 기다리는 부류이다. 이는 전통적인 여성의 역할로서의 결혼에 대한 여성의 일반적인 환상에다 직장에 대한 불만과 직업에서의 도피심리가 더해진 것이라고 할 수 있다. 다른 하나는 공부를 통해 삶의 전환을 모색해 보려는 부류이다. 퇴근 후 대입학원에 등록해 대학진학을 준비하거나 이미 방송통신대학이나 야간대학에 진학해 좀 더 나은 미래를 설계하는 이들이라고 할 수 있다. 또한 직업전환을 위해 새로운 기술을 습득하거나 소규모의 자영업을 준비하기도 하고, 자격증 취득에 관심을 쏟는 여성들도 있다.

앞의 두 부류 여성들의 직장생활에서의 태도의 차이에도 불구하고 이들 여성들은 자기의 뿌리를 내리지 못하고 있다는 공통점을 가지고 있다. 이들은 직업세계에서 자신이 있을 곳에 있다는 안정감이나 자기의 삶의 정체감을 갖지 못하고 있다.

또한 취업여성들에게 직장은 돈 벌기 위해 다니는 의무적인 장소일 뿐 자신의 정서와 생활에 유기적인 연결을 시키지 못하고 있다. 여자 동료와의 관계는 최소한의 형식만 유지하며 개인적으로 친해질 경우 그것은 직장동료가 아닌 개인적인 친고관계로 편입된다. 남자동료들과의 모임은 더욱 소원하다. 직장 내의 비공식모임은 동료 간의 친목을 다지고 업무에서 쌓인 감정을 푸는 기능을 함으로써 남성들의 직장 생활에서 큰 비중을 차지함은 이미 앞에서 언급한 바 있다. 그렇다면 성차별적인 직장구조에서 남녀는 업무적으로 갈등을 느낄 것이고 따라서 남녀가 함께하는 비공식모임이 더욱 필요하다고 할 수 있다. 그러나 실제로는 비공식모임에서도 남녀는 격리된다.

결국 남성위주의 직장풍토 속에서 여성들은 남성들과 격리된다. 그러면서도 여성들이 독자적인 자기 문화를 만들어 내지 못하고 개인주의화하는 데에는 자신이 여자라는 의식이 크게 작용한다.

취업여성들이 주로 하는 여가생활은 소설읽기, 연극 · 영화보기, 텔레비전 보기, 친구만나기 등 시간 보내기용, 쇼핑이나 먹고 마시는 것과 같은 소비적인 활동, 홈패션, 꽃꽂이, 지점토공예 등 전통적으로 여성의 솜씨라고 일컬어지는 범주 내의 활동으로 이루어진다. 이러한 여가활동의 특징은 대개가 비용이 든다는 것과 전통적인 성역할 규범에서 벗어나지 않는다는 것이다.

미혼 취업여성들의 문화를 요약하면 각자가 개별적으로 자신의 취미와 욕구를 충족시키는 수준이며, 그 내용 또한 전통적인 여성의 역할과 결혼에 대한 관심으로 이루어져 있는 것이 대부분이다. 자신의 삶에 대한 주체적인 의식을 키울 바탕이 없는 상태에서 미혼의 취업여성들은 나름의 인생을 설계하고 미래를 준비할 힘을 기르지 못한 채 나이에 쫓겨, 또 불만족한 상황에서 벗어나는 방편으로 결혼하게 되고, 그 결과 주부로서의 삶을 살아가게 되는 것이다.

(2) 여대생 문화

취업여성과 더불어 미혼여성을 구성하는 또 다른 집단인 여대생은 중·고등학교 시절과는 달리 학교생활에서의 어느 정도의 자율성이 인정되고, 학생이지만 성인대접을 받는 신분상의 특혜로 비교적 다양하고 풍부한 문화조건을 가진다고 할 수 있다.

여대생들의 문화현실을 논하기 위해서는 한국사회의 대학문화를 엿볼 필요가 있다. 현재 한국의 대학문화는 정치적 지향성을 강하게 갖고 있는 것이 특성이다. 이는 한국사회가 오랫동안 정치적으로 불안정한 상태였다는 것에서 비롯된다. 대학문화를 분석해 보면 소위 '운동권' 층과 그렇지 않은 층으로 크게 나뉜다.

운동권은 대학 내에 조직을 갖추고 있으며 한국사회내부의 문제에 관심을 가지고 그것을 해결하기 위해 지식인으로서 비판적 의식을 고양하고 시위나 집단활동을 통해 자신들의 주장을 드러낸다. 이들은 주로 사회과학서적을 읽고 토론하며 정서적인 부분에는 주의를 기울이지 않는다. 이러한 활동은 교과서 중심의 좁은 공부의 틀을 벗어나 학생 주체적인 학문연구라는 점에서는 바람직한 대학문화의 한 부분이라고 할 수 있다. 그러나 한편으로는 관념주의로 흘러 이론과 현실을 조화시키지 못하는 한계를 갖게 되는데, 이러한 문화가 대학 안에서 정당성의 우위를 점하고 있고 대학 안의 대부분의 조직들이 이러한 성향을 띠기 때문에 학생들의 구체적인 삶을 기반으로 하여 그들의 정서를 다스리고 갈증을 풀어주는 문화는 취약할 수밖에 없다.

운동권과는 다른 부류의 학생들은 대학에 진학하면서 자유와 정신적인 풍요를 마음껏 누리기를 기대한다. 그러나 이러한 욕구는 기존의 대학문화로는 충족되지 못하며 그러한 욕구 자체 또한 개인주의적이라는 비난을 받게 된다. 결국 그들은 이러한 욕구를 개인적으로 해소할 수밖에 없게 된다.

이렇게 대학문화의 전반적인 취약성 속에서 여대생 문화는 어떠한가? 몇몇 여자대학을 제외하고 대부분의 대학은 남녀공학이며 실제로 많은 것이 남학생 위주로 이루어져 있다. 최근의 약간의 변화에도 불구하고 학내의 여러 조직에서 그 주도권은 여전히 남학생이 쥐고 있으며 대학문화 역시 남학생 위주로 이루어져 있다. 그 결과 여대생들은 대학문화에서 소외되거나 남학생들이 만들어 놓은 지배적인 문화구조에 편입되는 형태로 존재하고 있는 것이다.

여대생들은 학교공부가 생활의 중심부를 차지하기 때문에 가족보다는 또래집단과 어울리는 문화가 발달해 있다. 혼자 있을 때는 텔레비전을 보거나 책을 읽고, 친구들과 어울려서는 찻집에서 대화를 하거나 영화나 연극을 감상하고 쇼핑을 즐긴다.

여대생들 또한 미혼으로서 이성교제에 큰 관심을 가지고 있으면서 졸업이 가까워짐에 따라 앞으로의 진로와 취업에 신경을 쓰게 된다. 이들은 대학교육과는 별도로 취업을 위해 어학을 준비하거나 자격시험을 준비하는데 몰두하며 또한 결혼문제를 심각하게 고려하게 된다. 대학졸업과 더불어 사회진출의 문제는 남성들에 비해 상대적으로 취업기회가 적은 한국사회의 현실에서 성차별의 벽을 실감하게 되면 극도의 정서불안을 나타내기도 한다.

여성의 삶은 결국 결혼이 귀착점이라는 생각은 여대생에게서도 나타나고 있다. 특히 여대생들은 대학사회의 비교적 평등한 분위기속에서 생활하다가 성차별적인 사회를 경험하게 되면 쉽게 위축되어 결혼으로 유인될 가능성이 크다고 할 수 있다.

앞의 내용에서 알 수 있듯이 여대생들은 정신적, 시간적, 경제적 여유를 가지고 있으며 사회인과는 달리 대학 내외에서 비교적 다양한 문화생활을 향유하고 있다. 그러나 이들은 대학생활과 본인들의 미래를 유기적으로 연결시키지 못하고 있으며, 자신들이 대학생이라는 특혜집단이지만 결국은 여성이라는 피지배집단에서 벗어날 수 없다는 자기인식을 갖고 있지 못하다. 이들은 여기에서 오는 괴리감과 갈등을 깊이 있게 고민하기보다는 여가생활을 통해 잊거나 상쇄해 나가는 게 보통이며 그것은 문화상품을 소비하는 형태로 나타난다. 이렇게 여대생들은 문화상품의 소비자로서 위치하며, 여대생문화는 곧 소비문화라는 편견을 강화시키는 역작용을 하기까지 한다. 그러나 대학생들이 이렇게 상업문화에 빨려 들어가는 현상은 여대생에게만 한정된 것이 아니며, 결국 이 시대의 젊은 지성들이 기성세대와 다른 자기들만의 독자적인 문화를 만드는 주체로 서 있지 못하고 있음을 보여주는 것이다.

최근 들어 각 대학마다 여학생의 비율이 높아지면서 대학 내에서도 여대생 문화가 생겨나고 있음은 고무적인 현상이다. 총여학생회의 조직을 통해 여대생들의 요구를 충족시키고 여학생들은 주체적인 대학인으로 참여시키기 위해 노력하고 있다. 이들 대학 내 여성조직의 활동은 남녀평등 의식을 가진 진보적인 여학생들이 일반여학생들의 보수적이고 의존적인 사고에서 깨어날 수 있도록 의식화 교육을 시키는 한편, 학내에서 여학생 휴게실 확보, 취업추천에서의 여성할당제 등 여성권익을 요구하는 형태로 나타나고 있다. 여학생회의 대중사업은 여학생 주간을 정해 실시하는 행사나 축제기간 중 여학생 대상 프로그램을 통해 나타나는데, 그 내용은 주로 여성의식을 일깨우고 평등한 남녀관계의 정립에 관련된 강연이나 토론으로 채워진다.

지식인으로서의 여대생들은 무엇보다도 먼저 가부장적 이데올로기에서 벗어나고 자본주의의 허상에서 벗어나, 여성들의 문제를 자기자신들의 문제로 인식하고 사회적인 해결책 마련을 위해 같이 노력할 때 한국사회에서 여성들의 삶의 상황이 좀 더 나아질 것이다.

2) 기혼여성의 문화

기혼여성의 문화현실은 전업주부와 취업주부로 나누어 살펴보고자 한다.

(1) 전업주부

주부의 삶의 내용은 주부로서의 역할이라고 규정된 가사노동이 주를 이룬다. 이외의 공적인 활동은 없으며 하루 종일 아이와 함께 지내며 아이양육과 교육에 관심을 기울이는 것이 보통이다. 특히 어린아이가 있을 경우에는 거의 집안에 발이 묶인다고 해도 과언이 아닐 정도로 활동공간이 제한적이다.

한 연구에 의하면 한국의 주부들의 대다수가 현재의 결혼생활에 큰 만족을 느끼지 못하며, 스트레스 해소 방법으로 빨래, 친구만나기, 음악감상, 몰래 실컷 울기, TV시청 순의 방법으로 해소한다고 답하고 있다.[5] 2007년 현재 87.1%(다중응답)의 여성이 수면 및 가사잡일을 하며 여가시간을 보내고 있는 것으로 나타나고 있다. 이어서 높은 비율을 차지하는 여가활용 방법은 TV시청(51.3%)과 사교관련(25.7%)으로 나타나고 있다.

앞의 사실에서 알 수 있는 것은, 한국의 주부들은 생활에서 적지 않은 욕구 불만을 가지고 있는 반면 그것을 해소할 수 있는 통로가 제대로 마련되지 못하고 있음을 알 수 있다. 이러한 상황에서 주부들은 가사와 자녀교육에 몰두하는 방법으로 적응하고 있다.

주부들에게 문화활동이라면 여가를 어떻게 보내느냐는 것이다. 주부의 여가활동으로 가장 많은 것이 텔레비전 시청, 운동, 독서 등인데 이는 주로 집에서 한다는 공통점을 가지고 있다. 그러나 주부 대상의 모든 조사에서 알 수 있듯이 주부들이 실제 원하는 여가활동은 '여행'인 것으로 나타나, 집안일이라는 반복되는 일상사에서 벗어나고 싶은 욕구를

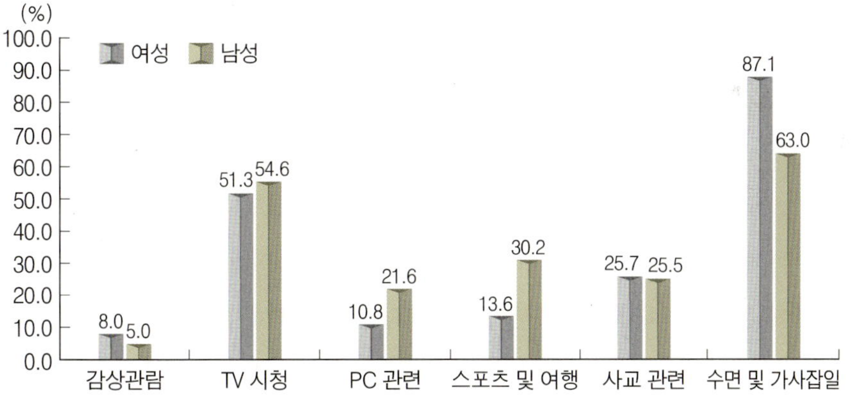

그림 6-1 | 성별 여가활용방법

주 : 복수응답, 2007년 통계

출처 : 통계청(2007), 사회조사.

5) 파트너 시스템, 1993. 2월 조사.

표 6-4 | **여가활동만족도** (단위 : %)

연도, 성		계	매우 만족함	약간 만족함	그저 그렇다	별로 만족하지 않음	전혀 만족하지 않음
1990	전체	100.0	3.1	8.8	43.1	35.6	9.4
	여성	100.0	2.7	7.9	43.9	35.6	9.9
	남성	100.0	3.5	9.7	42.3	35.6	8.9
1996	전체	100.0	2.5	9.0	43.7	36.3	8.6
	여성	100.0	2.1	8.3	43.2	36.6	9.8
	남성	100.0	2.9	9.8	44.1	35.9	7.3
연도, 성		계		만족		불만족	
2004	전체	100.0		27.3		72.7	
	여성	100.0		26.1		73.9	
	남성	100.0		28.6		71.4	
2009	전체	100.0		21.8		78.2	
	여성	100.0		20.4		79.6	
	남성	100.0		23.3		76.6	

출처 : 통계청(2010), 사회조사.

드러내고 있다. 이러한 점들을 종합해 볼 때, 사회적인 비난거리가 되는 주부들의 향락적 놀이문화의 주부들의 카바레 출입, 화투놀이부터 주부도박에 이르기까지, 묻지마 관광에서 소비성 해외여행에 이르기까지 그 이면에는 그들이 생활의 짜증과 삶의 무력감은 늘어가는 반면, 그것을 해소할 수 있는 최소한의 놀이문화도 없는 문화적 갈증상태에 떨어져 있음을 알 수 있다.

이처럼 문화적 토양이 척박한 상태에서 중산층 이상의 주부에게 집을 떠나 문화활동을 할 기회로 제공되는 것이 주부대상의 문화상품으로 각종 문화센터, 어머니 취미교실, 수영교실, 주부 노래교실 등이 있다. 그러나 이러한 문화상품은 주부들에게 만족을 주지 못하고 있으며, 지속적이지 못하다는데 문제가 있다. 이러한 문제는 자기 자신으로부터 생겨나는 활력을 갖고 문화활동을 시작했다기 보다는 외부에서 생기를 찾으려 한 결과 늘 새로운 것을 갈망하게 되는 것이다. 그리고 이러한 이들을 대상으로 새로운 문화상품이 끊임없이 개발되고 있는 것이다. 근래에는 신세대 주부들을 겨냥한 '집안가꾸기' 와 '외모가꾸기' 가 등장하였다. 이처럼 여성의 성적인 매력을 강화시켜 나가는 동시에, 다른 한편에서는 어머니로서의 역할의 확장으로 문화센터에서 어머니 영어교실, 산수교실, 국어교실을 열어 가정에서 교사역할을 할 수 있게 하고 있다.

이러한 문화상품은 상업주의와 전통적인 여성의 성역할 규범이 결탁한 것으로 가부장제 문화가 규정한 주부의 일에서 오는 긴장과 불만을 해소해 주지 못할뿐더러 자식들도 잘 가르치고 외모도 소홀히 하지 않아야 한다는 부담을 주부들에게 가중시킨다고 할 수 있다. 취미생활로 대변되는 이러한 문화상품은 소득수준에 따라 좀 더 즐기느냐 그렇지 않느냐의 차이는 있지만, 주부로서의 삶에서 오는 정신적 갈증을 해소하지 못하는 것은 마찬가지이다.

주부들의 문화현실을 논하는데 있어 빼놓을 수 없는 것이 종교활동이다. 수적인 측면에서 보자면, 거의 모든 종교에서 여성 신도가 과반수 혹은 그 이상을 차지하고 있다. 이는 여성들이 신학적 깊이가 있어서라기보다는 가족의 복을 빌러 다니는 것을 미루어, 다른 대안적 문화가 없는 상태에서 가족을 돌보는 주부역할의 연장으로 갈등 없이 혹은 주변의 반대 없이 참여할 수 있는 가정 외적인 활동이기 때문에 많은 주부들이 모이는 것이라고 할 수 있다.

주부들에게 있어 종교활동이 갖는 의미는 크게 세 가지로 구분할 수 있다. 첫째, 탈출구로서의 기능이다. 가정의 발전과 평화를 위해 주부의 절대적인 헌신과 양보, 인내를 요구하는 상황에서 주부들은 종교행위 속에서 크고 작은 갈등을 잊어버리거나 참아내는 힘을 얻을 수 있다고 믿는다. 둘째, 축복의 장소로서의 의미이다. 이는 더 나은 삶을 꿈꾸지만 현실적으로는 무력감을 느끼기 때문에 절대자를 통해 이루려는 욕구의 표출이라고 할 수 있다. 셋째, 종교활동을 통해 사회적 경험을 할 수 있는 것이다. 교회에서는 구역의 구성원으로서, 절에서는 신도회의 조직에 참여함으로써 사회적 역할을 담당하고 있다. 또한 각종 행사와 사회봉사의 기회를 가지면서 가족이라는 테두리를 뛰어 넘는 경험을 하게 되는 것이다. 그러나 종교 역시 남성우위의 가부장적 영향권 안에 있고 여성들의 신앙이 기복(祈福)신앙의 낮은 차원에 머물러 있기 때문에 종교활동 역시 일정한 한계를 가질 수 밖에 없는 것이다.

집 안에 고립되어 있는 주부들을 사회와 연결시켜 주는 가장 쉬운 통로는 방송매체이다. 이제 방송매체는 거의 절대적인 문화욕구의 충족수단이 되었다. 여기에 여성잡지라는 인쇄매체가 보조적 수단으로 더해졌다. 그러나 이들 대중매체들은 의식주 생활과 육아라는 고정 관념적 여성의 역할에서 벗어나지 못하고 있으며 어떤 의미에서는 새로운 여성문화 정립에 걸림돌로 작용하고 있기도 하다.

이상의 내용으로 볼 때, 주부들이 자신들에게 정체감을 심어 줄 새로운 문화에 대한 욕구와 가사, 자녀양육이라는 전통적인 성역할을 뛰어 넘는 또 다른 일거리에 대한 욕구를 가지고 있음을 알 수 있다. 그러나 아직은 구체화된 형태의 주부문화가 형성되지 않은 상태이다. 다만 '주부문화' 라는 단어가 등장함에 따라 그 내용이 다양화 추세를 나타내고 있다. 기존의 취미생활, 사회봉사활동, 종교활동이 여전히 주류를 이루고 있으면서, 각계에서 주부들의 문화적 욕구를 충족시키기 위한 사업들이 마련되고 있다.

주부들 스스로의 변화양상도 나타나 취미중심의 여가활용 차원에서 탈피하여 체계적인 전문교육을 받는 추세에 있다. 이러한 추세는 한편에서 사회현실과 여성문제에 대한 인식을 심어주는 진보적인 성향이 여성문화가 수용될 수 있는 토대로 작용한 결과라 할 수 있다. 주부들이 갖는 무력감이나 좌절감, 소외감, 열등감이 결국은 무보수의 가사노동 종사자로 소비자, 피부양자로서의 사회적 지위를 강요받는 데서 비롯된다는 가부장제 이데올로기를 깨닫고 이에 도전하는 문화가 점차적으로 등장하고 있다.[6]

표 6-5 | 연령별 TV 시청률 및 시청시간 (단위 : %)

구 부	TV 시청인구비율			주당 TV 시청시간		
	평일	토요일	일요일	평일	토요일	일요일
1996						
전체	93.0	93.4	94.0	2.7	3.6	4.4
여성	93.6	94.1	94.4	2.9	3.9	4.6
남성	92.4	92.7	93.5	3.4	3.4	4.2
2004						
전체	93.2	91.9	92.7	2.9	3.6	4.2
여성	93.6	92.5	93.0	3.1	3.8	4.3
남성	92.6	91.3	92.5	2.6	3.4	4.0
2009						
전체	90.4	89.5	91.1	2.9	3.6	3.9
여성	91.4	89.8	90.8	3.1	3.8	4.1
남성	89.4	89.1	91.4	2.6	3.5	3.8

출처 : 통계청(2010), 사회조사.

6) 또 하나의 문화에서의 주부 특집 : 『주부 그 막힘과 트임』이나 사회단체에서의 주부교실 또는 주부대학등이 주부들에게 가부장제 문화를 극복한 새로운 내용의 교육기회를 제공하고 있으며, 소규모의 지역단위 주부운동단체가 생겨나고 있다.

(2) 취업주부

주부와 직장인이라는 이중부담을 가지고 있는 취업주부는 문화의 사각지대에 처해 있다고 해도 과언이 아니다. 결혼 이후 노동의 연속 속에서 사는 이들에게 삶의 즐거움을 찾기란 쉽지 않은 것이다. 경제적으로 여유가 있는 취업주부들도 그들 자신들을 위해 시간과 돈을 투자하는 경우는 외형적인 것에 대한 투자 외에는 거의 찾아볼 수 없으며, 빈곤계층의 취업주부들은 처지가 비슷한 동료들과 시름을 달래는 정도의 문화가 존재하고 있다고 할 수 있으나 이 또한 시간에 쫓기고 있다고 할 수 있다.

그러나 계층을 망라하고 취업주부들은 절대시간이 부족한 상황에서 이중부담으로 허덕이고 있으며, 희망사항으로 '가사를 돌볼 시간이 좀 더 있었으면 좋겠다' 라고 할 정도로 문화상황이 열악하다.

3. 문화활동 활성화 방안

여성 문화활동 활성화 방향의 초점은 단순히 여가나 취미활동으로서의 문화활동의 확산이 아니라 문화활동의 생산성 제고에 있다. 특히 여성문화활동은 1990년대 이후 '삶의 질적 향상과 문화복지의 확대' 라는 정부의 정책방향과 맞물리면서 사적영역에서는 물론 공적영역에서도 크게 확산되었다. 1990년대 초반 백화점이나 언론기관 등 상업성이 강한 사적영역을 중심으로 여성의 문화활동이 증가하였다면, 1990년대 중반부터는 여성문화회관, 여성회관, 지역종합복지관 등 국가가 투자한 공적영역을 중심으로 확산되었다.

이 같은 양적인 팽창에도 불구하고 문화활동에 대한 일반적인 인식은 개별적인 취미생활이나 교양증진이라고 생각하거나, 여가나 취미의 일부로 간주하는 경향이 강하다. 이러한 문화활동에 대한 인식은 생산적인 잠재력을 낮게 평가하는 편견에 기인하기도 한다. 21세기의 사회는 문화가 크나큰 비중을 차지한다. 이러한 상황에서 문화활동은 보다 생산적인 관점에서 활성화시켜야 할 것이다. 따라서 본 절에서는 여성 문화활동의 활성화 방안을 여성단체를 통한 활성화 방안과 여성단체 활성화를 위한 지원방안 그리고 여성문화활동 거점의 활성화라는 문제를 가지고 그 해결 방향을 모색하고자 한다.

1) 여성단체 활성화 방안

여성단체는 여성의식과 기능면에서 전문성을 지니고 있지만 활동여건이나 기반은 매우 취약하다. 때문에 활성화 방안 모색에 있어서 여성전체의 역할은 여성문화 활동이 자립적인 주체성을 갖고 사회적인 발전을 해나갈 수 있도록 전문기능과 여성의식을 공유할 수 있도록 하는데 주력해야 할 것이다. 이러한 맥락에서 여성단체의 역할은 다음과 같다. 첫째, 문화의식과 시민의식의 연계 및 문화활동 활성화의 유도, 둘째, 여성단체간 문화교류 및 소통 · 연계, 셋째, 지역별 여성문화 활동의 활성화, 넷째, 문화활동의 사회 자원화 주도를 들 수 있다.

이러한 역할을 수행하기 위해서는 우선 여성단체 간 문화적 교류와 통합이 필요하다. 뿐만 아니라 여성단체회원이나 일반여성의 문화적 욕구를 개별 여성단체가 보유하는 기능이나 특성을 공유함으로써 널리 확산시키는 것이 필요하다. 개별 여성단체의 특성을 범여성단체 차원에서 문화적으로 통합하고, 사회적으로 확산시키는 작업은 여성문화활동의 중요성을 현대사회에서 요구하는 문화적 중요성에 대한 인식과 함께 확산시키고, 여성의 힘을 '문화적으로 세력화' 하는 것이다. 문화적 세력화(Cultural Empowerment)는 문화적 여성주의운동의 일환으로, 사회적으로는 여성이 단순히 문화의 소비자가 아니라 일상생활에서의 문화활동을 통해 생활미학을 추구하고, 특수하게는 다양한 문화직종에 참여하는 문화생산자로서 위상을 갖게 한다는 점에서 궁극적인 여성발전에 부합한다. 이러한 시각에서 여성문화 활동의 활성화를 위해서는 여성문화네트워크의 구성, 여성문화 시민교육 프로그램의 운영이 필요하다고 하겠다.

(1) 여성문화네트워크의 구성

여성문화네트워크는 여성단체의 문화활동을 하나로 통합시키는 것으로, 여성단체 간의 교류를 위해 독자적인 전자망을 구축하고, 이를 기반으로 범여성단체 차원에서 문화교류와 문화활동을 활성화하는 장치이다. 여성단체는 각각 그 사업내용이 다르지만, 각각의 영역에서 나름대로의 전문적인 활동영역이다. 각 단체의 전문적인 활동은 개별적인 수준에서 전개되기 때문에 여러 면에서 미흡한 점이 많다. 따라서 구체적인 통로를 통해 활동영역을 넓히고 활동의 통합효과를 창출하는 것이 바람직하다. 여성문화네트워크의 구축은 현재의 여성단체의 특수성과 문화활동의 특성을 고려할 때 가장 현실적이고 적합한 대안으로, 개별적으로 산재되어 있는 여성단체활동의 힘을 통합시킬 수 있다.

예를 들어, 현재 여성단체 활동은 규모의 차이가 있기는 하나 연간 1~4회 정도의 문화관련 행사를 한다. 그러나 행사에 드는 비용이나 필요한 인력을 구하는데 어려움을 갖고 있다. 그러나 여성문화네트워크를 구성하면 문화행사와 관련된 문화정보를 제공하고 이와 관련된 행사내용에 대한 정보나 기회도 제공받을 수 있기 때문에 개별단체가 문화행사를 기획하는 것보다 범여성단체 차원에서 문화행사를 기획할 수 있고 문화전문인력으로부터 문화서비스를 보다 쉽게 받을 수 있다.

'여성문화네트워크' 의 구성을 위해서는 첫째, 네트워크의 구축과 관리를 담당하는 기구를 설치하고 여성문화네트워크의 운영과 여성문화의 발전방향을 모색하고 활동계획을 수립하는 조직 즉 가칭 '여성문화발전위원회' 의 구성이 필요하다. 네트워크의 구축은 기존 네트워크망을 활용하는 것이 용이할 것이다. 기존의 한국여성정보원, 한국여성정책연구원 등 현재 설치되어 있는 전자망을 활용하고, 여기에 여성단체 문화활동을 정보화 할 수 있는 프로그램 작업을 지원하여 '여성문화네트워크' 를 운영하는 것이다. 이 안의 장점은 기존시설을 사용하는데 있다. 뿐만 아니라 기존시설과 관련된 인력을 보충하여 네트워크의 운영과 관리를 할 수 있는 장점을 가지고 있다.

둘째, 여성문화활동에 대한 기초조사와 이를 기반으로 여성문화와 문화활동 관련 데이터베이스를 구축하는 것이다. 여성단체는 단체활동의 목적을 수행하는데, 문화가 일반회원들의 관심을 유도하는 도구적 역할을 할 수 있기를 기대한다. 이러한 기대로 여성단체는 순수한 문화향수(享受)활동 보다는 문화활동을 통한 의식개혁, 생활개혁 등을 할 수 있는 '새로운 문화활동' 을 지향하기도 한다. 그런데, 일반여성들은 여성단체 활동에 대한 정보가 없거나, 여성 단체의 활동에 적극적으로 참여할 수 있는 시간이 없다는 이유로 여성단체의 활동에 관심을 갖고, 여성단체 활동에 참여할 수 있는, 여성단체와 일반여성이 자연스럽게 연결될 수 있는, 일반여성이 참여할 수 있는 문화활동 프로그램을 마련하는 것이 시급하다 할 수 있다.

셋째, 여성문화활동 거점별 활동공간 실태를 조사하고 서로 연계하여 시설이나 인력이 적극 활용될 수 있도록 해야 한다. 이를 위해서는 여성문화시설 간, 담당자 간의 연계가 이루어지는 문화활동의 목적, 내용, 방법, 평가 등에 대한 정보와 지식, 담당자의 역할과 기능에 대한 부문 등이 상호 정보교류가 될 수 있는 장을 마련해야 한다.

(2) '여성문화시민교육' 프로그램의 운영

현대사회의 변화와 더불어 문화에 대한 적극적인 의미, 문화활동에 대한 긍정적인 의미를 새롭게 이해할 필요가 있다. 따라서 문화에 대한 새로운 인식과 문화활동의 중요성에 대한 인식을 확산시키는 작업이 필요하다. 특히 여성의 문화적 자질과 관련하여 여성문화와 여성 문화활동의 중요성을 강조하고, 앞으로의 사회발전의 방향과 관련하여 문화를 통한 여성의 세력화를 강조하고 지속적으로 교육시킬 수 있는 프로그램이 필요한 것이다.

여성문화시민교육은 문화에 대한 이해를 기본으로 하는 문화교육과 시민으로서 자질과 소양에 관한 시민교육, 그리고 문화향수와 체험을 통한 문화감수성 교육을 통합해야 한다는 점에서 기존의 교육과는 다른 차별성을 갖는나. 여성문화시민교육은 문화가 여성이 독자적인 힘을 발휘할 수 있는 영역이 될 구 있다는 측면에서, 문화의 중요성에 대한 이해를 돕고 시민으로서 여성의 주체성과 자립에 대한 창조력을 계발할 수 있다는 측면에서 필요하다.

여성문화시민교육 방안으로는 첫째, 프로그램 기본모형의 개발을 들 수 있다. 여성을 위한 문화프로그램은 여성의 일상생활과 연계된 문화공간 속에서 이루어져 여성의 보편적인 삶에 도움을 주고, 보다 친밀성을 느끼게 하는 형식으로 개발되어야 한다. 즉 여성자신의 자아를 계발하고, 삶을 풍요롭게 하며, 나아가 사회와 국가발전을 위해서도 의미를 부여할 수 있는 문화시민 프로그램 모형 개발이 필요한 것이다.

둘째, 여성문화와 여성문화활동 프로그램의 다양화이다. 여성들이 다양한 문화 · 예술작품을 접하고, 문화 프로그램에 직접 참여함으로써 문화적 자질을 함양할 수 있도록 여성문화시민 교육프로그램이 다양하게 개발 · 보급 되어야 한다.

셋째, 여성의 문화적 감수성을 증대시키고 생활공동체 형성을 위한 여성문화를 창출하며 나아가 여성문제를 여성문화활동을 통해 해결할 수 있도록 지원한다. 문화향유 기회의 확대는 아동기부터 노년기에 이르기까지 모든 여성들이 문화예술 관련 행사장을 직접 찾는 교육을 통해 이루어지도록 한다. 이는 문화활동이 소비적이거나 단순한 여가선용이 아닌 그 자체가 생산 · 재생산적이고 창조적인 상상력을 개발하고 생성해내는 주요자원이라는 인식계몽 교육이 선행되어야 한다. 여성 스스로의 문화 마인드의 고양이 필수적이며 반드시 여가선용이나 고급 전문직 또는 중산층 이상에게 뿐 아니라 일반여성, 농촌여성에게도 적합한 문화기회를 제공하고 그것을 생산적 향상으로 유도하는 방안과 조직편성 · 운영 등이 다각적으로 모색되어야 할 것이다.

넷째, 질 높은 여성문화활동을 개발하도록 운영프로그램 개발을 지원하는 것이다. 문화인식과 감수성 계발을 위한 문화교육은 체험교육, 여성의 인식계몽 교육이 되어야 하고, 여성들에게 문화향수를 느낄 수 있는 기회를 넓혀주며, 문화가 생활화 될 수 있게 하여, 소모임을 통해 "함께 성숙해 나간다" 라는 취지로 교육하여야 한다.

2) 여성단체 지원방안

여성문화활동의 활성화를 위한 지원은 직접적인 정책지원과 제도적 지원이나 소모임 활성화 지원 등의 간접적 지원이 있다.

(1) 정책적 지원

여성단체 문화활동 활성화를 위해 필요한 정책지원을 보면, 재정적인 지원 및 문화인력보급과 편리하게 이용할 수 있는 시설 확충을 들 수 있다. 그리고 문화교육 프로그램의 개발 지원, 체계적인 운영과 관리 및 정보제공, 여성 문화예술인의 활동에 대한 정책적 지원 등을 중시한다. 이 같은 지원 항목은 시설과 재정, 인력 등으로 구분되는데, 현재의 상황과 앞으로 사회발전 방향을 감안할 때, 기존에 존재하는 상황과 조건을 어떻게 최대한 활용하느냐는 것이 주효하다. 따라서 정책지원은 부처별로 이루어졌던 개별적인 지원을 포함하여 통합적 관점에서 할 수 있도록 해야 할 것이다.

① 문화체육관광부의 지원

문화체육관광부의 문화정책 분야의 구체적인 지원부분을 보면, 문화예술단체 지원과 여성단체 지원이 있다. 정부는 문화를 관광자원화 하겠다는 목표 하에 '관광산업은 문화활동과의 연계전략이 필요하다' 고 주장하고 있다. 여성문화활동은 일반 여성문화활동과 여성단체나 여성예술단체의 여성예술 문화 활동이나 특별활동이 있는데 이들 활동에 대한 지원을 관례화 하도록 하는 것이다. 문화체육관광부의 여성문화 관련 정책지원은 다음과 같다. 첫째, 창조적 인간을 위한 문화교육, 둘째, 문화예술 창작에 대한 지원확대, 셋째, 문화산업 육성과 산업의 문화화, 넷째, 지역문화의 활성화 등을 들 수 있다.

② '여성가족부' 의 여성문화발전 지원

여성문화활동의 중요성에 대한 인식에도 불구하고 지금까지 여성문제를 담당하고 있는 주무부서의 여성문화에 대한 구체적인 지원은 없었다고 할 수 있다. 따라서 앞으로의 사회 발전 방향에 비추어볼 때, 넓게는 여성발전이라는 맥락에서 여성문화정책이 수립될 수 있도록 하며, 여성발전 기본계획안에 따라 여성문화와 여성문화활동에 대한 기반구축과 구체적인 지원이 필요하다.

이를 위해서는 첫째, 여성이 다양한 문화활동에 참여할 수 있는 기회를 확대한다. 즉 여성 문화활동의 참여를 유도하고 문화활동에 대한 인식을 새롭게 할 수 있는 여성단체의 활동을 지원하는 것이다.

둘째, 여성문화활동 프로그램의 개발이다. 여성들의 요구에 맞게 프로그램을 활성화하는 것이 바람직하며, 문화향수 활동은 문화예술단체의 공연을 관람할 수 있는 기회를 네트워크를 통해 제도적 장치를 마련함으로써 해소될 수 있다. 프로그램이 부족하거나 다양하지 못하면 문화활동이 활성화되기 어려우며, 프로그램의 부족은 문화공간의 활용도에 관건이 된다. 따라서 여성문화활동의 질적 수준에 대한 점검과 향상 방안이 구체화되어야 한다.

셋째, 여성문화 전문가를 양성하고 관리할 수 있는 체계를 만들고 이를 지원해야한다.

여성단체에서는 문화행사를 할 때 가장 어려웠던 요인 중의 하나로 '문화행사를 할 수 있는 전문인력이 없어서(6.5%)' 를 꼽고 있다. 이 문제는 가장 어려운 요인은 아니나 전문인력의 문제가 문화활동의 장애요인으로 제시되고 있음을 알 수 있다.

이러한 방안의 제시와 함께 무엇보다도 여성문화활동의 활성화를 위해서는 여성지식인과 문화예술인의 역할이 중요하다. 그리고 그러한 역할을 효율적으로 끌어내기 위해서는 여성들의 요구와 필요에 따라 다양하게 이루어지는 문화활동을 적극적으로 유도, 지원하기 위한 '부서' 의 설립이 필요한 것이다.

③ 여성문화네트워크 방안 관련부처의 지원

교육과학기술부

현대사회는 정보화사회이며, 정보화사회는 육체노동이 아닌 정신노동이 주를 이루고 있고, 정신노동의 새로운 에너지는 문화적 창의성에서 온다. 문화활동에 대한 정보네트워크의 지원은 정보문화의 확산이 문화적 창의성의 기초가 되는 문화적 잠재력을 개발한다는 의미에서 매우 중요하다. 따라서 여성문화네트워크에 네트워크와 여성문화 관련 데이터베이스를 구축하는 데 드는 재정적인 지원이 교육과학기술부 차원에서 필요한 것이다.

행정안전부

각 지역에서 자율적인 문화활동 공간의 확보는 매우 중요한 요건이다. 그러나 문화활동 공간에 대한 새로운 투자보다는 기존의 여성관련 시설이나 문화관련 시설을 여성문화활동에 적극적으로 활용하는 것이 바람직하다. 그런데 중앙정부 차원에서 시설사용에 관한 권한과 지침은 행정안전부 관할이므로 하드웨어의 효과적인 운영과 활용이라는 측면에서 이에 대한 구체적인 개선과 지침이 중앙정부의 정책차원에서 마련되어져야 할 것이다. 그리고 이러한 개선책과 지침은 운영이나 관리자 중심이 아닌 이용자 중심으로 바뀌어야 할 것이다.

(2) 제도적 지원

① 기존의 문화공간 활용

여성문화활동 참여자들이 가장 절실히 느끼는 문제는 문화적 공감대를 형성할 수 있는 접근이 용이한 문화시설, 문화공간이 없다는데 있다. 그러나 1990년대 이후 사회복지와 문화복지정책의 시행으로 복지 · 문화관련 시설이 크게 증대해 왔다. 또한 기존의 시설을 공간적으로 재활용하여 다목적 문화체험 공간이 되도록 하는 '문화의 집' 과 같은 문화공간 확대 프로그램 사업도 시행되었다. 여기에서 중요한 것은 이러한 공간들을 어떻게 그 지역주민들이 참여하여 전시 및 공연의 마당, 교육의 마당 등으로 다양하게 활용하느냐에 달려있는 것이다.

특히 문화공간의 이용자의 대부분이 여성이라는 점을 감안하면, 문화공간의 활용정도는 여성문화 활동의 활성화와 긴밀한 연관을 갖지 않을 수 없다. 그런 점에서 문화관련시설활용의 주된 이용자인 여성의 시각에서 수용자 욕구 조사의 형태로 이루어지고, 이를 기반으로 문화시설 활용을 위한 구체적인 방안과 기획이 수립되어야 한다. 또한 문화시설의 활용은 지역적 근접성을 기반으로 이루어진다는 점을 감안하여 세부적인 지역단위로 지역특성을 반영하여 공간이 활용될 수 있도록 해야 한다. 이러한 문화공간이 그 지역을 기반으로 여성활동의 중심적인 생활문화의 장(場)이 될 수 있도록 해야 한다.

② 소모임 문화활동의 활성화

소모임 문화활동은 새로운 가치나 생활을 지향한다는 점에서 "생활 개혁적인" 성격을 띠고 있다. 또한 '환경지킴이' 나 '전통문화지키기' 처럼 건강한 사회가치를 보전하고자 하는 "의식지향적" 성격을 띠기도 한다. 이러한 소모임 문화활동의 활성화는 문화를 새로운 사회로의 변화를 지향하는 의미있는 실천으로 본다는 점에서 매우 중요하다. 따라서 소모임 문화활동 활성화를 위한 프로그램, 조직방식에 대한 기획, 이에 따른 단계적 지원이 필요하다.

소모임 문화활동에 대한 지속적인 재정지원은 정부차원에의 종합적인 기획이 수립된 뒤 연속적인 전망 속에서 지방자치단체나 정부차원에서 이루어져야 한다. 또한 소모임 활동가와 연대를 위한 네트워크로 현재 개별적으로 이루어지는 활동 간의 상호 정보교환과 지속적인 연대를 창출하도록 해야 한다. 이를 위한 소모임이 이루어지는 여성단체나 여성기관에게 우선적인 정보화 지원으로 전자네트워크를 통한 연대가 이루어질 수 있도록 한다.

또한 여성문화 기획자, 실천가에 대한 지원과 양성이 병행하여 이루어져야 한다. 여성문화 활동이 조직적으로 이루어지기 위한 이론적 · 실제적 틀을 마련하고, 문화활동의 구체적 형태와 내용의 실현을 위한 기획이 필요하며, 여성관련 정책 실행을 위한 문화행사, 자료발간, 세미나 등을 통한 효율적인 홍보가 필요한 것이다.

3) 문화활동 거점의 활성화

일반여성을 위한 문화활동의 주요 거점은 지방자치단체의 문화회관, 예술문화회관, 시민회관, 복지회관 등이다. 이러한 지역차원에서 문화활동이 중요한 것은, 생활공동체를 기반으로 특정 지역문화와 결합하여 여성문화 활동이 이루어지고, 여성문화 활동이 특정적인 여성 문화발전은 물론 지역생활 공동체의 발전에 기여하기 때문이다.

(1) 문화회관의 지역별 특성화

지역별 여성문화 활동의 주요 거점이라는 점에서 각 지역의 여성문화 회관에서의 문화활동을 다음과 같이 특성화한다. 첫째, 지역별 상황이나 특성에 따라 여성문화회관을 운영하고, 둘째 특성에 따라 문화프로그램을 신설하고 지원하며, 셋째, 생산적인 문화프로그램을 지원하고, 넷째, 지역의 특성을 살려 여성문화회관 축제를 전개한다.

이러한 특성화는 다음의 두 가지 기본 전제 하에서 가능한 것이다. 무엇보다도 여성문화회관이 그 지역의 여성문화가 발전할 수 있는 주요한 공간이라는 점을 고려할 때, 지역적 특성을 반영하지 못하고, 처음 여성문화회관이 설립될 당시의 모델에 따라 실시되고 있다. 실질적으로 여성문화와 문화활동의 주체가 여성이 되지 못하고, 국가의 특수사업의 형태로 운영되는 여성문화회관, 여성회관 등은 운영과 관리의 효율성이 적은 것으로 나타나 있다. 그 원인은 회관의 문화활동 정도는 회관 관장의 의지와 노력에 따라 좌우

되는데 공무원인 관장은 일정기간이 지나면 이동을 하기 때문에 책임소재가 불분명하고, 지속성을 유지하기 어렵기 때문이다.

또한 여성문화회관 및 여성회관은 지역별 상황인 특성에 따라 차별화 한다. 현재 광역시 수준에 설립되어 있는 여성문화회관은 생활문화와 지역문화를 발전시킬 수 있는 주요 활동거점이면서도 그 기능을 다하지 못하고 있다. 따라서 문화회관의 효과적인 활용을 위해, 국가공무원이 운영의 책임을 지고 있는 여성문화회관이나 여성회관을 민간부분 가운데 문화활동이 활발한 여성단체장이나 여성단체연합 또는 협의회가 위탁 운영하도록 하는 것도 하나의 방안이 될 수 있다.

한편, 지역특성에 따라 여성문화 프로그램을 신설하고 운영해야 한다. 문화활동 프로그램이 지역의 문화적 특색을 반영하지 못한 채 일률적으로 이루어지는 것은 심각한 문제이다. 여성문화회간의 여성문화사업이 그 지역 문화의 발전과 연계 될 수 있도록 주요활동 거점에 따라 특정지역 문화활동 프로그램을 선정하고 활성화해야 할 것이다.

(2) 여성문화활동의 사회적 자원화

문화활동을 활성화 하는데 있어 가장 큰 장애요인은 문화의 향유나 문화활동을 경제적이고 정신적인 여유의 산물이라고 보는 견해이다. 따라서 경제가 어려워지면 문화활동이나 문화생활이 위축되는 것은 당연하다는 사고가 지배적이다. 그러나 이러한 견해는 문화활동이 자기자신에 대한 존재의미를 부여하는 생산적인 행위라는 점을 간과하고 있다. 즉 그러한 사고방식은 문화적 창의성을 통해 새로운 직종을 창출하고 위기를 극복하고자 하는 21세기의 문화비전, 문화정책의 방향과는 배치되는 것이다. 그러므로 새로운 문화직종을 창출한다는 문화정책적인 입장에서 여성의 문화 활동성과를 사회적 자원으로 만들 필요가 있다.

이를 위해서는 첫째, 자원봉사활동으로서 문화봉사를 하는 사람들에게 일정한 명예와 자긍심을 부여하는 '자격증 부여'와 제도적 장치가 필요하다. 문화봉사의 형태로 이루어지고 있는 문화 활동자에 대한 인센티브 제도를 부여하는 것과 동시에 국가에서 인정하는 자격증을 부여해야한다. 이 같은 자격증 부여는 문화관련 서비스 직종에 포함시켜 적당한 대우를 받게 함으로써 문화활동의 활성화는 물론, 문화활동을 사회적 자원으로 만들도록 해야 한다.

둘째, 지역문화발전과 연계한 문화활동 프로그램 활성화라는 차원에서 지역별 주요 항목을 선정하고, 이를 보다 예술적인 차원에서 기획하여 상품화 한다. 이 방안은 문화활동이 생산과 직접 연계하여 사회적 자원으로 활용될 수 있는 구체적인 통로이면서, 여성문화활동을 활성화시킴은 물론, 여성문화활동을 기반으로 문화산업을 진흥시키는 효과를 갖는다.

4. 바람직한 여성문화를 위한 요건

지금까지 남성들이 발전시켜 온 문화는 물상화가 그 큰 특징으로, 이는 남성들이 자신의 삶의 표현도 아니고 자신의 인격으로 통합되는 것도 아닌 행위에 몰두해 왔음을 의미하는 것이다. 그 결과 남성과 여성은 공존하면서 서로 소외되었고 개인은 사회에 의해 파괴되어 왔다. 가정과 사회의 이분법과 이에 상응하는 남녀의 이분법적 역할 분담 체계에서 남성들은 또한 폭력적인 경쟁에 휘말림으로써 왜곡된 삶을 경험하였다. 그러나 남성들은 자신의 삶이 갖는 구속감을 여성보다 우월하다는 가부장제 이데올로기로 상쇄하기 때문에 이중성의 극복에 대한 욕구가 여성보다 덜한 것이다. 따라서 바람직한 여성문화의 가능성은 이중성의 극복이라는 큰 맥락에서 조명되어야 하고, 이렇게 함으로써 동시에 남성의 문제를 해결할 수 있는 것이다.

바람직한 여성문화의 요건으로는 첫째, 지금껏 고정관념적으로 가져왔던 것과는 다른 새로운 생활목적과 설계를 찾을 수 있게 해 주는 문화여야 한다. 즉 여성들이 확대된 생활영역과 책임을 인식하고 사회의 일원으로 보람과 의미를 느끼며 살 수 있어야 하는 것이다.

둘째, 여성 스스로가 문화의 주체자가 되어야 한다. 기존의 지배문화가 규정하는 여성다움이나 여성의 역할에 대한 비판적인 인식에 기초하여 스스로 자기다움과 자신의 역할을 찾아내는 대안문화로서의 여성문화가 필요한 것이다. 한편 문화의 주체자와 향유자라는 구분이 여성 내에서 통합되어야 한다. 이는 일차적으로는 일상적 삶을 돌아보며 자신을 분석하게 하는 기회와 훈련이 제공되어야 할 것이다.

셋째, 여성문화의 문제를 함께 해결해 나가는 조직활동이 모색되어야 한다. 조직활동을 통해 여성들은 사회적인 존재로서의 자기인식을 할 수 있으며, 가족이기주의와 같은 제한된 의식을 극복함으로써 반사회적 사고와 행동을 자제, 통제할 수 있는 것이다. 또한 그러한 활동을 통해 사회문제를 지역적, 협동적, 체계적으로 해결해 나갈 수 있으며, 이웃과의 새로운 협동관계 속에서 공동체 의식을 회복할 수 있을 것이다.

마지막으로 앞서 서술한 이러한 요건들을 위해서는 무엇보다도 여성 개개인의 노력이 병행되어야 할 것이다. 여성 스스로의 존재와 능력에 대해 여성 이전에 남성과 동등한 인간이라는 자각이 있어야 할 것이다.

생각해 볼 문제

1. 여대생 문화의 구체적인 예를 들어 설명해 봅시다.
2. 주부들에게 있어 종교 활동이 갖는 의미에 대해 생각해 봅시다.
3. 여성문화활동의 활성화를 위한 프로그램에 대해 논의해 봅시다.
4. 여성문화시민교육 방안에 대해 생각해 봅시다.
5. 여성문화를 위한 요건으로는 어떤 것이 있는지 토론해 봅시다.

PART 03

공적영역에서의 여성의 삶

07 Chapter

여성관련법

'법 앞에서의 평등' 조항에서 "누구든지 성별, 종교 또는 사회적 신분에 의하여 정치 · 경제 · 사회 · 문화 등 모든 생활영역에서 차별을 받지 아니 한다"고 규정하여 성차별금지를 명문화한 양성평등의 원칙조항을 두고 있다.

1. 여성과 법 앞에서의 평등

여성이 그 사회에서 어떠한 위치를 차지하는가를 단적으로 보여주는 지표는 여성의 권리와 의무를 규정하고 있는 여성이 속한 사회의 법적 장치라 할 수 있다. 대한민국의 정부수립과 더불어 제정된 헌법에서는 양성평등을 기본권으로 규정하고 있으며 전통적으로 남존여비, 남성중심적인 인습으로 인해 여성이 겪는 불평등을 없애고 여성의 모성보호 기능을 보호하기 위한 여성고유의 기본권을 설정하고 있다.

여성을 위해 특별히 규정된 기본권은 인간의 존엄성에 대한 관념을 토대로 한 남녀 모든 국민의 기본적 인권보장으로서의 기본권과 모성에 대해 특별보호의 형태로 나타나고 있다. 헌법에 나타나 있는 '평등' 과 '모성에 대한 특별보호' 에 관한 조항은 다음과 같다. '법 앞에서의 평등' 조항에서 "누구든지 성별, 종교 또는 사회적 신분에 의하여 정치 경제 사회 문화 등 모든 생활영역에서 차별을 받지 아니 한다" 고 규정하여 성차별금지를 명문화 한 양성평등[1]의 원칙조항을 두고 있다.

헌법 제 32조 제3항은 "국가는 여자의 복지와 권익의 향상을 위하여 노력하여야 한다" 고 규정하여 사회보장권 보장에서의 여성에의 특별배려를 선언하고 있다. 국가는 모성, 기타 여성의 건강유지와 빈곤해소 등을 위해 특별한 정책을 실시하는 등의 노력을 할 의무를 진다. 또한 제 32조 제4항은 "여자의 근로는 특별한 보호를 받으며 고용, 임금 및 근로조건에 있어서 부당한 처벌을 받지 아니 한다" 고 규정하여 여자의 근로에 대한 특별 보호와 근로관계에서의 여성차별금지를 명문화하고 있다.

마지막으로 제 36조 제1항은 "혼인과 가족생활은 개인의 존엄과 양성의 평등을 기초로 성립되고 유지되어야 하며 국가는 이를 보장한다" 고 규정하여 혼인과 가족생활에서의 성차별을 금지하여 양성평등을 확보하기 위한 구체적 보장을 하고 있다.

이렇게 헌법에 나타나 있는 '평등' 과 '모성에 대한 특별보호' 에 관한 조항과는 무관하게 여성들의 법적 무관심은 사회 내에서 여성 자신의 위치 확립에 커다란 저해 요인으로 작용하고 있다. 아직도 여성들에게 법이란, 법을 제성하거나 개정하는 정치인이나 이것을 적용하는 법조인 혹은 남성들만의 소관으로 인식하여 자신과 아무 상관이 없는 것으로 생각하는 경향이 있다. 심지어 대부분의 여성들은 자신의 결혼생활, 가족생활과 밀접히 관련된 가족법에 조차 관심을 두지 않고 있다.

이러한 여성의 법적 무관심과 법 제정과정에서의 소외의 법안에 많은 성차별적 요소를 내포하게끔 하는 요인으로 작용하였다. 비록 헌법 제 11조 1항에 "모든 국민은 법 앞에

1) 평등에 관한 조항은 다음의 여러 곳에서 찾아볼 수 있다.
○모든 영역에 있어 각인의 기회균등(헌법 전문) ○법 앞에서의 평등(제 11조 제1항 제1호) ○성별, 종교, 사회적 신분에 의한 차별 금지(제 11조 제1항 제2호) ○사회적 특수계급의 금지 및 영전일대(榮典一代)의 원칙(제 11조 제 2,3항) ○교육의 기회균등(제 31조 제1항) ○근로관계에서의 성차별금지(제36조 제1항) ○혼인과 가족생활에서의 양성평등(제 36조 제1항) ○선거와 선거운동에서의 평등(제 41조 제1항, 제 67조 제1항, 제 116조 제1항) ○국민경제의 균형성장(제 119조 제2항), ○지역 간의 균형발전(제 123조 제2항).

평등하다. 누구든지 성별, 종교, 사회적 신분에 의해서 정치, 경제, 사회, 문화적 생활의 모든 영역에서 차별 받지 아니한다" 라고 선언되어 있으나 이 조항은 상징적 선언을 탈피하지 못하고 있다. 많은 하위법들이(가족법 혹은 재산법) 이 조항의 내용을 충분히 담아내지 못하고 있기 때문이다. 따라서 여성은 법의 이름으로 문제를 조정하며 해결하는 과정에서 단지 여성이라는 이유만으로 불합리한 법적 차별을 경험하게 된다.

법이 이미 현대인의 일상생활의 모든 문제들을 조정하며 해결하는 기초가 되어버린 이상, 현대를 살아가는 시민으로서 여성의 법적 관심은 단순히 법 조항의 이해의 차원에 머무를 것이 아니라, 법 자체가 내포하고 있는 성차별적 특성에 대한 비판적 인식으로까지 나아가야 할 것이다.

양성평등적 관점에서 법이 지닌 성차별적 요소를 끌어내어 이를 고쳐나가려는 시도는 1970년대부터였다. 지난 30여 년의 세월동안 가족법 개정운동을 시작으로 여성생활과 직·간접적으로 관련이 되어 있는 많은 법이 제정되어 오늘날의 진보적인 여성관련법들을 갖게된 것이다. 그러나 아직도 많은 법들에는 성차별적 요소가 남아있다. 본 장에서는 여성관련 법을 가족관련법, 노동관련법, 인권관련법으로 나누어 비판적 검토를 하고, 문제가 되는 여성관련 법들을 어떠한 방향으로 고쳐 나갈 것인가를 고찰하고자 한다.

2. 가족관련법

가족생활과 관련된 법에는 가족법, 호적법, 국적법, 소득세법 등이 있으며 이외에도 부부간의 성생활과 관련된 법에는 형법, 모자보건법이 있다. 이들 법들 가운데 가족생활과 가장 많이 관련되어 있는 가족법과 성관련법을 중심으로 살펴보고자 한다.

1) 가족법

가족법은 민법 제4편 친족과 제5편 상속을 통칭하는 것으로 법률용어는 아니지만 가족법 개정운동을 위해 편의상 지어 부른 것이 일반용어가 되었다. 현행 가족법은 1958년 2월에 제정되어 그 동안 3차례 개정이 있었다. 1962년, 77년, 90년의 세 차례의 개정을 거듭하면서 가족법의 성차별적 요소가 점차 희미해졌다. 이러한 성과를 거둘 수 있게 된 것은 1970년대 '가족법개정운동'을 전개한 여성단체의 노력의 힘이었다고 할 수 있다.

(1) 가족법의 의의

① 그 의의와 경향

가족은 사회의 기초단위이고 가족제도는 국가와 사회의 가치관 확립에 큰 영향을 미친다. 가족에 대한 사회관념은 사회의 변화에 따라 함께 변하므로 가족법이 변화 중에 있는 다양한 모습 중에 어디에 기준을 두고 가족제도를 구성할 것인가가 문제된다. 현대의 어느 사회, 국가에서나 전통적 가부장적 가족제도와 여성주의에 입각한 평등한 가족제도 사이에 갈등이 빚어지는데, 선진국의 가족법은 남녀평등에서 더 나아가 여성주의에 입각한 가족제도를 취하고 있다. 가족법은 사회구성원의 관습과 의식을 반영하는데서 벗어나 정당한 가치창조를 유도하고 부정적 법률문화를 변화시키는 역할도 수행해야 한다. 반면에 가족법을 사회구성원들의 의식과 관행 및 사회질서를 반영하는 산물이어야 한다고 하여 가족법을 보수적 산물로 이해하는 반론도 있다.

한편 가족의 범위를 설정하고 가족 구성원 간의 관계를 규율하는 가족법은 양성의 평등을 기초로 하는 헌법의 원리를 충실히 반영하여야 한다. 헌법 제36조에서 "혼인과 가족생활은 개인의 존엄과 양성의 평등을 기초로 성립되고 유지되어야 하며, 국가는 이를 보장한다"고 규정하고 있다. 헌법은 국민의 합의를 반영한 것이므로 하위법인 가족법은 마땅히 헌법의 이념에 충실해야 할 의무가 있다. 한국의 현 가족법은 헌법정신에 반하는 부계혈통 중심의 가부장적인 규정들이 남아있어 위헌의 소지가 있다.

② 개정된 가족법

1953년 민법 제정에 관련하여 당시의 여성계에서는 청원서를 제출하였음에도 일제시대의 가부장적 종법제를 그대로 답습한 법안이 국회에서 통과되었다. 그 후 가족법의 1차 개정은 1962년 12월에 있었다. 즉 '법정 분가제'를 도입한 민법 개정으로 장남을 제외한 가족에 대하여 가부장제가 조금 완화되었다. 이로써 가족생활에서 개인주의와 근대적 핵가족을 허용하는 법적 기초가 마련되었다.

2차 개정은 1973년 결성된 '범 여성 가족법 개정 촉진회'의 활약으로 1977년 다시 부분적인 개정이 이루어졌다. 2차 개정은 가족관계의 남녀평등을 실현하는 방향으로 이루어 졌다. 개정된 주요 내용은 다음과 같다. 첫째, 남녀 모두 20세 이상이면 부모의 동의 없이 결혼할 수 있도록 하며 부모의 동의 여부 연령선을 남녀 모두 같게 하였고 기본적으로 자유권을 보장하였다. 둘째, 부부 일방이 결혼 전부터 가진 고유재산과 결혼 중 자기의 명의로 취득한 재산을 각각 그 특유 재산으로 인정하는 부부별산제가 신설되었다. '부부별산제'의 의미는 아내에게도 독자적으로 재산을 소유할 수 있는 권리를 인정한 것으로 부부 중 누구에게 속한 것인지 불분명한 재산은 개정 전 남편의 재산으로 추정하였던 것을 바꾸어 부부 공동소유로 하였다. 셋째, 아버지만이 친권을 행사할 수 있었던 것을 부모 공동으로 행사할 수 있게 하였다. 넷째, 법정상속에서 여자의 상속분을 남자의 1/2로 하였던 것을 균분으로 바꾸었다. 그리고 피상속인의 처의 상속분이 직계비속 남자상속분의 1/2에 불과하던 것을 직계비속 상속분에 5할을 더 가산하도록, 또 직계존속과 균분 상속하던 것을 직계존속 상속분에 5할을 가산하도록 바꾸었다.

1989년 개정되어 1990년 1월부터 시행되었던 제3차 개정의 내용은 다음과 같다. 첫째, 호주상속제도를 없애고 '호주승계제도'를 신설하였다. 그리고 호주의 신분상 또는 재산상의 특권적 지위를 삭제하였다. 특히 호주에게 고유의 상속분의 5할을 가산하였던 것을 다른 상속자들과 마찬가지로 균분상속을 하도록 하였다. 둘째, 친족 범위를 8촌 이내의 부계혈족, 4촌 이내의 모계혈족으로 정하였던 것을 부계, 모계 모두 8촌으로 정하였다. 결혼으로 맺어지는 인척 범위도 남편은 8촌까지 아내는 부모에 국한하였던 것을, 남편, 아내 모두 4촌 이내로 바꾸었다. 셋째, 부부는 남편의 주소나 거소에 동거하도록 한 것을 부부의 협의로 정하도록 하고 생활비용도 남편이 부담하던 것을 부부가 공동으로 부담하도록 하였다. 단, 부양의 의미를 규정하면서 여성의 가사노동도 부양의 활동으로 간주하였다. 넷째, 이혼으로 인해 자식을 양육하지 않는 부모 중 일방에게 면접 교섭권을 부여하고, 협의 이혼 시 배우자의 일방이 재산분할을 청구할 수 있는 재산분할권을 신설하였다. 다섯째, 친권행사에서 부부의 의견이 일치하지 않을 때 아버지가 행사하도록 한 것을 당

표 7-1 | 가족 및 여성관련 법적 · 제도적 변화

연 도	가족법	여성관련법 · 제도
1960	1960 민법제정 1962 제1차 가족법 개정	
1970		1977 제2차 가족법 개정
1980		1983 한국여성개발원 개원 1987 남녀고용평등법 제정 1988 정무장관(제2)실 설치 1989 남녀고용평등법 개정 1989 모자복지법 제정
1990	1990 제3차 가족법 개정	1990 영유아보육법 제정 1993 성폭력범죄의 처벌 및 피해자 보호 등에 관한 법률 제정 1994 국회 여성특별위원회 설치 1995 여성발전기본법 개정 1997 가정폭력범죄 처벌에 관한 특례법, 가정폭력 방지 및 피해자 보호 등에 관한 법률 제정 1997 성폭력범죄의 처벌 및 피해자 보호 등에 관한 법률 개정 1998 여성기업지원에 관한 법률 제정 1999 남녀차별금지 및 구제에 관한 법 제정
2000	1998 제4차 개정안 제출	2000 여성부 설치 2001.1. 여성부 출범
2005	전문개정 (시행일 2008.1.1.)	2005년 06.25. 여성가족부 출범 2008년 02.29. 여성부 출범 2010년 03.19. 여성가족부 출범

출처 : 한국여성개발원(2001), 한국가족의 변화와 여성의 역할 및 지위에 관한 연구, 여성가족부 홈페이지.

사자의 청구에 의해 가정법원이 정하도록 하였다.

세 차례의 개정을 거치면서 가족법의 민주성, 양성평등성이 강화되었지만, 아직도 성차별적 요소가 남아있다. 이러한 요소에 대해 여성계는 꾸준히 개정운동을 전개했고, 여성계의 요구를 부분적으로 받아들여 가족법 4차 개정안이 국회에 제출되었다. 제출된 개정안의 주요 내용은 다음과 같다. 첫째, 상당기간 부모를 부양한 자녀는 부모로부터 상속분의 50%를 더 상속받는 이른바 "호주상속제"가 시행되었다. 피상속인(부모)과 함께 살면서 부양했거나 부양료의 50% 이상을 부담한 상속인(자녀)은 고유상속분 외에 이의 50%

를 효도상속분으로 받게 된다. 둘째, 동성동본금혼제를 폐지하는 대신 8촌 이내 부계 및 모계혈족, 6촌 이내 혈족의 배우자, 배우자의 6촌 이내 혈족, 배우자의 4촌 이내 혈족의 배우자인 인척, 6촌 이내 양부모계의 혈족과 4촌 이내 양부모계의 인척 간의 혼인을 금지하는 근친혼금지제도가 도입되었다. 셋째, 이혼 후 6개월 안에 여성의 재혼을 금지했던 규정을 남녀평등 차원에서 폐지하고, 남편에게만 인정했던 친생자 부인 소송 제기권이 아내에게도 부여된다. 넷째, 양자의 신분이 노출되는 현행 입양제도의 단점을 보완하기 위해 6세 미만의 아이를 입양할 경우 친부모 및 혈족과의 친족관계를 청산하고 양친의 성과 본을 따르게 양친과의 친족관계만 갖도록 하는 친양자제도가 신설되었다. 다섯째, 상속 채무가 상속 재산보다 많을 때 상속을 거부할 수 있는 기간도 '상속개시 있음을 안 날부터 3개월 이내' 에서 '상속 채무가 상속 재산보다 많다는 사실을 안 날부터 3개월 이내' 로 조정되었다.

(2) 동성동본불혼제

본 절에서는 세간에 큰 관심으로 떠올라있는 동성동본불혼제와 호주제에 대해 살펴보기로 한다.

① 혼인의 자유의 헌법상 근거

동성동본 금혼이 위헌이라고 한 헌법재판소(1997. 7. 16.)의 결정은, 인간으로서의 존엄과 가치 및 행복추구권을 규정한 헌법 제10조가 개인의 인격권과 행복추구권을 보장하고 있다. 이러한 개인의 인격권 · 행복추구권은 개인의 자기운명결정권을 그 전제로 하고 있으며, 이 자기운명결정권에는 성적(性的) 자기결정권 특히 혼인의 자유와 혼인에 있어서 상대방을 결정할 수 있는 자유가 포함되어 있다고 하면서, 다른 한편으로는 "혼인과 가족생활은 개인의 존엄과 양성의 평등을 기초로 성립되고 유지되어야 하며, 국가는 이를 보장한다" 고 규정하고 있는 헌법 제36조 제1항에서도 이러한 권리를 이끌어 낼 수 있는 것으로 판시하고 있다.

다른 한편 헌법 제36조 제1항에서 이러한 권리가 나온다고 설명하는 견해도 있다. 즉, 이 조항은 혼인제도와 가족제도의 제도보장일 뿐만 아니라 국민의 혼인의 자유, 양성의 평등, 가족제도의 보호를 규정한 생존권이라는 것이다. 또 다른 주장은, 헌법제36조 제1항에서 혼인의 자유의 헌법적 근거를 찾을 수 있으며, 또한 사생활의 자유를 규정하고 있는 헌법 제 17조에서도 혼인의 자유의 근거를 발견할 수 있다고 한다.

"동성동본인 혈족사이에서는 혼인하지 못한다" 고 규정하고 있는 민법 제809조 제1항에 대하여는, 민법 제정 당시부터 이를 폐지하여야 한다는 주장이 많았으나, 헌법재판소 1997. 7. 16. 결정 이전에 이를 혼인의 자유의 측면에서 접근한 것은 별로 많지 않다.

헌법 재판소 1997. 7. 16. 결정의 다수의견은, 동성동본 금혼제도가 위헌이라고 하는 이유로서, 동성동본 금혼제가 생성하여 정착할 수 있었던 시대와 비교하면 현대사회는 너무나 많은 사회환경의 변화가 있어 그 존립기반이 더 이상 지탱할 수 없을 정도로 근본적인 동요가 일고 있다. 동성동본인 혈족 사이의 혼인을 그 촌수의 원근에 관계없이 일률적으로 모두 금지하여 혼인에 있어 상대방을 결정할 수 있는 자유를 제한하고 있는 동시에 그 제한의 범위를 동성동본인 혈족, 즉 남계혈족에만 한정함으로써 성별에 의한 차별을 하고 있으므로, 위 조항은 금혼규정으로서의 사회적 타당성 내지 합리성을 상실하고 있음과 아울러 "인간으로서의 존엄과 가치를 규정한 헌법이념" 및 "개인의 존엄과 양성의 평등" 에 기초한 혼인과 가족생활의 성립 · 유지에 정면으로 배치되고, 또 그 금혼의 범위를 남계혈족에서만 한정하여 성별에 의한 차별을 하고 있는데 이를 시인할 만한 합리적인 이유를 찾아 볼 수 없으므로 헌법상의 평등원칙에도 위반된다고 한다.

동성동본인 사람들 사이의 혼인을 금지하는 데에는 다수의견이 설명하고 있는 것처럼, 아무런 합리적인 이유를 찾아 볼 수 없는 것이다. 그런데도 종래 이를 금지하였던 것은, 이러한 혼인을 허용하는 것이 전통 윤리에 어긋난다고 하는 것이었다. 그러나 그러한 전통 윤리상의 이유는, 적어도 현재에 있어서는 이를 금지하는데 충분한 이유가 될 수 없는 것이다. 헌법재판소 결정도 지적하고 있듯이, 과거 3차례에 걸쳐서 한시법으로서 동성동본 관계에 있는 이들의 혼인신고를 허용하는 '혼인에관한특례법' 이 시행되어 44,927쌍의 부부가 구제를 받았다는 점에 비추어 볼 때, 위와 같은 전통 윤리적인 관념은 현재에는 그 규범적인 의미를 상실하였고, 국민들 대부분이 가지는 법적 확신에 부합하는 것이라고는 할 수 없는 것이다.

다만 헌법재판소는 단순위헌 의견이 6인에 달하지 못하여 헌법불합치 의견을 선고할 수 있었는데, 그와 같이 헌법불합치를 선언하여야 할 이론적인 근거가 박약할 뿐만 아니라, 이와같이 혼인신고를 금지하는 규정에 대하여 헌법불합치 결정을 하면서, 법원 기타 국가기관 및 지방자치단체는 입법자가 개정할 때까지 이 법률조항의 적용을 중지하여야 한다는 것은 단순한 수사에 불과하다.

② 혈족 사이의 결혼금지

민법 제815조 제2호는, 혼인 당사자 간에 직계혈족, 8촌 이내의 방계혈족인 친족관계가 있거나 또는 있었던 때의 혼인을 무효로 규정하고 있다. 이러한 근친혼의 금지의 원형은 이른바 근친상간의 금지라고 할 수 있다. 즉 직계존비속 간이나, 형제자매 사이의 성관계를 금지하는 것은 인류 사회에 보편적인 것으로서, 인류학자나 사회학자는 그 이유를, 이러한 근친상간의 금지가 각 가족 구성원의 사회적 역할을 명확히 하고, 핵가족 내에서의 성적 경쟁을 방지하거나 완화하며, 각 가족구성원으로 하여금 가족 외에서 혼인관계를 맺을 것을 강제하는 기능을 가진다는 데에서 찾고 있다.

그러나 한국의 현재의 혈족 간의 금혼제도는 이러한 근친상간의 금지의 범위보다도 훨씬 넓은데, 이는 역사적으로 조선시대에 친족 간의 혼인을 넓은 범위에서 금하였던 데서 그 유래를 찾아 볼 수 있다. 또한 이처럼 넓은 범위에서 혈족 간의 혼인을 금하는 것은, 우생학적 내지 유전학적으로는 근거에 따른 것이라고 할 수 있다. 즉 근친(近親)의 경우에는 혼인 당사자가 모두 유전적인 질병의 열성(劣性) 유전인자를 보유하고 있을 확률이 높아서, 그 혼인에서 출생하는 자녀가 유전적인 질병을 가지고 태어날 확률이 높은 것이다. 이러한 사정을 고려한다면, 어느 범위 내에서 혈족 간의 혼인을 금지할 것인지는 원칙적으로 입법자의 재량에 속하는 사항이다.

그렇다고는 해도, 우리 민법이 8촌 이내의 혈족 간의 혼인을 금하는 것은 너무 넓은 것이 아닌가 하는 의문이 있다. 우생학적인 분석에 의하면, 각 유전병의 발생 확률에 따라서 차이가 있기는 하지만, 6촌 내지 8촌 사이의 근친혼에 있어서는 거의 무해한 것으로 나타난다고 한다. 비교법적으로 보더라도 외국의 입법례에서는 직계혈족 아닌 방계혈족의 경우에는 4촌 간에는 혼인을 허용하고 있는 경우가 많다. 그러나 법무부의 1998. 7. 20.자 친족상속법 개정안 제809조 제1항은 여전히 8촌 이내의 부계혈족 또는 모계혈족 사이에서는 혼인하지 못한다고 규정하고 있다.

다른 한편으로, 현행 민법 제815조 제2호의 해석상으로는 입양이 파양(罷養)이나 당사자의 사망 등으로 해소되더라도 입양에 의해 8촌 이내의 법정혈족관계에 있던 사람들 사이에서는 혼인이 금지되는데, 입양이 해소된 경우에도 그처럼 혼인을 금지하는 것이 합리적인지 따져 볼 필요가 있다.

(3) 호주제

① 호주제의 의미

민법상 호주제는 다음과 같은 법적 의미를 지닌다. 첫째, 모든 국민은 반드시 어느 가(家)에 소속되어야 함을 전제로 한다는 것이다. 법률상 가(家)란 일본에서 이식되어 민법이 수용한 제도로서, 호주를 중심으로 호주와 가족이라는 신분관계로 상호 간에 법률상 연결된 관념적인 호적상의 가족단체이며, 호주는 가를 대표하고 통솔하는 관념과 지위를 상징한다. 호주의 지위는 장남으로 대표되는 아들에게 승계되기 때문에 아들로 대를 이어야 한다는 인식 내지 의무감을 국민들에게 심어주면서 남성우월과 여성경시를 상징한다. 민법의 호주제도는 호적법으로 확정되기 때문에 호적법은 호주를 기준으로 편성되며, 호주는 아들로 계승되기 때문에 철저히 부계혈통을 공증할 뿐 아니라 부계혈통의 연속성을 공시하는 기능을 겸한다. 이러한 호주제의 원리는 각종 가족관련법의 구성원리가 되는 것이다.

둘째, 가(家)를 대표하는 사람으로 호주라는 존재를 필요로 한다는 것이다. 호주제도의 중심을 이루는 의미이기도 하다. 그러므로 호주는 가를 대표하고, 가족을 다스리며 부양한다. 그리고 호적법은 가의 근원이 되는 호적을 철저히 호주를 중심으로 편성함으로써 호주제도를 뒷받침하고 있는 것이다. '집의 주인' 인 호주는 철저히 그를 중심으로 편성된 호적상 가족단체인 가를 대표함과 동시에 가족을 다스리는 존재인 것이다. 반대로 호주가 아닌 사람은 당연히 가족이 되며, 호주로 대표되는 가의 구성원으로서 호주의 다스림과 부양을 받는 수동적이며 의존적인 지위를 의미한다. 가제도가 관념적인 것처럼 호주의 대표성이나 권리의무 역시 가족의 현실과는 무관한 것이다. 따라서 현행법상 호주의 지위는 권리의무에 관한 한 공허한 존재가 되었다고 할 수 있으나, 호주제도는 호주를 중심으로 호적을 편성하는 민법과 이를 뒷받침하는 호적법에 의해 여전히 그 위력을 발휘하고 있다.

셋째, 호주의 지위가 아들에 의해 우선적으로 승계된다는 점이다. 민법은 호주가 사망하면 호주의 지위에 걸맞는 능력을 가진 사람에게 승계되는 것이 아니라 장남이면 여자형제를 제치고 또는 혼외자라도 아들이기만 하면 적출자인 딸을 제치고 가를 대표하는 자리를 이어받는다고 규정하였으며, 이 규정은 당사자의 의사와 상관없이 강행적으로 적용되는 것이었다. 그러므로 장남에 의해 호주의 지위가 승계되는 제도에서 생활하는 국민들은 장남으로 하여금 대를 이어야 한다는 막연한 의무감과 함께, 의식적으로 혹은 무의식적으로 호주의 지위를 잇는 아들을 우대하고 그렇지 못한 딸을 허무한 존재로 인식하게 되는 의식을 형성하게 된 것이다. 아들이 딸보다 우월하다는 사고는 남자가 여자보다 우월하다는 의식으로 일반화되기 마련이다.

② 호주제의 연혁

민법상 호주제도의 기원이 되는 가제도(家制度)는 고려와 조선시대에 실시되었던 호적편성에서 그 유래를 찾아볼 수 있다. 당시의 호적은 단순히 호(戶)와 구(口)를 조사하여 국가가 국민에게 용역을 부과하기 위해 기초자료로 사용하기 위한 호구조사였다. 이러한 전통적인 호적제도는 일본의 내정간섭 이후 발표된 '민적법'과 한일합병 이후 제정된 '조선호적령'으로 인해 현실의 가족과 유리된 형식적이며 법률상의 개념으로 변질되기 시작했는데, 본질적인 중요한 변화는 일제가 그들의 호적제도를 조선사회에 이식하면서 일체의 신분에 관한 신고를 호주의 관여 하에, 호주의 명의로 행하도록 하는 한편 호주를 기준으로 가별(家別)로 호적을 편제하게 함으로써 호주가 가의 주재자로 등장하게 되었다는 것이다. 이에 따라 조선의 호적은 호주를 중심으로 편성하는 것으로 변질됨과 동시에 호적이 가계의 혈통의 연결과 상황을 표시하고 공증하는 제도로까지 변질된 것이다.

일제가 그들의 호주제도를 조선에 이식하고자 한 의도는 내선동화(內鮮洞化)의 목적을 달성하고 조선의 호주와 가족을 일본천황의 하부구조화하기 위함이었다. 일제는 봉건적인 가부장제로서의 호주제를 통해 '효'를 실천하고 호주를 중심으로 한 가의 천황에 대한 충성을 통해 가부장제 국가관을 강요하기 위해 민법에 호주제도와 가족상속제도를 신설하였으며, 그들의 호주제도와 가제도를 조선에 이식함으로써 조선인의 충성까지 강제하려 했던 것이다. 물론 일본의 호주제가 조선의 호적과 관습법에 이식되어 뿌리를 내릴 수 있었던 것은 가정을 중심으로 가족 전원의 결속과 통제가 요청되는 농업경제사회의 경제적 기반 위에 유교의 도입으로 종법제가 확립된 조선사회에 가부장적인 토양이 있었기 때문이다. 그러나 조선시대의 가장은 현행의 호주와는 상당히 다른 개념으로서, 가족을 대외적으로 대표하는 '집안어른'에 유사한 존재였다.

일제는 1939년 '조선민사령'의 개정을 통해 호주에게 조선인의 성씨를 일본식으로 개명할 권리와 의무를 부여함으로써 실체법에도 호주가 등장하게 되었다. 이렇게 절차법과 조작된 관습법을 통해 도입되고 이식된 일본의 호주제도는 신민법 제정시 그대로 수용되었으며, 가제도와 호주제도를 보완하고 뒷받침하는 호적법과 미묘하게 연결되었다. 다만 신민법은 조작된 관습법상의 강력한 호주의 권리를 완화하여 규정하였으며, 1989년 개정시 호주의 권리의 대부분과 가족에 대한 부양 의무를 삭제하였다. 이에 따라 호주제는 적어도 권리의무면에서는 공허한 제도로 남아있는 것이다.

③ 호주제의 문제점

호주제도의 문제점을 정리하면 다음과 같다.

첫째, 호주제는 한 가족집단에 호주가 있어 그 가족에 대하여 일정한 권리와 의무로서 가족구성원을 지배하며 통솔한다는 종적인 사고를 내포하고 상징한다는 점에서 개인의 존엄과 양성의 평등을 가족법과 질서의 가치지표로 명시하고 있는 헌법의 평등원리에 위배된다. 헌법은 '개인의 존엄'과 '양성의 평등'을 가족법 질서의 가치지표로 명시하고 있다. 즉 현행헌법은 "혼인과 가족생활은 개인의 존엄과 양성의 평등을 기초로 성립되고 유지되어야 한다"(헌법 제 36조 제 1항)는 명백한 자기결정을 내림으로써 인간생활의 가장 기본적이고 사적인 분야에 속하는 혼인과 가족생활의 영역에까지 헌법질서의 가치적인 핵이며, 기본권 질서의 이념적, 정신적 기초라고 볼 수 있는 개인의 존엄과 평등의 원리를 실현시키려 하고 있다.

호주제가 가부장적 제도나 전통적인 미풍양속 및 전통문화를 보존하기 위해 필요하다는 주장이 있으나, 미풍양속의 보호라는 점이 헌법적 정당성을 가지려면 개인의 존엄이나 남녀차별 등을 정당화하기 위해 필요한 질서유지 및 공공복리에 포섭될 수 있어야 할 것이며, 구체적인 법익에 포섭되지 않는 추상적인 형태의 미풍양속은 그 수호의 주체가 사회 자체이지 국가가 될 수는 없으므로 헌법적 비난의 여지가 있다. 미풍양속을 이유로 한 국가의 행위가 정당성을 갖는다면 그것은 가치의 독재를 통한 전체주의적 질서형성의 주체로 회귀할 위험성을 내포하는 것이다.

둘째, 호주제도는 아들중심의 승계순위를 통해 남성우월과 여성경시를 상징한다는 점이다. 즉 호주가 사망하면 그 지위는 직계비속 남자, 가족인 직계비속 여자, 처, 가족인 직계존속 여자, 가족인 직계비속의 처로 그 순위를 정하고 있어 우월과 남아선호, 여성경시를 법적으로 인정하는 셈이다.

셋째, 호주제는 민법의 절차법인 호적법 뿐 아니라 세법, 사회복지관련법, 국제사법 등의 가족관련 규정에도 영향을 미치며, 아들과 딸, 특히 기혼의 딸을 차별하고, 부부 중 처를 차별하는 규정을 하고 있는 것이다.

넷째, 출생, 혼인, 이혼 등 국민의 생활이 호주로 대표되는 남성을 중심으로 구성되어 있다. 예를 들어 자녀는 출생하면서 아버지의 성과 본을 따르고 부가(父家)에 입적하며(민법 781조), 아버지를 알 수 없는 경우에 한하여 어머니의 성을 따르고 어머니의 가에 입적하므로 아버지 우월과 어머니 경시를 온 몸으로 익히며 자라난다. 또한 처가 부의 혈족이 아닌 자녀를 입적시킬 때에는 그 자녀의 호주의 동의와 부의 동의를 얻어야 한다. 한편 이혼하는 여성과 재혼하는 여성이 증가하는 추세에 있지만 그들의 자녀는 호적상 함께하는 어머니나 어머니의 남편을 따라 옮길 방법이 없다. 부계혈통 중심의 호주제와 호적법이라는 보이지 않는 손이 가로막고 있기 때문이다.

다섯째, 호주제는 여성에 대한 차별뿐만 아니라 남성들 사이에서도 문제가 된다. 성인 남성에게는 호주의 지위에 걸 맞는 기대가 주어진다. 이 기대란 본인의 능력이나 취향, 의사에 상관없이 강요되는 것이기에 문제가 되는 것이다.

여섯째, 호주제는 가족 내에서 남성과 여성의 차별 뿐 아니라 사회 구성원들의 의식을 종적이며 권위적으로 형성해 왔다. 나아가 사회 자체를 가부장적인 사회가 되게 함으로써 개인의 자유와 존엄 그리고 평등이 존중되는 풍토가 배양되기 힘든 토양을 형성해 왔다. 호주제는 호주와 대표되는 어른에 대한 공경을 계도하는 반면 운명적으로 가족이 될

쉬어가기

유엔 "한국 호주제 폐지를"

유엔이 최근 우리 정부에 대해 호주제 등 성 평등에 어긋나는 제도의 폐지와 이를 위한 계산의 여성부 배정 등을 권고해 온 것으로 확인 됐다.
스위스 제네바에서 열린 유엔 경제·사회·문화적 권리위원회(이하 사회권익위원회)가 11일 부계 혈통만 인정하는 호주제와 남아선호사상에 따른 여아 낙태, 직장내 성폭력과 지위에 대한 우려를 표명하고 한국 정부에 이를 시정할 것을 권고하는 보고서가 채택됐다고 한국여성단체연합이 최근 밝혔다.
유엔 인권이 사회는 1999년 11월 '호주제가 여성을 종속적인 지위로 규정짓는 가부장적 사회를 반영하면서 동시에 강화시킨다' 며 호주제의 폐지를 권고했다. 그러나 한국 정부는 여성차별철폐 협약에 가입하고도 '가족 성씨 선택의 자유권' 제9제16조 만을 유보해 놓았고, 지난해 114개 시민 사회단체가 공동으로 낸 '호주제 폐지를 위한 청원' 은 국회 상임위 안건으로 조차 상정하지 못했다.
여성단체연합은 "사회적 규약은 생존, 노동, 건강, 교육, 주거, 사회보장, 문화 등 인간다운 삶을 보장받을 권리를 담은 것으로 우리나라도 1990년 비준했다" 며 사회권익위원회의 최종 견해는 가입국으로서 당연히 이행해야 할 최소한의 의무라고 강조했다.

한겨레신문(2001. 5. 30)

수 밖에 없는 여성지위의 열등화를 상징한다. 가부장적인 제도가 전달하는 상징성은 가정에서는 남아선호와 여아경시, 부가 우대와 처가 경시, 부계 우대와 모계 경시의 원인이 되기도 하였다. 사회에서는 취업, 승진, 임금에 있어서의 남녀차별을 상징하고 관행화 되기도 한다. 또한 가부장적 가족과 가부장적 사고가 여성의 취업과 승진이라는 생산주체로서의 역할을 가로막은 결과, 가정과 사회에서 소비주체가 된 여성을 상위로 모시게 된 것이라는 현실도 부인할 수 없다.

(4) 호주제 폐지의 배경과 의미

호주제 폐지를 골자로 한 민법개정안(호주제 폐지안)이 2005년 3월 2일 국회에서 처리됨

표 7-2 | 민법 개정안 중 호주제 관련 합의사항

쟁 점	호주제도 시행 시	합의내용
호주제	유지	폐지
가족의 범위	호주와 같은 호적인 자	· 부모, 자녀, 배우자, 형제, 자매 · 생계를 같이할 경우 : 장인, 장모, 시동생, 처제 등 포함.
자녀의 성	아버지의 성을 따름	· 부모의 합의를 통해 어머니의 성을 따를 수도 있다.
동성동본 결혼	금지	· 허용하되 8촌 이내 근친혼만 금지
친양자제도	없음	· 양자를 친자로 인정해 계부의 성을 따름.

에 따라 2008년 1월 1일부터 기존의 호적제도는 완전히 법적 효력을 상실하게 되고 유예기간을 거쳐 새로운 신분등록제(〈가족관계의 등록 등에 관한 법률〉)가 실시되었다.

여성계와 진보진영에서는 호주제도가 현대사회에 맞지 않는 남성본위의 제도라는 비판이 끊이지 않았고, 이혼율이 급증하고 가족의 형태가 변화하면서 아버지와 아이의 성(姓)이 달라 고통 받는 가정이 늘고 있는 것도 호주제를 폐지하게 된 계기라 할 수 있다.

그동안 유엔 인권위원회 등 국제기구가 호주제에 관한 문제점을 지적해온 만큼 호주제 폐지로 인해 인권국가로서의 위상이 강화될 것으로 기대해 볼 수도 있을 것이다. 호주제 폐지에 따라 기존의 호적부는 '제적부'가 되어 대법원의 데이터베이스에만 남게 된다.

2) 성 관련법

여성의 몸은 생식활동과 성 활동이 일어나는 장소이다. 흔히 몸에서 일어나는 경험이나 활동은 순수히 개인적이고 사적인 경험으로 해석되어 왔다. 또 물직적으로 존재하는 신체가 여전히 생물학적이고 미리 결정되고 고정되어 있으며 몰역사적인 것으로 인식되어 왔다. 그러나 여성학적 연구의 진전으로 여성의 몸은 특정시대, 특정장소의 사회·문화적, 정치적 맥락에서 구성되며 여성의 몸과 관련된 활동에 대한 법적 규정도 시대에 따라 다르다는 것이 밝혀졌다. 동시에 몸과 관련된 법 담론이 여성계에서는 상당히 억압적이었음이 밝혀졌다. 한국의 경우 몸과 관련한 법의 양성평등은 아직도 후진적이다. 본 절에

서는 여성의 몸과 관련된 법을 간통과 낙태를 중심으로 살펴보고자 한다.[2]

(1) 간 통

결혼한 부부는 법적으로 동거, 부양, 정조의 의무를 지도록 되어 있다. 정조의 의무를 위반하면 민법상 이혼사유가 될 뿐만 아니라 형법으로는 간통죄로 처벌받는다. 즉 형법 제241조에 의하면 배우자가 있는 자가 간통하면 2년 이하의 징역에 처하며 그와 상간한 자도 같이 처벌하도록 되어 있다. 이때 간통죄는 당사자만이 고소할 수 있으며 또 배우자의 이혼을 전제해야 고소할 수 있다. 배우자의 부정한 행위를 사전동의나 사후 용서한 때에는 이혼청구가 불가능하며 배우자의 부정한 행위는 그 행위를 한 날로부터 6개월, 사건이 있던 날로부터 2년 이내에 청구해야 한다. '형법개정특별심의위원회' 에서는 간통죄 폐지안을 입안하였었고, 당시 간통죄의 존폐문제는 사회의 뜨거운 감자로 떠올랐었다.

간통죄 폐지론은 여성들, 특히 주부들의 반대로 좌절되었다. 한 여론조사 기관의 설문조사에 의하면 '간통죄 존속' 에 주부들의 75%가 찬성하였다. 특히 40대 여성의 90%는 간통죄 존속을 찬성한 것으로 나타나고 있다. 이를 통해 알 수 있는 것은 한국의 주부들은 이 법조차 없으면 한국사회에 만연되어 있는 이중적 성문화와 성매매로 인한 남편의 간통에 대해 속수무책일 수밖에 없다는 위기감에 사로잡혀 있다는 것이다.[3]

그런데 문제는 간통죄의 존속이 주부들이 기대하는 만큼 여성들에게 사회적 안전장치가 되지 못한다는 점이다. 왜냐하면 간통죄는 형사소송법 제229조에 따르면 결혼이 해소되거나 이혼소송을 제기한 후가 아니면 고소할 수 없으며 다시 결혼하거나 이혼소송을 취하한 때에는 고소가 취하된 것으로 보기 때문이다. 따라서 간통죄가 사회적 안정장치로서 실제로 여성의 권익을 보호하기 위해서는 간통죄 고소를 제삼자가 할 수 있도록 하거나 이혼을 전제하지 않는 내용으로 변화되어야 할 것이다. 장기적으로 볼 때 형법 상 간통죄는 폐지되는 것이 바람직하다. 결혼관계에서 성적 정절의무와 책임은 형법상 간통죄가 아니라 현행 가족법에서처럼 부부간의 정조의무 위반 시 이혼사유로서 제어할 수 있

2) 간통과 낙태의 문제는 이미 제5장의 〈여성과 성〉 부분에서 다루고 있어 본 절에서는 법 안에서의 문제를 중심으로 살펴보고자 한다.

3) 본 문제는 제5장 〈여성과 성〉 부분에 이미 다루어졌다.

기 때문이다.

(2) 낙 태

서구사회에서 낙태의 불법화가 합법화로 전환되기 시작한 것은 1970년대 들어서이다. 이에 대한 정치적 반작용으로 80년대 이후 낙태의 복귀론이 나타나기도 했다. 지금도 낙태 문제는 합법/불법을 놓고 도덕적, 정치적 쟁점이 되고 있다. 한국은 1953년에 제정된 형법 제 269조 제270조에서 여성의 낙태를 금지하고 있다. 또 여성의 촉탁 혹은 승낙을 받아 낙태케 한 자에게도 낙태죄를 적용하여 처벌하고 있다. 그러나 1973년 모자보건법을 제정하여 '인공유산' 이라는 이름으로 일정한 경우의 낙태를 허용하고 있다.[4]

낙태관련 규정은 몇 가지 여성문제를 안고 있다. 첫째, 형법상 낙태죄 규정이 기본적으로 태아의 생명을 보호법익으로 삼아서 여성의 상황이나 권익을 무시하고 있다. 둘째, 모자보건법에 허용된 낙태조건이 여성의 사회경제적 이유에 의한 낙태를 인정하지 않는다. 따라서 낙태라는 현실에 직면한 여성에 대하여 헌법상 보장된 인간의 존엄과 행복추구권은 전혀 고려되지 않고 있다. 셋째, 낙태 시술 때 배우자의 동의를 얻도록 하여 출산력으로 표현되는 여성의 성에 대한 남성의 소유권 내지 통제권을 반영하고 있다. 다시 말하면 신체 및 인격에 대한 여성의 자기 결정권을 인정하지 않고 있다.

생명경시 풍조의 확산을 막기 위해 또 모성건강을 위해 낙태는 근본적으로 없어져야 할 사회현상이지만, 낙태수요가 증가하고 있는 현 단계에서 낙태를 법적으로 무조건 금지하는 것은 여러 가지 부작용과 여성억압을 가져올 수 있다. 우선 형법상 여성의 낙태의 자유권을 부인하는 낙태죄 규정을 폐지하고 모자보건법상의 낙태허용 규정도 여성의 신체의 자유권 내지 자기 결정권이라는 관점에서 재조정되어야 한다. 여성이 자신의 몸에 대한 소유와 통제권을 갖도록 낙태여부에 대한 최종적인 판단 및 결정권을 여성이 갖도록 해야 할 것이다.

4) 낙태를 할 수 있는 조건은 제5장 〈여성과 성〉의 '낙태' 부분을 참조할 것.

3. 노동관련법

대한민국 헌법은 모든 국민의 일할 권리에 대하여 양성평등의 원칙과 평등의 실질적 확보로서의 모성보호라는 관점에서의 권리보장을 명문화(헌법 제32조 제4항)하고 있다. 이것은 헌법상의 여성의 기본권 가운데 고용의 측면에서 보장된 것으로서 모든 근로자의 근로조건의 최저기준을 정한 근로기준법에 의하여 구체적으로 실현되도록 하였다. 이러한 헌법상의 여성 기본권을 구체화한 법률의 존재에도 불구하고 여전히 끈질기게 남아있는 성차별적 고용관행을 제거하는 위하여 '남녀고용평등법'이 제정되었다(1987년 12월). 또한 영유아 보육법은 여성의 평생 평등노동의 실현을 위해서는 여성의 특수한 조건인 자녀양육이라는 모성활동을 지원하지 않으면 불가능하다고 인식하여 1991년 1월 제정되었다.

1) 근로기준법

(1) 균등처우조항

근로기준법 상 성차별 금지 및 양성평등에 관한 조항은 제5조의 '균등처우' 조항의 하나로서 포괄적으로 규정하고 있다. 동 제5조는 "사용자는 근로자에 대하여 남녀의 차별대우를 하지 못하며 국적, 신앙 또는 사회적 신분을 이유로 근로조건에 대한 차별적 처우를 하지 못한다"라고 규정하고, 이 조항에 위배될 경우 "5백만 원 이하의 벌금에 처한다"(제111조)는 강행 규정을 두고 있다. 근로조건에 대한 균등처우 규정은 근로조건의 중심내용인 임금, 근로시간, 작업환경, 재해보상 등이 포함된다. 따라서 여성이라는 이유로 임금, 배치, 승진, 승급, 훈련, 복지, 후생, 해고 등에서의 어떤 차별을 둔다면 그것은 강행법규인 제5조에 위배되어 그 행위자체는 무효이며 그 행위자는 벌칙조항에 의해 처벌을 받는다. 물론 합리적인 이유가 인정되는 남녀의 차별취급, 즉 모성보호규정은 실질적 양성

평등 실현을 위해 당연히 허용된다.[5]

(2) 여성보호규정

현행 근로기준법상 여성보호규정은 여성을 연소자와 마찬가지로 '약자'로 보는 보호조항과 '모성을 보호한다'는 두 가지 측면의 특별규정을 두고 있다.

여자와 연소자에 대한 공통된 보호 규정으로는 근로기준법 제51조의 "유해, 위험 사업에 대한 금지", 제56조의 "야업 및 휴일근로 금지", 제58조의 "갱내근로 금지", 제62조의 "귀향 여비의 지급", 제57조의 "여자에 대한 특별보호" 등을 들을 수 있다.

이러한 여성노동 보호조항에 대해서는 현재 완화와 유지라는 두 입장으로 해석이 갈려 있다. 완화입장에서는 여성노동 보호규정이 남녀의 노동조건을 불평등하게 만들어 결과적으로 여성의 채용기피를 초래하므로 노동조건을 남녀 똑같이 만들어야 한다고 주장한다. 반면에 현상유지의 입장은 현재 주 44시간 이상의 장시간 노동, 주야 교대근무, 장시간 서서하는 작업, 연월차 휴가가 자유롭지 못한 점 등 노동의 현실적 조건이 열악한 상황에서, 그리고 남녀평등이나 모성보호조치가 실제로 갖추어지지 않은 상태에서 이의 폐지는 바로 여성의 노동여건이나 노동조건의 악화를 초래하여 형식적 평등만을 가져올 뿐 실제로는 남녀 불평등을 오히려 심화시킨다는 주장이다.

한편 여성의 임신, 출산 등 모성기능을 위한 배려로서 특별보호조항을 두고 있다. 제59조 "월 1일의 유급생리휴가 보장", 제60조 제1항의 "산전산후 90일 유급 보호 휴가, 산후 30일 이상 확보"(개정 후 2001년 11월 1일부터 시행). 제60조 제2항의 "임신 중의 경미한 근로전환 및 시간 외 근로 금지", 제27조 제2항의 "산전산후 휴가기간 및 그 후 30일 이내 해고금지", 제48조의 "산전산후 휴가기간은 출근으로 간주", 제61조의 "유급수유기간 보장" 등이 그것이다.

여성 근로자의 임신과 출산에 대한 이러한 배려는 모체 자신의 보호뿐만 아니라 다음 세대의 건강한 국민, 건강한 노동력 재생산의 확보라는 적극적인 의미를 지니기 때문에 이는 사회와 국가의 의무로서 강조되고 있다.

---

5) 윤후정 · 신인령(1989), 『법여성학- 평등권과 여성』, 이화여대 출판부 참조.

한편 생리휴가에 대해서 사용자편에서는 생리휴가제가 실질적 모성보호 기능을 갖고 있지 않다는 점과 서구의 많은 나라들의 모성보호 조항에서는 이 규정이 이미 폐지되었는 점을 들어 폐지론이 제기되고 있으나, 여성 노동계에서는 한국의 근로환경이 열악하고 여성근로자의 임금이 매우 낮은 만큼 모성건강유지와 여성 근로자의 임금보완을 위해 존속시켜야 한다는 필요성이 강조되고 있다.

2) 남녀고용평등법

남녀고용평등법은 근로기준법의 남녀균등대우 원칙을 고용의 단계에 따라 구체적으로 규정하는 근로기준법의 특별법으로서의 성격을 갖는 한편, 남녀고용평등과 근로여성의 모성보호를 위한 국가의 책무를 규정하는 사회보장법의 성격도 갖는다.[6] 이 법은 1987년 11월에 제정되어, 1989년 4월에 1차, 1995년 8월에 제2차, 1998년 12월에 제3차 개정되어 현재 시행되고 있다.

(1) 기본이념

근로여성은 경제사회발전에 기여하며 다음 세대의 출산과 양육에 중요한 역할을 담당하는 자이므로 모성을 보호받으면서 성별에 의한 차별 없이 그 능력을 직장생활에서 최대한 발휘할 수 있어야 한다.[7] 여기에서 '차별' 이란 "사업주가 근로자에게 성별, 혼인 또는 가족상의 지위, 임신 등의 사유로 합리적인 이유 없이 불이익한 조치를 취하는 것" 으로 규정한다.[8] 다만 이 법은 합리적 차별로서 '근로여성에 대한 모성보호' 와 '현존하는 차별을 해소하기 위하여 국가, 지방단체 또는 사업주가 잠정적으로 특정 성(性)의 근로자를 우대하는 조치' 는 '차별' 로 보지 않는다고 함으로써 여성고용에서의 실질적 평등을 도모한다.[9]

6) 이은영(1996), "일에서의 여성의 법적 지위", 조형 엮음, 『양성평등과 한국 법체계』, 이화여대 출판부.
7) 「남녀고용평등법」 제2조.
8) 제2조의 2 제1항
9) 제2조의 2 제2,3항

남녀고용평등법 상의 성희롱 규정은 성희롱이 직장 안에서 뿐만 아니라 직장 밖에서도 야기되는 만큼 이미 제정되어 시행되고 있는 '성폭력범죄의 처벌 및 피해자보호 등에 관한 법률'에서 보완되어야 한다는 의견도 있으나, 성희롱이 직장 내에서는 고용상의 성차별적 성격을 가지며 그 규제의 목적이 남녀평등한 근로환경의 조성에 있다는 의견으로 남녀고용평등법에서 구체화 되었다.

(2) 주요 내용

① 모집과 채용에서의 평등

사업주는 특정 성 만을 원한다는 구인광고를 낼 수 없으며, 또한 특정 성에 한정해 채용할 수 없다.[10] 이 조항은 근로기준법의 남녀균등처우 원칙에 포함되지 않던 것을 이 법에서 처음 도입되었다. 만일 여성이 차별적인 이유로 채용되지 않았다는 주장을 할 경우, 사용자는 자기 회사의 채용기준이 남녀차별적이지 않고 합리적이었음을 증명 할 의무가 있다.[11]

② 동일노동 동일임금의 원칙

동일한 가치의 노동을 제공하는 근로자는 성, 연령, 인종, 고용형태 등의 차별 없이 동일한 기준에 따른 금액을 지불 받아야 한다는 임금원칙을 말한다. 남녀가 같은 일을 하는 경우는 물론이고 다른 종류의 일을 하는 경우에도 그것이 동일한 가치를 갖는 노동일 때에는 동일임금을 지불해야 한다.[12]

③ 교육 · 배치 · 승진에서의 평등

사업주는 근로자의 교육, 배치와 승진에서 여성이라는 이유로 여성을 남성과 차별해서는 안 된다.[13] 입사 후의 사내교육이나 업무의 순환배치는 근로자의 능력, 기술, 경험을 높이는데 중요한 역할을 한다. 그러나 한국사회의 고용관행은 여성근로자들에게 이러한 기회를 제공하지 않음으로써 전문 · 영업 · 관리능력을 필요로 하는 부서 배치에서 제외시키

---

10) 제6조

11) 제19조

12) 제6조의2 제1항

13) 제7조

고 따라서 승진기회가 박탈되는 악순환에 놓이게 되는 것이다.

④ 정년 · 퇴직 · 해고에서의 평등

사업주는 근로자의 정년, 해고에 관하여 여성이라는 이유로 여성을 남성과 차별해서는 안 된다.[14] 또한 사업주는 근로여성의 혼인, 임신, 출산을 퇴직사유로 예정하는 근로계약을 체결해서는 안 된다.[15] 그러나 한국사회에서의 여성근로자는 여성조기정년, 여성우선정리해고, 여성임시고용 등의 관행이 있어 남성보다 매우 불리한 위치에 있다.[16]

이상의 차별금지 규정은 모두 강행규정으로 성차별 행위에 대해서는 250만 원 이하의 벌금이, 임금과 정년, 퇴직, 해고에서의 성차별 행위에 대해서는 2년 이하의 징역 또는 5백만원 이하의 벌금이 부과된다.[17]

⑤ 모성보호 및 복지시설 설치

사업주는 생후 1년 미만의 영아를 가진 근로여성이 그의 양육을 위해 육아휴직을 신청하는 경우 이를 허용해야 하며,[18] 근로여성에게 이 육아휴직을 이유로 불리한 처우를 해서는 안 된다고 규정하고 있다.[19] 이러한 육아휴직기간은 산전산후 유급휴가를 포함하여 1년 이내이며, 근속기간에 포함된다. 또한 사업주는 근로여성의 취업을 지원하기 위해 수유, 탁아 등 육아에 필요한 시설을 제공해야 하는 의무를 진다.[20]

⑥ 성희롱 규정

3차 개정에서는 직장 내 성희롱 규정을 신설하였다. 성희롱을 사업주, 상급자 또는 근로자가 직장 내의 지위를 이용하여 업무와 관련하여 다른 근로자에게 성적인 언어나 행동 등으로 또는 이를 조건으로 고용상의 불이익을 주거나 성적인 굴욕감을 유발하는 고용환

14) 제8조 제1항
15) 제8조 제2항
16) IMF 시대인 1998년의 대량 실업사태에 직면해 발생한 여성우선해고는 그 대표적인 예이다.
17) 제23조
18) 제11조 제1항
19) 제11조 제3항
20) 제12조

쉬어가기

모성보호 법 따로 현실 따로

기업체 여직원 박 모씨(32세)는 지난 해 말 출산 휴가를 냈다가 황당한 일을 당했다. 회사가 "3개월분 월급을 줄 테니 사표를 쓰라" 고 종용했기 때문이다.

만삭의 몸상태마저 못마땅하게 여기는 듯한 회사의 노골적인 압박에 결국 박 씨는 회사를 나오고 말았다. 여성들이 직장에서 겪는 차별적인 관행이 여전히 사라지지 않고 있다.

아직도 계속되는 회사 내 성차별

회사 내 성차별은 1987년 「남녀고용평등법」이 제정되면서 외형적으로는 거의 사라진 상태. 그러나 아직도 여성단체에는 피해를 호소하는 여성들의 전화가 끊이질 않는다. 이는 1998년 IMF관리체제 이후 더 늘어나는 양상을 보이고 있다.

법과 현실의 괴리

「근로기준법」과 「남녀고용평등법」은 사업주가 근로자에게 성별, 혼인, 임신, 출산 등의 이유로 근로조건을 달리하거나 불이익을 주지 못하도록 규정하고 있다. 그러나 최근에는 성차별이 교묘한 간접차별의 형태로 나타나는 경우가 많다. 회사측의 관행이나 경영상 불가피한 상황임을 내새우며 반발을 억누르기도 한다. IMF 관리체제 당시 사내 부부 중 대부분 여성들의 사표를 받은 농협이나 알리안츠 제일생명은 대표적인 경우이다.

가치관과 인식의 변화 선행되야

사내 부부 중 여성직원에게 사표를 종용한 행위를 부당해고로 인정한 서울고법의 26일 판결은 이런 상황에 대해 진일보한 판례로 평가된다. 눈에 보이지 않는 '은근한' 압력도 성차별 요소에 해당한다는 점을 인정한 것이다.

그러나 여성들의 복직과 이후 회사 내 적응문제 등은 여전히 문제로 남는다. 출산휴가가 90일까지로 늘어나면서 여성 고용을 더 부담스러워 하는 일부 분위기도 해결해야 될 과제. 황덕남 변호사는 "구체적인 법적 기준 마련과 함께 여성 인력의 특수성을 받아들일 수 있도록 사회 인식의 변화가 병행되야 한다" 며 "여성들도 사회생활에서 제 몫을 해낼 수 있도록 책임의식을 가질 필요가 있다" 고 말했다.

동아일보(2002. 2. 28)

경을 악화시키는 것으로 규정하였다.[21] 그리고 사업주는 직장 내 성희롱을 예방하고 근로자가 안전한 근로환경에서 일할 수 있는 여건 조성을 위해 직장 내 성희롱 예방교육 실시, 직장 내 성희롱 가해자에 대한 부서 전환 등의 조취를 취하고, 성희롱 피해근로자에게 고용상의 불이익한 조취를 취하지 못하도록 하고 있다.[22]

3) 영유아보육법

(1) 목 적

영유아보육법은 여성의 평생평등고용에 걸림돌이 되는 영유아보육의 책임을 가족이나 여성에게 한정하지 않고 국가 및 지방자치단체, 국민 모두에게 있음을 천명하고 이를 제도적으로 마련하기 위해 제정되었다. 1991년 1월에 제정된 본 법은 적용대상의 한계 등 현실적 문제점이 드러나 전반적인 보완개정이 요구되었으나 1997년 12월 부분 개정을 거쳐 1999년 9월에 가서야 1차 개정이 이루어졌고, 2007년 전문개정을 거쳐 지금에 이르고 있다.[23]

(2) 주요 내용

영유아보육법에 의하면 국가 및 지방자치단체는 저소득층 밀집지역, 농어촌지역을 우선적으로 하여 국공립 보육시설을 설치할 수 있으며, 내동령이 정하는 일정규모 이상의 사업자의 사업주는 시장, 군수의 인가를 받아 직장보육시설을 설치하도록 하고 있다. 이 경우 사업주가 직장보육시설을 설치할 수 없는 불가피한 사유가 있을 때에는 보건복지부령이 정하는 바에 의하여 공동으로 보육시설을 설치하거나 근로자에게 보육수당을 지급하여야 한다.[24]

21) 제2절 제12조(본 조 신설 2001. 8. 14.)

22) 제14조 제1,2,3항 (신설 2001. 8. 14.)

23) 이 법은 영유아(영유아)의 심신을 보호하고 건전하게 교육하여 건강한 사회 구성원으로 육성함과 아울러 보호자의 경제적 · 사회적 활동이 원활하게 이루어지도록 함으로써 가정복지 증진에 이바지함을 목적으로 한다. [전문개정 2007.10.17]

24) 본 법 제7조 1,2,3항

그러나 영유아보육법의 부모, 국가 및 지방자치단체, 국민의 공동책임론은 이하 법 조항에서 철저히 관철되지 못하고 있다. 보육비용의 부담을 규정한 조항을 보면, 영유아보육 비용의 수혜자 부담원칙 즉 영유아보육에 필요한 비용은 보호자가 부담하는 것을 원칙으로 한다. 다만 생활보호법에 의한 생활보호대상자와 보건복지부령이 정하는 저소득층 자녀의 교육에 필요한 비용은 구(區) 혹은 지방자치단체가 그 전부 또는 일부를 부담한다고 규정되어 있다.[25] 단지 1997년 12월 1차 부분 개정에 의해 취학 전 1년간의 무상교육을 허용하는 규정이 마련되었다. 초등학교 취학 전 1년의 유아에 대한 보육은 무상으로 하되, 대통령이 정하는 바에 의해 순차적으로 실시하도록 하고 있다. 이때 무상보육 실시에 드는 비용은 대통령이 정하는 바에 의하여 국가 및 지방자치단체가 부담 또는 보조하도록 하고 있다.[26]

이렇게 법제도상 마련되어 있는 일련의 모성보호제도의 유지비용을 주로 사업주가 부담하도록 되어있거나 보육비용을 원칙적으로 보호자 부담원칙으로 하고 있기 때문에 문제가 되고 있다. 즉 한국의 여성근로자들이 25~34세에 취업단절을 경험하는 M자형의 취업곡선을 보이고 있는 것은 보육비용의 지출이 대부분 개인의 차원에서 이루어지고 있기 때문인 것으로 분석되고 있다. 또한 현행법상 여성 상시 근로자가 300인 이상의 사업주가 직장보육시설을 설치하도록 하고 있는 것은 그 실효성에 문제를 제기하고 있다. 왜냐하면 여성들을 고용하고 있는 대부분의 작업장은 300인 이하의 중소기업체나 영세사업체이기 때문이다. 이에 대한 법제도상의 보완이 시급을 요한다고 할 수 있다.

4. 인권관리법

유엔은 1948년 12월 10일 '세계인권선언'을 통해 기본적 인권, 인간의 존엄과 가치, 남녀의 평등한 권리에 대한 신념을 인류의 도덕적 기준이자 보편적 개념으로 제시하였다. 또

25) 제28조

26) 제34조

한 여성의 인권은 '언제 어떠한 이유로도 양도할 수 없으며, 필수불가결한 요소' 라는 비엔나 인권선언 및 행동계획(1993년)에 따라 여성계는 여성의 인권에 관련된 법 제정에 노력을 기울여 왔고, 현재는 그 결과를 향유하고 있는 것이다.

1) 성폭력특별법

1994년 1월「성폭력범죄의 처벌 및 피해자보호 등에 관한 법률」이 제정되었다. 이로써 그동안 여성을 대상으로 하여 행해지던 성폭력이 결코 성문제, 성관계의 문제가 아니라 폭력문제이며, 성폭력 범죄가 피해자와 가해자간의 문제가 아닌 사회적 범죄라는 인식의 변화를 가져왔다. 나아가 이 법은 두 차례의 개정을(1차 개정 1998년, 2차 개정 2001년) 거치면서 기존의 형법 및 특정범죄가중처벌 등 법률에 규정된 성폭력 범죄 외에 친족관계에 의한 강간, 장애인에 대한 준강간, 업무상 위력 등에 의한 추행, 공중밀집장소에서의 추행, 통신매체를 이용한 음란죄를 성폭력으로 규정하여 다양한 성폭력 범죄에 대응을 가능하게 만들었다.

(1) 주요 내용

성폭력특별법의 개정된 내용 중 중요한 것은 다음과 같다.

첫째, 기존의 '풍속을 해하는 죄', '정조에 관한 죄' 를 "성폭력에 관한 죄", "강간과 추행의 죄" 로 개칭하고 있다.[27] 이는 적극적인 입장에서 성폭력을 정의한 것이라 할 수 있다.

둘째, 성교육 및 성폭력 예방교육 실시 의무화로 국가와 지방자치단체에 대하여 청소년에게 이 분야 교육실시를 의무화한 규정을 신설함으로써 성폭력가해자가 될 가능성이 있는 청소년에 대한 예방교육을 할 수 있게 했다.[28]

셋째, 가중처벌의 대상을 친족범위로 확대했다. 기존의 '존속 등 연장의 4촌 이내의 혈족' 에서 '4촌 이내의 혈족과 2촌 이내의 인척, 사실상의 관계에 의한 친족 포함' 으로 개

27) 본 법의 제2조

28) 제2조 1,2,3항

정하여 계부에 의한 강간, 연하의 친족 강간까지 가중 처벌할 수 있게 되었다.[29]

넷째, 장애인에 대한 간음죄 적용대상을 확대했다. 기존의 '신체장애'에 국한했던 것을 '정신장애'에 대한 성폭력으로 장애범위를 확대하여 가중처벌 대상에 포함시킴으로써 장애인에 대한 보호를 강화하였다.[30]

다섯째, 13세 미만 미성년자에 대한 강간, 강제추행 등의 죄에 대한 가중처벌 규정을 신설하여 이를 비친고죄로 규정하고, 벌칙으로 1년 이상의 유기징역, 5백만 원 이상 2천만 원 이하의 벌금에 처함으로써 증가하는 미성년자 대상 성폭력을 강력하게 규제할 수 있게 했다.[31]

여섯째, 피해자를 증인으로 심문하는 경우 피해자의 신청에 의해 피해자와 신뢰관계에 있는 자의 동석을 허용하는 규정을 신설함으로써 피해자 유발론의 차원에서 수사하는 분위기를 바꿀 수 있는 환경이 조성되었다.[32] 또한 성폭력 범죄의 수사 혹은 재판과정에서 피해자의 신원과 사생활에 관한 비밀이 드러나지 않게 하며, 심리과정은 비공개로 진행된다.[33]

일곱째, 비친고죄 범죄의 사실을 안 때에 즉시 수사기관에 신고해야 한다는 신고의무 규정을 신설함으로써 청소년보호 기능을 강화하였다.[34]

여덟째, 국가 또는 지방자치단체는 성폭력피해상담소, 성폭력피해자 보호시설을 설치·운영할 수 있으며, 설치기준과 신고 등의 필요한 사항은 여성부의 출범과 더불어 여성부령으로 정하고 있다.[35]

(2) 보완되어야 할 문제

앞에서 살펴본 것과 같이 두 차례의 개정을 하였지만 '성폭력특별법'은 아직도 몇 가지

29) 제7조

30) 제8조

31) 제8조의 2항

32) 제22조의 2항

33) 제21조, 제22조

34) 제22조의 3항

35) 제23조, 제24조, 제25조, 제26조, 제27조

문제를 안고 있다. 첫째, 성폭력 유형을 장황하게 나열하였지만 성폭력이 실제로 무엇을 침해하는 범죄인지, 어떤 윤리적 기준에서 판단되어야 하는지 등에 대한 성폭력의 적극적 개념 규정이 내려져 있지 않다.

둘째, 강간을 여성 성기에 대한 남성 성기의 삽입으로 규정하여 동성에 의한 강간이나, 피해자에게 강간에 버금가는 치욕과 신체적 손상을 안겨주는 온갖 종류의 도착적 강간들을(오랄섹스, 아날섹스 등) 상대적으로 형량이 낮은 강제추행으로 처벌할 수밖에 없게 하는 문제를 갖고 있다.

셋째, 성폭력 범죄가 기본적으로 친고죄로 규정되어 있다는 점이다. 성폭력을 친고죄로 규정하고 있는 것은 아직도 성범죄를 사회적 범죄로 보기보다는 개인적 불행이나 범죄로 보는 통념을 유지시킨다. 1차 개정에서 비친고죄 규정 범위를 확대하여 13세 미만의 미성년자에 대한 강간, 강제추행, 특수강간죄, 친족강간죄, 장애인에 대한 준강간죄를 포함하였으나 친고죄 규정은 여전히 폐지되지 않고 남아있다. 친고죄 조항이 남아있는 한 피해자를 은폐시키고 가해자의 재범을 양산하는 역기능을 낳기 때문에 완전 폐지되어야 한다.

넷째, 고소기간이 짧다는 점이다. 성폭력 범죄 중 친고죄의 경우 범인을 알게 된 날부터 1년 이내에 고소하도록 되어 있다. 피해자에게 정신적, 신체적 후유증을 길게 남기는 성폭력 범죄의 특성상 고소기간 1년 이내는 피해자에게 불리하므로 고소기간을 늘려야 한다.

다섯째, 피해자에 대한 구조로, 친족에 의한 성폭력피해자를 구조하기 위한 보호대책이 마련되어야 한다. 또한 성폭력피해자의 검사, 치료 등 전체 의료행위가 의료보험 적용을 받을 수 있도록 명시해야 한다. 친족에 의한 성폭력피해자의 경우 가해자가 보호자인 경우가 대부분이기 때문에 가해자로부터의 장기간의 격리시설 및 지원 등의 구체적인 보호대책이 마련되어야 한다.

2) 가정폭력방지법

결혼이라는 이름으로 타인들이 만나서 만드는 가족도 엄연한 제도인 만큼 가족법으로 규제하듯이 가정 내 부부, 부모자식 관계도 기본적 사회관계의 규범을 벗어나는 것을 방치해서는 안 된다는 자성이 대두하였다. 늦은 감이 있기는 하나 이러한 자성에서 만들어진 것이 '가족폭력 방지법'으로 불리는 「가족폭력범죄의 처벌 등에 관한 특례법」, 「가정폭력방지 및 피해자보호 등에 관한 법률」이다. 이 법들은 1997년 12월 제정되어 1998년 7월 1일부터 시행되었으며, 「가족폭력범죄의 처벌 등에 관한 특례법」의 일부 내용은 1998년 12월에 개정되었으며, 2001년 1월 실질적인 1차 개정이 이루어졌고, 2006년 전문개정을 거쳐 현재에 이르고 있다.

(1) 「처벌법」의 내용

처벌법은 가정폭력범죄의 형사처벌 절차에 관한 특례를 정하고 이 범죄를 저지른 자에 대하여 보호처분을 행함으로써 가정폭력으로 파괴된 가정의 평화와 안정을 회복하고 건강한 가정의 육성을 목적으로 한다.[36] 이 법이 규정하는 가정폭력은 가족구성원 사이의 신체적, 정신적, 재산상 피해를 수반하는 행위를 말한다.

가정폭력범죄를 알게 된 때에는 누구든지 수사기관에 신고할 수 있고 피해자는 행위자가 자신의 부모, 배우자의 부모인 경우에도 고소할 수 있으며 법정대리인이 행위자인 경우에는 피해자의 친족도 고소할 수 있다.[37]

법원은 가정보호사건 조사관을 두어 가정폭력범죄의 동기, 원인, 실태 등을 조사하고 의학, 심리학, 사회학 등 전문지식을 활용하여 적당한 처분이 이루어지도록 해야한다. 판사는 피해자의 보호가 필요하다고 인정되는 때에는 가해자에게 피해자 또는 가족구성원의 주거로부터 퇴거 등 격리시킬 수 있고, 피해자의 주거, 직장 등에서 100m 이내의 접근을 금지시킬 수 있으며, 의료기관이나 요양소 등에 위탁하거나 경찰관서 유치장 또는 구치소에 유치할 수 있다.[38]

보호처분의 종류로는 '행위자의 피해자 접근 제한', '행위자의 친권행사 제한', '보호관찰 등 법률에 의한 사회봉사', '법률에 의한 보호관찰', '보호시설에 감호위탁', '의료기관 치료 및 위탁', '상담소 등에 상담위탁' 등[39]이 있다.

---

36) 본 법의 제1조

37) 본 법 제2장 제4조 1,2,3,4항

38) 제19조 및 제29조

39) 제40조 1항

(2) 「보호법」의 내용

「보호법」의 목적 및 국가의 의무는[40] 가정폭력을 예방하고 피해자를 보호함으로써 건전한 가정과 가족제도를 유지할 수 있도록 국가와 지방자치단체가 노력할 것을 의무화하였다. 국가와 지방자치단체는 가정폭력의 예방과 방지를 위한 연구 · 교육 · 홍보, 신고체제 구축 · 운영, 피해자 보호시설 설치 · 운영 및 지원 서비스 제공, 피해자를 위한 민간상담 및 보호시설에 대한 경비보조, 실태조사 등을 하여야 한다.[41]

3) 성매매특별법

인간의 성을 화폐나 기타 특정한 형태의 보상을 위해 거래하는 것은 인간의 존엄성을 침해하는 행위이다. 대한민국 정부는 1961년 성매매를 방지하기 위해 「윤락행위 등 방지법」을 제정하여 성매매에 대한 규제와 단속을 시행하였다. 그러나 이 법은 제정된 이래 현실적으로 제대로 적용되지 않았고, 특히 1960년~70년대 경제개발계획을 추진하면서 국가정책상 성매매에 대한 단속과 지도는 거의 존재하지 않았다고 할 수 있다. 또한 법에도 성차별적 요소로 인해 성매매를 규제하기에는 근본적인 한계가 있었다.

1961년 제정된 '윤락행위등방지법'을 폐지하고 이를 대체한 '성매매특별법'이 2004년 시행되었다. '윤락행위등방지법'이 '성매매특별법'으로 대체된 데에는 특별한 계기가 있었다. 2000년, 2001년, 2002년 연속적으로 발생한 군산과 부산의 성매매업소 화재로 많은 종업원과 업주가 비참하게 죽은 사건이 도화선이 되어 성매매가 커다란 사회문제로 부각되었다. 이러한 분위기에서 일부 여성단체와 국회의원들은 '윤락행위등방지법'을 대체할 새로운 성매매 규제법이 필요하다는 여론을 주도했고, 때맞춰 설립된 여성부의 주도 하에 기존의 규제방식을 강화해야 한다는 목소리가 커졌다. 그 결과가 '성매매특별법'이다.

성매매특별법 시행 당시 여성계는 적어도 성매매에 관한 한 완벽한 금지체계와 성매매

40) 본 법 제2조 및 제4조

41) 노정희(1998), 「가정폭력방지법, 성폭력특별법, 국적법을 알아본다.」, 『가정상담』, 한국가정법률상담소.

피해자 등에 대한 완벽한 보호 및 지원체계가 구축되었다고 자부했다. 그러나 법학자들은 성매매특별법에 대한 법적인 문제점을 꾸준히 제기했고, 심지어 이 법에서 보호하고자 한 성매매 업소 종사자들조차 법의 철폐를 부르짖고 자신들을 성노동자로 인정해 달라고 주장하기도 했다.

시행 7년째인 현재 성매매특별법의 주요 내용을 파악한 후 문제점과 앞으로의 과제에 대해 살펴볼 것이다.

(1) 주요 내용

2000년 이후 발생한 일련의 성매매 업소 화재 사망사건을 계기로 한국여성단체연합은 성매매방지법 제정특별위원회를 구성해 2002년 9월 기존의 '윤락행위등방지법'을 대체할 '성매매특별법'을 청원하였다. 그 결과 참여정부는 2004년 3월 '성매매처벌법'과 '성매매방지법'을 제정하고 같은 해 9월 23일부터 시행하였다.

'성매매방지법'은 타인을 유인, 매개, 알선한 중간매개자와 성구매자, 성판매자인 성매매 여성을 처벌하되, 비자발적으로 성매매를 한 여성들을 성매매 피해자로 규정, 비범죄화하고 있는 것이 특징이다. 특히 여성부의 출범으로 성매매에 대한 정책은 여성정책의 주요과제가 되었고, 성매매방지종합대책을 발표하는 등 성매매에 대해 적극적인 국가개입의 의지를 표명하고 또 실천하였다.

"성매매특별법"은 '성매매방지법'과 '성매매처벌법'으로 구분할 수 있는데, 전자는 여성가족부가 후자는 법무부가 그 소관 부처이다. 여기에서 '성매매처벌법'은 이전의 '윤락행위등방지법'과는 그 체계와 내용을 달리한다. "성매매특별법"은 성매매 피해자라는 개념을 도입해 위계나 위력 등에 의해 성매매를 강요당한 자 등의 성매매를 처벌하지 않고 있다. 또한 성매매 알선 등 행위를 한 자 등이 성을 파는 행위를 했거나 할 자에게 가지는 채권은 그 계약의 형식이나 명목에 관계없이 이를 무효로 하는 규정을 둬 성매매와 관련된 채권채무가 아무런 효력이 없음을 천명했다. 또 외국인 여성에 대한 특례를 두고 있다는 점도 이전의 '윤락행위등방지법'과는 다른 특징이라 할 수 있다.

의욕적으로 시작한 '성매매특별법'이 시행된 이후, 이를 추진한 측에서는 소기의 성과를 거두었다고 자부하는가 하면, 이 법의 제정에 반대했던 측에서는 실효성이 없고 오히

표 7-3 | 성매매사범의 처분 결과 (단위 : 명, %)

연 도	처리인원	기 소		불기소	기 타
		기소자	기소율		
2001	14,673	9,041	61.6	5,072	560
2004	15,117	7,251	48.0	6,789	1,077
2006	31,794	6,587	20.7	23,019	2,188
2007	38,542	7,169	18.6	28,655	2,718

출처 : 법무부(2008), 법무여성통계.

려 '풍선효과' 만 키웠다고 비판하고 있다.

"성매매특별법" 은 일정한 행위에 대해 그 법적 효과로서 징역형이나 벌금형을 부과하는 형법의 성격을 지닌 법이다. 따라서 본 법이 올바르게 제정되고 집행되는 가를 평가하려면 이 법이 형법상의 원칙을 지키고 있는지를 살펴보아야 할 것이다.

(2) 성매매특별법의 문제점

첫째, 성매매특별법이 모든 유형의 단순 성매매를 처벌해 왔는가 하는 점이다. 성매매의 유형은 이성 간의 성매매와 동성 간의 성매매로 구분할 수 있고, 이성 간의 성매매도 남성인 성구매자와 여성인 성판매자, 여성의 성구매자와 남성의 성판매자가 있을 수 있다. 하지만 성매매특별법은 남성 성구매자와 여성 성판매자의 성메메에만 국한해 집행되어 왔다. 최근 들어 남성 성판매자와 여성 성구매자의 성매매도 적지 않게 발생하고 있음은 주지의 사실임에도 이에 대한 성매매특별법의 적용은 논의되지 않고 있으며, 더 나아가 동성애의 확산으로 인한 동성 간의 성매매가 발생하고 있음에도 이에 대한 적용 또한 고려되지 않고 있다.

둘째, 성매매특별법이 특정 형태의 성매매 업소에 국한해 적용되어 왔다는 점이다. 집창촌과 안마시술소 등에서 행해지는 성매매에 집중해 단속이 진행된 반면 노래방, 룸살롱, 이발소, 남성휴게텔 등을 통해 행해지는 성매매에 대해서는 상대적으로 단속이 덜 할 뿐만 아니라 최근 유행하고 있는 1대1 형태의 만남 식 성매매나 인터넷이나 휴대폰 등을 통해 만나는 형식의 성매매에 대해서는 거의 단속이 이루어 지지 못하고 있다.

셋째, 성매매특별법의 단속이 일관성 없이 집행되어 왔다는 점이다. 경찰은 특정 기간이나 시기에 집중해 성매매특별법의 위반여부를 단속해 왔다. 그 결과 성매매 업소 운영자나 성매매를 행하는 자들에게 집중 단속기간만 피하면 된다는 인식을 심어주게 되었으며, 이는 법집행의 일관성을 상실하게 하는 중요한 요인이 되어 왔다. 이러한 문제점이 법 실효성에 대한 의문을 제기하게 되어 법 자체에 이견과 의문이 많은 법을 더욱 회의적으로 만들고 있다.

앞에서 살펴보았듯이 성매매특별법은 제정 당시부터 몇몇 문제점을 가지고 출발하였던 것이 사실이다. 그럼에도 어떠한 방식을 취하든 합리적이고 타당한 방향으로 자리 잡을 수 있는 조치를 취해야 할 것이며, 여기에서 가장 중요한 점은 '성매매가 왜 문제인가?' 에 대해 일반인들이 정확하게 파악할 수 있도록 교육 · 개도하는 것이 필요한 것이며, 인간의 성문제는 극히 개인적이고 비밀스러우며 외부의 간섭을 받지 않아야 할 고유의 영역이라는 점을 내세우며 또 여전히 성매매를 '필요악' 으로 간주하는 남성주의적 사고의 타파가 우선하여야 할 것이다.

4) 남녀차별금지 및 구제에 관한 법률

「남녀차별금지 및 구제에 관한 법률」(약칭 남녀차별금지법)은 1999년 2월에 제정되어 같은 해 7월부터 시행되었으며, 2001년 1월 1차 개정을 거쳤다. 남녀차별금지법은 고용, 교육, 재화 · 시설 · 용역 등의 제공 및 이용, 법과 정책의 집행에 있어서 남녀차별을 금하고 이로 안한 피해자의 권익을 구제함으로써 사회의 모든 영역에서 남녀평등을 실현함을 목적으로 한다.[42]

그러나 본 법은 정부조직법을 개정하여 여성부를 여성가족부(2005년 3월)로 개편함과 동시에 종전 여성부의 사무로 되어 있던 남녀차별 금지 · 구제에 관한 업무를 여성가족부의 사무에서 제외하고, 이를 "국가인권위원회" 에서 수행하도록 함에 따라, 남녀차별의

42) 본 법 제1조

금지 및 구제에 관하여 규정하고 있던 동 법률을 폐지하되, 여성가족부의 업무로 남아 있는 성희롱 방지 교육에 관한 내용은 계속하여 효력을 갖도록 한 것이다.

5. 법 앞에서의 양성평등

지금까지 법제정과 개정에 앞장서 온 여성들의 노력과 운동은 아무리 강조해도 지나치지 않다. 1970년대부터 시작된 가족법 개정운동, 1980년대의 남녀고용평등법 제정운동, 1990년대의 성폭력특별법 제정운동, 가정폭력방지법 제정운동 등은 법 환경을 양성평등하게 하는데 여성들이 힘이 얼마나 컸는가를 가늠하게 한다. 그럼에도 불구하고 여성관련법에는 아직도 해결해야 할 점들이 남아있다. 진정한 의미의 양성평등으로 나아가는데 있어 마지막 법적 기초작업에는 어떠한 것들이 있는가를 살펴보고자 한다.

첫째, 법의 적용성을 높여가야 할 것이다. 아무리 양성평등한 법을 만들어도 현실의 가부장적 성격은 쉽게 바뀌어 나가고 있지 않다. 법의 현실적용력을 높이기 위해서는 법 수준에 맞는 의식개혁이 이루어져야 할 것이다.

둘째, 법의 현실직용력을 높이기 위해서는 법적 처벌규정을 체계적으로 강화할 필요가 있다. 법적 실효성을 높이는 가장 효과적인 방법으로는 그 법을 지키지 않았을 때 가해지는 제재력이다. 특히 남녀고용평등법은 그 제재력이 미약하여 그 실효성을 의심스럽게 한다.

셋째, 법률의 기초가 되는 윤리나 가치의 여성주의적 시각이 필요하다. 지금까지 기존의 법은 남성을 인간의 기준으로 삼아 남성의 가치관에 의해 만들어졌다고 볼 수 있다. 양성평등한 법의 완성을 위해서는 여성의 관점과 경험, 가치관에 대한 검토가 필요한 것이다.

넷째, 법의 제정과 개정은 정치적인 행위이다. 따라서 양성평등적 요소를 갖는 법의 제정과 개정을 효율적으로 이루기 위해서는 여성의 정치세력화가 필요하다. 여성의 정치세력화는 여성 정치인을 배출하는 직접적 정치세력화 뿐만 아니라 정치인들로 하여금 양성평등적 정책을 수립해 나가도록 영향력을 행사할 수 있는 간접적 정치세력화도 병행되어야 하는 것이다.

생각해 볼 문제

1. 동성동본 금혼제도가 위헌인 이유에 대해 생각해 봅시다.
2. 호주제에서 문제가 되었던 점들에 대해 생각해 봅시다.
3. 가족관계의 등록 등에 관한 법률의 제정 이유에 대해 생각해 봅시다.
4. 노동관련법의 여성보호규정에 대해 생각해 봅시다.

08 Chapter

여성과 정책

여성정책이란 정치 · 경제 · 사회 · 문화 등 모든 분야에서 여성의 지위와 권익을 향상시켜 남녀가 평등한 사회를 이룩하려는 포괄적인 국가정책을 의미하는 것이다. 1980년대까지 정부의 여성정책은 요보호 여성 중심의 '부녀복지'나 '가정복지'의 차원에서 다루었으나, '부녀복지'의 의미가 주로 요보호 여성을 대상으로, '가정복지'는 보호대상 가족을 중심으로 시행하는 복지정책이라 한다면, 여성정책은 보호대상 여성뿐만 아니라 일반여성에게까지 확산된 정책을 실시함으로써 여권론적 시각에서 사회적 상황과 남녀평등을 달성하려는 현대여성의 욕구를 포함한다고 볼 수 있다.

1. 사회의 변화와 여성정책

1) 여성정책이란?

산업사회에서 나타나고 있는 사회변화 유형들 중에서 성역할, 특히 여성의 역할 변화가 두드러진다. 이러한 변화는 여성이 노동시장의 노동력으로 투입된 결과이며, 자녀 수의 감소, 출산율의 저하 및 노동시장의 유형변화에서 비롯되었다고 본다. 여성의 사회참여에 따른 환경 변화는 여성정책의 변화를 요구하고 있다.[1]

사회변화에 따른 사회정책의 수립이 필연적으로 요구되는 과정에서 특히 여성정책이 강조되는 사회적 배경은 다음과 같다. 첫째, 사회변화에 따라 현대사회의 인간들은 한편으로는 풍요해지고 자립적이 되는가 하면, 다른 한편으로는 생의 위기에 빠질 위험성이 증대되는 역설적인 상황에 직면해 있다. 전통사회의 가족이 수행했던 제반 복지기능을 현대가족이 해결하지 못하므로, 사회적으로 불리한 위치에 있는 여성에 대한 복지가 간과되기 쉽다. 따라서 가족 내의 매맞는 여성, 성폭력 피해여성, 모자가정의 어머니, 미혼모 등이 발생할 수 있는 개연성을 줄이기 위한 예방대책과 더불어 사후치료를 위한 사회복지 서비스 제도가 강화되어야할 필요성이 있는 것이다.

둘째, 산업화에 다른 여성의 경제활동 참여율은 증가추세를 보이고 있음에도 불구하고, 여성에 대한 차별문화가 뿌리 깊게 퍼져 있는 현 사회구조에서 현행법, 제도에서 여성에 대한 불평등 조항이 많아 이에 대한 해결이 시급한 과제이다. 1989년에 개정된 가족법을 비롯하여 여성의 의사결정직에의 참여 방안, 취업과 관련된 남녀평등법의 실현방안, 아동보육제도, 가사노동의 평가방안 등의 확립이 시급한 과제로 남아 있다.

이러한 문제들이 여성들 개인의 문제라고 결론지울 수 없다는데 여성을 위한 사회정책의 필연성이 존재한다. 즉 여성정책이란 정치, 경제, 사회, 문화 등 모든 분야에서 여성의 지위와 권익을 향상시켜 남녀가 평등한 사회를 이룩하려는 포괄적인 국가정책을 의미하는 것이다. 1980년대까지 정부의 여성정책은 요보호 여성 중심의 '부녀복지' 나 '가정복지' 의 차원에서 다루었으나, '부녀복지' 의 의미가 주로 요보호 여성을 대상으로, '가정복지' 는 보호대상 가족을 중심으로 시행하는 복지정책이라 한다면, 여성정책은 보호대상 여성뿐만 아니라 일반여성에게까지 확산된 정책을 실시함으로써 여권론적 시각에서 사회적 상황과 남녀평등을 달성하려는 현대여성의 욕구를 포함한다고 볼 수 있다.[2]

여성정책은 때로는 가족정책과 구분되지 않고 사용되고 있다. 여기서 가족정책을 '가족을 강화하고 가족을 단위로 하여 대부분의 가족구성원이 제대로 생활할 수 있는 여건

1) 여성한국사회연구소 편(2000), 『새로 쓰는 여성과 한국사회』, 사회문화연구소.

2) 변화순(1992), "국가정책과 여성", 『여성연구』, 제9권3호.

을 만들어 주기 위한 정책' 이라고 정의할 때, 가족제도의 유지여부, 자녀양육, 가정 내의 남녀평등 증진, 아동보육시설의 확충 등은 건강한 가족을 위한 정책과 대책이라고 할 수 있다. 이렇게 볼 때 가족정책과 여성정책은 중복되는 부분이 많으나, 동일한 정책이라 할지라도 가족구성원에 미치는 영향을 분석한다면 가족정책에 포함되며, 여성의 지위에 영향을 미치는 영향을 분석한다면 여성정책에 포함시킬 수 있는 것이다.

2) 여성정책의 관점

일반적으로 복지국가에서 실시하고 있는 여성정책을 관점에 따라 분류하면 복지주의적 여권주의, 자유주의적 여권주의, 사회주의적 여권주의, 급진적 여권주의로 나누어 볼 수 있다.

(1) 복지주의적 관점

복지주의적 여권주의의 기반은 여성의 가사노동과 남편에 대한 경제적 의존으로 특정지어지는 가족이라고 볼 수 있다.[3] 즉 안정된 결혼, 여성의 가사노동이 기본 전제인 것이다. 실제로 복지주의적 여권주의는 출산에 관련된 복지급여로 인하여 직장여성이 불이익을 받지 않고 안정된 환경에서 사회적 재생산에 기여할 수 있도록 만든다는 점에서 직장여성의 복지욕구를 해소시켜 줄 수 있으며, 현실적으로 가족보호의 일차적 책임자의 역할을 하고 있는 여성의 상황을 있는 그대로 받아들이고 그러한 여성이 좀 더 가족보호의 책임을 잘 담당할 수 있게끔 도와줌으로써 여성이 현실에서 누리는 불이익을 점진적으로 해소할 수 있는 실용적인 전략이라 할 수 있다.

그러나 복지주의적 여권론은 다음과 같은 점에서 비판을 받고 있다. 즉, 여권주의의 여성억압에 대한 이해와 전략의 기층에 흐르는 전제가 여성의 신체적 특징이 여성의 역할을 결정한다는 것을 당연히 받아들이고 있는 것이며, 점진적 개혁의 방향이 여성의 사회적 재생산의 가치를 하락시키는 근본적인 사회경제적 구조에의 도전으로 이어지지 못하

3) 정재훈(1988), 「복지페미니즘의 이데올로기적 특성에 관한 연구」, 서울대 석사학위 논문.

고 기존의 사회경제적 질서 내에서 여성의 사회적 재생산의 역할을 더욱 잘하도록 도와주는데 그치고 있다는 점에서 기존의 남녀역할 분담을 오히려 강화시킨다는 점이다.

(2) 자유주의적 관점

여성의 억압은 성차별과 법 앞에서의 불평등에서 비롯된다고 보기 때문에 이를 해결하기 위한 참정권, 교육과 고용 등의 법적인 평등을 주장하였던 초기의 자유주의적 여권주의는 복지국가의 발달과 함께 복지제도 내에서 여성에 대한 편견과 역할에 대한 고정관념으로부터 비롯되는 각종 차별적 조항을 폐지하고 사회복지법 하의 남녀평등을 달성하여 여성에게 평등한 기회와 권리를 제공할 수 있는 개혁을 시도하는 노력으로 이어졌다.[4]

고용의 경우를 한정지워 평가해 볼 때, 여성들은 고용의 기회에 접근하는데 있어서는 평등을 부여받았지만 자신들의 경력이나 가정에서의 역할 때문에 실직적인 평등의 기회는 얻지 못했다는 비판을 받고 있다. 또한 교육에 있어서도 기회의 평등에 수반되는 교육내용 및 과정에 있어서의 남녀학생에 대한 평등한 조치가 따르지 않는 여건에서 평등이 성취되었다고 볼 수는 없는 것이다. 결론적으로 여성이 법적으로는 남성과 평등해진 듯 보이고 있으나 사회구조적으로는 불평등한 현실이 지속되고 있으며, 불평등한 원인을 법적인 요인으로 축소시켜버림으로써 근본적인 개혁을 달성할 수 없도록 한다는 비판을 면할 수 없는 것이다.

(3) 사회주의적 관점

사회주의적 관점은 1960년대 자본주의에 대한 재비판이 등장하고 사회주의 운동이 시작되면서 사회주의 시각을 여권주의에 도입한 것이다. 즉 자본주의가 남녀 간의 성차별을 가져오는 가부장제와 결합하여 남성이 경제적인 생산부문을 통제함으로써 여성을 경제적으로 남성에게 의존하도록 만들고 결국 여성의 주된 역할이 사회적 재생산의 역할로 제한되도록 만든다는 것이다.

따라서 사회주의적 여권주의에서 주장하는 여성복지전략은 기본적으로 여성이 전형

4) 박경숙(1993), 「복지사회와 여성」, 『21세기와 여성』, 한국여성개발원.

적인 사회적 재생산의 역할에서 벗어날 수 있도록 하는 것이며, 구체적으로 이러한 노력은 사회보장 분야에서 여성에게 독립적이고도 남성과 동등한 수혜자격을 부여하는 것, 남성과 여성, 아동으로 구성되는 전통적 가족형태를 전제로 한 복지혜택을 비전통적인 편모, 편부, 독신가정에게로 확대하는 것, 출산이나 아동, 장애인, 노인을 보살피는 것에 대한 휴가나 금전적 복지혜택을 남성에게도 확대하고 양육의 사회화를 실시하여 가족 양육부담이 여성의 신체적 특성에 연계되는 것을 방지하는 것 등을 들 수 있다. 그러나 이러한 전략은 현실을 무시한 이상주의적인 것으로 오히려 여성에게 불이익을 가져다준다는 비판을 받고 있다.

(4) 급진적 관점

급진적 여권주의는 여성을 출산의 임무에서 해방시키는 것을 목표로 하고 있다. 국가는 남성위주로 구성되어 있으며 가부장제의 이익을 대표하므로 국가가 여성의 해방을 위해 일해 줄 것을 기대하기 어렵다는 것이다. 따라서 그들이 의도하는 성혁명을 위한 과도기적 전술로서 복지국가의 서비스를 여성을 위해 이용하려는 시도를 찾아 볼 수 있다.

이러한 관점은 성폭력, 가정 내에서의 폭력 등에 대해 사회적 관심을 고취시키는데 중요한 역할을 하였지만 생물학적 결정론에 빠져 가부장제 이외에 자본주의 체계의 모순을 밝히지 못하고 있다는 비판을 받고 있다.

이렇게 여성정책을 보는 시각과 정책적 대안은 다양하게 나타나고 있다. 현대국가에서는 일반적으로 제반의 관점의 정책을 혼용해 시행하고 있고, 채택하고 있는 정책에 따라 여성정책의 특징이 드러나고 있는 것이다.

2. 여성정책의 변화

1) 유엔의 여성발전 전략

유엔은 1947년 '여성지위위원회'를 설치하고 여성의 지위향상 및 권익신장을 위한 권고를 종합적으로 추진하였다. 본 위원회는 1975년을 '세계여성의 해'로 선포하고 세계여성회의를 소집하여 평등, 발전, 평화의 이념 아래 고용, 교육, 보건 분야를 통해 각국 정부에 남녀평등의 실현과 복지의 증진을 통한 여성발전을 촉구한 '유엔여성10년'(1976~1985)행동계획을 채택하였다. '유엔여성 10년'은 '평등 · 발전 · 평화'라는 목표아래 진행되었지만, 유엔 초기에 비추어 볼 때 여성의 개인적 권리와 평등보다는 경제적 · 사회적 발전에 있어서의 여성의 역할로 초점이 옮겨갔다고 본다. 이 기간에 유엔은 여성의 권리장전이라 할 수 있는 '여성차별철폐협약(Convention on the Elimination of All Forms of Discrimination Against Women, CEDAW)'을 1979년 12월18일 채택하였고 1981년부터 효력이 발생하였다. 또한 '유엔여성 10년'이 마감되는 1985년에는 케냐의 나이로비에서 제3차 세계회의를 소집하여 10년간 각국의 업적들을 평가하고 새로운 전략인 '2000년을 향한 여성발전전략'을 채택하였다. 본 전략은 각국 정부 민간단체, 개인으로 하여금 국가간, 지역간 협력을 통하여 여성의 발전을 도모케 하였다.

1990년대 들어서면서 유엔은 여성과 관련하여 유엔 주관 국제회의에서 채택된 선언 및 행동계획에 여성관련 주요 쟁점을 반영시켰다. 그 예로 1992년 유엔환경개발회의에서 채택된 「환경과 개발에 관한 리우선언」과 「의제21(Agenda21)」에서는 환경과 개발에 관한 문제를 논하면서 여성의 참여를 중요한 사항으로 명시하고 있다. 1993년 세계인권회의에서 채택된 「비엔나 인권선언 및 행동계획」에는 여성과 관련하여 '여성과 여아의 인권은 불가양, 불가결, 북가분한 보편적 인권의 한 부분'이며 '국가, 지역, 국제차원에서 여성의 정치, 시민, 경제, 사회, 문화생활에의 동등한 참여와 모든 성차별의 철폐를 국제사회의 우선 목표'로 설정하고, '성별에 기초를 둔 폭력과 모든 형태의 희롱 및 착취는 근절되어야 한다, 고 선언하고 있다.

1995년 사회개발 정상회의에서 채택된 「코펜하겐선언」 및 「실천계획」에서는 남성보다 더 많은 여성이 절대적 빈곤 속에서 산다는 것, 그들이 빈곤, 사회적 분열, 환경파괴, 전쟁의 결과에 대한 문제 해결에 평등하게 참여하고 있지 않다는 것, 사회적, 경제적 발전이 여성의 완전한 참여 없이는 지속적으로 이루어질 수 없다는 것을 인식하고 있다.[5]

최근 여성문제를 주요 의제로 다룬 국제회의는 1995년 제4차 북경세계여성회의[6]이다. 「북경선언」[7]과 「행동강령」[8]은 지난 10여 년간 여성의 지위가 다소 향상된 면은 있으나 남녀불평등 현상이 아직 존재하고 있음을 인식하고 여성의 발전 및 힘의 증진을 위해 헌신할 것을 다짐하였다.

여성의 힘의 증진과 완전한 참여는 평등, 발전, 평화 달성의 전제조건이며 이를 보장하기 위해서는 평등권, 자원에 대한 동등한 기회와 접근, 남녀의 가족에 대한 책임의 공유와 조화로운 동반자적 관계의 설립이 필수적이다. 그 바탕 위에 빈곤과 개발, 여성의 인권, 인류의 평화 등 주요 관심분야에서의 여성의 지위향상 및 힘의 증진을 위한 정책과 프로

---

5) 김선욱 · 윤덕경(1996), 「북경여성의 행동강령이행을 위한 정책과제 연구」, 한국여성개발원.

6) 1995년 9월 4~15일에 중국 베이징에서 개최된 제4차 세계여성회의는 여성인권증진에 있어 역사적이고 획기적인 전기가 마련된 회의였다. 1985년의 제3차 세계여성회의 이후 10년만에 열리는 세계대회였던 만큼 '나이로비 여성발전미래전략'의 이행 정도를 점검하고, 21세기까지 여성의 발전을 위한 국제적 목표와 기준을 마련하게 될 회의였다. 또한 여성의 권익신장에 대해 그 이전에 개최된 세계회의, 즉 비엔나 인권회의(1993), 카이로 인구개발회의(1994), 사회개발정상회담(1995년 3월) 등에서 이룩했던 성과를 더욱 다지고 새로운 활약을 마련하는 기회이기도 했다.

7) 베이징 선언은 그 앞부분에 "남녀의 평등한 권리와 인간으로서의 고유한 존엄성, 유엔헌장 및 기타 국제인권협약"(문단 8)에 대한 공약을 재확인하고 있다. 또한 비엔나 대회에서 합의한 대로 "양도할 수 없고, 필수불가결하며 불가분한 모든 인권의 한 부분으로서의 여성과 여아의 인권과 기본적인 자유에 대한 완전한 이행"(문단 9)을 약속하고 있다. 아울러 "평등한 권리는 (여성들의) 안녕과 가족의 안녕, 그리고 민주주의를 공고히 하는데 필수적이다"(문단15)라고 천명하고 있다. 또한 여성들이 자신의 출산을 조절할 권리(문단 17), 여성과 여아가 모든 인권과 기본적인 자유를 완전히 향유할 수 있도록 도모하고, 이러한 권리와 자유의 침해에 대한 효과적인 조치(문단 23), 여성과 소녀에 대한 모든 형태의 폭력의 방지와 철폐(문단 29)와 더불어 "인종, 나이, 언어, 종족, 문화, 종교 등의 요인으로 혹은 장애인이나 원주민이라는 이유로 인권을 누리는 데 여러 가지 장애를 받는 여성과 소녀들을 위한 노력을 집중할 것"(문단 32)을 강조하였다. 한국여성개발원(1995), 「제4차 세계여성회의 북경선언, 행동강령」, 한국여성개발원.

8) 행동강령은 '전략목표와 행동'이라는 제목 하에 12개 관심분야에 있어서 국제사회와 각국 정부, 시민사회가 해야 할 행동을 구체적으로 기술해 놓은 부분이 핵심이다. 12개 관심분야는 ①여성과 빈곤 ②여성의 교육과 훈련 ③여성과 보건 ④여성에 대한 폭력 ⑤여성과 무력분쟁 ⑥여성과 경제 ⑦권력 및 의사결정과 여성 ⑧여성향상을 위한 제도적 장치 ⑨여성의 인권 ⑩여성과 미디어 ⑪여성과 환경 ⑫여아 이다.

그램을 입안, 이행하고 모니터하는 일의 중요함이 강조되었으며, 이와 관련하여 여성단체, 지역사회단체 등 시민사회의 모든 활동주체들의 역할을 강조하였다.

한편 1998년 43차 유엔여성지위위원회는 피해여성이나 대리단체가 협약에 보장된 여성권한이 침해되거나 성차별을 받은 경우에 유엔 여성차별철폐위원회에 이를 진정하고 심사를 거쳐 침해국가에 답변을 요구할 수 있도록 한 '선택의정서'를 채택하였다. 선택의정서는 이 협약을 실행하기 위해 따라야 하는 것으로, 이것 자체가 비준을 요구하는 국제조약이다.[9]

2) 한국의 여성정책

일반적 개념의 여성정책이 한국에서 자리잡기 시작한 것은 1975년 유엔의 '세계여성의 해' 제정 이후로 볼 수 있다. 물론 그 이전에도 요보호여성을 위한 복지 차원의 정책들이 일반적인 사회정책의 부분으로 다루어져 왔으나 여성만을 위한 독자적인 것은 아니었다. 1985년 여성정책심의위원회가 채택한 「여성발전기본계획」과 「남녀차별개선지침」은 여성정책이 국가정책으로 통합되는 중요한 계기라 할 수 있다.[10]

(1) 시기별 여성정책

한국의 여성정책의 시기별 구분은 정부의 통치시기와 일치시켜 준비기 전 단계(1948~1974), 준비기(1975~1987), 통합기(1988~1992), 정착기(1993~1997), 확산기(1998~2002)로 나누어 볼 수 있다.

① 준비기 전 단계

1948년 7월 17일 대한민국 정부가 수립되면서 행정조직은 미군정 하의 것이 그대로 이어졌으나 여성관련 행정조직은 조금 확대되었다. 중앙기구로 사회부 내에 '부녀국'을 두었고, 부녀국에는 지도과와 보호과를 두어, 지도과에서는 여성의 지도와 교양에 관한 사항

9) 한국여성단체협의회(1999), 『여성』, 372호.

10) 권영자(1995), "한국의 여성정책에 관한 연구", 성신여자대학교 박사학위 논문.

을, 보호과에서는 아동의 보육과 보호시설에 관한 사항을 담당했으며 모자보건에 관한 업무는 보건부 내의 보건국 보건과에서 담당하였다.

1955년 사회부와 보건부가 보건사회부로 통합되자 기존의 지도과, 보건과는 부녀과, 생활과, 아동과로 부서 명이 바뀌게 되었다. 이 때는 6.25 전쟁 후로 전쟁으로 인해 발생한 전쟁 미망인과 윤락여성에 대한 대책이 시급한 과제였고 따라서 정부는 '국립모자원' 등을 설치하여 이들의 직업선도와 구호 및 보호에 주력하였다.

산업화 정책이 시작된 1960년대 들어서 여성관련정책은 입법조치와 기구개편에 따라 그 영역의 확대를 가져온다. 1961년 보건사회부가 개편되면서 노동국 기준과가 여성과 소년의 노동에 관한 특별한 보호업무를 담당하였다. 동년 11월에는 「윤락행위 방지법」이, 12월에는 「아동복지법」이 제정 공포됨에 따라 1962년에는 요보호여성에 대한 직업보도소, 부녀상담소, 여성회관 등 부녀복지시설이 설치 · 운영되었다. 1963년에 보사부 부녀국이 부녀아동국으로 개편되면서 부녀과와 아동과로 분리되었고, 주요업무는 여성의 지도 및 계몽에 관한 사항, 여성보호 및 시설에 관한 사항, 윤락여성 선도에 관한 사항, 여성문제의 상담에 관한 사항 등이었다.

1970년대는 노동청에 근로기준 담당관실이 만들어져 근로부녀소년 보호업무를 담당함으로써 여성근로자의 권익보호에 본격적으로 착수할 수 있게 되었다. 1972년에는 이를 근로기준관실로 개칭하고 부녀소년관을 두게 된다.[11]

② 준비기

1983년 4월에 개원된 '한국여성개발원' 은 국가차원에서 설립된 최초의 여성전담 연구기관으로 그 동안 여성에 관한 연구 조사와 여성발전을 위한 중장기계획을 작성하여 관련기관에 정책을 제안하였으며 여성의식 교육 인력개발 및 취업여건 조성, 단체활동지원 등 프로그램 개발과 시범사업을 실시해 오고 있다. 또한 동년 12월에는 국무총리 정책 자문기구로 '여성정책 심의 위원회' 가 발족되었다. 이는 정부 기구의 명칭에 "여성정책" 이라는 용어를 사용했다는 점에서 주목받을 만하다.

한편 이 기간 동안은 국가제도의 개선을 시행하였으며, 국가의 계획으로는 유엔여성차

11) 한국여성개발원(1994), 「UN과 ILO의 여성관계조약과 한국여성노동관계법의 비교연구」, 한국여성개발원.

별철폐협약에 비준하였으며(1984년), 여성발전기본계획 수립(1985년), 2000년을 향한 국가장기발전구상 여성부문 포함(1987년)수립을 통해 이전에 비해 체계적인 여성정책을 수립하였다.

③ 통합기

통합기에는 '제6차 경제 · 사회발전계획'에 여성발전계획의 통합, 각급 정책계획 및 결정과정에의 참여, 법제정 및 제도화 등이 시행계획으로 되어 있다. 특히 1988년 6공화국의 출범과 함께 여성정책 전담 정부기구인 제2정무장관실이 설치되어 여성문제를 본격적으로 정책화할 수 있는 기반을 마련하였다. 동년 6월에는 전국의 14개 시 · 도에 가정복지국을 설치하고 국장을 모두 여성으로 보하였으며, 1991년에는 전국 169개 시 · 군에 가정복지과를 설치하고 역시 여성으로 과장을 보하는 등 대폭적인 기구개편과 고위 여성 공직자의 임명이 이루어졌다.

이 시기에는 가족에서의 남녀평등, 여성의 복지증진을 통한 삶의 질의 향상을 위한 정책을 수립하였다.

④ 정착기

정착기에는 복지사회의 구현을 중점 목표로 하여 여성인력의 자원화 및 동력화, 의식의 변화, 동반자 시대의 정착, 복지제도 확립 등이 계획되었다. 국회 내에는 여성정책이 보다 실제적으로 수행될 수 있도록 하기 위하여 여성특별위원회(1994년)를 설치하였고, 국가계획으로는 근로여성기본계획을 수립(1993년)하였고, 영유아 보육사업확충 3개년 계획을 수립(1994년)하였다. 이 기간 동안 괄목할만한 사실은 제4차 북경 세계여성회의 이후 후속작업으로서 세계화추진위원회가 여성사회참여를 위한 10대과제를 수립(1995년), 추진하였고, 1998년부터 2002년까지 시행될 제1차 여성발전기본계획을 수립하였다는 것이다. 정착기 이전의 시기가 여성정책의 종합적인 시행을 위한 여건의 조성기였다면 정착기 동안은 실제적으로 사회제도 및 관행의 평등을 향한 노력이 뒤따라야 하는 단계였다.

⑤ 확산기

1998년 출범한 국민의 정부는 여성정책 담당부서인 '여성특별위원회'를 대통령 산하에 두고 여성정책을 효율적으로 계획 · 실행될 수 있도록 하였으며, 중앙정부 6개 부처에 여성정책담당관실을 신설하여 여성관련정책이 보다 효율적으로 집행될 수 있도록 하였다. 2001년 1월 29일에는 '여성부' 가 신설되어 기존의 여성관련정책을 계획 · 실행하도록 하였으며, 보건복지부로부터 가정폭력, 성폭력 피해자의 보호, 윤락행위 등의 방지업무 및 일제하 일본군 위안부에 대한 생활안정지원 사무를 이관 받았다.

이 기간 동안은 실질적 의미의 남녀차별을 제거하기 위해 「남녀고용평등법」에 성희롱 조항을 삽입한 점과 「남녀차별 금지 및 구제에 관한 법률」과 「여성기업 지원에 관한 법률」을 제정하였다. 2002년으로 끝나는 확산기의 여성정책은 정책수행 방향에 있어 여성발전기본법에 따른 여성정책 기본계획을 단계적으로 이행해야 하며,[12] 현행 여성관련법과 사회변화 사이에 나타나는 불협화음에 대한 부분 개정이 필요하다.

(2) 행정조직

시대의 변화를 수용하며 여성정책을 보다 효율적으로 수행하기 위해 국민의 정부 하의 여성관련 행정조직은 대통령 직속으로 '여성특별위원회' 를 설치하고 6개의 중앙부처에 여성정책담당관을 둠으로써 여성정책을 제반 사회정책에 주류화시키는 작업을 추진할 제도를 갖추었다.

국민의 정부 초기의 여성문제 관련 행정부서로는 중앙정부의 대통령 직속 여성특별위원회와 6개 부처(행정자치부, 법무부, 노동부, 보건복지부, 교육부, 농림부)에 여성정책담당관실이 있었다. 대통령 직속 여성특별위원회는 15인으로 구성된 합의제 행정기구로서 위원장, 상임위원 1인, 비상임위원 13인(관계부처 차관 6인과 민간 여성전문가 7인의 위촉)으로 구성되었으며, 사무처는 총 40명으로 구성되었다. 본 '특위' 의 주요기능으로는 여성정책에 대한 종합적인 기획, 조정, 여성발전기본법 상의 기본시책 시행을 위한 제반조치, 남녀평등 촉진 및 여성발전을 위한 정책개발, 여성의 지위향상과 관련한 대통령

---

12) '여성부' 는 「2002년도 여성부 업무계획」 대통령 보고(2002년 2월 6일)에서 제1차 여성정책기본계획의 실시기간(1998~2002)이 금년도에 만료됨에 따라 여성정책의 목표와 방향을 새롭게 정립하기 위한 제2차계획(2003~2007)을 수립하였다고 보고하고 있다. 제3차 여성정책기본계획('08년~'12년)은 지난 10년 간의 여성정책 성과와 새로운 정책 환경의 요구를 반영하여 지속가능한 성평등 사회를 위한 보다 적극적이고 다각적인 여성정책의 위상을 정립하고자 이행 중에 있다.

자문 등을 수행하였다.

여성정책 추진체계로는 앞의 6개 부처에 여성정책 담당관실이 설치, 운영되었다. 기타 16개 광역 지방자치단체에는 여성정책관과 여성개발담당관실(서울특별시)을 위시해 명칭은 지역에 따라 차이가 있지만 복지관련 부서 내에 여성국(局) 혹은 실(室)을 두었으며, 여성정책과, 여성복지과, 가정복지과에서 구체적 업무를 담당하였었다.

앞선 여성관련 행정조직은 2001년 들어 '여성부' 가 신설됨으로써(2001년 1월 29일) 기존의 여성관련 조직이 하나로 통합되는 시대를 맞이하였다. 그 조직을 살펴보면, 장관 아래 차관이 존재하며, 그 하위 조직으로 여성정책실, 차별개선국, 권익증진국, 대외협력국의 4개의 국(局)[13]이 실무를 담당하고 있다. MB정부 하에 2010. 03. 19. 여성가족부로 재출범하여 여성, 가족 · 청소년 정책 및 건강 가정사업을 위한 아동업무(2실 2국 2관 1대변인 22과, 정원 211명)를 관장하고 있다.

3. 여성정책 추진 내용

1) 여성정책의 기본목표

여성정책의 기본목표는 「여성발전 기본법」에 근거를 두고 있다. 「여성발전 기본법」은 제4차 북경 세계여성대회의 목표와 행동강령이 지향하는 바와 같다. 따라서 여성발전 기본법에 제시된 바와 같이 그 목표를 남녀평등의 촉진, 여성의 사회참여의 확대, 여성의 복지 증진에 두고 있다.

이 정책의 특징은 첫째, 국가정책에 성 인지적 관점을 통합하고, 둘째, 여성의 힘의 증진을 통한 대표성을 높이는 방안을 모색하며, 셋째, 지역 · 계층 간 여성발전의 형평성을

13) 여성정책실에는 기획관리과, 정책총괄과, 정책개발평가담당관실, 인력개발 담당관실의 2과, 2실이 있으며, 차별개선국에는 조사1과와 조사2과가 실제 업무를 담당하고 있다. 권익증진국에는 권익기획과와 폭력방지과가, 대외협력국에는 협력지원과와 국제협력담당관실이 있어 실무를 담당하고 있다.

제고하며, 넷째, 정보화 시대에 여성의 경쟁력을 강화하며, 다섯째, 여성에 대한 복지서비스를 효율적으로 시행할 수 있도록 전달체계의 효율성을 강화하려 한 점을 들 수 있다.[14]

정부는 제1차('98년~'02년) 및 제2차('03년~'07년) 기본계획 기간 동안 양성평등을 위한 법제도를 구축하였고, 성차별적 요소를 약화시켜 실질적 성평등의 기틀을 마련하려 하였다. 여기에서 더 나아가 제3차 여성정책기본계획('08년~'12년)은 지난 10년 간의 여성정책 성과와 새로운 정책 환경의 요구를 반영하여 지속가능한 성평등 사회를 위한 보다 적극적이고 다각적인 여성정책의 위상을 정립하고자 하였다.

2) 여성정책의 새로운 환경과 대응

(1) 여성정책의 새로운 환경

① 여성정책 담당 조직을 비롯한 행정환경 변화

MB정권의 출범과 새 정부의 국정지표에 따라 일부 정책과제의 조정과 주변 경제환경 변화에 따른 여성일자리 창출에 중점이 두어지는 등 정책여건에 변화가 발생하였다.

② 여성의 경제활동에 대한 요구 증대

출산 자녀 수의 감소로 인해 여성의 생애주기에서 자녀양육에 대한 비중이 줄어드는 대신 맞벌이에 대한 선호가 높아져 여성의 경제활동 참여 요구가 증대되었다. 주요 선진국의 경우 1만불에서 2만불로 증가하는 시기에 여성의 경제활동참여율이 9% 이상씩 급격히 상승하고 있으나 한국의 경우 1만불 시점인 95년 51.4%에서 2만불을 돌파한 '07년 54.8%로 겨우 3.4% 증가하는 데 그치고 있다.

한편 경제활동을 통해 여성이 경제적 주체로서 국민연금 등 사회안전망에 기여하고 안정적 노후를 영위하는 생애주기 설계가 가능한 사회보장구조로 진화 중에 있다고 할 수 있다. 2008년 9월 현재 국민연금가입자의 남녀비율을 보면 남성가입자가 11,429,813명인데 비해 여성가입자는 6,993,202명으로 57%에 불과하다. 또한 저출산, 고령화 등 인구구

---

14) 여성한국사회연구소(2000), 『새로 쓰는 여성과 한국사회』, 사회문화연구소.

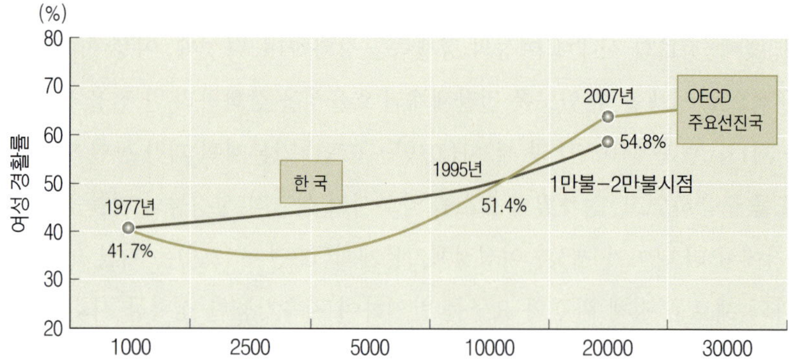

그림 8-1 | 1인당 국민소득과 여성경제활동참가율 비교

출처 : OECD 기준 여성경제활동참가율(2007)

조의 변화로 인한 생산가능 인구의 감소로 양질의 여성인력에 대한 수요가 증대하고 있다.

③ 노동시장과 여성의 직업여건 변화

이미 앞선 장에서 살펴보았듯이 선진국과는 달리 출산 · 육아로 인한 경력단절 현상이 개선되지 않아 여성경제활동참여율에 전형적인 M 커브 현상이 아직도 나타나고 있다.

한편, 지식기반경제로의 발전과 노동시장의 유연성 증대 경향은 여성인력에게 근무조건과 경력의 제약을 극복하고 능력에 따라 시장의 선택을 받을 수 있는 폭넓은 기회를 제공할 여지가 커졌음을 의미한다. 즉 정보통신기술의 발달로 시공간의 제약을 극복할 수 있는 환경이 조성됨에 따라 근무형태의 유연성과 탄력성이 확대된 점을 지적할 수 있다.

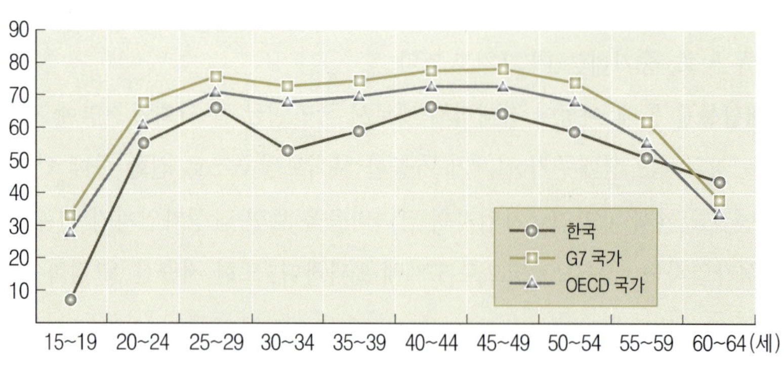

그림 8-2 | 한국과 OECD 주요국가 연령별 여성경제활동참가율 비교

출처 : OECD 통계(2007)

그러나 다른 한편으로는 여성의 고학력화와 노동시장의 성차별이 완화되어 감에 따라 고임금 전문직 여성 취업이 증가하기도 하지만, 조건이 열악한 비정규직이나 하향 취업 현상도 강화되어 여성일자리의 양극화가 심화되었음 또한 사실이다.

④ 가족기능의 변화

여성의 취업이 증가하고 남성의 가사노동 분담에 대한 인식이 달라지는 등 가족 내 성역할 분담모형이 변화된 점을 지적할 수 있다. 또한 삶의 질 향상을 위해 일과 가정을 양립할 수 있는 직장문화와 사회환경 조성이 요구되고 있으며, 고령화로 인해 길어진 노년기를 취업 지속, 사회봉사 등 생산적으로 활용하고자 하는 욕구가 증대하고 있으며, 가족관계와 개인 가치관의 변화에 따라 그동안 가족이 담당해 온 보육, 노인수발 등 돌봄노동의 사회화를 위한 제도구축이 요구되고 있다.

⑤ 다양성과 차이에 대한 사회적 수용력 증대

호주제가 폐지되고 가족관계등록부제를 시행하게 됨에 따라 남녀의 가족관계상 제 법률적 지위가 실질적으로 확립되었으므로 이전에 비해 여성이 누릴 수 있는 권리가 강화된 반면 책무도 증가하였다.

한편, 한부모가족, 외국인과의 결혼 등 다양한 형태의 가족에 대한 사회적 수용과 지원의 폭이 확대되었고, 국제결혼, 취업이민 등 이주민 증가에 따라 다양한 문화를 수용해야 하는 사회적 필요가 확대되고 이를 위한 정책적 대응이 요구되고 있다.

(2) 추가된 주요정책 과제

① 여성인력의 활용

- 청년 여성의 경력개발 지원을 위한 온라인 여성 취업정보망 활성화 : Women Work-net 기능강화 및 여성 취업 기관 간 net-work을 구축하고 있다.
- 경력단절 여성의 취업지원 인프라 구축
  - 「경력단절 여성 등의 경제활동촉진법」 제정('08.06.05. 공포, '08.12.06. 시행)
  - 경력단절 여성 one-stop 취업지원시스템 구축
  - 여성회관 등을 여성직업교육훈련기관으로 기능 전환 추진

• 여성일자리 확대 정책

- 「여성새로일하기센터」 및 「여성새로일하기지원본부」 설치 · 운영

• 여성의 사회적 활동에 대한 사회적 지지 기반 강화

- 육아기 근로시간 단축제, 육아휴직 분할사용 허용 등 육아휴직 활성화
- 보육서비스 이용시간에 따라 보육료 차등 지원 검토
- 동네 품앗이 육아망 구축 등 다양한 보육서비스 개발 · 보급
- 다태아 근로자에 대한 산전후휴가 및 육아휴직기간 연장 등 우대방안 마련.

② 여성의 권익보호

• 미성년 미혼모의 학습권 보장을 위한 시책 추진

- 출산 후 학업을 계속 할 수 있는 사회적 여건 조성

• 성폭력 · 가정폭력 피해자 지원 및 가해자 처벌 강화

- '여성폭력방지 지역협의체'를 '아동 · 여성보호 지역연대'로 개편

• 가정폭력 등 피해 이주여성 보호 및 지원

- 「이주여성긴급지원센터 1577-1366」 강화 및 지역센터 설치
- 「이주여성쉼터」 운영지원확대('08년 4개소 -> '09년 18개소)
- 가정폭력 예방을 위한 '국제결혼 정보제공 프로그램' 실시

• 성매매 방지 및 예방 정책 강화

- 국가기관, 지방자치단체, 공공단체 연1회 이상 성매매 예방교육 실시.

③ 성평등정책의 추진 기반 강화

• 여성정책 협의 · 조정 기능 및 시민사회와의 협력 강화

- '성평등지표(GEI : Gender Equality Index)' 작성, 발표.
- 여성장애인 기초학습지원, 자원봉사 프로그램 공모 등 여성자원봉사활동 특화.

• 여성 국제협력 확대

- 국제전문여성인텐 프로그램의 확대 운영
- '세계한민족여성네트워크'의 지속적 확산을 위해 재외 차세대 한민족여성리더 발굴 · 양성 및 국내와의 네트워크 구축.

4. 정책과제[15]

1) 여성인력활용

(1) 여성인력 활용 기반 내실화

정부는 여성인력 활용의 내실화를 위한 여학생의 유망분야 진출 유도, 고등교육분야 인력양성사업의 여대생 참여기회 확대, 미취업 청년여성 경력개발 지원, 재직여성의 훈련 참여기회 확대, 온라인 여성 취업정보망 운영 활성화 등을 계획 · 실행하고 있다.

① 여학생의 유망분야 진출 유도

WISE(Women into Science & Engineering) 사업을 통해 우수여성과학기술자와 초 · 중 · 고 · 대학교 여학생 간의 연계체제를 통하여 우수여성 과학기술자의 전문지식, 가치관 등을 여학생들에게 전수하고 과학 · 공학분야로 진출을 유도하고 있다. 이를 위해 WISE 센터의 성과관리 및 지역센터를 2012년까지 16개 소로 확대할 예정이다.

② 고등교육분야 인력양성사업의 여대생 참여기회 확대

각 부처의 인력양성사업에 여학생 참여를 확대하는 사업으로 NURI사업과 BK21사업의 여학생 경력 실태를 조사하고, 연차 평가 등을 통해 여학생의 참여를 제고하기 위한 방안을 마련하려는 것이다. 또한 여성 공학교육 선도대학을 선발 지원하였고('06년~'10년 5년 동안 연대, 성대, 강원대, 부경대, 군산대), 향후 타 대학으로 성과를 확산할 예정에 있다. 다른 한편, 여대생 커리어개발센터 기능 강화 및 발전 방향을 모색함으로서 여대상 특화 진로개발 및 취업지원을 학년별 · 단계적으로 추진하고 지역 내 고학력 여성 인력개발 지정기관으로 기능을 확대 추진 중에 있다.

③ 미취업 청년여성 경력개발 지원

청년층 직업지도 프로그램(CAP)에 여성의 참여를 확대하고 있다. 이를 위해 프로그램 시행센터를 2008년 43개소에서 연차적으로 확대하고 있다. 또한 지역사업과 연계된 취업유

---

15) 본 내용은 〈여성가족부〉가 밝힌 자료에 근거하고 있다. 여성가족부 홈페이지 참조.

망직종 교육훈련사업 실시의 일환으로 기업참여 · 협력과 취업 focusing 프로그램을 강화하고 대학을 중심으로 고학력여성 취업유망 직종 훈련과정을 개설하고 있다.

④ 재직여성의 훈련 참여기회 확대

재직여성 훈련 참여율을 제고하여 기업 재직훈련에서 여성참여율이 높은 경우 인센티브를 제공하고 있으며, 근로자 수강지원금제도를 활용하여 재직여성의 자기주도적인 능력개발 기회를 확대하고 있다.(2008년 : 10만 명 → 2012년 12만 명) 한편, 중소기업 여성근로자의 대기업 위탁교육 지원으로서 대기업 등이 중소기업 근로자를 위한 양성 및 향상훈련을 실시하는 경우 시설장비비, 운영비 등을 지원하고 있다.

⑤ 온라인 여성 취업정보망 운영 활성화

2009년부터 여성 고용 종합 포털인 Women Work-net 기능을 강화하여 직업훈련정보 제공 기능을 강화하고 커리어코치 등 취업지원 기능을 강화하고, 동종직종 취업희망자 간 온라인동호회 개성 등 여성구직자 모임을 지원하고 있으며, 2008년 이후로는 여성 취업기관 간 Net-Work 구축을 통해 고용평등상담실 등과 연계한 작업을 하고 있다.

⑥ 경력단절 등의 '경제활동촉진법' 제정

2008년 6월 5일 공포하고 동년 12월 6일 시행된 법으로 출산 · 육아 등의 부담으로 경력이 단절된 여성에게 일자리 제공 등의 지원을 하고 있다. 국가와 지자체의 책무, 취업지원 인프라 등에 관한 근거 규정 등을 마련하고, 경제활동촉진 기본계획 수립(매 5년), 실태조사(매 3년), 유망직종 선정 및 지원, 취업지원센터 운영 등을 시행하고 있다.

⑦ 경력단절여성 one-stop 취업지원시스템 구축

직업상담, 직업교육훈련, 취업알선, 취업 후 사후관리까지 취업지원서비스를 종합적으로 제공하고 있다. 2009년의 50개소에서 단계적으로 확대하여 2012년 100여 개소에 이르기까지 시스템을 구축할 예정이다.

⑧ 여성 취업지원을 위한 「여성새로일하기 지원본부」 설치 · 운영

산업단지 내 중소기업의 구인난 해소 및 여성의 경제활동 참여 촉진을 위해 국가산업단지 주변에 여성의 취업지원을 전담하는 one-stop 취업지원센터를 확대 · 운영하고 있다.

2008년 현재 5개소, 국가산업단지 35개소가 운영 중이다.

⑨ 여성회관 등을 여성직업교육훈련기관으로 기능 전환 추진

사회문화교육 중심의 여성회관 기능을 직업훈련 및 취업지원 기능 강화 등 합리적으로 개편하여, 전문성이 부족한 여성인력개발센터의 취업지원기능을 강화시키고 있다.

⑩ 여성이 일하기 좋은 기업문화 조성

여성친화지수(WFI)의 개발 · 보급 및 기업과 MOU 체결 등을 통한 사회 분위기 조성 및 자발적 참여를 유도하고 있다. 또한 기업 내 여성관리자 네트워크 구축 및 리더십 교육을 통한 기업의 여성관리자 육성을 지원하고 있다.

(2) 여성의 취업영역 확대와 대표성 제고

여성의 취업영역에서 전문분야의 경우 여성비율은 매우 낮을 뿐 아니라, 동일분야에서도 여성 전문인력은 낮은 수준이다. 특히 과학기술분야에서의 여성연구인력은 비율은 전체의 13.1%에 불과하다. 문화산업분야의 여성은 전체의 39.7%('06년)를 차지하고 있으나, 성별 직무분리, 임금격차 현상이 발생하고 있다. 한편, 정부 내 각종위원회, 행정, 교육, 의회 등 공공의 업무에 종사하는 여성 비율이 지속적으로 확대되어 왔으나, 정책적 의사결정을 할 수 있는 고위직에의 진출은 여전히 소수에 불과하다.

사회분야 별로 볼 때 공공부문에 비해 기업 및 민간부문 여성 관리직 확대를 위한 제도적 조치가 미흡하다. 그 결과 여성의 지위를 국제적으로 비교하는 지표에서 한국 여성들의 지위는 우리 경제규모와 위상에 비해 현저히 뒤쳐져 있음을 알 수 있다.

① 과학기술분야 등 여성전문인력 육성

남성집중 직종 교육훈련과정에 여성비율 확대 추진

남성 집중 직종 선정 및 선도과정을 개설하여 성별 분업화 해소를 위한 교육훈련 과정 선정 및 시범하고, 기계, 장비, 금속 등 남성 위주 훈련 직종에 일정비율의 여성을 참여시킨다. 또한 성별직종분리 지수의 개발과 적용과 더불어 여성과학기술인 양성 및 활용 실태조사 및 분석을 실시한다.

문화관광분야 여성인력 개발

유망분야 중심의 여성진출을 지원하며, 문화 · 관광 · 체육분야의 여성리더를 양성한다.

여성과학기술인의 역량강화

여성과학기술인력을 육성 · 지원하는 시책을 수립하고 시행한다. 「여성과학기술인력 채용목표제」를 추진한다. 과학기술분야 공공연구기관을 대상으로 매년 신규로 채용하는 과학기술인력 중 여성을 일정비율 이상[16] 채용하도록 권고한다. 또한 정부 출연기관 평가 시 여성 채용실적을 반영한다. 또한 여성과학기술인의 경력개발 지원 프로그램을 시행하여 미취업 및 경력단절된 여성과학기술인의 경력개발과 재진입을 위한 프로그램을 시행하고, 「여성과학기술인 친화적 기관혁신 지원사업」을 통해 여성인력의 채용 · 지위향상을 위해 자발적인 노력을 하는 기관에 재정적 인센티브를 제공하며, 우수여성과학자와 유망여성과학자를 지원한다.[17]

② 여성경제인 육성

여성경제인 경영혁신 및 네트워크 지원

여성 CEO MBA 교육 및 다양한 정보교류를 위한 선진 경영연수 개최를 통해 여성경제인 경영혁신 프로그램을 지원한다. 또한 여성 기업 간 멘토링시스템을 구축하여 창업초기 기업의 경영안정화 유도를 위한 지역별 네트워크를 구축한다.

③ 여성 농어업인 지원

여성농업인의 전문인력화 추진

여성농업인의 전문성 강화를 위한 교육을 확대하고, 후계인력 육성사업의 여성선정 비율을 확대하고 있다. 후계인력 육성사업 추진 시 20%까지 여성농업인을 우대하고 있다. 또한 여성농업인센터의 활성화를 통해 센터 설치의 확대, 지역 여성농업인의 전문성 강화를 위한 다양한 프로그램을 운영하고 있다.

16) 2010년까지 25%를 목표로 하였고, 최종 30%가 될 때까지 한시적으로 적용하기로 한다.

17) 우수여성과학자에는 연간 2천5백만 원을, 유망여성과학자에게는 3천5백만 원 이내에서 지원하고 있다.

④ 공직분야 여성 대표성 제고

공공행정분야 관리직 여성비율 제고

여성공무원의 주요 보직 현황을 매 2년 마다 조사해 보직관리상 문제점을 파악하고 해소한다. 또한 관리직 여성공무원의 비율을 확대하고 있다. 2011년까지 중앙행정기관 4급 이상 여성관리자 비율 10%를 목표로 하고 있으며, 지방자치단체 5급 이상 여성공무원 비율을 9.6%로 잡고 있다. 더불어 중앙행정기관 및 지방자치단체 소속 기관장의 여성 비율도 확대하고 있으며, 여성경찰관 승진목표제를 지속적으로 추진하고 있다. 2012년까지 총경 · 경정의 여성 비율을 30%, 경감 이하의 여성비율을 10%로 잡고 추진 중에 있다. 한편, 여군의 경우, 여성장교의 비율은 '07년 3.6%에서 2020년 7%까지, 여성부사관도 '07년 2.0%에서 2020년 5%까지 올릴 계획을 가지고 있다. 한편 해양경찰의 여성비율은 '06년의 5.3%에서 2012년 10%까지 확대 예정에 있다.

지역기반 정치에 여성참여 활성화

지역구 후보공천에서 여성비율 할당을 의무화하는 법 개정 지원으로 전국 지역구 총수의 30/100 이상을 여성으로 추천해야만 한다. 또한 지역 여성유권자 의식강화 프로그램 지원이라든가 각급 지방의원 및 지방의회 담당자 대상 성 인지 교육의 실시가 이루어지고 있다.

⑤ 기타 공공서비스분야 여성의 대표성 제고

정부위원회 여성참여 확대

정부 내 위원회의 평균 여성 참여율을 40%까지 달성 · 유지를 목표로 하고 있다. 여성 30% 미만 부처 및 중복 참여위원에 대한 지속적 관리에 중점을 두고 있다.

교육분야 여성대표성 강화

국 · 공립 여성교수 임용확대 : '06년 10.9%에서 '10년 15%, 2012년 20%의 목표치를 갖고 있으며, 교장 · 교감 임용목표도 '06년의 12.8%에서 '10년 20%, 2015년 30%의 목표치를 갖고 있다.

공공기관 여성진출 확대

공공기관 경영평가에 균형인사지수 적용을 검토하고 있으며, 공기업, 준 정부기관 등 기관장, 관리직 여성의 비율을 확대하고, 지방자치단체 산하 지방 공기업 관리직 여성의 임용을 확대하고 있다.

(3) 여성근로자 차별 방지

지난 10년 간 여성 임금근로자는 25% 증가하였으나, 증가분의 55%가 임시 및 일용근로자로 구성되어 있다.

여성근로자 중 비정규직 비율은 점점 증가하는 추세이며, '08년도에는 40.8%로 남성의 28.8%와 비교하면 상당히 높은 수치임을 알 수 있다. 또한 여성 취업자의 직종별 편중 및 낮은 종사상 지위는 남녀 간 임금격차로 나타나고 있다. 여성은 남성보다 임금이 낮은 계층에 약 두 배 이상 종사하고 있으며, 월 4백만 원 이상 소득자의 경우 여성의 분포는 남성의 1/5 수준에 불과하다.

「기간제 및 단시간 근로자 보호 등에 관한 법률」이 '07년 7월 시행되었으나, 여성 비정규직에 대한 차별방지 실효성 제고와 비공식 부문 여성근로자들에 대한 보호에는 미흡한 실정이다. 한편, 산업현장에서 남녀차별관행을 해소하기 위해 지도점검 등을 강화한 결과 고용평등관련 신고건수는 감소하고 있으나 동일가치 동일임금 위반 등 고용상 차별은 여전히 잔존하고 있다.

① 고용 상 차별 예방과 시정

실질적 고용평등 실현을 위한 장치로 고용상 성차별 판단지침을 마련하여 시행하고 있으며, 동일가치노동 동일임금 기준마련을 통한 성별 임금격차 해소에 노력하고 있고, 적극적 고용개선조치의 실효성을 확보하려 하고 있다.

표 8-1 ㅣ 여성임금근로자 변화(1997~2007) (단위 : 천 명)

구분	1997	2007	변화
여성임금근로자	5,259	6,756	1,497천 명 증가
상용근로자	2,020	2,816	796천 명 증가
임시 · 일용근로자	3,239	3,940	701천 명 증가

출처 : 통계청, KOSIS

② 다양한 근로형태의 여성 근로자 고용 여건 개선

여성비정규직의 능력개발을 지원하고 있으며, 여성 비정규직 모성보호 강화방안을 마련하였다.[18] 임신 · 출산 후 계속고용지원금 활성화라든가 여성 비정규직을 위한 통합보건서비스 제공 및 여성 비정규직 모성보호 실태 정기 조사 및 근로감독을 강화하고 있다. 또한 여성 특수형태근로 종사자를 위한 보호대책을 마련하였으며, 여성돌봄 노동자의 처우개선을 추진하고 있다.

③ 특수조건 여성근로자의 법제도상 보호 강화

장애여성을 위한 산전후 관리 서비스가 확대되어 산후 '산모 · 신생아 도우미제도' 가 '08년 이후 지속적으로 실시되고 있으며, 장애 여성근로자의 출산 · 육아 등 모성권 보호를 강화하고 있다. 또한 장애 여성근로자가 자녀를 직장보육시설에 맡길 경우 이용에 애로가 없도록 편의시설 · 장비 구축 등 특화된 지원을 추진하고 있다.

(4) 여성 일자리 확대

여성 경제활동참가인구는 2009년 현재 1,007만 6천여 명으로 여성경제활동참가율은 49.2%를 나타내고 있다. 이러한 수치는 여성경제활동참여의 면에서 볼 때 지속적으로 증가하고 있다고 할 수 있으나, 주요 선진국에 비하면 낮은 수준이고, 증가율도 한국의 GNI 성장에 비하여 낮은 수준이라 할 수 있다. 한국의 경제와 고용구조는 서비스산업 중심 구조로 빠르게 전환되고 있어 일자리 창출의 견인차 역할을 하는 대표적 분야가 되었으나 아직 국내 서비스산업의 고용비중은 선진국에 비해 낮은 수준이다. 여성의 고학력화, 경제적 자립에 대한 욕구 증대, 생산가능인구의 감소 등으로 여성일자리 창출에 대한 중요성이 높아지고 있으므로 향후 고용증대가 예상되는 서비스 산업 분야의 여성일자리 증대가 필요하다.

특히 저출산 · 고령화 사회로의 환경변화에 따라 향후 보건의료, 사회복지 등 사회서비스 부문의 수요가 지속적으로 증가할 것으로 전망되고 있으나, 한국의 사회서비스 부문

18) 임신 · 출산 후 계속고용지원금 : 사업주가 임신 16주 이후 또는 산전후(유산 · 사산)휴가 중인 계약직 및 파견직 여성근로자를 계약기간 종료 즉시 고용한 경우 지원금을 지급한다. * 유기계약 : 6개월간 월 40만원, * 무기계약 : 최초 6개월간 월 60만원 지급, 이후 6개월간은 월 30만원 지급.

표 8-2 | 서비스 산업의 GDP 및 고용비중

구분	한국	OECD평균	일본	프랑스	미국
GDP 비중(%, '05년)	65.5	-	76.0	82.8	81.2
고용비중(%, '07년)	66.7	70	67.9	74.1	78.8

고용비중은 다른 OECD 회원국과 비교해 매우 낮은 수준으로 동 분야의 일자리 확대가 필요하다.

전체 임금근로자 중 여성비율은 꾸준히 증가하였으나 공공부문과 대기업의 여성고용비율, 여성관리자 비율은 여전히 낮은 수준이다. 그동안 여성의 창업 및 기업활동을 지원하는 정책자금 및 판로지원 등 다각도의 정책추진 결과 여성사업체는 지속적으로 증가하였으나, 전체 사업자 대비 여성사업체 비율은 36% 수준에서 정체되어 있다. 업종별로는 음식 · 숙박업, 도소매업이 63.3%를 차지하는 등 편중되어 있으며, 소상공인 창업이 다수이어서 기술 및 지식기반산업에서 전문창업을 촉진하고 경영성과를 높이기 위한 지원이 필요하다.

(5) 여성의 취업활동에 대한 사회적 지지 강화

① 보육 및 교육서비스 강화

여성의 경제활동 증가, 핵가족화의 진전 등에 따라 양질의 보육 서비스에 대한 국민들의 욕구와 기대수준이 높아져 있다. 즉 아동 연령별, 부모의 취업 여부 등에 따라 보육에 대한 욕구가 다양하고, 안전하고 쾌적한 보육환경과 연령별로 적합한 보육과정 프로그램 등에 대한 요구가 증대하고 있다.

이러한 보육수요를 충족하기 위하여 보육예산을 대폭 확대하고 보육시설 및 이용아동수를 확대하고 있으나, 국 · 공립, 법인 등 정부지원시설을 이용하는 아동은 21.5% 수준이고, 보육예산은 선진국에 비해 여전히 낮은 상태로 수요자 기대수준에 미치지 못하고 있다.

표 8-3 | 설립주체별 보육시설 수 (단위 : 시설 수)

연 도	계	국 · 공립	법인	민간		부모협동	가정	직장
				법인외	개인			
1990	1,919	360	-	39		-	1,500	20
2000	19,276	1,295	2,010	324	8,970	-	6,473	204
2005	28,367	1,473	1,495	979	12,769	42	11,346	263
2008	33,499	1,826	1,458	969	13,306	65	15,525	350

출처 : 보건복지가족부, 보육정책과(2009), 보육통계.

또한 부모의 근로형태별, 지역별, 아동 특성별로 다양한 보육수요가 있으나 이에 대한 공급이 전반적으로 부족하며, 특히 여성의 취업확대 등에 따른 시간연장형 보육, 장애아동, 농어촌 지역 아동에 대한보육서비스 확충이 요망된다. 한편, 보육서비스의 질적 수준 개선을 위해서는 보육행정을 정보화하고 시설의 평가인증 시스템을 구축하며, 이를 정부 예산 지원과 연계해 나갈 필요가 있다.

② 돌봄에 대한 사회서비스 확충

맞벌이 가구의 증가, 핵가족화, 가족 간 유대 약화 등으로 가족 내 돌봄 체계가 급격히 약화되고 있으나 이에 대한 사회적 지원은 취약하다. 즉 맞벌이 가정의 증가에도 불구하고 여성의 아동양육 및 가사 부담은 줄어들지 않고 있으며, 취업모 · 아동 및 지역특성 등을 고려한 다양한 양육지원서비스가 부족하다. 특히 아동 돌봄의 책임과 역할은 아직 가족을 중심으로 수행되고 있으나 사회적 지원은 보육시설, 유치원, 학교 등 시설 중심으로 이루어져 가정 내에서 양육하는 아동에 대한 지원이 미흡하다.

평균수명의 연장 및 고령화의 급진전으로 돌봄이 필요한 노인이 급증하고, 장애인 · 산모 · 병자 등에 대한 돌봄 수요도 증가하고 있으나, 시설의 부족, 돌봄 제공자에 대한 교육 · 훈련 등 체계적인 서비스 제공 기반이 취약하다. 구체적으로 노인인구는 급증하고 있으나 노인시설 수용능력은 부족하며, 전체 장애인의 35.4%가 일생생활을 하는데 타인의 도움이 필요함에도 불구하고 돌봐주는 이가 없는 경우가 13.3%로 추정되고 있다.

표 8-4 | 노인복지시설 수용현황

<table>
<tr><th colspan="3">구분</th><th>2000</th><th>2005</th><th>2008</th></tr>
<tr><td colspan="2" rowspan="2">계</td><td>시설수</td><td>247</td><td>813</td><td>2,081</td></tr>
<tr><td>현인원</td><td>13,558</td><td>32,228</td><td>67,676</td></tr>
<tr><td rowspan="6">노인
주거복지</td><td rowspan="2">소계</td><td>시설수</td><td>119</td><td>270</td><td>327</td></tr>
<tr><td>현인원</td><td>5,694</td><td>8,033</td><td>8,345</td></tr>
<tr><td rowspan="2">양로시설</td><td>시설수</td><td>119</td><td>270</td><td>306</td></tr>
<tr><td>현인원</td><td>5,694</td><td>8,033</td><td>8,236</td></tr>
<tr><td rowspan="2">노인
공동생활가정</td><td>시설수</td><td>-</td><td>-</td><td>21</td></tr>
<tr><td>현인원</td><td>-</td><td>-</td><td>109</td></tr>
<tr><td rowspan="6">노인의료
복지시설</td><td rowspan="2">소계</td><td>시설수</td><td>128</td><td>543</td><td>1,754</td></tr>
<tr><td>현인원</td><td>7,864</td><td>24,195</td><td>59,331</td></tr>
<tr><td rowspan="2">요양시설</td><td>시설수</td><td>128</td><td>543</td><td>1,332</td></tr>
<tr><td>현인원</td><td>7,864</td><td>24,195</td><td>56,736</td></tr>
<tr><td rowspan="2">노인요양
공동생활가정</td><td>시설수</td><td>-</td><td>-</td><td>422</td></tr>
<tr><td>현인원</td><td>-</td><td>-</td><td>2,595</td></tr>
</table>

출처 : 보건복지가족부(2009), 보건복지가족통계연보.

2) 여성 권익 보호

(1) 대상자별 여성복지욕구 충족

노동시장의 유연화, 가족구조 변화, 사회양극화 등에 따라 소외계층이 늘어나고, 빈곤층 중 여성노인과 여성가구주 등 여성의 비율이 지속적으로 증가하는 '빈곤의 여성화' 가 심화되고 있으나, 소외계층 대상별 특성에 맞는 정책추진이 미흡한 상황이다.

고령화사회와 더불어 급증하는 여성 노인인구의 빈곤문제와 복지수요에 대한 공적 대응이 강화되어야 할 것이다. 한편, 여성 한부모의 경우 남성부양자모델에 기초한 성차별적 노동시장과 사회보장제도로 인하여 빈곤화가 가속화되고 있다.

① 빈곤여성의 기초생활 보장

긴급지원 대상자의 소득기준 완화를 통한 지원범위를 확대하였다. 2008년 최저생계비를 130%에서 150%로 지원 범위를 확대하였다.

② 한부모가족 지원

한부모 여성의 경제적 자립 지원을 위한 종합적 지원체계를 구축하였다. 즉 한부모 여성의 자립을 지원할 법 · 제도 강화의 일환으로 「한부모가족지원법」을 개정 · 공포('07년 10월)하고 시행하였다.('08년 1월) 또한 실효성 있는 양육비 이행확보를 위한 다양한 제도적 방안을 강구하고 있다.

③ 일본군 위안부 피해자 지원

일본군위안부 피해자의 생활안정 지원을 강화하고 있다.(특별지원금 : 등록시 4천3백만원, 월 지원금 : '10년 130만원) 여성가족부, 지자체, 관련단체 간 상시협력체계 구축을 통한 맞춤형 복지서비스를 제공하고 있으며, 고령화된 독거인 피해자들을 위해 '06년부터 실시하고 있는 간병인 지원사업을 확대하고 있다.

④ 미혼모지원

아동을 양육하는 미혼모를 위한 미혼모자 공동생활가정을 확충하고 아동양육비 추가 지원을 검토하고 있다. 또한 미혼모자시설 및 공동생활가정을 연계한 대안학교 운영방안을 검토하고있다.

⑤ 여성노인 지원

2008년 이후 순차적인 노령연금 도입과 여성노인 적합형 일자리개발 및 취업알선, 훈련프로그램 시행 등을 통해 저소득 여성노인의 소득보장을 위한 제도를 마련하였으며, 여성노인의 특성을 고려한 운동프로그램의 개발과 여성노인 특유 질병에 대한 건강교육 프로그램의 개발 · 보급 그리고 여가 및 사회참여 프로그램을 통해 건전한 생활유지 지원 등의 예방중심 보건의료서비스 체계를 구축하고 있다. 한편 노인 돌봄 지원제도로는 장기요양보장제도[19]의 공적 서비스 강화를 들 수 있다.

---

19) 노인장기요양보험법의 주요 내용은 다음과 같다.

- 65세 이상 노인, 65세 미만의 치매 · 중풍 등 노인성 질병을 가진 자 중 6개월 이상 혼자서 일상생활을 수행하기 어렵다고 인정되는 경우 장기요양급여 제공.
- 재정분담은 장기요양보험료(62.1%) + 국가 등 부담(25.3%) + 본인부담(12.6%)으로 구성하되, 저소득층의 경우 본인부담을 시설 10%, 재가 7.5%로 조정.
- 급여의 종류 : 재가급여, 시설급여, 특별현금급여로 구성.

(2) 여성장애인 권익 증진

여성장애인의 경우 '여성'과 '장애' 그리고 '빈곤'이라는 이·삼중의 고통을 겪고 있으며 비장애인은 물론 남성장애인에 비해서도 사회적 지위가 매우 낮아 이들에 대한 사회적 배려와 정책적 지원 강화가 필요하다.

① 여성장애인의 사회서비스 접근 강화

우선, 여성장애인이 정책과정에 참여할 수 있는 기회를 확대하는 기반의 조성이 필요하다. 이를 위해서는 장애인 관련 정부위원회에 여성장애인의 참여비율을 높이기 위한 할당제의 실시가 효과적이다. 또한 여성장애인 사회참여 확대를 위한 정서·심리적 지원 프로그램의 운영이 필요하며, 여성장애인 고용 확대 및 취업률을 제고해야 할 것이다. 여성장애인 고용율에 대한 정부의 안은 2005년의 20.2%에서 2012년 25%로 끌어 올리는 것이다.

둘째, 여성장애인의 특수성을 고려한 통합적 지원이 필요하다. 임신·출산 등 여성장애인의 모성권 보호와 여성장애인의 역량강화를 위한 교육·정보 기회제공이나 문화적 욕구 해소 및 여가활동 지원에의 확대를 필요로 한다.

② 여성장애인의 폭력근절과 편익 향상

여성장애인에 대한 폭력 근절을 위한 방안으로 여성장애인을 위한 성폭력, 가정폭력, 가족상담 등 통합 상담소를 확대 운영과 폭력 유형별(성폭력, 가정폭력, 성매매 등) 개별 보호시설 확충·운영을 필요로 한다. 또한 여성장애인 주거 안정을 위한 공공부문 주택(국민임대주택, 맞춤형 임대주택, 그룹홈 등)의 특별지원과 여성장애인 이동권과 편의시설 확보를 요한다.

(3) 각종 폭력의 예방과 피해자 보호

① 성폭력 발생 현황

1994년 「성폭력범죄의 처벌 및 피해자보호 등에 관한 법률」 시행 이후, 폭력피해자 보호, 지원시설 확대 및 예방·홍보사업의 지속적 추진을 통한 국민의식 향상으로 피해신

표 8-5 | 경찰청 접수 성폭력 발생건수 (2002~2007)　(단위 : 건 수)

건수/연도	2002	2003	2004	2005	2006	2007
	11,580	12,494	14,089	13,446	15,326	15,325

출처 : 사이버경찰청(2008)

고가 양성화되고 있어, 수사기관에 접수되는 피해신고는 증가 추세이다.

특히 최근의 문제는 13세 미만 아동 대상 성폭력 범죄의 증가와 미성년자에 의한 성폭력이 사회적 문제로 제기되고 있다.

② 성폭력피해자 보호

상담 · 의료 · 법률 · 수사의 통합지원시설인 「여성폭력피해자 ONE-STOP 지원센터」와 「아동성폭력전담센터」를 설치하여 피해자 맞춤형 서비스 제공이 가능해졌으나, 시설확충 및 운영의 내실화 방안이 필요하다. 또한 상담소, 보호시설 등 피해자 지원시설의 수는 늘어나고 있으나 지원서비스의 수준이 낮으며, 장애인 · 이주여성 등 피해자의 특성에 맞는 지원시설이 부족한 상황이다.

또한 가정폭력 피해여성이 남아 동반 시 보호시설 입소가 어려우며, 입소한 경우에도 주거문제와 경제력 부재 등으로 인해 자활에 어려움을 겪고 있어 이에 대한 지원책 마련이 필요하다. 이렇게 가족 내 성역할의 변화와 가족형태의 다양화 등 가족 갈등 요인이 증가함에 따라 가정폭력 피해상담이 증가하고 있으며, 국가의 보호와 지원을 필요로 하는 보호시설 입소자도 증가추세에 있다.

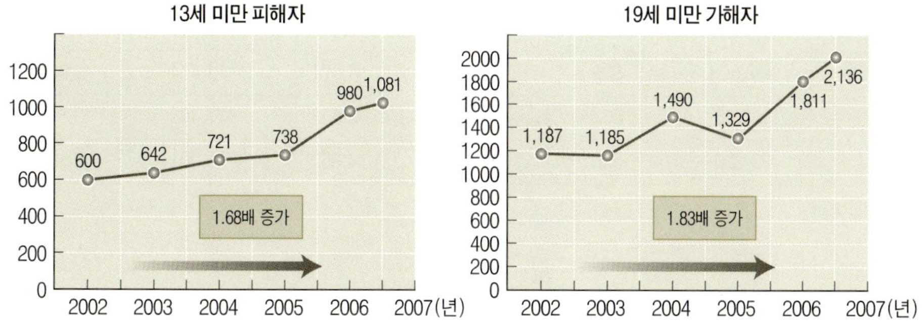

그림 8-3 | 아동성폭력 발생건수 및 미성년자에 의한 성폭력 발생건수

출처 : 사이버경찰청(2008)

(4) 성매매 방지 및 피해자 자활지원 내실화

성매매 방지정책의 일관된 추진을 통해 성매매를 불법으로 인식하는 국민의식은 크게 개선되었으나, 정책에 대한 지지도는 여성과 남성의 편차가 나타나, 인식과 지지도에서 이중적인 태도를 보이고 있다.[20]

성매매집결지는 법 시행 이후 크게 줄어들었으나, 자유업 형태의 변종 성매매 및 청소년 중심의 전자형 성매매가 성행하고 있으며, 해외 원정 성매매와 여성의 해외성매매가 근절되지 않아 국가 전체의 이미지와 신뢰도를 저하시킬 수 있는 사회문제로 부상되고 있다.

한편, 탈성매매 여성들에 대한 지원을 일관되고 지속적으로 추진하여 성과를 거두고 있으나, 탈성매매에서 자활에 이르기까지는 앞으로도 지속적인 지원과 노력이 필요하다.

표 8-6 | 자활지원서비스 제공 실적 (단위 : 건)

연 도	상 담	의료 지원	법률 지원	직업훈련 지원	창업 지원
2004	27,321	6,814	8,453	2,135	31명(24개 업체)
2005	55,461	13,935	24,170	3,658	12명(10개 업체)
2006	54,743	18,841	17,343	4,299	9명(9개 업체)
2007	49,230	15,403	15,883	3,735	3명(3개 업체)

출처 : 여성가족부(2008)

표 8-7 | 성매매사범 검거 현황 (단위 : 명)

연 도	검거인원	조 치		성매매 사범		
		구속	불구속	업주 등 관련자	성매수자	성매매 여성
2004	16,947	1,606	15,341	2,824	10,180	3,943
2005	118,508	829	17,679	4,071	11,474	2,963
2006	34,795	569	34,226	3,653	27,488	3,654
2007	39,236	526	38,710	4,359	29,991	4,886

출처 : 경찰청(2008)

20) 2007년 국민의식조사에 의하면 : 성구매 경험자의 82.9%가 최근 1년 간 성구매 횟수가 줄어들었다고 응답하였고, 성매매 방지 정책에 대한 지지도는 여성 80.6%, 남성 68.5%로 나타나고 있다.

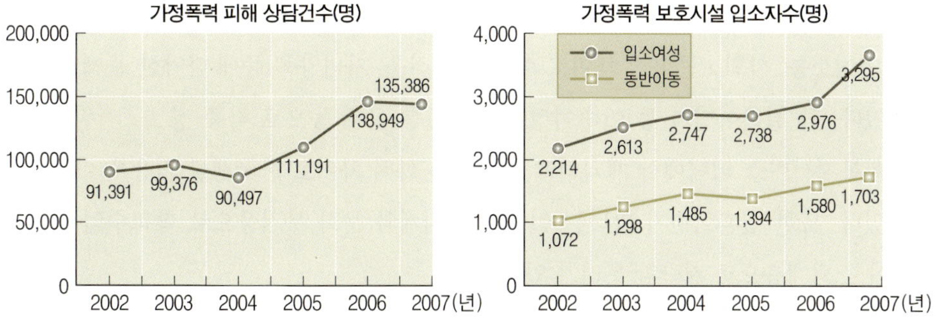

그림 8-4 | 가족폭력 상담 및 보호시설 입소 추이

자료 : 사이버경찰청(2009)

또한 정부의 성매매업소 집결지, 신 · 변종 성매매업소, 인터넷 성매매 등에 대한 지속적인 단속을 펼쳐 성매매 알선업자 등 성매매 사범 검거 인원이 매년 증가하고 있으나 성매매사범의 수가 감소하고 있는 것은 아니다.

(5) 이주여성의 정착지원

세계화의 진전과 국가 간 인적교류의 활성화로 우리사회도 다인종, 다문화 사회로 급속히 변모하고 있다. 특히 한국남성과 외국여성 간의 국제결혼이 급증하고 국적도 다양해지고 있다.

특히 1989년 이전에는 7%에 불과하던 여성 북한이탈주민 입국자는 2007년 1,979명으로 77.7%(전체 2,548명)에 이른다. 또한 2007년 말 현재 체류외국인은 106만 6천 명으로 1998년 30만8천명 대비 2465가 증가한 수치이다. 이 중 이주노동자는 50만 2천 명으로 1998년의 15만 8천 명 대비 218% 증가하였다.

표 8-8 | 외국인과의 결혼건수

(단위 : 건 수, %)

연 도	총 혼인건수	외국인과의 혼인	전년대비 증감		총 혼인건수 대비 비율	한국남성+외국여성	한국여성+외국남성
			건수	비율			
2000	332,090	11,605	1,749	16.5	3.5	6,945	4,660
2005	314,304	42,356	7,716	22.3	13.5	30,719	11,637
2008	327,715	36,204	-1,356	- 3.6	11.0	28,163	8,041

출처 : 통계청(2009), 인구동향조사.

이러한 변화에도 불구하고 순수혈통을 중시하는 사회분위기가 상존하고 있고, 신분상 불안정, 언어소통, 사회 · 문화적 차이로 이주민의 적응, 자녀양육 등에 다양한 문제가 발생하고 있다. 즉 결혼이민자 등 이주여성이 언어소통 문제 등으로 각종 정보 · 지원 · 취업 등 사회복지서비스 혜택에서 제외되고, 사회 · 문화적 차이로 한국생활 적응에 어려움을 겪고 있다. 또한 결혼이민자 자녀는 언어발달 지체와 문화 부적응으로 학교수업 이해도가 낮아 소외계층으로 전락할 우려가 있다.

3) 성평등정책 추진 기반 강화

(1) 성 인지 정책의 시행

정부정책 수립 · 시행에 양성평등적 관점이 반영될 수 있도록 성별영향평가를 법적으로 제도화하고 각 기관의 성별영향평가 참여율과 과제 수를 대폭 확대하여 왔으나, 국가 주요정책에서 성 인지적 관점을 전면 도입할 수 있는 시스템이 아직은 미흡한 상태이다. 성별영향평가를 통해 실질적으로 각 부처의 사업에 성 인지적 관점을 부여하고 변화를 이끌어 내기 위해서는 교육과 지침 등 담당자들을 지속적으로 관리하고 평가결과를 환류하여 정책을 수정할 수 있는 일련의 체계를 갖추어야 한다.

국가예산이 수립되고 진행되는 과정에서 여성과 남성이 동등하게 영향을 받고 나아가 예산집행을 통해 성차별을 개선할 수 있도록 성 인지 예산제도를 국가재정법에 반영하였으나, 성 인지 예산 작성을 위한 기초자료인 성별분리통계가 미비하고 성 인지 예산에 대한 공무원들의 이해도가 낮은 실정이다.[21] 이는 공무원들에게 성 인지 예산 작성에 대한 지속적인 교육이 필요함을 의미하는 것이라 할 수 있다.

성별분리통계 작성은 성별영향평가와 성 인지 예산제도의 승패를 결정하는 기본도구로서 통계법 개정('07년)을 통해 성별구분을 새로운 통계작성의 승인요건으로 제도화하였으나, 기존 통계 중 성별 미분리 통계가 많고 말단 조사단위의 표본수가 작아 성별분리

21) 국가재정법('06년 공포, 성 인지 예산은 '10년부터 시행)
- 제 16조 : 정부 예산이 여성과 남성에 미치는 효과를 평가하고, 그 결과를 예산편성에 반영한다.
- 제26조, 제57조 : 정부의 성 인지 예산서 및 성 인지 결산서 작성을 의무화한다.

분석이 불가능하는 등 장애가 있어 관련조직과 예산을 확대할 필요가 있다.

(2) 통합적 여성정책 추진

그동안 여성단체 및 민간부문과 파트너십을 이루어 호주제 폐지, 여성 인권보호 등 주요 정책현안에서 많은 성과를 이루었으나, 여성정책 의제의 중점 변화와 정부예산 지원을 통한 협력확대 등 환경변화에 따라 정부와 여성단체의 활동영역과 역할관계의 재정립이 필요한 시기가 되었다.

또한 자원봉사부문에서 전체 자원봉사등록자 중 여성은 56.3%를 차지하나 전업주부에 의한 사회복지분야의 봉사활동이 주를 이루고 있다. 앞으로 지역의 자원봉사 수요를 충분히 반영하여 여성들의 전문성을 적극 활용할 수 있는 자원봉사 전문 프로그램의 마련과 교육이 필요하다.

① 여성정책 협의 · 조정 강화

ㄱ. 여성정책추진 20년의 성과를 바탕으로 실질적인 성평등사회 구현을 위하여 사회 · 경제적으로 변화된 성평등 의식과 여건을 반영하고, 여성정책에 대한 기본법으로서의 미비점을 보완하는 여성발전기본법의 전면 개정이 이루어져야 한다.

ㄴ. 성평등지표 작성과 발표 및 성평등 브랜드화 추진을 통해 여성정책추진체계가 강화되어야 한다.

ㄷ. 중앙 · 지방 간 여성정책 네트워크 공고화, 여성정책기본계획 연도별 시행계획 및 이행상황 점검을 통한 지방 여성정책의 일관성과 질 제고, 중앙-지방 정부 간 성별영향평가 및 성 인지 예결산 제도 운영 협력을 통한 중앙과 지방 정부 간 여성정책 연계 및 상향 평준화를 이루어야 한다.

ㄹ. 지방자치단체의 성별영향평가 등 여성정책 추진기반의 정립이 이루어져야 한다.

ㅁ. 지역 성평등지표 및 성 인지 통계 생산 · 활용이 확대되어야 한다.

② 시민사회와의 협력

ㄱ. 주요 정책의제별 특화된 정부 · 시민단체 연석회의 운영, 여성단체 등 민간단체와의 협력적 거버넌스 실현, 지역자치단체 자원 연계 및 활용, 풀뿌리 여성지도력 역

량강화 프로그램 개발 및 시행, 지식기반사회의 평생학습운동에 지역 여성단체 활동 강화 등을 통한 민간부문과 파트너십을 강화한다.

ㄴ. 사회적 공감대 조성 및 대국민 인식개선, 단체협력 네트워크 시스템 구축, 공동협력사업 평가를 통한 환류제도 강화 등을 통해 여성단체 공동협력사업 추진의 관리체계를 개편한다.

ㄷ. 여성자원봉사자 인프라 구축, 자원봉사활동 분야별 전문교육 및 자원봉사 프로그램 개발, 자원봉사 문화 확산을 위한 자원봉사 실태조사 및 홍보의 활성화를 이루어 여성자원봉사활동 전문성 및 연계성을 확대한다.

ㄹ. 여성자원활동 활성화 공모사업지원, 여대생자원활동 프로그램 공모 지원, 여성자원봉사자가 함께하는 여성장애인의 기초학습 프로그램 지원 등을 통해 여성자원활동 활성화의 특화를 이룬다.

(3) 평등문화 확산

① 남녀가 함께하는 평등문화 조성

호주제 폐지를 주요 내용으로 하는 민법의 개정('05년)과 「가족관계등록 등에 관한 법률」 제정('07년)으로 평등한 가족문화 확산의 기반을 조성하였다.

② 양성평등교육 확대

양성평등문화를 조성하기 위해 꾸준히 노력하였으나 아직도 의식과 실천 사이에 괴리가 존재한다. 평등정책에 대한 요구는 공적인 영역 뿐 아니라 가정과 사회에서의 일상생활을 포괄하는 것이므로 일반시민들의 자발적이고 적극적인 참여를 통해 실질적인 평등의식을 실천할 수 있는 방안이 필요하다.

향후 양성평등정책은 정치·경제·사회 분야 등 전 영역에서 성별 분리 구조의 전환을 추구하는 방향으로 전개되어야 하며, 특히 가족생활을 중심으로 시민들의 평등에 대한 관심과 요구가 현저히 증대될 것으로 전망 할 수 있다.

평등의 일상적인 실천에 있어 핵심적인 가사노동 분담 정도를 보면, 가사분담의 불균형을 개선할 가능성은 있으나 변화의 폭은 매우 미미한 수준이다. 특히 가사노동부담이 크고 가사분담에 대해 비교적 유연한 태도를 지닐 것으로 기대되는 30대 연령층의 경우에도 변화의 폭이 전체 연령층 평균과 큰 차이가 없어 적극적인 정책적 개입이 없이는 미래를 낙관할 수 없는 상황이다.

③ 다양성에 대한 수용성 제고

일상생활 속에서 평등문화를 자연스러운 질서로 내재화하고 실천할 수 있는 환경을 조성할 필요가 있으며, 특히 평등문화 증진을 위한 시민들의 자발적인 움직임을 활성화하고, 새로운 문화 환경 속에서 성장한 미래세대의 특징과 요구에 부합하는 정책추진이 필요하다.

④ 여성국제협력 확대

유엔 여성지위위원회(CSW)와 여성차별철폐위원회(CEDAW) 등 여성관련 국제회의에 참여하여 여성정책의 국제적 동향을 파악하고 우리나라 여성정책 추진내용을 적극 홍보하여 왔으나, 차후로는 우리나라가 주관하는 국제회의 개최 등을 통하여 국제사회에 평등비전을 제시하는 국가로서의 위상을 제고할 필요가 있으며, 특히 아태지역의 여성정책 네트워크 허브로서의 역할을 확대해 나아가야 할 것이다.[22]

유엔 및 OECD 중심으로 국제적 논의 및 개발협력에 참여하고 있으나, 공여국으로서의 위상강화 외에 양성평등 과제 채택과 여성관련 예산의 일정비율 확보 등 체계화가 요구되며, 세계한민족네트워크 개최로 전 세계 한민족 여성의 연대를 강화하고 교류를 활성화하고 있으나, 한인여성의 인적자원 발굴과 네트워킹, 예산확보 등 지속적 관심과 지원이 필요하다.

5. 여성정책의 올바른 방향

여성정책은 여성에 대한 차별, 억압, 불이익, 착취의 문제를 해결하여 사회의 모든 영역에

22) 여성관련 국제회의 개최 : '05~'06 ; 성매매 및 인신매매 방지 국제회의 개최
'07 ; 세계여성포럼(WWF) 개최(여성장관회의 포함)

서 남녀평등을 이루기 위한 정책을 의미한다. 또한 여성정책은 여성의 삶 전반에 걸친 문제에 대한 해결방법을 제시하는 것이기 때문에 교육, 정치, 경제, 문화 등 사회정책의 모든 부분을 포함하는 특성을 갖는다.

여성정책은 기본적으로 차별을 없애려는 정책이기 때문에 진보적, 개혁적 성격을 갖는다. 따라서 정치권력이 자본가 계급에 독점되어 있는 국가일수록 여성정책은 성차별 완화에 소극적일 수 밖에 없다. 기득권에 대한 보호는 소외층에 대한 포기를 의미하며 소외층 중에서도 가장 소외된 여성에 대한 차별의 유지를 의미하기 때문이다. 이러한 점에서 여성이 처한 현실을 개선하기 위해서는 국가의 역할이 중요할 수 밖에 없다.

한국의 여성정책은 법 · 제도적으로 보편적 여성정책으로서의 틀을 갖추고 있다고 볼 수 있다. 특히 「여성발전기본법」에 따른 여성발전 기본계획의 수립과 이행으로 그 정도는 더욱 체계화되었다. 그러나 한국사회의 뿌리 깊은 성차별은 여전히 존재하며 남녀평등에 이르기에는 산적한 과제들이 남아있다.

여성정책이 전제하는 것은 '평등'의 개념이다. 따라서 이를 위한 효율적인 방안을 위해서는, 이미 앞에서 살펴보았던 여성정책을 보는 네 가지 관점인 복지주의적, 자유주의적, 사회주의적, 급진적 관점이 각각 주도하고 있는 분야가 적실히 반영되어야 할 것이다. 한국의 상황에서 여성의 지위와 역할을 향상시키는데 역점을 두어야 할 분야는 복지정책에 급진적 관점을 반영시키는 것이라 할 수 있다. 여성에게 직접적인 소득보장을 제공하는 분야로 국민연금이나 생활보호, 모자복지법의 제도 내에서 여성을 인정하고 그에 대한 보상을 준비해야 할 것이다. 한국적 현실에서 자유주의적 관점이 제시하는 법과 제도의 개선은 미비한 점이 있지만 어느 정도 기반이 구축되었다고 할 수 있으므로 이에 대한 이행과 법과 제도가 여성들의 현실 생활에서 반영될 수 있도록 하는 성평등 의식 교육의 확산이 필요하다고 하겠다.

또한 급진적 관점에서 주장하는 여성의 특수성의 인정과 이에 대한 체계적인 정책수립이 요구되는 바 성폭력, 가정폭력, 여성을 위한 상담소 및 피난처와 같은 사회 서비스 시설의 확대가 시급하다.

2011년 여성가족부의 정책추진 기본방향은 "잘사는 국민, 따뜻한 사회, 자랑스런 대한민국"이 실현되도록 여성 · 청소년 · 가족정책을 종합 · 연계 추진하여 가족 모두가 행복한 사회, 함께하는 평등사회를 정책목표로 설정하고 5개 분야 10개 핵심과제를 추진하고 있다.

정책목표	모두가 행복한 사회, 함께하는 평등사회
핵심과제	1. 국격에 맞는 여성인력 활용 여성의 경제활동 확대 / 선진화된 여성정책 추진 / 국제활동 및 기여 증대 2. 온(溫)가족 희망 보듬기 가족사랑 키우기 / 취약가족 지원 확대핵심과제 3. 성숙한 다문화 사회 조성 국제결혼 건전화 추진 / 다문화가족 지원 강화 4. 청소년 밝은 미래 열기 청소년 그린벨트 조성 / 청소년 푸른성장 플러스 5. 여성과 아동이 안전한 사회 여성 · 아동 안전 든든망

생각해 볼 문제

1. 여성정책의 특징에 대해 정리해 봅시다.
2. 한국 여성정책의 변화과정을 정리해 봅시다.
3. 한국 여성정책의 과제에 대해 생각해 봅시다.
4. 양성평등으로 나아가는데 있어 법적 기초작업에는 어떠한 것들이 있는지 생각해 봅시다.

09 Chapter

여성과 정치

정치에서의 여성의 소외는 특히 민주주의의 원리와 밀접하게 연결되는 평등주의의 관점에서 보면 우리의 정치문화는 성에 따라 심각한 차이를 드러내고 있다. 정치에서의 여성의 배제는 삶의 경험에서 소외되고 있다는 그 본질적인 면에서 뿐만 아니라 이것이 성 불평등을 나타내는 중요한 변수가 된다는 점에서 더 큰 의미를 가지고 있다.

1. 여성과 정치의 관계

1) 정치와 여성

정치는 인간의 삶을 규정하고 자유를 제약하며 두 사람 이상의 상호행동은 반드시 정치적 관계를 수반하는 등 인간의 사회적 생존의 본질을 일컫는 것이다. 인간은 그 누구도 정치의 영향력에서 벗어날 수 없으며 삶의 다양한 조건들은 정치에 의해서 규정되고, 정치에 의해서 제도화되는 틀 내에 존재할 수밖에 없다. 그러나 오늘날 공동의 삶을 위해서 개인의 삶을 제약하는 많은 제도들을 양산해 내는 정치인들 중 여성 정치인은 극소수에 불과하다. 정치가 만들어 내는 많은 제도들이 인간의 삶을 규정하고 있음을 볼 때 남성정치인의 압도적 우세는 모든 정치적 제도들에 남성중심적 시각을 반영하며 이는 여성의 지위를 더욱 열악하게 하는데 기여하고 있다.

결국 정치란 국가와 지방정부 등 크고 작은 사회의 단위별로 추구하는 사회적 목표를 달성하고자 하는 집합적 노력을 제도적으로 만들어 가는 과정이라고 할 수 있다. 가정이라는 사회의 기초단위에서부터 국가라는 광범위한 사회에 이르기까지 크고 작은 사회 단위들은 서로 유기적인 관계를 가지고 있기 때문에 전체 사회의 목표를 위해 하위단위까지 일관된 절차를 개발해 내는 것은 제도적 세련화와 합리적 산물이기도 하며, 이러한 일들을 정치적인 일이라고 할 수 있다. 그런데 이러한 사회적 목표와 그 수행절차 그리고 제도정비에서 여성들은 배제되고 남성을 위한, 남성에 의한, 남성의 눈으로 사회를 정비해 온 것이 지금까지의 모습이었다.

이러한 정치에서의 여성의 소외는 특히 민주주의의 원리와 밀접하게 연결되는 평등주의의 관점에서 보면 우리의 정치문화는 성에 따라 심각한 차이를 드러내고 있다. 정치에서의 여성의 배제는 삶의 경험에서 소외되고 있다는 그 본질적인 면에서 뿐만 아니라 이것이 성 불평등을 나타내는 중요한 변수가 된다는 점에서 더 큰 의미를 가지고 있다. 남녀 간 정치권력의 배분이 불평등하며 여성의 정치적 대표성도 남성보다 현저하게 낮은 것은 사회 곳곳에 불평등 현상이 만연하고 있다고 볼 수 있는 척도가 되는 것이다. 따라서 정치영역에서의 여성의 소외와 차별은 경제적 영역을 비롯한 다른 사회적 영역에서도 여성의 소외와 차별을 드러내는 것이라고 할 수 있다.

2) 정치의식에서의 성차별

여성이 개인의 일상사를 지배할 만큼 중요한 정치적 권력으로부터 소외되고 배제되어 온 이유는 고대 국가로부터 내려온 정치의식에서의 성차별에서 기인한다. 전통적인 견해에서 여성은 정치에 관심이 없을 뿐 아니라 그 정치적 의견이 남성에 종속되어 있어서 독립성이 없으며, 후보 선택 기준이 인물이나 외모에 치우치는 등 합리적이지 못하며, 정치성향이 보수적이고 남성에 비해 정치참여는 소극적이라는 통념이 지배적이다. 이러한 사회적 통념은 실제로도 여성이 정치나 중요한 사회적 이슈에 관해서 남성에 비해 덜 관심을 보이며, 여성의 현실적인 정치 감각도 남성에 비해 떨어지는 것이 어느 정도 사실로 확인되어서 이러한 통념을 뒷받침해주고 있다.

여성이 정치적으로 열등하다는 생각은 고대의 아리스토텔레스 이래로 많은 사상가들이 여성을 남성에 의한 피지배계급으로 분류하는 정치의식의 성차별적 요소로 인해 20세기까지 유지되어 왔다. 그러나 Mill, J.S.은 『여성의 예속(Subjection of Women)』에서 여성의 예속이 자연적 산물이 아니라 사회문화적 환경의 결과임을 밝혔고, Mead M.은 원시사회의 비교 연구를 통해 밀의 주장을 인류학적으로 입증하였다. 즉 여성이 비정치적이라는 의식에서의 성차별은 남성지배의 인류사가 만들어 낸 허구인 것이다. 이렇게 사회저변에 깔려있는 정치의식에서의 성차는 정치가 남성의 전유물이며 여성은 이러한 정치적 영역을 침범해서는 안 된다는 의식을 여성 스스로에게 내면화시키고, 이에 따라서 정치에 대한 여성의 자각이 부족해지고, 정치문제에 대한 쟁점화에 서툴게 되며 그에 따라서 여성에게 주어진 정치적 권리를 망각하게 되는 결과를 초래한 것이다.

3) 여성의 정치적 소외의 요인

여성의 현실적인 정치적 무관심은 전통적인 성역할의 사회화 과정에서 비롯된 산물이다. 여성에 대하여 남성들이 가지는 고정관념은 여성에게 침묵, 인내심, 신앙심, 순결, 희생, 성적 매력 등을 여성의 미덕으로 강조하고 이 때문에 여성의 기본적인 품성은 비정치적이라고 결론지으면서 여성과 정치를 어울리지 않는 결합으로 만들어 버린 것이다.

이러한 여성의 정치의식에서의 성차와 소외 요소의 첫 번째는 가부장제라는 세계 보편적인 형태에서 더욱 강화되었다. 즉 사회구조 속에서 담당하는 여성의 역할에 관한 가부장적 고정관념이 그것이다. 전통적인 성역할 개념에 따라 여성의 역할을 가정에 한정 지움으로서 전문적인 직업을 갖거나 정치·법률과 관련된 사회생활과의 공존은 어렵다는 생각이다. 이러한 고정관념에 의해 사회화된 여성들은 정책을 결정하는 훈련에 능숙하지 못하고 정치참여를 소홀히 하게 되는 것이다. 정치참여는 자기의 위치와 주장을 발전시키고 다른 사람을 대표하는 능력이 필요한데 여성은 성장과정에서 정치사회화가 잘못되어 있으며 정치에 관한 교육과 훈련이 부족하도록 교육되어진다.

두 번째로 문화적 관념에 의한 사회적 제한을 들 수 있다. 역사적으로 남성에 의한 정치권력의 독점은, 문화적으로 정치는 남성의 영역이라는 믿음을 만들었고, 주의의 기대 또한 정치는 남성적인 활동의 영역이라고 간주한다. 따라서 여성들은 권력을 추구하는 것은 여성에게 어울리지 않고 직업으로서의 정치는 여성에게 부적합하다고 믿음으로써 남성 정치인들은 여성들이 정치에 접근하는 것을 구조적으로 방해하였던 것이다. 1980년대 미국 여성운동의 쟁점은 '개인적인 것도 정치적인 것이다' 라는 말로 요약된다. 이는 그동안 여성의 삶이 개인적이고 고립된 삶이었다는 인식에 대한 전환을 의미한다. 즉 남녀관계에 대한 가치관, 규범, 성역할 등에서 '성의 정치' 의 현실에 대해 여성주의에 입각한 인식의 전환이었던 것이다.

4) 정치적 평등을 위한 투쟁

여성해방운동사에서 여성의 정치참여 문제는 근대적 전기를 이루었다. 여성이 남성과 동등한 권리를 가지고 정치에 참여할 수 있는 선거권과 피선거권인 참정권을 얻기까지 많은 시간과 노력 심지어는 생명을 건 투쟁을 전개하였다. 여성의 참정권 획득 운동은 근대역사의 중심지인 서구에서 시작되었다. Locke, Rousseau 등의 계몽사상의 영향으로 일찍이 서구에서는 인간의 존엄, 이성과 합리의 추구, 자유와 평등의 원칙이 널리 보급되어 근대 시민의식을 형성하는 기반이 마련되었다. 즉 18세기 계몽주의 사상가인 Montesquieu, Voltaire, Rousseau 등을 중심으로 일어난 정신적 대운동에 여성이 적극적으로 참여하면서 새로운 역사의 기류에 동참하게 된 것이다.

(1) 프랑스

1789년 프랑스 혁명은 사회적 문제에 대한 여성들의 참여를 상층계급 여성들 뿐만 아니라 평민계급의 여성들까지 적극적으로 동참하게 되는 계기가 되었다. 이 시기의 대표적인 여성운동가인 올랭쁘 드 구쥬(Olympe De Gouges)는 국민회의에 '남녀평등을 확립하고 여성들에게 노동과 직업을 개방하고 능력에 합당한 지위를 보장해 줄 것' 을 청원 하였으며 권리획득을 위하여 권력을 가져야 한다는 것과 이 권력은 다수가 모여 조직화하였을 때만 가능하다는 점을 간파하여 프랑스 전 지역에 여성동맹을 발족할 것을 주장하였다.

혁명의 와중에서 여성의 〈권리선언〉이 제정되었는데, 권리선언 서문에서 드 구쥬는 '어머니, 딸, 자매들의 대표 즉 국민의 여성대표자들도 국민회의의 구성원이 되어야 한다. 여성의 권리에 대한 무지나 망각, 경시는 공익손상과 통치의 부패를 초래하는 요인이므로 여성에게는 남성과 똑같은 신성한 자연권을 가지고 있다는 것을 엄숙히 선언' 하였다. 그러나 1793년 국민공회는 모든 여성단체에 대한 탄압을 결의하고 여성의 공회참석을 거부하였다. 국민공회는 다음과 같은 논리로 여성들을 가정으로 돌려보내려고 하였다. "여성은 가사를 경건하게 보살피는 일과 자녀의 요람을 지키는 일이 있을 뿐 공공장소에서 연설하고 군대 대열에서는 남성의 일에 끼어 들 수 없다. 자연은 남성에게 말한다. 남자가 되어라! 경주, 사냥, 농경, 정치, 그 밖의 모든 노고는 당신들의 특권이다. 자연은 또 여자에게 이렇게 말한다. 여자가 되어라! 자녀를 돌보고 가사를 주관하며 어머니로서 세세한 배려를 아끼지 않는 것, 이것이 그대들의 일이다. 어리석은 여성들이여! 어찌 그대들은 남성들이 되려 하는가? 인류는 편안하게 잘 구분되어 있다. 무엇을 더 원하는가!" 드 구쥬는 '여성이 단두대에 오를 권리가 있다면 의정단상에도 오를 권리가 있다'는 말을 남기고 단두대에서 처형되었다.[1]

프랑스에서는 부르조와가 사회를 완전히 장악한 이후 여성은 다시 가정으로 되돌아가도록 요구받았으며 이에 순응하지 않는 여성운동가들은 단두대로 보내졌다. 이러한 강력

1) De Gouges에 대한 자세한 사항은 : Paul Noack, *Olympe De Gouges(1993), 1748~1793*, Editions de Fallois. 참조.

한 탄압으로 인해 프랑스의 여성운동은 난관에 부딪쳤으며 결국 제2차 세계대전 이후인 1946년에야 비로소 여성의 참정권이 인정되었다.

(2) 영 국

1913년 6월4일 런던 남부 앱섬다운스(Epsom Downs) 경마장에서 133년 역사의 유서깊은 더비 경주가 열리고 있던 중 한 여성이 트랙 안으로 뛰어들어 질주하던 당시 국왕 조지 5세의 말 앤머에 치어 쓰러졌다. 그녀의 이름은 에밀리 와일딩 데이비슨(Emilie Widing Davison)으로 옥스퍼드 대학에서 영문학을 전공한 38세의 여성참정권 운동가였다. 데이비슨은 머리에 심한 부상을 입고 병원으로 옮겼지만 의식을 회복하지 못한 채 사고발생 4일 후 세상을 떠났다.

그의 죽음은 점차 폭력화의 길로 접어들고 있었던 여성참정권 운동에 기름을 끼얹은 격이었다. 투표권을 쟁취하기 위한 여성들의 성난 외침은 데이비슨의 죽음으로 활화산처럼 폭발하였다. 여성들은 분연히 일어섰다. 에멀린 팽크허스트에 의해 주도되고 있던 '여성사회정치동맹(WSPU)' 의 '게릴라 투쟁' 은 데이비슨의 죽음으로 절정에 이르렀다. 그의 죽음은 '민주주의의 시발지' 인 영국의 여성참정권 운동에 거대한 원동력이 되었다. 이러한 투쟁은 제1차 세계대전으로 중단되었다가 전쟁 후 1918년 21세 이상의 모든 남성과 30세 이상의 여성에게만 선거권이 주어졌으며 1928년에 이르러 여성도 21세가 넘으면 선거권을 가질 수 있게 되었다.

(3) 미 국

미국은 건국 초부터 자유주의를 표방했음에도 불구하고 1920년대에 이르러서 보편적으로 여성참정권이 인정되기에 이르렀다. 이때까지 여권론자 및 여성단체들이 주의회에 여성참정권을 요구한 회수가 약 500회, 연방의회에도 약 30회에 달했다. 미국은 1869년 와이오밍주에서 최초로 여성참정권이 인정되고 1893년 콜로라도주, 1920년 연방정부의 헌법수정안 통과로 전국적으로 남녀가 동등한 참정권을 획득하였다.

(4) 한 국

프랑스나 영국 그리고 미국은 여성 스스로가 자신들의 정치적 권리를 자각하여서 고된 투쟁의 길을 통해서 참정권을 얻어내었다. 반면 한국사회에서의 여성 참정권의 획득은 긴 투쟁의 역사를 통해서라기보다는 해방이라는 민족사적 과제 앞에서 부수적인 방법으로 획득되었다고 할 수 있다. 한국에서는 개항을 전후하여 실학사상과 동학사상에 의한 평등의 가치가 성숙하였으며, 기독교에 힘입은 근대 계몽교육이 식민지를 경험하면서 애국·민족운동의 성격을 띠었다. 1907년 국채보상운동과 1919년 3.1운동에 다수의 여성이 적극적으로 참여해 여성의 자각과 민족의식이 크게 고양되었다. 해방 후 1945년 여자 국민당 등 여성단체가 성립되어 여성의 정치적 지위와 법적인 남녀평등권 확보에 노력하였고, 1946~1947년에 걸친 신탁통치 반대운동에 수많은 여성이 직접 참가하여 여성의 정치의식이 진작 되었다. 1948년 7월 17일 발포된 헌법에서 남녀평등의 원칙이 선언되었고, 남녀의 보통선거제를 규정하여 남녀 동등한 참정권을 인정하게 되었다. 이처럼 한국에서의 여성의 참정권 획득은 내재적 투쟁의 결과라기보다 여성의 지위향상 본래의 목적이 국가의 독립이라는 민족적 과제에 함몰된 채 부여받은 것이라고 할 수 있다. 즉 한국의 여성참정권의 획득은 여성 스스로의 투쟁을 통해서라기보다는 독립에 의한 부수적인 결과물로서 후에 한국 여성계의 정체성이나 방향을 정립하지 못하는 결과를 초래하게 된다.

인류역사에 있어 여성의 참정권 획득은 1세기 반에 걸친 오랜 투쟁을 통해 이루어졌다. 여성은 결국 선거권과 피선거권을 동시에 갖는 참정권을 획득하였으나 여성의 성역할은 가사에 관련된 일이라는 관념 때문에 여성의 정치적 자질을 부정하고, 여성을 남편의 일부로 생각하는 가족문화 이데올로기가 지배하는 한 여성의 정치에서의 차별은 계속될 수밖에 없을 것이다. 따라서 참정권의 획득이 진정한 평등을 의미한다고 말할 수는 없다. 참정권은 형식적인 권리에 머물러 있을 뿐 정치는 여전히 남성의 세계이기 때문이다. 여성이 피선거권을 자유롭게 행사하기에는 아직도 그 여건이 성숙되지 못하고 있다. 따라서 진정한 정치적 평등을 확보하기 위한 여성의 투쟁은 아직도 계속되어야만 하는 것이다.

2. 여성과 정치참여

1) 여성 정치참여의 필요성

한국사회는 남성위주의 가부장적 전통문화의 존재로 여성에 대한 사회적 편견이 지속되고 있고, 외형적 근대화에도 불구하고 획일적 · 폐쇄적 가치관의 전통의식이 지배하는 이중구조가 존속하고 있다. 이러한 전통 하에서는 여성이 지도자의 잠재력을 지니고 있다 하더라도 의식은 의존적 여성으로 사회화되어 정치 참여에 소극적 입장이 된다고 볼 수 있다.

전 세계적으로 여성의 정치참여는 열세이지만 특히 한국의 경우는 그 비교를 할 수 없을 정도로 극히 저조하다. 그 이유는 남성중심의 사회문화적인 요인도 있겠으나, 정치제도의 구조적인 장애요인에 기인한다고 볼 수 있다. 한국 정치제도의 비민주적 요소는 불공정한 선거제도를 유지시켰으며, 이로 인하여 사회적 약자집단인 여성집단이 그 대표성을 실현시킬 수 있는 제도적 뒷받침이 없었던 것이다.

여성의 교육수준과 경제활동력은 상당 수준 갖추어져 있으나 현재의 여성 정치참여 수준을 여성의 평등한 대표성을 실현하는 평등참여의 수준으로 끌어올리기 위해서는 적극적인 조치가 필요한 것이다. 즉 국가의 여성정책으로 재화와 서비스의 분배를 다루는 성평등정책을 실시해야 하는 것이다. 이를 위해서는 기존의 장애요인을 제거하는 수준으로는 불충분하며, 여성정책담당 국가기구의 실천적 노력이 요청된다. 예를 들어 목표율 상향 설정 및 단계적 할당제와 강제규정의 도입, 여성의 정치지도력 발전을 위한 각종 교육의 실시, 여성들의 정당참여의 적극화와 정당의 여성정치가 육성의 적극화, 여성단체의 조직력 강화와 지역적 · 국제적 연대강화, 연구의 강화 등 적극적인 제도적 조치와 행정적 지원이 필요한 것이다.

사회적으로 형식적인 남녀평등권이 확대되었다고는 하지만 한국의 여성과 서구사회 여성 사이의 커다란 차이점은 정책결정이 이루어지는 정치권에 영향력을 행사할 수 있는 여성의 '정치세력화' 가 한국에서는 매우 낮다는데 있다. 여성의 정치세력화는 조직적 여성세력의 성장 뿐 아니라 일반적으로 여성들의 정치의식이 성장하여 그들의 선택(투표)이 정치적 영향력을 발휘할 수 있는 것을 포함한다. 따라서 여성들의 남녀 평등한 인간으로서의 가치와 삶의 형태가 동등한 권리로 실현되기 위해서는 여성관련 모든 정책을 결정하는 정치과정에 적극적인 여성의 참여가 요구되는 것이다.

성에 따른 정치성향에 차이가 있다 하더라도 여성대표자가 여성의 이익을 보다 더 잘 대변할 수 있을 것인가는 또 다른 문제이다. 남녀의 선거공략을 비교 · 연구한 결과에 의하면 여성후보가 여성의 관심사를 대변하기보다는 회피하는 경향이 있는 것으로 나타나고 있다.[2] 그럴 경우 남성과 다른 정치적 정향을 갖는 여성을 대변하기 위해 여성의 대표성을 높여야 한다는 경험론적 주장은 정부의 대응성 제고와 관련하여 논리적인 설득력을 갖게 된다.

경험론적 주장과는 별도로 여성의 정치 참여는 오늘날 정치가 노출하고 있는 문제점을 상당부분 개선할 수 있을 뿐 아니라 정치발전의 대안이 될 수 있다는 점에서도 그 정당성을 확보하고 있다. 남성지배의 정치는 가부장적 정치구조와 권력 나눠먹기 식의 패거리 정치를 가져왔고 이로 인해 발생하고 있는 각종의 정치적 부패와 비민주성, 비윤리성의 문제점은 여성의 정치참여 확대에 의해서 상당부분 해소될 수 있다는 것이다.[3] 그러므로 여성의 정치참여 문제는 민주주의 이론의 규범적 측면뿐 아니라 남성과 다른 여성 자신의 이익을 반영하고 정치발전을 지향한다는 실증적 측면에서도 그 당위성을 확보하고 있다.

2) 유권자로서의 정치참여

투표행위는 정치참여의 가장 보편적이고 일반적인 형태이다. 유권자의 행위는 간접적인 정치참여 중 가장 적극적이고 제도화된 형식이며, 민주정치체제에 있어 정치생활의 기초

2) Carrol Susan(1984), "Women Candidates and Support for Feminist Concerns : the Closest Feminism Syndrome", *Western Political Quartely*, Vol. 37., No. 2.

3) Chowdhury, Najma et al.(1993), "Redefining Politics : Patterns of Women's Engagement from a Global Perspective", in Babara J. Nelson and Chowdhury (eds.), *Women and Politics Worldwide*, New Haven, Yale Univ. Press.

이다. 따라서 투표는 그 자체만으로 정치의식을 알 수 있는 척도가 되며 오늘날 모든 나라에서 여성의 참정권이 인정된 가운데 여성이 정치적 권리를 얼마나 주체적으로 사용하는가와 관련된다. 일반적으로 유권자로서의 여성이 투표에 참여하는 행태에 대해 다음과 같은 특징이 있다고 보고 있다.

① 남성보다 여성의 투표율이 낮고 여론조성자도 적으며 이슈보다는 후보자의 개인적 성향에 좌우되는 경향이 있다.
② 남편과 아내는 대부분 같은 투표행태를 보이는데 남편의 의견이 지배적으로 작용한다.
③ 여성은 남성보다 의견이 없거나 정보가 늦은 경향이 있다.
④ 여성들은 여성의 정치참여 없이도 모든 일이 만족스럽게 되어갈 것 같이 느끼고 대부분 현재 상태에 만족하는 경향이 있다.
⑤ 남자보다 사회체제의 운영에 관한 지식이나 기술이 부족하다.
⑥ 여성후보자들은 거시적인 국내문제보다는 미시적인 지역문제에 관심이 많다.
⑦ 여자들은 보수적인 경향이 있고, 종교적인 정당에 남자보다 많이 투표한다.

한국 여성들이 최초로 행한 투표는 남성과 마찬가지로 1948년 5월 10일에 실시된 제헌국회 의원선거에서 여성유권자 수는 16,539,484명으로 전체 유권자의 51%를 차지하여 남성유권자보다 많은 것으로 나타났다. 남녀 유권자의 투표율은 1970년대까지는 다소의 차이가 있었으나 최근에는 그 차이가 거의 없는 것으로 나타나고 있으며 1995년 지방선거에서는 오히려 여성의 투표율이 높은 것으로 나타난 바 있기 때문에 투표율을 가지고 여성의 정치 참여를 논하기는 어렵고 그 보다는 투표의 내용이 문제가 된다고 하겠다.

한국갤럽조사연구소의 조사에 의하면, 1996년 2.11. 총선에서 가구주의 영향을 받아 투표의 방향을 결정한 여성이 71.7%로 여성 자신의 주체적인 판단에 의해 투표권을 행사한 여성은 38.3%에 불과하였다. 그러나 1995년 6.27 지방선거를 대상으로 한 연구에 의하면 여성의 90.5%가 자신의 판단에 따라 독자적으로 투표하였다고 함으로서 남성의 95.0%보다는 낮지만 독자적 투표성향을 보이는 것으로 나타나 여성의 투표성향에 대해서는 이견

이 나타나고 있다.[4]
여성은 남성에 비해 정치에 관심이 적고, 정치토론이나 정치적 훈련에서 배제된 특성 때문에 정치적인 정보도 빈약한 편이며, 특히 여성의 대화 내용 중 정치적인 이야기가 적게 나타나는 경향은 한국 뿐 아니라 세계적인 현상이며 그 차이는 남 · 녀 간 적게는 13%, 많게는 29%까지 나타나고 있다. 이처럼 정치참여와 정치의식면에서 남성보다 여성이 미약하다는 논리는 여성이 정치에서 배제되어 있는 구조적인 이유가 되고 있으며 여성들의 정치의식의 발전을 가로막는 장애물이 되고 있다.

그 동안 한국사회는 가부장적인 성역할 구분에 따른 사회화에 강한 지배를 받아왔다. 이러한 현상의 당연한 결과로 여성유권자들은 특별한 정치의식을 가지지 않고 대개 주변의 영향력 있는 남성의 의사를 반영하는 투표를 해왔던 것이 사실이다. 그러나 1990년대 들어 변화된 모습을 보이고 있다. 이러한 변화는 특히 고학력 여성들을 중심으로 일어나고 있는데 고학력 여성들의 정치적 관심은 남성 못지않게 높으며 정치 참여율도 높은 것으로 나타났다. 여성 유권자의 정치참여도는 연령별 · 학력별 · 직업별로 차이가 있는 것으로 나타나고 있다. 즉 교육수준이 높을수록 참여도가 높으며, 또 직업을 가지고 있는 경우가 전업주부보다 참여가 높으며, 연령별로는 30대에서 50대 사이의 여성들이 더 적극적으로 투표에 참여하는 것으로 나타났다. 또한 한국 도시 여성의 투표행태에 대한 조사에 의하면, 후보자의 소속 정당이나 선거공약보다 후보자의 능력 · 인격 · 학력 · 경력 등 인물 됨됨이에 더 치중하고 있다.

한편 자신의 투표행위가 정치에 영향을 미칠 수 있다고 느끼는 투표 효능감에 대해서는 남녀 성차의 폭이 크지 않게 나타나 여성의 정치의식에 대한 전통적 시각을 재고하게끔 한다. 따라서 여성은 정치에 대한 자신감은 낮지만 투표행위나 직접적인 정치적 행위의 영향에 대한 자신감은 남성에 비해 뒤떨어지지 않는다는 것을 알 수 있다. 그러나 50대 이상, 국졸 이하, 농림 · 어업직 종사자 여성의 정치적 자신감은 극도로 낮은 것으로 나타나고 있다.

이러한 결과를 보면 정치적 관심도가 남녀 간의 차이보다 세대가 바뀌면 여성의 정치의

---

4) 한국여성정치연구소(1995), 「6.27 지방선거와 남녀유권자의 투표행태연구」, 『한국여성 정치논단』.

식이 급격하게 변화될 가능성을 시사한다고 할 수 있다. 특히 여성의 교육수준이 향상되는 추세는 미래의 정치발전에 있어서 성차를 줄여주는 요인으로 작용할 것이다.

3) 여성운동으로서의 정치참여

여성단체는 다원화된 현대사회에서 사회압력단체로서의 역할을 통해 국가정책에 영향력을 행사할 수 있으며, 여성의 정치형성을 위한 조직적 역할을 담당할 수 있으므로 여성의 정치사회화와 정치세력화에 중요한 역할을 한다.

여성운동은 제도권 정치의 의사수렴 기능이 작동하고 있을 때에는 이를 보완하기 위해 시민사회의 쟁점을 투입하는 상보적 기능을 수행하지만 제도권으로부터 쟁점 자체가 배제될 경우에는 이를 부각시키는 보다 적극적인 도전적 기능을 수행하기도 한다. 여성단체들이 그동안 추진해왔던 가족법 개정이나 고용차별 철폐와 같은 쟁점은 상보적 기능이라 할 수 있지만 여성해방운동의 경우에는 도전적 기능으로 볼 수 있다. 이러한 여성운동은 제도권 내의 한정된 정치참여와는 달리 제도권 밖의 보다 폭넓은 참여를 통해 정치참여를 지원하고 포괄하기 때문에 사회참여로 구분해 볼 수도 있다.

한국에서는 1980년대 제5공화국의 유화정책으로 많은 사회단체가 활성화 되면서 여성단체들의 사회참여활동도 활발해 지고 여성관련 기구와 제도도 생겨나는 등 여성의 전문능력이 발휘되기 시작하였다. 또한 1991년 실시된 지방자치제는 여성들에게 정치에 대한 관심을 불러일으키는 계기가 되었다. 지방자치는 지역주민들의 생활과 관련된 문제를 주민들 스스로가 해결해 나가는 제도로 여성의 참여가 가능하고 필요하다는 주장이 설득력을 얻게 되었다. 이와 함께 한국여성정치문화연구소(1989), 한국여성정치연구소(1990), 한국여성정치연맹(1991) 등의 전문단체가 조직되어 세미나, 연대활동, 교육활동 등을 활발히 전개하였으며, 한국여성개발원을 비롯한 기존의 한국여성단체협의회 한국여성유권자연맹, 대한YMCA연합회, 한국여성단체연합 등도 여성의 정치참여를 위한 공청회를 개최하여 여성의 정치참여를 이슈화 하였다.

전통적인 여성단체의 활동을 보면 주로 여성교양교육과 지위향상(29%), 전통생활문화보호(21%), 직능단체로서의 회원 간 기술협력(19%) 순으로 집중되어 있으며, 기타 종교적인 이념실천과 봉사활동, 국제적인 친선도모로 나타나고 있다. 이러한 여성단체의 활동은 지나치게 소극적이고 다양하지 못할 뿐만 아니라 중산층여성 중심이라는 비판을 면치 못하고 있다. 특히 민주화과정을 거치면서 민주화운동에 뿌리를 둔 여성단체들이 등장하면서 기존여성단체들의 이념유실에 대한 비판이 제기되면서 여성단체들 간에 긴장이 조성되었던 것도 사실이다.[5] 이에 1990년대 이후 여성운동의 목표도 모든 다른 사회운동과 마찬가지로 최종적으로 정치운동으로 귀결되고 있다. 그것은 평등권과 균등한 기회보장만이 모든 여성에게 영향을 미칠 수 있는 유일한 방법이며, 정치참여만이 이를 달성해 줄 수 있다는 인식을 반영하는 것이다. 이에 따라 최근 여성단체의 활동에서 정치활동의 비중이 점차 높아지고 있다.

여성단체들은 여성의 정치참여를 위하여 여성의 정치의식을 고양하기 위한 의식화교육을 비롯하여 여성정치인의 발굴·지원활동, 여성에게 불리한 선거법개정운동, 공명선거운동 등을 펼쳐왔다. 여성의 정치진출을 위해서는 정당의 공천이 중요하다는 인식이 제기되면서 각 정당에서 여성할당제를 운영할 것을 요구하고, 선거기간 동안 '정치참여를 위한 범여성모임'과 같은 한시적 조직을 운영하는 등의 정치지원활동을 하였다. 또한 각 지역별로 시정지기단과 의정지기단을 구성하여 지방자치단체와 지방의회의 활동을 감시 및 평가하였다.

4) 정치지도자로서의 정치참여

(1) 행정부

대한민국은 1948년 7월 17일 헌법의 제정을 통해 남녀의 평등을 확실하게 규정하였으나 아직도 민법규정을 비롯한 여러 부분의 법규정은 조선시대의 남존여비 사상의 잔재가 엄연히 존재하고 있으며, 생활의 밑바탕에 흐르는 사회적 정치적 문화의 흐름은 끊임없이 여성을 제약하고 있다.

이러한 한국여성의 위상은 유엔개발계획(UNDP)의 「인간개발보고서(2009년)」에 나

5) 한국여성개발원(1998), 「여성단체에 대한 정부재정지원의 평가 및 대안에 관한 연구」.

타난 지표들을 통해 알 수 있다. 인간개발지수(HDI)에서는 155개국 중 25위, 교육성취도에 있어서는 남녀의 차이를 반영한 남녀평등지수(GDI) 역시 26위로 비교적 상위권에 속한다. 그러나 여성의 의회진출과 행정관리직에의 참여도 등을 지표로 한 여성권한척도(GEM)에서는 109개국 중 61위에 그쳐 하위권에 머무르고 있다. 이는 한국여성의 교육수준은 남성과 대등할 정도로 많이 높아졌으나 국회의원이나 공무원 등(행정관리직 및 전문기술직) 정책결정 과정에 참여하고 있는 여성의 비율이 매우 낮은 현실을 그대로 보여주고 있다.

고위 정책결정직에 능력 있는 여성들을 기용한다는 것은 대통령 후보들의 단골 공략이었다. 예를 들어 DJ는 대통령 후보 당시 국가의 주요 정책결정직에 여성을 30% 할당한다

표 9-1 | OECD 국가의 HDI, GDI, GEM(2009)

구 분	인간개발 지수(HDI)	여성개발 지수(GDI)	여성권한척도 (GEM)	국회여성 비율	행정관리직 여성 비율	전문기술적 여성 비율
한국	25위	26위	61위	14.0%	9%	40%
호주	4	3	7	30%	37%	57%
벨기에	17	11	6	36%	32%	49%
캐나다	4	4	12	25%	37%	56%
덴마크	16	12	4	38%	28%	52%
핀란드	12	8	3	42%	29%	55%
프랑스	8	6	17	20%	38%	48%
독일	14	15	9	31%	38%	50%
아이슬란드	3	3	8	33%	30%	56%
네덜란드	6	7	5	39%	28%	50%
뉴질랜드	20	18	10	34%	40%	54%
노르웨이	1	2	2	36%	31%	51%
스페인	15	9	11	34%	32%	49%
스웨덴	7	5	1	47%	32%	51%
스위스	9	13	13	27%	30%	46%
일본	10	14	-	-	-	-
영국	21	17	15	20%	34%	47%
미국	13	19	18	17%	43%	56%

* 국회 성비율, 행정관리직 여성비율, 전문기술직 여성비율은 여성권한척도(GEM)에 포함된 요소임.
출처 : UNDP(2009), HUMAN DEVELOPMENT REPORT.

고 약속한 바 있다. 그러나 공약과는 달리 대통령직인수위원회, 정부조직개편위원회, 비상경제대책위원회 등 3개의 위원회 위원 70여명 중 여성위원은 단 1명에 지나지 않았었다.[6] 또한 "국무위원 4인 이상 여성임명, 주요 정책 결정직에 여성비율 20~30% 할당" 이라는 공약과는 달리 국무위원 중 2명(여성부, 환경부)만이 여성이다. 또한 "여성의 사회적 권한을 높이기 위해 법을 고쳐서라도 정부위원회 여성참여를 금년 내 눈에 보이는 변화를 가져오겠다." [7]고 했던 약속은 일정부분 목표를 달성하였으나 대부분을 과제로 남겼었다. 정부의 정부위원회에의 여성 참여 확대 방안의 과정은 다음과 같다.

① 정부위원회의 여성 참여 확대 추진배경

정부는 정책결정 과정에 여성참여를 확대하여 여성의 요구를 국가정책에 반영하고 사회전반에 여성참여 분위기를 조성하고자 '국민의 정부' 출범 이후 정부 내 각종 위원회에 여성참여 확대 사업을 국정과제 및 대통령 지시사항으로 전환하고 목표율 30% 달성시기도 당초 2005년에서 2002년으로 조기 달성토록 하는 등 보다 적극적으로 추진하였다.

한편 99년 2월 행정자치부의 「정부위원회 운영지침」에 주요시책으로 반영하여 신설위원회의 경우 여성위원 비율 30% 이상 관련규정에 명시하고, 위원회별 여성위원 위촉확대 추진계획을 별도 수립·시행하며 자격기준을 완화해서라도 여성위원 위촉을 확대 조치하도록 명시하였다.

② 2000년도 상반기 정부위원회 여성참여 현황

법률, 대통령령, 조례에 근거한 위원회로서 위촉직이 있는 모든 위원회(중앙행정기관 268개, 지방자치단체 867개)를 살펴본 결과 2000년도 상반기 정부위원회 여성위원 참여율은 20.4%로 2000년도 목표율 25%에 4.6% 미달한 것으로 나타나고 있다(중앙행정기관 20.1%, 지방자치단체 20.7%). 2000년도 상반기 정부위원회에서의 여성참여율은 20.4%로 99년도 대비 2.8% 증가한 것으로 나타나고 있다.

정부위원회에의 여성참여 확대사업이 소기의 성과를 거두려면 각종 위원회의 위원 위촉권을 가지고 있는 각 기관의 적극적인 관심과 협조가 절대적이다. 그리고 각 기관은 정

---

6) 〈한겨레신문〉, 1998.1. 10.

7) 〈여성신문〉, 1998. 7. 31.

표 9-2 | 연도별 여성의 위원회 참여율 및 여성위원 비율

구분	1998	1999	2000	2001	2002
목표	20%	23%	25%	28%	30%
실적	12.4%	17.6%	20.4%	-	-
미달율	7.6%	5.4%	4.6%	-	-

구분	위원회 수(개)			위촉직 위원수(명)		
	전체	여성참여위원회	참여율(%)	전체	여성위원	참여율(%)
1998	1,206	714	59.2	15,196	1,896	12.4
1999	1,090	771	70.7	14,944	2,635	17.6
2000	1,139	887	77.9	15,613	3,205	20.5

각 위원회 별 목표율 25%를 달성한 위원회의 비율은 38%(중앙 46.6%, 지방35.5%)로 저조하다.

표 9-3 | 정부위원회 여성위원 참여현황

구분	전체 위원회수(개)	여성참여		목표달성	
		위원회수	비율(%)	위원회수	비율(%)
중앙	268	224	83.6	125	46.6
지방	867	663	76.5	308	35.5
계	1,139	887	77.9	433	38.0

출처 : 한국여성개발원(2002), 2001 여성통계연보.

표 9-4 | 정부 및 지방자치단체 위원회의 여성위원 참여현황(2009)

연도	정부행정기관				광역자치단체			
	위원회수	위원수	여성위원	여성위원비율	위원회수	위원수	여성위원	여성위원비율
2000	355	11,374	1,019	9.0	-	-	-	-
2002	278	5,973	1,116	18.7	995	12,543	3,948	31.5
2006	383	7,206	2,132	29.6	1,111	12,667	4,556	36.0
2009	485	9,867	2,428	24.6	1,589	20,267	5,980	29.5

출처 : 여성가족부(2010),성주류화 통계.

부의 위원회 정비계획에 따라 소관 위원회를 통폐합할 경우 위원회 규정에 연도별 목표율을 명시함은 물론 위원 재위촉시 가급적 여성위원을 위촉하려는 노력을 적극 기울여야 한다.

한편 행정안전부 통계연보(2010년)에 의하면, 2009년 12월 말 현재 여성공무원은 400,621명으로 전체공무원(978,087명)의 41%를 차지하고 있다.

지난 10년간 여성공무원의 비율은 꾸준히 증가하고 있는 추세다. 여성공무원의 증가는 경제성장과 더불어 여성교육기회 확대 및 가치관의 변화 등으로 여성의 전반적인 사회활동이 증가한 것과 관련이 있다고 볼 수 있다.

또한 남녀구분모집제 폐지, 여성채용목표제 실시, 헌법재판소의 군 가산점 위헌결정 등 남녀공무원에 대한 정부의 양성평등한 대우를 위한 노력과 혼인 · 출산 후에도 계속적인 근무가 가능하고 신분보장을 통한 장기간 안정된 직장생활이 가능하다는 인식 때문에 여성의 공직선호가 증가한 것으로 보인다.

표 9-5 | 연도별 여성공무원 현황

구분	1999	2005	2009
전체인원	865,650	832,262	978,087
여성	257,191	315,764	400,621
점유율(%)	29.7	37.9	41.0

출처 : 중앙인사위원회, 통계연보. 각 년도.

③ 계급별 여성공무원

여성공무원의 지속적인 증가에도 불구하고 대부분의 여성공무원들은 하위직에 머물러 있고 5급 이상의 관리직 비율은 낮게 나타나고 있다.

2008년 관리직 여성공무원의 비율은 중앙정부 10.8%, 지방자치단체는 7.6%로 전년대비 각각 0.7%, 0.5% 증가하였다. 2009년 국가고시에서 여성합격자 비율은 외무고시가 48.8%로 가장 높고, 행정고시 46.7%, 사법시험도 35.6%로 나타나고 있다. 외무고시 여성합격자 비율은 2005년 52.6%로 처음으로 50% 이상의 합격률을 보였고, 2007년과 2008년 60% 이상의 합격률을 보였지만, 2009년은 전년대비 16.9% 하락하여 48.8%를 보이고 있다. 행정고시의 경우 1995년 10.4%를 보인 후 점차 증가하여 2008년 45.8%의 합격률을 보이고 있다. 하지만 2009년 41.2%로 전년대비 4.6% 하락한 상태이다. 한편, 사법고시 합격자 비율은 꾸준히 증가하고 있지만, 외무고시와 행정고시 보다 증가 속도가 늦은 것으로 나타나고 있다. 사법고시 합격자 여성비율은 1995년 8.8%, 2000년 18.9%, 2008년 38.0%로 점차 상승했지만 2009년 35.6%로 전년대비 2.4% 감소하였으나 2010년 42%를 나타내고 있다.

표 9-6 | 전체공무원 현원 (단위 : 명)

구분		합계	남성	여성
합 계		978,087	577,516	400,571(41%)
행정부	소계	955,303	562,446	392,857(41.1%)
	국가공무원	615,490	331,468	284,022(46.1%)
	지방공무원 (지방자치+교육자치)	339,813	230,978	108,835(32.0%)
입법부		3,644	2,382	1,262(34.6%)
사법부		16,252	10,701	5,551(34.2%)
헌법재판소		249	159	90(36.1%)
중앙선거관리위원회		2,639	1,828	811(30.7%)

출처 : 행정안전부(2010), 통계연보.

표 9-7 | 공무원채용시험 전체합격자 및 여성합격자 비율 (단위 : 명)

연 도	행정고시		외무고시		사법고시		7급행정 · 공간직		9급행정 · 공간직	
		%		%		%		%		%
2000	203	25.1	30	20.0	801	18.9	560	16.6	2,709	37.4
2005	216	44.0	19	52.6	1,001	32.3	575	27.7	1,968	44.9
2009	244	46.7	41	48.8	997	35.6	481	38.3	2,068	46.8
2010			36	60.0	-	42	-	-	-	-

출처 : 행정안전부, 중앙인사위원회, 행정자치통계연보, 각 년도.

(2) 국회

1997년 1월 IPU(국제의원연맹)가 집계한 세계 107개국의 여성의원 비율 순서에 따르면 한국은 세계평균 12%에도 못 미치는 3% 비율로 세계 94위에 그쳤다. 아시아권에서도 한국은 조사대상 21개국 중 19위로 최하위권에 속한다. 한국보다 여성의 참여가 저조한 국가로는 20위인 싱가포르(2.5%), 21위 부탄(2.0%)이 있을 뿐이다. 특히 유교의 종주국인 중국이 여성의원 21.0%로 1위를 차지했다는 점은 우리에게 시사하는 바가 크다. 더욱이 「2000년 국제의원연맹의 보고서」에 의하면 의회 내 여성의원 비율이 한국은 3.7%로 104위를 차지했다고 밝히고 있다. UN 여성차별철폐위원회도 한국여성의 정치참여를 막는 가장 큰 걸림돌이 "한국사회의 전반에 내재해 있는 가부장적 남성우월 사상" 이라고 표명했듯이 특히 국회는 여성에게 배타적인 분위기와 문화를 형성해오고 있다.

한국은 제헌의회 이래 현 18대 국회에 이르기까지 4,641명의 의원 중 여성국회의원은 총 174명으로 3.75%에 불과하다. 이들 중 선거를 통해 지역구에서 당선돼 국회에 진출한 여성은 24명인 0.6%이고, 이 가운데 재선의원을 제외한다면 지역구에서 당선된 여성은 실제 15명에 불과하며, 지난 20여 년 동안 여성의 국회진출은 오히려 감소하였다. 12대에는 8명, 13대에는 전국구 6명, 14대 국회에 6명, 약소한 증가를 보였다는 평가를 받았던 15대 총선에서 지역구 2명, 전국구 7명으로 총 9명의 여성의원이 당선되어 간신히 3%를 기록하였다. 이는 거의 절반의 국회의원이 여성인 스웨덴은 차치하고라도, 정치문화의 남성 중심성이 매우 강한 일본에도 채 못 미치는 수치이다. 이러한 상황에서 제16대 총선에서 여성의원의 수가 16명(5.9%)으로 늘어났고 그 중에서도 특히 서울에서 3명의 지역구 당선자를 낸 것은 지역구 여성 불모의 한국 정치사에 큰 획을 그은 것으로 평가할 수 있다. 이후 17대 선거는 비례대표 결과에 힘입어 39명(13%)이 당선되었고, 18대 총선에서는 41명(13.7%)이 당선되어 여성국회의원이 차지하는 비율은 꾸준히 증가하고 있다.

2000년 2월 정당법의 개정으로 정당이 지방선거·국회의원 선거 비례대표에 여성후보 30% 이상을 추천하도록 하는 여성공천할당제가 도입되어 처음으로 실시된 제16대 총선에서는 전국구 11명, 지역구 5명이 당선되어 여성의원 비율이 4.86%로 제15대 국회 여성의원 3.68%(11명)에 비하여 상당한 수확을 거두었다고 볼 수 있다. 이후 16~18대 국회의

표 9-8 | 국회 여성의원 비율

(단위 : 명)

연 도	국회의원		
	계	여성	여성비율(%)
1992(14대)	299	3	1.0
1996(15대)	299	9	3.0
2000(16대)	273	16	5.9
2004(17대)	299	39	13.0
2008(18대)	299	41	13.7

출처 : 중앙선거관리위원회, 국회의원선거총람, 제18대 국회의원선거 당선자 현황.

원 선거를 통해 16대에서 두 자리 숫자인 16명이 당선되었고, 17대의 39명, 18대의 41명이 당선되었으나 2010년 현 시점에도 유엔 권고수준인 30%에는 미치지 못하고 있다.

외국과 비교해 볼 때도 UNDP가 발표한 성권한척도(GEM, 여성의 정치참여 및 고위직 진출 정도)에 의하면 한국은 2009년 현재 세계 109국 중 61위로 한국 여성의 정치참여 수준은 아직도 세계 하위 그룹에 속해 있다.

(3) 지방의회

1991년 지방자치체의 실시는 여성들의 정치참여에 획기적인 전기를 마련하였다. 지방자치의 실시는 이제까지의 중앙정치 중심의 남성정치문화를 변화시키고, 생활주변의 과제들과 지역의 문제들을 정치를 통해서 해결함으로써 정치에서 소외되어 온 일반시민, 여성, 노동자 등 주변인들이 정치적 주체로 자리매김 할 수 있다는 희망을 주었다.

특히 1991년의 두 배 이상의 여성의원을 당선시킨 1995년의 지방선거에서 용기를 얻은 여성계는 1998년을 '여성정치 도약의 해'로 선포하고 〈제2기 전국 4대 동시 지방선거〉에 큰 기대와 자신감을 갖게 되었다. 그러나 1998년 6월 4일에 치러진 지방선거는 여러 가지로 우리 사회의 침체된 분위기를 반영하듯 후보등록률에서부터 여성후보의 비율이 저조하게 나타났다. 1995년 6 · 27 선거에서 여성후보의 등록상황을 보면, 시 · 도의원 972석 중 총 2,644명이 출마한 가운데 여성이 119명이었고, 구 · 시 · 군의원의 경우 4,514석 중 11,970명이 출마한 가운데 여성은 206명(1.72%)이었다. 전체적으로 여성의원의 당선율은 기초의원 35.0%, 광역의원 32.5%로 남성에 비해 낮았지만 1991년 선거에 비해서

표 9-9 | 여성지방의원

구 분	합계	광역의원			기초의원
		소계	지역구	비례대표	
95년 6.27선거	127명(2.2%)	55명(5.8%)	13명(1.5%)	42명(43.2%)	71명(1.6%)
98년 6.4선거	97명(2.3%)	41명(5.9%)	14명(2.3%)	27명(36.4%)	56명(1.6%)

표 9-10 | 1998년 6 · 4지방선거 전체 여성후보자 및 여성당선자 현황

구 분	여성후보자수(전체)	여성후보자비율	여성당선자수(전체)	여성당선자비율
계	185명(10,168명)	1.81%	97명(4,450명)	2.17%
광역자치단체장	0명(40명)	0%	0명(40명)	0%
기초자치단체장	8명(677명)	1.18%	0명(230명)	0%
광역의회의원	37명(1,571명)	2.35%	41명(690명)	5.94%
기초의회의원	140명(7,754명)	1.80%	56명(3,490명)	1.60%

는 증가를 보였다. 그러나 1998년의 6 · 4지방선거에서는 여성후보의 등록률, 당선률 모두 1~2%대에 그쳐 극히 저조한 성적을 보였다.

이러한 결과는 김대중 정부 출범 이후 6 · 4지방선거를 계기로 여성의 지방의회 진출이 확대되리라는 여성계의 기대에 크게 못 미치는 것이었다. 현직 대통령이 여성의 권익과 지위향상에 진보적 입장을 가지고 있었으며, 제15대 대선 당시 각 정당에서 여성의 정치참여 할당제 확대를 공약으로(새정치 국민회의 각종 선거 비례대표 30% 이상, 한나라당 광역의회 비례대표 50%) 내걸었음에도 6 · 4지방선거 후보자 공천과정에서 시작된 여성후보자 및 현역 여성정치인 배제 분위기는 여성의 정치참여에 대한 기대를 저버렸다.

1998년 6 · 4지방선거의 가장 실망스러운 결과는 광역자치단체장에서 한 명의 여성후보도 내지 못했으며, 기초자치단체장에 8명의 여성후보가 출마했으나 한 명도 당선되지 못했다는 점이다. 따라서 1998년 6 · 4지방선거는 기초자치단체장에 1명의 여성당선자(광명시)를 낸 1995년의 지방선거보다도 한참 후퇴한 선거였다는 평가를 받았다.

한편 한국의 지방의회 선거제도는 한 선거구에서 1명을 뽑는 소선거구제를 채택하고 있다. 이러한 선거제도는 1명의 당선자를 여성으로 뽑는 것을 꺼리는 유권자들의 남성중심적 사고에 의해, 지역구를 통해 당선되는 여성의 비율을 극히 저조하게 만드는 한 원인

표 9-11 | 2010. 6 · 2 지방선거 성별 후보자 수

선거명		후보자수	성별	
			남	여
계		10,020	8,343	1,677
시 · 도지사		58	54	4
구청장 · 시장 · 군수		780	754	26
시 · 도의원	지역구	1,779	1,622	157
	비례대표	267	87	180
구 · 시 · 군의원	지역구	5,862	5,299	563
	비례대표	919	184	735
교육감		81	76	5
교육의원		274	267	7

표 9-12 | 2010. 6 · 2 지방선거 성별 당선인 수

선거명		후보자수	성별	
			남	여
계		3,991 (100.0)	3,244 (81.3)	747 (18.7)
시 · 도지사		16	16	0
구청장 · 시장 · 군수		228	222	6
시 · 도의원	지역구	680	625	55
	비례대표	81	23	58
구 · 시 · 군의원	지역구	2,512	2,238	274
	비례대표	376	24	352
교육감		16	15	1
교육의원		82	81	1

출처 : 중앙선거관리위원회(2010),선거관리보, 제66호.

이 되고 있다. 특히 1995년 당시 1인선거구 2,976개, 2인선거구 758개, 3인선거구 15개, 4인선거구 1개로 기초의원 총수가 4,514명에 달했으나, 선거법 개정으로 1인선거구 3,466개, 2인선거구 20개, 4인선거구 1개로 의원정수가 3,490명으로 축소되어 여성의원의 수는 더욱 줄어들게 되었다. 실제 1995년 당시 여성후보의 경우 1인 선거구에 출마한 여성후보보다 2인 이상 선거구에 출마한 여성의 당선율이 보다 높게 나타났다. 따라서 소선거구

제보다는 중·대 선거구제 혹은 비례대표제가 여성의 지방의회 참여에 유리한 제도가 될 수 있을 것이다.

(4) 정 당

한국 정당의 여성 당원 비율은 평균 31%로 미국(약55%), 스웨덴(45%), 핀란드(41.9%), 프랑스(35.6%)보다 낮게 나타나고 있다. 그러나 평당원으로서의 여성의 정당활동은 1960년 이래 괄목할 만한 진전을 보이고 있다.

그러나 이러한 진전에도 불구하고 당원 중 여성당원이 차지하는 비율에 비해 당내 지도자로서 여성당원의 비율은 훨씬 낮다. 이러한 경향은 정당 내 고위직으로 올라갈수록 두드러진다. 우성 당의 공천이나 지원이 당락에 결정적인 영향을 미칠 수 있는 한국의 선거문화에서 정당의 여성후보 선거지원 활동은 여성의 정치참여에 매우 중요한 부분이다. 그러나 각 정당은 지원정책 마련에 소극적일 뿐 아니라 이미 마련된 지원정책도 제대로 시행되지 않는 경우가 많아, 정당이 여성의 정치참여에 적극적인 역할을 한다고 보기는 힘들다.

1998년 6·4지방선거 과정에서도 나타났듯이 정당은 여성을 당선가능성이 희박한 지역에 우선적으로 공천하고, 비민주적인 경선을 통해 평소 지구당위원장의 측근이었던 당원을 당선 가능한 지역에 우선 공천했으며 여성후보 목표율을 당헌 당규에 규정하지 않거나 규정된 내용조차 지키지 않는 등, 여성후보에 대한 제대로 된 지원은 찾아보기 힘들었다. 평소 여성후보 육성이나 교육 프로그램이 미비한 현실에서 선거 시 여성후보 지원마저 전무한 상황은 여성들이 정당을 통해 정치지도자로 성장할 수 있는 여건을 어렵게 만들고 있다. 문제는 이러한 현상이 2010년 6·2지방선거에서도 크게 달리지지 않은 모습을 보이고 있다는 것이다.

한편 여성이 각급 의회에 활발히 진출하기 위해서는 실질적인 정치감각을 습득하고 자질을 배양할 수 있는 정당 내 고위당직에의 참여가 필수적이다. 그러나 현재 대부분의 여성 정치지도자들이 정당에서 성장한 경우에 해당되지 않는다는 점에서 여전히 정당 내 여성의 대표성 문제는 여성의 정치참여에 있어서 해결해야 할 큰 과제로 남아있다.

표 9-13 | 주요정당의 고위당직자 수 (단위 : 명)

연도, 성		여 당		제1야당	
		중앙위원 수	당원 협의회 운영위원 장	중앙위원 수	당원 협의회 운영위원 장
1995	전체	45	237	55	-
	여성	2	2	4	-
	여성비율	4.3	0.8	7.2	-
2000	전체	41	225	55	225
	여성	6	6	3	5
	여성비율	14.6	2.7	5.5	2.2
2004	전체	76	-	51	-
	여성	16	-	10	-
	여성비율	21.1	-	19.3	-
2008	전체	39	234	66	236
	여성	4	17	8	20
	여성비율	10.3	7.3	12.1	8.5
2009	전체	62	245	54	230
	여성	6	14	6	22
	여성비율	9.6	5.7	11.1	9.6

출처 : 한국여성정책연구원(2010), 정당의 여성정치참여 지원방안.

3. 여성의 정치세력화

대한민국 정부수립 이후 시작된 여성의 선거직 진출은 50년 동안 답보상태를 면치 못하고 있으며 공무원직이나 위원회 의원과 같은 전문직으로의 진출도 더디게 진전되고 있을 뿐더러 여성운동도 대중적 기반의 취약으로 정치세력화에는 이르지 못하고 있다. 이러한 현실은 그 동안 우리사회가 이룩한 경제발전 수준과 여성의 경제활동 참여율 그리고 여성의 높은 교육수준에 비추어 볼 때 유독 여성의 정치사회 참여만이 낙후되어 잇는 것으로 그것이 의미하는 바를 다시 생각해 보게 한다.

여성의 정치참여로 21세기의 성숙하고 발전된 한국의 정치문화를 실현할 수 있도록 여성의 정치참여를 확대하기 위한 방안으로는 여성 스스로의 의식 전환, 여성단체의 역할, 정당제도 개혁, 정부의 역할 등을 들 수 있다.

1) 여성 정치세력화의 부진 요인

여성이 지도적 위치에 서기에 부족한 원인으로 지적되고 있는 통솔력, 경력, 교육 등 정치적 자질은 여성의 인성적 · 생물학적 특성이 아니고 지금까지 여성들이 그러한 자질을 계발할 사회적 기회가 없었거나 적었기 때문이다. 여성의 정치적 자질을 논할 때에는 반드시 여성들에게 그러한 자질을 발전시킬 수 있는 기회가 남성들과 동등하게 부여되어 있었던가를 생각해 보아야 한다.

여성의 정치세력화를 저해하는 근본적인 원인은 무엇보다도 정치영역을 남성들의 배타적인 공간으로 인식하도록 만들고, 자녀에 대한 양육과 가사를 여성의 일로 여겨 여성들이 그들의 정치적 자질을 발휘하지 못하도록 만드는 사회 · 문화적인 구조에 있다. 한국사회의 가족제도 안에서 정치권의 행사는 남성 중심으로 이루어져 왔고, 이러한 성역할의 분담으로 인해 여성은 정치에 관심을 가질 수 없었고, 그 결과 정치활동은 여성에게 부적합한 것으로 인식되어 왔다. 시민권과 정치참여의 권한은 법률적으로 남녀 모두 평등하게 향유하도록 되어있지만 사회 · 문화적 요인 때문에 여성은 정치영역에서 경쟁의 능력과 자원을 배양하여 정치세력화 하는 일에 적절하게 대응하지 못했다.

한편 앞에서 지적했듯이 정당의 공천이나 선거제도와 같은 제도적 차원에서의 제약을 들 수 있다. 현재의 여성의 활동은 이전의 여성상황과는 많은 차이를 보이고 있다. 그럼에도 여성의 정치참여는 크게 변화된 모습을 보이지 못하고 있다. 여성 없는 시민사회를 생각해 볼 수 있을까? 여성들은 정치적인 것과 관계가 없다고 생각하는 모든 사적 영역에서의 성적 불평등이 정치적인 것임을 스스로 깨닫고 여성의 정치세력화에 주력해야 할 것이다.

2) 여성단체의 역할

여성정치세력화의 주요한 매개체는 여성 스스로의 조직적 연대(network)이다. 여성단체들의 연합된 조직은 여성의 정치참여 증진을 위한 노력뿐만 아니라 정치원에 대한 압력기구로서도 효과적인 역할을 해 낼 수 있다. 현재 한국에는 3,500여 개의 여성단체가 있다. 이들 단체들이 그 동안 여성단체 연대활동을 위해 많은 노력을 해왔으나 참여하는 단체가 제한되어 있어 아직까지 큰 실효를 거두지 못하고 있는 실정이다. 재정의 빈곤과 조직의 한계, 여성단체 간 협조적인 연대의 미흡 등에서 그 원인을 찾을 수 있다.

여성단체들은 단체 간 연대활동을 통해 실질적으로 여성 발전을 꾀할 수 있는 정책을 수립 할 수 있도록 여성의 정치력을 키우고 여성을 조직화하는 전략을 세워야 한다. 나아가 여성의 정치참여 활성화를 위한 공동의 프로그램을 개발하고 서로 단합하여 국가정책과 여성정책에 영향력을 행사할 수 있는 사회 압력단체로서의 역할을 보다 더 효과적으로 해야 할 것이며, 여성후보의 지원을 통해 많은 여성들이 정치에 진출할 수 있도록 힘써야 할 것이다. 여성 정치세력화의 핵심은 경쟁력 있는 여성후보들이 많이 있을 때 비로소 가능해 지기 때문이다.

그리고 여성단체 간 연대활동을 통해 정부 및 각 정당 등을 상대로 여성의 정치참여에 유리한 제도의 마련과 개선을 위해 힘을 모아야 한다. 여성의 정치적 대표성이 고려된 민주적 선거제도의 확립과 정당의 여성참여 목표율 설정 및 할당제 도입 그리고 여성의 정치지도력 향상을 위한 교육훈련의 개발 및 확대 등을 지속적이고도 광범위하게 요청하여 여성 정치세력화의 길을 예비해야 할 것이다.

3) 선거제도의 개혁

여성의 정치적 대표성을 증진할 수 있는 정치제도적 방안을 모색하기 위해서는 상대적으로 정치적 대표성이 높은 북유럽의 경우를 참조할 필요가 있다. 여성의 의석 점유율은 북유럽이 가장 높아 38.9%를 기록하고 있으며, 서유럽 15.4%, 미주 15.4%의 순으로 나타나는데, 이러한 통계는 세계적으로 다당제와 비례대표제를 실시하는 북유럽에서 여성의 진출이 높음을 보여준다. 다당제의 경우 양당제에 비해 상대적으로 여성이 공천 받기 쉽고 정당공천의 중요성이 덜하기 때문이다. 한국에서도 여성 정치진출의 가장 큰 장애가 정당공천이며 정당의 위계적 · 비민주적 성향이 여성 공천을 꺼리게 만들고 있다. 여성후보의 경우 당선율의 차이보다 출마 자체가 적은 것이 문제로 나타나므로 여성후보의 출마를 적극 지원하기 위해서는 보다 다당제로 가지는 않더라도 정당의 여성공천을 확대하는 제도적 장치가 마련되어야 한다.

비례대표제는 직선제에 비해 여성의 정치참여를 용이하게 하는데, 특히 이러한 비례대표제가 여성할당제와 결합될 때 그 효과는 더욱 커지는 경향이 있다. 1995년 북경 세계여성대회는 노르웨이의 할당제 경험을 여성의 참여가 낮은 나라에 추천하는 성명을 발표하였다. 또한 영국은 1994년 할당제 도입 이후 여성의원이 증가하였으며, 대만의 경우 여성은 여성의원당선보장제를 실시하여 모든 선거에서 10~25%의 의석을 할당받도록 하는 보다 강력한 할당제를 적용하여 성과를 거두고 있다. 이러한 할당제가 비민주적 특혜조치라는 논란이 있는 것도 사실이나 할당제는 여성의 대표성을 증진시키기 위한 잠정적 조치로 한시적으로 운영될 필요가 있다.

같은 맥락에서 할당제는 비례대표와 지역구 공천 뿐 아니라 공직임용에 이르기까지 광범위하게 적용될 필요가 있다. 최근 여성부의 주도로 각종 위원회에 여성위원의 비율이 30%할당제가 효력을 발휘하고 있으나 공무원직을 포함하여 정부의 지원을 받는 각종 단체와 조직에 이르기까지 광범위한 여성승진할당제를 통해 여성의 정책결정직에의 진출을 확대하는 제도적 개선노력이 요구된다.

이와 함께 선거제도의 개혁을 통해 소선거구제를 대선거구제로 바꾸는 방법도 고려될 필요가 있다. 지금까지의 연구에 의하면 한 선거구에서 1인을 뽑는 소선거구제는 여성의 당선을 더욱 어렵게 하는 반면 한 선거구에서 여러명을 뽑는 경우에는 유권자들로 하여금 여성을 선택하는 것에 대한 망설임을 완화시켜 여성당선의 가능성을 높여주는 것으로 나타났다.

한편 한국여성의 정치참여라는 측면에서 정당명부식 비례대표제는 매우 환영할 만한 제도이다. 전세계적으로 볼 때 정당명부식 비례대표제를 채택하고 있는 나라들에서 여성의 정치대표성이 높은 것을 알 수 있다. IPU에서 발표된 1996년도 세계국가의 선거제도

쉬어가기

비례대표제의 여성후보 할당제

정당명부식 비례대표제란 유권자가 후보자에게 투표하는 것이 아니라 정당이 제시한 비례대표들의 명부를 보고 정당에 투표하고, 각 정당은 득표율에 따라 의석을 배분받게 되는 제도이다.

일반적으로 한 선거구에서 최다 득표를 한 후보자가 선출되는 다수대표제에서는 소수정당의 후보들이 당선되기가 힘들다. 그러나 정당명부 비례대표제에서는 득표율에 따라서 당선이 될 수 있기 때문에 소수당 후보의 당선이 가능하며, 사표를 방지할 수 있다. 또한 선거구 단위의 과열 경쟁을 막아 과다한 선거비용을 줄일 수 있다. 또한 정당 후보가 특정지역 출신일 필요가 없으므로 한국과 같은 정치 현실에서는 지역감정을 완화시킬 수도 있다. 비록 그 형태는 각기 다르지만 유럽의 많은 국가들은 비례대표제를 채택하고 있고 동유럽에서도 비례대표제를 취하는 국가들이 늘어나고 있다.

와 여성의 당선비율에 관한 조사를 보면 어떤 선거제도보다도 비례대표제가 여성의 당선확률을 높인다는 것을 알 수 있다.

여성의 의회진출을 활실하게 하기 위해서는 여성이 정당명부의 당선 가능 서열에 들어 있어야만 한다. 성별할당제는 이 경우 매우 유효하다. 비례대표제에서 30%의 여성할당을 취하는 경우, 당선가능 한도의 30%에 확실하게 여성들의 이름이 오르도록 해야한다. 그렇게 만들기 위해서는 여성들의 정치세력화와 끊임없는 정치적 압력이 필수적이며, 한국의 정치적 현실에서는 정당지도자들이 여성들의 정치적 대표성을 확대하겠다는 의지를 가지고 전격적으로 결단을 내리는 것이 절대적으로 필요하다.

4) 정당의 과제

본래 정당은 시민들의 다양한 이익표출을 집약시켜 이를 정치세계의 내부로 연결시키는 기능을 한다. 현재 한국의 정당들은 여성들의 이익표출과 이익집약기능을 원활하게 수행하지 못하고 있다. 배타적인 남성 중심구조로 이루어진 한국정당은 여성적 이슈에 둔감

할 뿐 아니라 인적으로도 철저한 남성 중심주위를 고수해오고 있다. 한국여성의 정치세력화가 실질적 성공을 거두려면 정당이 우선적으로 여성의 정치대표성을 반영하는 방향으로 선거제도 등의 개선을 이루어내야 한다. 이와 함께 국회 내 여성 의석이 전체의 30% 이상 될 수 있도록 비례대표제의 여성후보 할당제를 채택 또는 강화시켜야 하며, 지역구 후보 공천은 물론 당선의 측면에서(예 : 지역구 당선 30%)도 일정 비율의 여성 할당제를 도입해야 한다.

그리고 정당의 모든 기간조직에 일정 비율의 여성당직자를 임명하여 여성의 지도력 강화와 여성지도자 발굴과 양성에 힘써야 한다. 한편, 당내 여성정치인 인력은행제도를 운영하여 여성정치인, 여성후보자, 여성 선거자원봉사자, 여성참모 인력을 파악하고, 필요시 적합한 인재를 추천할 수 있도록 해야 한다. 그리고 정당 내에 여성정치 특별기금을 설치하여 선거 시 여성후보의 조직활동이나 선거자금 등을 지원하는 방안도 적극 모색하여야 한다.

또한 정당은 여성후보자의 육성을 위한 여성 정치교육과 훈련 프로그램을 전문적으로 실시할 여성 정치연수기관을 설치하여 여성당원의 교육에 주력하여야 한다. 실제로 한국의 각종 선거과정에서 여성 당원들에 대한 정당들의 의존도는 매우 높은 반면, 이들 여성당원들에 대한 재교육과 서비스 프로그램은 매우 미미한 것이 오늘의 현실이다.

5) 정부의 과제

정부는 여성 정치세력화의 문제를 국민 기본권의 동등 보장이라는 헌법정신의 준수라는 차원에서 뿐만 아니라 정보화 · 국제화 · 세계화 시대 그리고 남북통일의 시대를 탄력적으로 예비하기 위하여 평화와 조화 지향적인 여성과 여성 세계관의 공급이 절실하다는 차원에서 접근해야 한다.

현재 정부에서 주관하는 공직의 고위직이나 전문분야에 여성의 참여는 매우 저조한 실정이다. 정부에서는 앞으로 여성에 대한 편견적 태도를 수정하고, 여성들의 교육, 훈련, 채용기회를 확대하기 위하여 장 · 차관급의 정무직 공무원, 관리직 여성공무원의 채용과 승진, 국제화기구 대표 파견 등에 있어 최소 20% 여성 할당제를 채택하여 이의 실현을 위해 분야별로 실질적 방안을 모색하는 노력이 필요하다. 여성공무원에 대한 할당제 등의 평등고용조치의 도입은 정부가 공공부문의 모범 고용주로서의 역할을 예시적으로 보여줌으로써 사적 부문의 여성참여 확대에 커다란 영향을 미칠 수 있으리라는 것을 기대할 수 있다.

또한 정부는 통일국가 시대에 대비하는 통일정책의 수립에 여성의 참여를 확대하고, 통일시대의 화해와 조정자로서의 여성의 역할을 제고하여야 한다. 분단의 고착화로 인한 체제의 이질성과 적대감, 문화의 상이함 등은 통일시대에 해결해야만 하는 첫 번째 문제인 것이다. 이를 해결하기 위해서는 통일된 한국에 적합한 교육과 문화정책의 수립과 실시가 필요하다. 이는 정치적·정책적 해결보다는 문화적 동질성 회복만이 양 체제 간의 이질적이고 배타적인 관계를 청산할 수 있다는 인식에서 비롯된다. 그 동안 교육계와 문화계에서 쌓은 여성들의 지식과 경험은 이러한 교육을 실시하는데 중요한 부문을 차지할 것이며 꼭 필요한 일인 것이다. 특히 정부 당국자는 지금까지 주로 남성들에 의해 쌓아 온 남북간의 상호불신과 적대감, 폭력과 전쟁과 같은 과거지향적 유산들을 극복하고 미래지향적인 신뢰와 화해 및 평화의 새로운 관계를 구축하는데 여성들이야말로 매우 효율적일 수 있다는 정책적 사고를 확실히 할 필요가 있다. 정부는 이에 통일을 대비하여 구성될 각급 위원회에 여성이 30% 이상 참여하여 민족의 숙원인 통일을 이루는 초석이 되도록 하여야 할 것이다.

6) 여성 스스로의 과제

여성의 정치적인 소외와 배제현상을 극복하기 위해서는 여성들 자신이 정치의 수동적 객체가 아니라 정치에서 평등한 몫을 부여받은 주체임을 인식하여야한다. 여성 스스로가 정치적 주권자로서 정치적 의지를 갖고 정치과정에 적극적으로 참여하고 나서야 한다. 이를 위해서는 여성 스스로가 철저한 준비와 자기관리를 해야 하며 자신의 전문적 영역을 설정하여 전문지식을 기반으로 한 활동영역을 키워나가야 할 것이다.

이를 위해 우선적으로 요구되는 것은 여성의 정치적 주체의식이다. 여성의 정치 참여가 미약한 이유는 가부장적인 사회에서 정치는 남성의 영역이라는 고정관념과 여성정치인에 대한 인식부족, 여성에게 불리한 선거제도, 잘못된 정치사회화 과정 등을 들 수 있다.

여성의 정치적 주체의식의 확립을 위해서는 다양한 방안이 모색될 수 있다. 여성단체나 정당에서 실시하는 정치훈련을 통해 정치에 대한 전문 능력과 경험을 익히고 보다 적극적으로 정당에 가입하여 지지기반을 쌓아 가는 것이 중요하다. 동시에 여성유권자의 정치에 대한 의식교육이 강화되어야 한다. 교육과 시민운동 등을 통해 여성유권자로 하여금 자신들이 가지고 있는 유권자로서의 힘을 인식하도록 해야 한다. 여성유권자들은 그들의 견해, 이익, 관심을 분명히 하여 그들의 지도자에게 대표성을 부여해주고 의사결정과정에 반영되도록 해야 한다. 여성들의 참여는 과거에는 간과되었던 쟁점들 즉 교육, 복지, 환경, 삶의 질, 성폭력 등이 정치의 쟁점으로 부각될 수 있을 것이다. 유권자는 투표행위와 같은 정치참여를 통해 힘을 축적하고 행사한다. 유권자들이 정치에 참여하는 방법은 다양하다. 선거운동 조직의 일원이 될 수 있고 자발적으로 선거운동에 참여할 수도 있다. 여성유권자들은 여성의 이익을 대변하지 않는 사람에게는 투표하지 말고, 여성의 문제에 대해 관심을 갖는 후보에게 투표함으로써 여성유권자의 힘을 증진시켜 나가야 한다.

정치를 발전시키기 위해서는 무엇보다도 개방적이고 공정한 선거가 이루어져야 하며, 이를 위해 선거를 감시하고 관찰해야 한다. 깨끗한 정치의 실현이야말로 여성의 정치참여 활성화를 위한 강력한 수단이 될 수 있다. 여성유권자들은 계속해서 정치에 관심을 가지고 정치인들과 친밀한 관계를 유지해야 하며, 자신이 투표한 후보자가 선거공약을 잘 지키는지를 감시해야 한다. 그리고 여성후보자를 지원하는 일을 통해 여성지도자들이 여성의 문제에 대해 보다 효과적으로 리더십을 행사할 수 있게 해야 한다.

4. 여성의 정치참여 확대방안

앞에서 살펴본 바와 같이 여성정치의 시대를 여는데 있어 무엇보다도 큰 장애는 가부장제에 기초한 성차별적 사회구조에 있다. 사회구조 및 문화적 요인이 쉽게 변하기는 어렵다. 이러한 사회문화 속에서 여성의 배제는 여성의 종속적 지위를 극복하려는 여성들의 도전의지에 부정적 영향을 미치고 있다. 그러므로 여성정치시대를 열어가기 위해서는 무엇보다도 모든 여성 각자가 본인의 개인적 활동이 모두 '정치적'이라는 믿음을 갖고 가부장제에 맞서 여성의 자유와 평등을 향해 자신의 삶을 바꾸어 나아가야 한다는 인식이 필요한 것이다. 앞으로 여성의 정치참여확대를 위한 구체적 방안은 다음과 같이 정리될 수 있다.

첫째, 선거법 개정을 통해 선거제도를 바꾸어야 할 것이다. 지금과 같은 소선거구제로는 여성의 정치적 진출이 어려운 일이니 만큼 중 · 대선거구, 정당명부식 비례대표제를 채택하고 여성의 할당제를 도입하는 길이 여성의 참여를 확대시킬 수 있는 방안이 될 것이다.

둘째, 여성이 독자적으로 정치영역에 진출하는 데에는 많은 제약이 따르므로 여성단체도 사회단체의 이름으로 후보를 배출하여 선거운동을 할 수 있도록 선거법을 개정하는 것이 필요하다.

셋째, 각 정당으로 하여금 할당제를 당헌이나 정강정책으로 명문화하도록 유도하는 것에서 더 나아가 할당제의 규정을 지키지 않는 정당에 대한 강제규정의 편입이 시급하다고 할 수 있다. 또한 정당이 여성 정당인에 대한 정치지도자 교육과 훈련을 통해 여성 정치참여를 증대하면서 선거자금을 지원해 가는 방식을 채택하도록 노력해야 할 것이다.

마지막으로 여성계의 적극적인 연대활동 등이 강력히 요구된다. 능력있는 신인 여성후보를 발굴하고 이들이 여성후보로 나설 수 있도록 연대하여 지원해야 할 것이다.

정치란 그 사회가 지향하고 있는 사회적 목표를 달성하기 위한 각종 하부구조에 영향력을 행사하는 상부구조이며, 정치활동이란 공동체에 관계되는 일을 처리하고 공동체를 위해 활동하는 것으로 전체사회의 일과 관계되는 활동을 의미한다. 따라서 개인적이고 사적인 일로만 여성의 활동영역을 한정해 놓은 전통사회의 이데올로기로는 여성의 정치참여에의 배제가 당연한 결과였을 것이다. 여성의 정치참여는 여성을 본질적으로 가족적이고 사적이라고 보아왔던 사회체제로부터 성의 완전한 평등을 허용하는 새로운 체제로 대체하려는 시도인 것이다.

일반적으로 정치활동이나 정치행동은 종교활동과 경제활동과는 구분되는 것으로 정치권력의 획득과 유지를 둘러싼 제반 행위들(투표, 데모, 공약, 항의, 진정, 청원 등)을 포함한다. 참여는 무엇보다도 중요한 활동이다. 이러한 정치활동은 정치에 대한 무관심이나 체념과는 반대되는 개념으로 사회성원의 통치자를 선택하거나 정책의 결정에 관여하는 자발적인 행동을 의미한다. 따라서 여성이 정치에 참여한다는 것은 단순히 유권자로서 투표에 참여하는 것 이상을 의미한다.

정치가 인간의 일상적인 삶에 영향을 주면서 제도적 장치로 자리잡아 오는 동안 여성의 정치적 경험은 남성의 전유물로서 소외되어 왔다. 여성의 정치적 부재는 가정 및 사회 제반 영역에서도 주체적인 역할보다는 도구적 역할만을 담당하는 결과를 자연스럽게 받아들이는 이데올로기적 경험을 하게 되었다. 결국 여성은 이데올로기의 자연스러운 내면화 과정을 통해 자신들의 삶이 불평등함을 인식하지 못하게 되었다.

한국사회에서 여성의 정치참여에의 배제현상은 가장 대표적인 사회구조적 불평등 현상의 하나이다. 특히 정치에 관심이 있고 참여하고 싶은 여성 인력들이 정치에의 입문경로를 찾을 수 없는 현실에서 정치영역은 여전히 남성의 기득권을 보호하기 위한 장벽으로 나타나고 있다. 게다가 여성의 탈정치사회화의 과정은 가족주의 가치관에서 부녀자의 지위와 서열의식에 의한 권위주의적 가족주의가 여성을 정치적으로 더욱 위축하게 하였다.

그러나 교육과 정보의 개방과 문화의 전파에 따른 여성들의 시각은 남성중심적인 사회적 시각에 비판을 가하면서 여성들의 적극적인 정치참여를 주장하였다. 여성의 삶이 정치적으로 남성들에 비해 열악한 전통적 · 역사적 경험을 통해 성찰하고 이에대한 대안을 제시하는 상황에 이른 것이다. 한국사회에서 경제성장과 가족계획이 성공적이었다는 평가를 받은 1980년대 이후 여성에 대한 동등한 교육기회의 부여와 여성의 사회진출 확대 등으로 정치에 대한 여성의 관심이 증대되고 있다. 이러한 상황에서 1990년대 이후 달라져 가는 여성의 정치의식은 여성의 정치참여를 높여줄 것으로 기대할 수 있다. 그럼에도 불구하고 현재 여성정치지도자가 부재한 것은 여성정치 일꾼을 발굴해내는 제도적 장치 부재의 이유에서 찾을 수 있을 것이다. 따라서 새로운 세기를 맞이하고도 10여 년의 시간을 보낸 이제는 여성에게 정치참여 기회를 부여할 수 있는 제도적인 개선을 요구하고 행동하는 시점인 것이다.

여성의 정치참여가 본래의 의미를 갖기 위해서는 체계적인 발전전략을 가져야 할 것이다. 먼저 개별적인 여성 정치력을 사회세력화 해야 한다. 그렇게 하기 위해서는 여성 정치력을 조직화할 수 있어야 하는데 이는 그 동안 가부장적 성역할 이데올로기에 의해 정치적 무관심이 습관화된 여성대중을 어떻게 정치사회화 해야 할 것인가에 대한 질문에 해답을 제공함으로써 시작될 것이다. 또한 남성정치에 의존하지 않고 여성들 힘으로 여성지도자를 배출하기 위해서는 체계적이고 공식적인 조직체를 구성할 필요도 있을 것이다. 그리고 여성정책과 관련된 행정조직의 효율성을 높이기 위하여 여성정책에 대한 여성들의 의사가 적극적으로 반영될 수 있도록 감시하고 이를 제도적으로 보장할 수 있는 장치를 사회적 차원에서 확보하는 것이 필요할 것이다. 그러나 무엇보다도 중요한 것은 개인적인 차원에서 여성 스스로의 의식개혁과 적극적인 노력이 필요하며 이것이 개별적인 힘에서 여성연대를 통하여 여성전체의 힘으로 확대될 때 현대사회에서 여성의 정치참여는 단순한 수적 증가보다는 사회변혁의 힘으로 작용할 수 있을 것이다.

생각해 볼 문제

1. 여성의 정치의식에서의 성차와 소외 요소에 대해 생각해 봅시다.
2. 여성의 정치참여에의 열세 이유는 무엇인지 생각해 봅시다.
3. 여성의 정치세력화를 저해하는 근본 원인은?
4. 여성의 정치참여 확대를 위한 정당의 과제는?
5. 여성의 정치참여 확대를 위한 구체적 방안은?

10 Chapter

여성과 사회운동

여성운동은 남성 지배적, 여성 억압적인 가부장적 관습 · 인식 · 제도의 개혁을 통해 성차별과 성불평등을 유지, 재생산하는 법과 제도의 개선과 개혁을 말한다. 여성의 지위를 향상시키기 위한 가장 기본적인 과제는 여성의 권리와 양성평등을 위한 법을 제정하고 제도를 개혁하는 것이다.

1. 여성운동이란

1) 여성운동의 다양성

여성운동이란 "여성의, 여성에 의한, 여성을 위한 운동"으로 여성에 대한 차별적 사회구조와 편견, 일체의 폐습으로 인한 각종 차별과 불평등을 해소하고 여성 자신들의 정치 ·

경제적 또는 사회 · 문화적 제 권리를 온전히 행사하기 위한 사회운동을 의미한다.

이와 같은 여성운동은 근대의 역사적 산물이다. 즉 산업사회에서의 여성운동에 대한 수요증대, 천부인권설에 입각한 만인평등사상과 민주주의의 확대과정에서 여성해방이념과 그 실천운동이 대두되었던 것이다. 그러나 역사적 조건을 달리하는 서구의 여성해방운동, 사회주의 사회에서의 여성운동, 제3세계의 여성운동은 각각 그 성격과 양상이 다를 수 밖에 없다.

한국의 여성운동은 대한제국시기에 여성의 자각과 사회적 의식이 싹틈으로 비롯된 것으로 기본적으로 반제 · 반봉건의 초기 근대화 운동, 식민지 해방운동, 민주화와 민족통일운동 등과 긴밀한 관계를 맺으며 발전을 거듭해 왔다. 동시에 일반 사회운동과는 다른 여성운동의 특수성이 있음을 확인할 수 있다. 즉, 인간을 지배하고 억압하는 일체의 모순과 굴레를 극복하고 자유와 평등, 정의구현을 위한 사회운동에는 남녀구분이 있을 수 없다. 그러나 여성의 실체를 인정받지 못하고 남성 중심의 사회적 예속과 억압으로부터 해방되기 위한 여성운동의 독립적인 과제는 별도로 존재하는 것이다.

2) 여성운동의 목표

그렇다면 여성운동의 목표는 무엇인가? 여성운동의 목표는 '성차별적 의식에서 해방된 개인, 성차별이 사라진 사회를 만드는 것' 이다. 따라서 '여성해방' 이란 성차별과 억압, 불평등이 없는 상태를 말한다. 여성운동이 여성해방운동이라고 불리는 것은 바로 이 때문이다. 그렇다면 여성운동은 구체적으로 무엇을 목표로 하는가?

여성운동은 남성 지배적, 여성 억압적인 가부장적 관습 · 인식 · 제도의 개혁이란 성차별과 성불평등을 유지, 재생산하는 법과 제도의 개선과 개혁을 말한다. 여성의 지위를 향상시키기 위한 가장 기본적인 과제는 여성의 권리와 양성평등을 위한 법을 제정하고 제도를 개혁하는 것이다. 여성 단체들은 정당, 노동조합, 사회단체들과 협조하면서 정치권력의 성별 배분, 평등한 여성 노동권 확보, 성 · 임신 · 출산에 대한 여성의 권리 등을 위한 제도개선과 개혁, 새로운 제도의 수립을 위해 활동한다.

여성운동은 가부장적인 제도의 개혁뿐 아니라 가부장적인 문화, 의식을 개혁하기 위해

활동하기도 한다. 다시 말하면 여성운동은 양성평등을 위한 제도의 개선과 발전, 법 제정과 개정, 남성과 여성의 의식이나 사회의식의 변화를 추구하는 운동이다.

한편 여성운동은 전략적 목표와 현실적 목표를 추구한다. 전략적 목표는 여성의 위치와 역할을 가정에서의 가사노동에 한정시키는 성별노동분업 자체를 변화시키는 것이다. 가정과 사회로 분리되는 현재의 성별 분업은 남녀를 서로 보완적이기보다는 적대적으로 만든다. 생계의 책임이 남성의 당연한 의무가 되면서 남녀관계는 동반자 관계가 아니라 의무적 관계가 되며 가정 내로 활동이 제한된 여성들은 독립적이기 보다는 의존적이 된다. 이러한 성별분업의 문제를 해결하려고 하는 것이 여성운동의 전략적 목표이다. 즉 여성운동의 전략적 목표는 가사노동의 가족 분담이나 사회적 부담 등을 통해 가사노동과 양육의 여성부담, 제도적 성차별을 제거하는 것이다.

또한 여성운동은 현실적 목표를 추구하고 있다. 현실적 목표란 여성이 담당한 역할에서 제기되는 문제를 다루는 것이다. 다시말하면 성별 분업에 따른 여성의 역할에서 나오게 되는 어머니와 아내로서, 양육과 가정살림을 맡은 사람으로서 여성들이 추구할 수 있는 목표들이다. 물가, 의료, 교육, 세금, 환경에 관한 문제 등이 그것이다.

이러한 의미에서 한국의 여성운동은 첫째, 사회적 성차를 극복하고 남성성에 못지않은 여성성을 남녀 모두에게 인식시킴으로써 종래의 가부장적 불평등 요소를 일체 타파하는 운동이어야 할 것이다. 둘째, 한국의 민족분단체제를 극복하는 사회운동을 위한 여성의 주체적이고도 객관적인 인식과 조직적인 실천활동 또한 여성운동의 주요 과제로 요구된다.

2. 한국 여성운동의 흐름

1) 근대 여성운동의 전개

한국에서 여성운동의 출발은 19세기말에서 20세기 초에 일어난 근대화 사회로의 격동기와 때를 같이 한다. 당시 여성운동의 주류는 여성교육에 기초한 구국운동과 여성해방운동으로 나누어 볼 수 있으며, 이는 이후 한국여성운동의 일정한 틀을 제공한다.

당시의 중요 여성단체로는 경복궁 앞에서 최초로 축첩반대 연좌시위를 벌인 '여우회', 최초의 여성교육단체로 순성여학교를 설립한 '찬양회' 그리고 '대한 부인회', '대한여자흥학회', '진명부인회', '여자교육회' 등 많은 여성단체들이 조직되어 여성교육운동에 주력하였다. 여기에 참여한 여성들은 당시 서울의 북촌 양반층 여성에서부터 첩이나 서북지방의 기독교 여성 등으로 신분을 초월하여 여성의 해방과 교육에 관심을 가지고 활약하였다.

1907년 전국에서 일어난 국채보상운동은 민족과 국가의 총체적 위기 속에 여성 스스로 일어난 국권회복운동이며, 그를 통해 여성의 사회적 기운을 크게 드러내 보였다. 1919년의 3 · 1운동은 한국여성운동의 새로운 질적 · 양적인 변화와 발전의 커다란 계기가 되었다. 그것은 대중여성운동으로의 확산과 반제 · 반봉건 여성운동으로서의 기본적인 발전을 의미하는 것이다. 3.1운동을 전후해 1913년 평양의 여학교 교사와 학생으로 조직된 비밀결사단체인 '송죽회'와 '대한애국부인회' 등 여러 여성 항일 애국단체들이 상해 임시정부를 위한 군자금 모금, 국내통신, 연락관계 등을 맡아 하면서 민족운동과 여성운동을 겸할 수 있었다.[1]

1920년대 신여성운동은 그때까지 30,40년간 축적된 여성운동과 근대적 여성교육이 배출한 여성 운동가들이 일정하게 형성된 위에 일반여성들의 호응으로 등장할 수 있었다. 동시에 신여성이란, 새로운 사회를 이끌어갈 새시대의 역군, 신여성을 의미한다. 신여성운동은 이전의 여성운동을 계승 · 발전시켜, 조혼, 축첩제 반대는 물론 자유연애, 자유결혼에 의한 봉건제, 가족제도의 개선, 여성교양과 의식계몽, 문맹퇴치를 위한 여성교육운동 그리고 여성의 사회적 진출에 따르는 여성의 지위향상 내지 여권운동 등으로 나타났다. 동시에 당시의 당면과제를 해결하기 위한 전제조건으로 일제식민지로부터의 민족해방이 강조되었다. 신여성운동은 1927년 '근우회'의 창립으로 당시 여성운동의 고지를 점하였다.

'근우회'는 식민지하 민족해방운동의 일대 통합조직인 '신간회'의 창립에 자극 받고 "공고한 여성의 단결과 지위향상"을 표방하였다. '근우회'는 기존의 여러 민족주의와

1) 박용옥(1998), 『한국여성항일운동사연구』, 지식산업사 참조.

자유주의계 여성단체와 1924년 최초의 사회주의 여성단체인 '여성동우회' 등 사회주의계 여성단체를 통합함으로써 여성운동의 통일전선을 수립하고자 하였다. 근우회의 선언과 강령은 당시 여성억압의 요인을 봉건적 모순과 현대적 모순이라고 명시한 후, 그 같은 가부장제의 폐습과 식민지 자본주의 사회구조의 불합리함을 극복, 해결하기 위한 방향을 적극 제시하였다.[2]

한편 일제하 여성노동운동은 여성노동자가 많은 정미업소, 제사, 방적, 방직, 염색 등의 섬유공업 그리고 고무공업 등에서 두드러지게 나타났다. 당시 유년여공 등 여성노동자들은 최악의 노동조건으로 고용된 노예와 다름없었다. 그들은 최저임금, 최장시간 노동 외에도 감옥같은 기숙사 생활, 강제 저축, 각종 벌금제, 게다가 일본이나 남자감독들로부터 받는 일체의 성폭력과 비인간적 대우에 맞서 일어났다.

여성농민운동은 1920년대 이래 사회주의 농민, 청년, 여성 단체 등이 여성농민에게 야학이나 강습회 등을 실시하여 그들의 의식계몽과 문맹퇴치 등에 주력하였으나, 여성농민들의 자발적인 조직운동은 미흡하였다. 또 다른 형태의 여성운동은 1930년대의 해녀투쟁으로 1920년대부터 제주도에서 활발했던 사회운동을 배경으로 일어났다. 해녀들의 투쟁도 공동판매 시 해산물 가격사정, 등급검사, 기타 해녀조합의 부정 등으로 1920년대부터 계속되다가 1930년 9월과 11월의 투쟁을 거쳐 1932년 1월 가장 조직적인 대규모의 해녀투쟁이 일어났고 일정한 성과를 거두었다.[3]

앞에서 살펴본 바와 같이 대한제국 이후 일제 강점기 동안의 여성운동은 지식인 여성들과 사회의 최저변에 속하는 여성들이 민족과 여성 자신의 문제를 인식하고 해결점을 찾으려는 사회운동이며 동시에 여성운동이었던 것이다.

2) 해방 이후 여성운동의 분열

1945년 해방된 조선은 미 · 소군의 진주, 남북 분단과 남북한에서의 정권수립, 1950년의 전쟁 등을 경험했다. 해방에 즈음해 결성된 '건국부녀동맹'은 여성해방과 자주국가 건

2) 신영숙, "여성운동의 역사적 고찰", 여성한국사회연구회 편(1994), 『여성과 한국사회』, 사회문화연구소.
3) 신영숙, 앞의 글.

설을 목표로 통일전선의 구축을 시도하였지만 이데올로기적 차이를 극복하지 못하고 한국애국부인회, 대한부인회 등의 우익여성단체와 조선부녀총동맹의 좌익여성단체로 분리 조직되었다. 한편 남한에 진주한 미군정의 사회운동의 탄압 속에서 한국여성운동은 커다란 좌절을 경험하였다. 뿐만 아니라 1947년 2월 '남조선민주여성동맹'은 북조선여성동맹의 지도를 받는 식으로 분할되었고, 단정 수립 이후에는 소멸될 수밖에 없었다. 또한 반혁명 = 친미 = 단정 노선의 추구만이 허용되는 사회 분위기 속에서 대부분의 우익 여성조직은 이승만 정권에 이용되는 관변 어용단체로 변질되어 갔다.[4]

1948년 2월 남한만의 단독정부가 수립되기 직전에 '독립촉성애국부인회'와 관제 서울시 부인회가 통합한 '대한부인회'가 만들어져 남한에서의 여성단체 활동이 개시되었다. 대한부인회는 좌익 여성단체들이 거의 완전히 파괴된 후 만들어진 우익적 여성단체들의 통합으로서 조직결성에서부터 정비에 이르기까지 행정관서와 밀접한 연관을 맺었다. 1950년대 대한부인회의 주된 활동은 여성에 대한 반공교육과 선전이었다. 대한부인회의 이러한 활동은 여성의 지위향상이나 여성문제 해결을 목적으로 하기보다는 친여 단체로서 봉사나 취미활동적 성격에 국한되었다. 1958년에는 대한부인회와 대한여자청년단이 자유당의 기관 · 단체화 되었고, 1959년 말에는 다음해의 정 · 부통령 선거를 앞두고 여성단체 간에 파벌싸움이 벌어졌다.

1960년 4월 혁명 직후 대한부인회 등 여성단체의 간부들은 부정선거 혐의로 투옥되었다. 5.16 군사정변이 일어난 후에는 11월 9일 군사정부 포고령 제6호에 의해 정당 · 사회단체가 해체되면서 여성단체도 모두 해체되었다. 여성단체 활동은 1964년에야 재개될 수 있었는데 대한부인회는 '한국부인회'로 개칭되어 활동을 시작하였다.

3) 1960 · 70년대의 여성운동

이승만 정권은 1960년 4.19 민주항쟁으로 막을 내렸으나, 5.16 군사 쿠테타에 의해 제3공화국은 권위주의와 가부장제를 반공 이데올로기와 경제개발 우선정책의 지배적 도구로

4) 이승희(1994), 『한국현대여성운동사』, 백산서당. 참조.

적극 이용하였다. 이 때 여성운동은 위축될 수밖에 없었다.[5] 1959년 말에 조직된 '여협'은 지금까지 한국여성단체활동을 주도함으로써 부정적인 요소가 없지는 않았지만 여성운동에 일정하게 기여하였다. 1970년대의 여협은 가족법 개정운동, 소비자 보호운동 등의 활동을 전개하였으나 그 목적이 회원의 친선도모와 자질향상, 사회봉사와 국제친선 등으로 여성운동을 담아내기에는 거리가 멀었다.[6]

1972년 유신체제의 성립으로 분단구조의 유지와 강화, 파시즘 권력의 강화와 계급통제기구의 구축에 착수하였는데 여성에 대해서는 부녀 새마을운동을 통한 조직·선전으로 직접적 통제를 시도하였다. 1977년 7월 8일 국무총리 훈령 제141호에 의거해 여성단체 말단조직은 '새마을부녀회' 조직으로 통합, 정비, 강화되었고, 그 결과 1980년 '새마을부녀회'는 98,875개소에 회원 312만 8,310명에 달하게 되었다.[7] 1970년대 부녀 새마을운동은 치밀한 조직방법과 교육방법, 대중매체를 적극 이용한 홍보 등으로 여성들을 광범위하게 조직화해 나갔다. 민간여성단체들의 경우, 유신체제에서 조직적 독자성을 잃고 새마을부녀운동 단체로 재편되면서 형식적인 조직적 독자성마저 잃어버리게 되었다.

한국의 여성단체들은 1970년대에 이르기까지 관변단체적 성격을 벗어나지 못하였고, 조직구성이나 목적, 활동방향에서도 종속적 산업화나 독재정치의 횡포로 억압당하고 있는 여성대중의 문제에 대한 인식이 거의 없었을 뿐 아니라, 최소한의 여권주의 이념도 실현하지 못하고 있었다. 여성단체의 구성목적을 보면, 여성의 지위향상을 목적으로 하는 단체는 1977년 57개의 단체 가운데 5개에 불과했다. 그 대부분의 활동은 중상류층 이상의 대도시 여성에 의해 유지되었고 여성의 교양 및 지위향상, 국가·사회에 대한 봉사활동 등 기존의 정치적·경제적·사회적 기득권을 깨뜨리지 않는 범위 내에서 활동하였다. 게다가 1970년대에는 조직적으로 정권의 기관단체화하여 독재정권의 유지를 위한 여성동원과 교육에 앞장섰다.

1970년대 독재정치가 더욱 강화되면서 여성을 장악하기 위한 지배권력의 시도는 부녀 새마을운동으로 조직화되고 여성단체는 여성의 권익확보와 문제해결을 포기한 채 권력

5) 이효재(1996), 「분단시대의 여성운동」, 『한국의 여성운동 - 어제와 오늘』, 정우사.
6) 여성한국사회연구소 편(2000), 『새로 쓰는 여성과 한국사회』, 사회문화연구소, 14장 참조.
7) 보건사회부(1981), 「여성과 새마을운동」.

의 충실한 하수인 역할을 하였다. 그러나 민주적인 여성 지식인, 교회여성들을 중심으로 여성운동이 조금씩 성장하고 있었으며 민중여성들 특히 여성노동자들은 치열한 생존권 투쟁으로 독재의 벽에 도전하기 시작했다.

'크리스챤 아카데미' 는 1974년 젊은 여성들의 단결력을 통하여 한국 여성운동의 방향을 잡을 수 있도록 하는 것에 교육목표를 두고 여성교육을 실시하였다. 또한 1979년 3월부터는 주부들을 중심으로 주부 아카데미 교육도 시작되었는데, 이 모임은 1982년 '주부아카데미협의회' 의 창립으로 이어졌다. 청년 여성들의 모임인 '크리스찬아카데미여성사회' 는 1979년 7월 아카데미에서 분리되어 '여성사회연구회' 를 창립하였다. 한편 근로여성 교육을 이수한 여성노동자들은 1976년 11월 '여성해방노동자기수회' 를 만들었다. '기수회' 는 노동운동을 통한 여성해방의 성취를 위하여 여성노동자들의 노조운동 강화, 여성문제 의식화, 여성노동자 상호 간의 단결, 타 여성단체와의 유대를 촉진시키는데 그 목적을 두었다.

1970년대 아카데미 활동 이외의 여성운동으로는 가정법률상담소 중심의 가족법 개정운동, 한국교회여성연합회 중심의 기생관광 반대운동, YWCA와 BPW의 결혼각서 폐지운동, '여성유권자연맹' 의 여성근로자 교육활동 등이다. 가족법 개정운동은 가정법률상담소와 YWCA를 중심으로 추진되어 오다가 1973년 6월 28일 61개 여성단체가 연합하여 '범여성가족법개정촉진회' 를 결성하여 본격적인 개정운동이 전개되었다. 그 결과 1977년 12월 제1차 개정이 이루어져 재산상속에서의 남녀차별이 약간 완화되었다.
기생관광 반대운동은 1973년 '한국교회여성연합회' 가 '일본교회협의회 부녀부' 와 함께 기생관광에 관한 실태조사를 공동으로 한 후 일본과 한국에서 각각 전개한 운동이다. YWCA와 BPW는 1974년과 1975년에 조흥은행과 산업은행에서 제기된 결혼각서 폐지운동을 함께 벌여 이후 은행에서 중견여행원 공개채용 시험이 실시되는 성과를 얻었다. 한국여성유권자연맹은 공단지역 여성근로자 실태조사를 실시한 후 보고서를 내어 여성근로자 문제의 심각성을 알리고, 교육 후 후속모임을 통해 여성근로자 조직화를 시도하였다.

이렇게 지식인 여성들의 단체활동과는 별도로 기층 여성들은 생존권을 위해 스스로 투쟁하면서 여성운동의 주체로 나섰다. 여성노동자들은 기아적 저임금의 한계상황 속에서 그리고 노동운동을 비롯한 모든 사회운동에 대한 탄압 속에서 민주노조를 만들었고 지속적, 조직적, 단체적으로 경제투쟁을 전개하여 여성조합원의 경제적 이익을 실질적으로 향상시켰다.

동일방직 노조는 1972년 여성지부장을 뽑아 월차 및 생리휴가 등을 쟁취하였고, 이후 계속된 민주노조 와해에 맞서 싸웠다. 제과업계의 대표격인 해태제과는 주 7일 근무, 1일 12시간노동, 곱배기 작업, 일요일 특근 등 장기간 노동의 온상이었는데 , 여성노동자들은 1976년 특근 거부를 시작으로 8시간 노동제 실시를 위해 투쟁하였고 1980년 3월 8시간 노동제를 쟁취하였다. YH 여성노동자들은 저임금, 장시간 노동은 말할 것도 없고 불법해고, 부당 전직, 전출, 감봉 등에 견디다 못해 1975년 노조를 결성하였으며 1979년 회사의 일방적 폐업에 맞서 신민당사에서 농성시위를 하였다. 이 시위에 대한 살인적 진압으로 노조 상임집행위원으로 주도적 역할을 하던 김경숙이 사망하면서 YH사건은 정치적 이슈가 되었고 유선체제의 종말을 가져온 주요 계기가 되었다. 1970년대 말에는 여성노동자 투쟁에 대한 여성단체의 지원이 시작되기도 하였다. 1977년 남영 나일론 여성노동자 해고 사건에 YWCA, '한국교회여성연합회' 등 6개 여성단체가 연대하여 불매운동을 전개해 회사측의 사과와 복직을 쟁취하는 성과를 올렸으며, 1978년 동일방직 '똥물탄압' 때에는 7개 여성단체들에게 성금보내기, 성명서, 진정서 보내기 등의 지원이 이루어졌다.[8]

4) 1980 · 90년대의 여성운동과 그 이후

1980년대의 여성운동은 전반적인 사회민주화의 진전 속에 성억압과 차별에 대한 민감한 반응을 보이며 새로운 여성의식의 제고는 여성운동의 이론과 방향을 모색하였다. 1980년대 여성운동의 가장 큰 흐름은 여성노동자, 농민 등의 여성노동운동과 성폭력 추방운동이 주를 이루었다. 이와 함께 환경 및 소비자운동과 여성에 의한 교육 · 문화운동이 일련의 신사회운동으로 자리 매김하는 한편, 민주화, 민족, 자주와 연결되는 여성평화통일운동도 중요한 위치를 점하게 되었다. 이러한 다양한 여성운동의 발전은 1990년대로 이어져 더욱 활발해졌다.

8) 한국기독교교회협의회(1984), 『1970년대 노동현장과 증언』, 풀빛 참조.

(1) 1980년대의 여성운동

1980년대는 특히 여성관련 법과 제도가 크게 정비되면서 요보호여성만이 아닌 일반여성을 위한 여성정책의 필요성에 대한 사회적 인식이 확산되고 일정한 공감대를 형성하게 되었다. 1983년 「유엔여성차별철폐 협약」에 서명한 정부는 1984년 말 비준에 이어 1985년부터는 구체적 실행단계로 들어갔다. 때문에 1983년 총리실 산하 '여성정책심의위원회'가 발족되고 행정부 내 여성정책 수립과 부처 간 여성관련 조정 기능 담당을 표방하였으며, 1988년에는 여성정책 추진 담당 기관으로 정무장관(제2실)이 신설되었다.

80년대의 여성노동운동은 1983년 한국통신 교환수였던 김영희가 제기한 전화교환원 정년차별 문제[9]와 1985년 교통사고로 인한 손해배상액 청구과정에서 '25세 조기 정년퇴직' 문제를 불러일으킨 이경숙 사건 등에 자극 받아 한국여성단체협의회(여협)과 한국여성단체연합(여연)이 연대해 적극 대처함으로써 여성고용평등운동에 박차를 가하였고, 그 결과로 1987년 10월의 「남녀고용평등법」의 제정과 1989년 본 법의 개정을 가져올 수 있었다. 1987년에는 '여성노동자회'가 조직됨으로써 여성노동은 명실상부한 부문운동으로 그 위상을 확고히 하였다.

한편 직장여성들의 모성보호운동도 이 시기 현저한 발전을 보여 국회 내 어린이 집을 비롯해 공공기관에 탁아소가 설치되기 시작하였다. 이는 1983년의 '여성평우회'가 1987년 '여성민우회'로 개편된 후 사무직 여성노동운동과 주부운동에 크게 기여하면서 적극적으로 문제를 제기한데서 힘입은 바 크다 할 수 있다. 또한 1989년 이래 '지역 탁아소 연합'과 여연 산하 '탁아대책위원회' 등이 탁아 입법운동을 벌였으며 이와 함께 1989년 「모자복지법」이 제정되었다.

1979년에 개정된 가족법은 여전히 많은 문제점을 안고 있어 1981년 제5공화국 출범 이후에도 '가정법률상담소'의 주도하에 서명운동이 계속되었다. 1984년 7월에는 여협이 주관하고 41개 여성단체 대표가 발기하여 '가족법 개정을 위한 여성단체연합'을 결성하였다. 1988년 개정안을 국회에 제출하고 1989년 10월 여연이 '가족법 개정 특별위원회'를 조직, 합류하면서 '한국교회여성연합회'와 함께 가족법 개정 여성대회를 개최하는 등

9) 4장 〈여성과 일〉 부분 참조.

범여성운동으로 발전해 13대 정기국회에서 통과되었다. 한편 성희롱, 성폭력 문제에 관한 범사회적 관심은 최근의 일이지만 이러한 관심의 표출은 그간 여성운동계의 지속적인 노력과 일반사회의 성의식의 발전과 각성에 고무되었던 것이다. 민주화운동 전개과정에서 발생한 시위 여대생 추행사건과 '부천서 여대생 성고문사건' 등으로 1984년 10개 여성단체가 모여 '여대생추행사건대책위원회' 1985년 '성고문대책위원회'가 결성된 후 계속해서 1986년 '여성생존권대책위원회' 등 상시적 여성연대운동 조직이 요구되었고 1987년 '여연'이 창립되었다.

한편 소비자 보호운동은 1979년 「소비자보호법」이 개정된 이래 '소비자보호단체협의회' 산하 '여협', '대한YWCA연합회', '대한주부클럽연합회', '전국주부교실중앙회', '한국소비자연맹', '소비자문제를 연구하는 시민모임', '한국부인회', '대한YMCA연맹' 등 민간단체와 정부기관으로 '소비자보호원'이 주도하고 있다. 이 운동은 1989년 「주택 임대차보호법」 및 「방문판매법」의 제정에 이르기까지 많은 성과를 올린 여성운동이다. 또한 환경운동 단체로는 1986년 '공해반대시민운동협의회'가 주부 중심으로 창립되고 1987년에는 '공해추방운동청년협의회'가 결성된 후 1988년 '공해추방운동연합'으로 통합되었다.

1980년대 이후 여성운동은 현실정치에서 소외된 여성에 대한 반성과 비판이 일어나고 공정선거감시위원회 등에 여성단체나 개인 차원에서 여성들이 적극 참여하기 시작하면서 활성화 되었다. 여기에서 여성 정치운동이란, "일반 여성들의 정치의식, 사회의식, 역사의식 등을 고양시키고 여성 정치지도자를 양성하여 의회는 물론 정부 각 부처에서 하위직만이 아닌 고위직에 여성이 참여해 여러 정책을 입안하고 실행하도록 하는 것"이다.

1980년대 여성정치운동단체로는 '한국여성정치문화연구소'(1989년 설립)를 들 수 있다. '한국여성정치문화연구소'를 시작으로 1990년 '한국여성정치연구소', 1991년 '한국여성정치연맹', 1994년 '한국여성정치개발연구소' 등이 발족해 지방자치제 관련 세미나를 개최하고 여성정치교육을 위한 프로그램을 개발하여 지속적인 활동을 하고 있다. 한편 지역 중심의 여성운동도 1980년대 들어 활발하게 작동하였다. 1987년 5월,6월의 민주항쟁이후 '마산경남 여성회', '제주여민회', '충남여민회', '대구여성회', '광주전남여성회', '전북민주여성회', '거창여성회' 등 소규모의 여성회가 조직되어 지역사회 시민운동과 행동을 같이하고 있다.

(2) 1990년대의 여성운동

이러한 다양한 여성운동의 발전은 1990년대로 이어져 더욱 활발해 졌다. 행정부 차원에서의 여성들의 움직임은, 공무원 임용 시행령이 1989년 개정돼 문호를 개방하였고, 이후 문민정부에 들어와 1993년 「성폭력 범죄 처벌 및 피해자 보호법」이 제정 되었으며, 1994년 국회여성특별위원회가 설치되는 등, 행정부와 입법부의 여성문제에 대한 공동보조 발전 가능성을 보여주었다. 아울러 1995년 대통령 직속 '세계화추진위원회', 1998년 정무제2장관실 대신 대통령 직속 '여성특별위원회'가 설치된 데 이어 「남녀차별 및 구제에 관한 법」이 1999년 국회에서 통과되어 성차별에 대한 법적 규제가 더욱 확실해졌다. 정당차원에서도 여성정책개발을 위한 별도의 부서를 두고, 교육부, 농림부, 법무부, 등 정부 6개 부처에 여성정책관을 신설한 것은21세기 한국여성의 발전을 담보해 주는 일련의 조치들로 보여진다.[10]

90년대 여성 노동자운동은 80년대의 활발했던 활동에 이어 1987년의 '여성노동자회'가 1992년 7월 '한국여성노동자협의회'(여노협)로 확대 개편된후 그 안에 서울여성노동자회, 인천, 부천, 부산, 광주, 전북, 마창 여성노동자회, 안산지역사무소 등이 연대하고 회보 〈일하는 여성〉을 발행하여 여성노동운동을 선전, 교육하는 등 활발한 운동을 전개하고 있다. 법 제정과 개정의 상황을 보면, 1991년 「영유아 보육법」이 제정되었고, 1999년 한 차례의 개정을 거쳐 시행되고 있으며, 1995년 7월부터 시행된 「고용보험법」, 1999년 제정되어 2000년 한차례의 개정을 거친 「남녀차별금지 및 구제에 관한 법률」 등도 여성의 모성과 경제활동 보장을 핵심으로 하는 법으로 제정되었다.

여성농민운동은 1970년대 '카톨릭여성농민회'와 1980년대 여성농민운동 지위단체인 '땅의 사람들' 등이 모여 1989년 11월 '전국여성농민회총연합'(전여농)을 창립하고 여성농민운동의 부진함을 일소하고 그 저력을 발휘하고 있다. '전여농'은 1991년과 92년 전국농민대회에 참가, '미국쌀 수입반대'와 '쌀값 제값받기 운동', '학교급식 실시운

10) 여성한국사회연구소 편(2000), 『새로 쓰는 여성과 한국사회』, 사회문화연구소, 14장 참조.

동대회' 를 개최하는 등 다른 사회 및 농민단체와 연대하여 적극적인 활동을 전개하였다. 1998년에는 농가부채상환의 문제해결은 물론 군 단위 조직 강화와 지역의 구체적 사업을 통한 여성농민 문제해결에 매진하였다.[11]

가족법 개정과 여성에 대한 폭력근절 운동은, 1998년 '부모성 나란히 쓰기 운동' 이 일각에서 일어나고 있으며, '호주제 폐지를 위한 시민 모임' 이 발족되어 1999년 본격적인 '호주제 폐지운동' 이 전개되었다. 본 문제는 유엔여성차별협약에 들어있는 조항으로 2000년까지 해결되어야만 했음에도 불구하고, 또한 제도 폐지에 대한 전 여성적 공감대가 형성되어 있음에도 불구하고 이의 폐지를 위해서는 2005년까지 기다려야 했다.

성폭력문제는 김부남, 김보은 사건 등의 근친 강간 문제로 비화되며 그 동안 은폐되어 온 성에 대한 공개 토론이 가능해지고 '성폭력특별법' 을 위한 또하나의 상설기구 '성폭력 특별대책위원회' 가 설립되었다. 90년대 서울대 우조교 설희롱 사건 승소는 1993년 제정된 「성폭력특별법」에 의거, 재도적 차원에서 성차별을 극복한 진전으로 평가할 수 있다. 한편 아내 폭행을 비롯한 일체의 가정폭력 방지운동은 1997년 「가정폭력 방지법」을 제정케 하여 여성에 대한 성평등운동 실현을 도모하였다. 동시에 1995년에 시행된 「윤락행위 등 방지법」은 종래 성을 파는 행위만 차별하던 이중적 성윤리를 탈피하고, 성의 매매, 그 조장 행위, 매매춘을 위한 인신매매 등을 모두 처벌하는 것으로 진일보 하였다. 여기에는 매매춘 문제의 해결을 위해 꾸준히 활동해온 여성단체들의[12] 노력의 결과였다.

소비자운동과 환경운동차원에서의 여성운동을 살펴보면, '여협' 과 '주부클럽연합회', '전국주부교실중앙회' 등 주로 단체에 소속된 주부들은 소비자로서 다양한 참여를 가능케 하는 생활운동에[13] 참여하고 있다. '전국주부교실중앙회' 는 전국 40개 지부에 '소비자고발센터' 를 개설, 운영하여 지역 소비자 운동에 앞장서고 있으며, 1999년에는 상설재활용센터를 확대 운영해 환경보호와 여성실업자 구제 효과를 거두는데 힘쓰고 있다. 또한 '주부클럽연합회' 는 1993년을 '음식물쓰레기 분리의 해' 로 정한 데 이어 1999

11) 전국여성농민회총연합(1995), 「여성농민」.

12) 그러한 여성단체로는 동두천의 '새움터', '다비타의 집', 서울용산의 쉼터 '한소리회', 의정부의 '두레방' 등을 들 수 있다.

13) 예를 들어 벼룩시장을 통한 '아나바다' (아껴쓰고 나눠쓰고 바꿔쓰고 다시쓰기)운동과 자원재활용 운동 등을 들 수 있다.

년을 '소비자 정보제공 강화의 해' 로 정하여 유통기한, 품질표시 등의 의무제 폐지에 맞서 소비자에게 상품관련 정보를 신속 정확하게 제공하여 소비자를 보호하는데 주력하고 있다.

다른 한편 환경보존과 공해문제에 대한 여성운동은 건강한 사회, 인간다운 삶의 질을 높이는 사회건설을 위해 남성들과 함께하는 것으로 한국 사회운동의 주류를 이룬다고 할 수 있을 만큼 활발히 진행되고 있다. 초기의 아파트 단지 내 부녀회의 쓰레기 분리와 재활용에 대한 관심에서 이제는 각종 여성단체의 환경 모니터 여성교육 등으로 보편화되고 확산되어 나가고 있다. 또한 최근 녹색연대와 환경운동연합 등 시민단체에서 여성 지킴이들이 교육뿐 아니라 귀농학교도 개설, 운영함으로써 운동의 영역을 넓혀가고 있다. 1999년에는 '에코 체크' 에 의한 물과 에너지 등의 소비를 절약하는 '녹색가정만들기' 운동으로 다양한 발전을 모색하고 있다.

여성문화운동으로는 '또 하나의 문화' 와 '여성신문', 여성예술운동을 들 수 있다. '또하나의 문화' 는 뜻있는 지식인 여성들의 모임으로 출발한 1984년 이래 여성운동에 또 하나의 대안을 모색하며 특히 활발한 출판활동과 소모임 운동으로 자체 조직의 활성화는 물론 대중여성의 의식전환에 영향을 미쳤다. 여성신문은 1985년 10월 '여성사회연구회' 가 중심이 되어 주간지로 창간된 이래 교육문화원 운영 등 여성에 대한 교육을 실시, 참다운 여성의식 개발에 주력하고 있다.

1990년대 들어 정치분야에서의 여성운동은 1994년 8월 '할당제 도입을 위한 여성연대' 를 창설, '여협' 과 '여연' 의 소속 단체뿐만 아니라 YWCA, BPW한국연맹 등 56개 여성단체가 참여하여 1995년 6월 지방선거에서 공천 20%, 광역회의 비례대표위원의 10% 후보 추천 등을 각 정당에 요구하는 등 정치운동을 전개하였다. 그 결과 여성후보 252명 중 86명이 당선, 전체 5,661명 중 1.5% 당선율을 기록함으로써 여성정치참여의 충분한 가능성을 열어주었다. 또한 여성단체들은 '의정감시활동모임' 등을 꾸준히 가동하여 여성 정치운동의 활성화를 꾀하였으며, 1998년에는 '의회를 사랑하는 사람들' 을 별도로 조직, 여성 국회알기 운동도 전개 하고 있다. '여연' 은 1999년 정책연구소의 설립을 준비하는 한편 '여협' 등 81개 여성단체와 함께 '할당제 도입을 위한 여성연대' 운동을 계속

표 10-1 | 여성단체 중앙부처 허가법인 현황 및 각 시도 여성단체 현황

부처명	계	부처명	계	부처명	계	부처명	계
여성부	37	농촌진흥청	1	서울특별시	59	강원도	20
국가보훈처	1	특허청	1	부산광역시	49	충청북도	20
교육과학기술부	9	경찰청	1	대구광역시	39	충청남도	14
외교통상부	3	국토행양부	1	인천광역시	26	전라북도	32
통일부	4	국회사무처	2	광주광역시	82	전라남도	14
법무부	3	행정안전부	1	대전광역시	14	경상북도	23
문화체육관광부	10	중소기업청	2	울산광역시	24	경상남도	48
농림수산식품부	3	환경부	2	경기도	18	제주측별자치도	20
노동부	13	지식경제부	5			총	502
보건복지가족부	11	총	110				

출처 : 여성부(2008), 여성단체현황.

해 2000년 2월 정당법의 개정으로 정당이 지방선거 · 국회의원 선거 비례대표에 여성후보 30% 이상을 추천하도록 하는 여성공천 할당제가 도입되는 결과를 경험하기도 하였다.

이러한 1990년대 여성운동의 특징은 다음과 같이 요약될 수 있다. 첫째, 제한적이나마 민주화가 시작되면서 여성운동의 정치적 성격이 약해졌고, 성차별 타파라는 여성운동 고유의 과제에 충실해졌다. 정치적 환경의 변화로 여성운동의 관심이 70 · 80년대와는 달리 가부장제, 법, 관행, 의식 등의 개혁으로 변화하였다. 둘째, 다양한 여성단체들이 다양한 이슈를 내걸고 활동하였다는 것이다. 특히 '여협' 과 '여연' 은 서로 협동하여 가부장제, 법,관행,의식을 개혁하는데 핵심적인 역할을 하였다. 셋째, 여성문화활동이 활발하였다는 점이다. 사랑과 성, 연애, 결혼, 가족 드에 대한 기존의 담론들을 비판하고 페미니즘문화를 세우려는 노력들이 시작되었다. 또한 낙후되어 있는 여성의 정치참여를 증진시키려는 여성정치단체들의 활동도 두드러졌다.

21세기 들어 여성운동은 1990년대 여성운동을 기반으로 계속적으로 발전하고 있다. 그러나 그와 동시에 여성 이슈 및 정책에 대한 반발에 직면하고 있기도 하다. 법 · 제도 개선운동으로 여성의 지위에 대한 실질적인 변화가 나타나기도 하였지만, 반면에 군가산점 폐지와 공무원 여성 할당제 도입 등이 오히려 역차별이라는 문제제기에 대해서는 적극

적으로 대처하지 못하였다. 그 결과 2000년대 들어 진행된 '모성보호관련법' 개정운동과 '성매매방지법' 제정 작업이 어렵게 진행되었고, 중점적으로 추진한 호주제 폐지는 2005년 3월 본회의를 통과하기는 하였으나, 강력한 반발에 부딪쳐 자칫 좌초할 뻔하기도 하였다.

단지 수적으로 많다고 해서 여성이 원하는 이슈를 관철할 힘을 갖는 것은 아니다. 여성 관련 법·제도의 변화도 중요하지만, 사회 전반의 의식의 변화 또한 전제되어야 하고, 이를 위해 여성운동은 사회공론화에 주력해야 한다. 또한 여성정책의 기본적인 방향설정에서는 보이지 않던 여성 내부적인 차이가 2001년 '모성보호관련법' 개정 과정에서 첨예하게 드러났듯이, 구체적인 정책입안 과정에서 가시화되기 시작하였다. 여성이 처해 있는 상황에 따라 이해관계가 다르게 나타나게 됨에 따라 여성운동은 다원화된 환경에 적극적으로 대응하고, 이해관계의 상충부분에 대한 합리적인 조정 역할을 담당하게 되었다. 여성들 간의 세대·계층·집단의 차이가 점차 증대됨에 따라, 이러한 차이가 여성운동의 분열과 악화로 이어지지 않도록 차이에 기반을 둔 연대를 모색해야만 한다. 아울러 사회적인 합의와 동의를 끌어내야 하는 어려운 과제를 안게 되었다.

3. 한국 여성운동의 과제

한국사회에서 실질적인 의미의 여성운동의 전개는 1970년대 중반에 들어서야 가능했던 사실은 이미 살펴본 바 있다. 또한 1980년대 활발했던 여성운동으로 여성계는 물론 한국사회의 발전은 일정부분의 성과를 이룬 것도 사실이다. 그러나 이전의 많은 성과에도 불구하고 1990년대 들어 특히 90년대 후반으로 들어서면서 여성운동이 침체된 측면도 없지 않았다. 특히 1998년 민주적 절차에 의한 '국민의 정부'가 출범하였으나, 이전에 누적되었던 사회·경제적 문제로 경제 자체가 IMF관리체제로 떨어지자 여성문제는 사회적 우선순위에서 밀려났던 것이다. 이제 여성운동은 지금까지의 경험을 활용해 일반여성에게 뿌리내리는 참다운 사회운동으로, 남성과 여성 모두가 인간다운 삶의 질을 높일 수 있는 새로운 여성운동으로 변화되어야 할 것이다. 한국사회에서 여성운동이 앞으로 지향해 나아가야 할 과제는 다음과 같이 정리해 볼 수 있을 것이다.

첫째, 여성운동의 개별성과 다양성이 최대한 존중되고 개발되어야 한다. 종래의 가부장적이고 관료적인 체제와 지도자 중심의 또는 일부 소수 여성의 권력지향이나 지위상승의 수단으로서의 여성운동은 용납되어서는 안 될 것이다. 여성운동에 대한 확실한 과학적 인식과 실천적 방안이 모색되어야 하는 것이다. 즉 여성운동에 대한 단기, 중기, 장기대책을 수립하고, 사안별 우선 군위나 개별 여성단체 간의 연대 또는 일반 사회운동조직과의 긴밀한 연계를 갖는 조직적인 운동이 되어야 할 것이다.

둘째, 가부장제 개혁을 위한 대중적 여성운동이 필요하다. 여기에서는 여성의 주체적이고 능동적인 참여 없이는 어떠한 가부장제적 의식과 사회구조의 개혁, 발전이라는 여성운동의 목적도 달성할 수 없는 것이다. 1980년대 정치적으로 시작된 여성운동은 1990년대 들어오면서 성차별이라는 여성운동의 독자적인 이슈에 충실해지면서 대중화하기 시작했다. 또한 1980년대 이후 등장한 다양한 진보적 여성운동의 형성은 서구 페미니즘이 한국 여성운동의 담론으로 큰 영향을 미쳤음을 알 수 있다. 이러한 페미니즘적 논의들은 1980년대 이후 활발하게 이루어졌으며, 법 개정, 여성의 정치세력화와 더불어 페미니즘의 대중화 현상을 가져왔다고 볼 수 있다.

이렇게 짧은 역사 속에서도 빠른 속도로 전개되고 있는 한국의 여성운동은 가부장제 개혁을 위한 여성 대중운동을 발전시키는 것이다. 남성지배체제인 가부장제는 제도뿐 아니라 의식도 지배하고 있기 때문에 앞으로의 여성운동은 남성의 지배를 유지하게 하는 제도의 개선뿐 아니라 남성지배를 내면화하고 있는 남성과 여성 모두의 의식을 변화시키는 의식개혁을 위한 운동이 필요한 것이다.

셋째, 대중적 여성운동의 힘은 여성의 정치세력화를 위한 기반으로 작동할 수 있어야 한다. 한국여성들의 정치적 지위는 세계적으로 하위를 면치 못하고 있다. 여성의 저대표성 문제는 한국사회 고유의 문제는 아니라 할지라도 한국여성의 의회 참여율은 비상식적으로 낮은 것이다. 여성의 정치세력화는 한 사회 내에서 여성의 낮은 사회적 지위를 끌어올리는 지름길로 작용할 수 있을 것이다.

다른 한편, 1990년대 여성운동은 여성운동의 대중화, 여성세력의 저변 확대와 함께 법적 제도화의 과제를 비교적 성공적으로 수행해 온 것으로 평가할 수 있다. 즉 여성운동단체들의 전문화 · 다양화 과정과 함께 여성에게 종속적인 삶을 강요하는 사회체제에 대해 적극적으로 문제를 제기하고 이를 해결해 나가는 본격적인 여성운동의 성격을 띠기 시작하였다고 할 수 있다. 따라서 여성운동은 사회운동의 부분운동이 아닌 독자적인 영역을 확보하고, 젠더적 입장에서 성폭력문제 및 사회의 성문화에 대한 비판적인 문제제기를 통하여 여성주의를 확산시키는데 기여하여야 할 것이다.[14]

넷째, 한국의 여성운동은 분단체제의 극복이라는 민족적 문제를 소홀히 할 수 없다. 분단체제의 극복이 민족 고유의 문제이기는 하나 문제를 해결해 나아가는 방안은 여러 각도로 구명해 보아야 할 것이다. 따라서 평화통일운동에 큰 비중을 두고 국제적 여성연대운동으로 풀어나가야 하는 점에 주목해야 할 것이다.

생각해 볼 문제

1. 여성운동에 대한 각자의 생각을 정리해 봅시다.
2. 일제강점기 여성운동의 예를 찾아 설명해 봅시다.
3. 한국사회에서 여성운동이 지향해야할 과제에 대해 생각해 봅시다.

14) 강경희 외(2005), 『여성정치학입문』, 들녘 참조.

11 Chapter

여성과 통일운동

남북한 여성에게는 다 같이 첫째, 봉건적 가부장적 권위주의 체제에서의 억압, 둘째, 북한에서 모든 권력구조가 김정일에게 집중된 가부장적 절대지도 체제에 동원된 여성노동력의 착취와 남한에서 군사정권 아래 경제발전과정에서의 저임금에 시달렸던 여성, 셋째, 노동력의 희생, 북한의 정치·경제·사회 붕괴로 인한 북한여성의 급증하는 기아현상과 가중된 억압, 넷째, 분단으로 받은 최대의 피해자라는 입장에서 또 다른 차원의 억압으로 3중의 억압이 구조화 되어 있다.
그러므로 분단의 최대 피해자인 남북한 여성은 그 분단체제가 해체될 때 비로소 3중의 억압조건에서 벗어나 여성 본연의 권리와 지위가 보장되는 여성해방을 실현할 수 있다는 가설이 성립된다.

1. 분단과 여성

지난 60년에 걸친 북한의 전체주의적 일인 체제와 1960년대 이후 30여 년에 걸친 남한의 군사독재체제는 어느 쪽도 반대세력의 경쟁을 인정하지 않는 분단체제로 그 존속이 가능했다. 한편 남북한 양쪽에서 분단체제의 수익자를 제외한 소외계층은 독재와 권위주의 정치 속의 차별구조 속에서 살아 왔고, 그 소외계층의 대다수는 여성이기 때문에 분단의 최대 피해자는 여성일 수밖에 없다.

남북분단의 최대 비극은 가족의 분단에 있었다. 뿐만 아니라 북한의 전제주의 정권은 체제의 유지를 위해 명목상 평등이라는 이름 아래 여성의 노동력을 강제했고, 남한의 1960~70년대의 기록적인 경제성장 역시 저임금과 최악의 노동조건 하에서 가능했던 것이다. 즉 분단으로 인해 남과 북에서 여성의 복지와 여성의 존중, 여성의 인권, 자아실현, 남녀평등, 여성의 정치적 지위는 뒷전으로 물러나 있었다. 다시 말하면 분단비용과 상호 군비경쟁, 북한의 전체주의와 남한의 군사정권이 사회복지와 인간존중 분야를 희생시켰으며 여성부문은 더 말할 나위도 없는 것이다. 남북한 양쪽의 분단체제는 현실과 제도 전반에서 가부장적 권위주위의 온상 위에서 여성 억압과 차별구조로 지탱되어 왔다고 해도 과언이 아니며, 분단체제 하에서는 적대적인 상대체제가 상호 존재이유가 되어 공생적 관계로 고착되어 왔던 것이다.

따라서 남북한 여성에게는 다 같이 첫째, 봉건적 가부장적 권위주의 체제에서의 억압, 둘째, 북한에서 모든 권력구조가 김정일에게 집중된 가부장적 절대지도 체제에 동원된 여성노동력의 착취와 남한에서 군사정권 아래 경제발전과정에서의 저임금에 시달렸던 여성, 셋째, 노동력의 희생, 북한의 정치·경제·사회 붕괴로 인한 북한여성의 급증하는 기아현상과 가중된 억압, 넷째, 분단으로 받은 최대의 피해자라는 입장에서 또 다른 차원의 억압으로 3중의 억압이 구조화 되어 있다.

그러므로 분단의 최대 피해자인 남북한 여성은 그 분단체제가 해체될 때 비로소 3중의 억압조건에서 벗어나 여성 본연의 권리와 지위가 보장되는 여성해방을 실현할 수 있다는 가설이 성립된다. 그런데 통일된 조국에서 여성의 존중과 권리증진, 남녀평등의 구현은 민족의 반을 차지하고 있는 여성의 정치참여가 그 근본조건이 된다. 여성의 정치참여의 활성화 없이 통일한국에서의 여성의 몫은 당연히 제외될 수밖에 없는 것이다. 따라서 남북한 여성에게 통일은 서로가 가부장적인 권위주위 사회에서 소외되어 온 공감대를 지닌 같은 입장에서 서로를 동료로 인정, 소외된 여성의 인격과 인권을 회복시키고 남녀의 평등한 권리를 회복하는 계기가 되어야 한다.

그런데 체제를 위한 동원에 희생되어 온 북한여성들의 욕구는 어려운 경제와 감시체제 속에서 생존에 대한 기본욕구와 끊임없이 충동하기 때문에 민족국가의 미래에 대한 정치적·사회적 문제점, 남북한 여성의 장래에 대한 문제점을 발견하고 주도적으로 해결의 길을 모색하는 입장에 있지 못하다. 따라서 통일과 관련한 남한여성들의 적극적인 정치적 역할이 강조되는 것이다.

'국민의 정부' 출범 이후 통일의 문제는 한반도를 뜨겁게 달구었고, 전 세계의 마지막 분단국가에는 세계의 이목이 집중되었었다. 통일은 곧 손에 잡힐 듯한 문제처럼 보였으나 남한 정상의 평양 방문 이후 북한의 냉담과 2001년 9월 11일 이후의 세계정세는 남북한 간의 통일 논의 자체를 얼어붙게 만들었다. 더불어 최근의 천암함 사건이나 연평도 사태에도 불구하고 통일의 문제는 남북한 모두에게 피해나갈 수 없는 길이고, 언제 재개될지는 알 수 없으나 또 다시 '구체화될 통일의 과정에서 여성들은 무엇을 할 수 있으며, 해야만 하는가?' 라는 질문에 대한 답을 본 장에서 구해보고자 하는 것이다. 그러한 작업을 위해서는 북한여성들이 그들이 속한 사회에서 어떠한 사회적 지위를 점유하고 있는가에 대한 분석이 우선되어야 할 것이다.

2. 북한여성의 사회적 지위와 역할

북한여성의 사회적 지위와 역할은 정치활동, 경제활동 그리고 가정생활을 통해 분석해 볼 수 있다. 각 영역에서 여성들이 실제로 얼마만큼의 자율적인 활동을 통해 영향력을 행사하고 있으며 이러한 여성들의 지위와 역할은 실질적인 그들의 삶에 어떠한 영향을 미치고 있는가를 구명해 볼 수 있는 것이다.

1) 정치적 지위

북한에서 헌법상 최고 주권기관인 동시에 입법기관은 '최고인민회의' 로 최고인민회의의 대의원들은 중앙당이 사전에 지역, 계급분포, 여성입후보자의 비율 등의 세부사항을 결정하면 이에 따라 그대로 당선되는 것으로 보아 대의원들이 자발적인 피선거권자라고 볼 수는 없다. 최고인민회의의 대의원들은 또한 전문 직업 정치인이라기보다는 1년에 1~2회 열리는 정기회의에 참가하는 것 외에는 자기 본래의 직무에 종사하도록 되어 있어 명예직의 성격이 강하다. 그러나 최고인민회의와 지방인민회의 대의원 후보자들이 '조선민주녀성동맹'을 포함한 제 사회단체, 정당, 국가기관, 기업소의 종업원회의 등으로 구성된 대의원 추천회의에서 추천된다는 점은 이들 사회단체들의 대표성을 인정한다는 의미에서 주목할 만하다.

북한은 남한보다는 여성의 정치참여가 월등하게 높다고 할 수 있으나 여성들의 사회적 지위 중 가장 낮은 영역이 정치분야이다. 북한은 정권 초기부터 당과 정권기관에 일정한 비율의 여성대표 자리를 마련하는 할당제를 적용하여 여성들의 정치활동을 지원했다. 그 결과 정권 초기부터 당과 정권기관에 참여하는 여성비율은 12~22%에 달했다. 1998년 현재 최고인민회의에서 여성대의원은 전체 687명 중 138명으로 20.1%를 차지하고 있다. 그러나 최고인민회의의 권력 상층부인 의장단과 상임위원회에 속한 여성의원 수는 상대적으로 낮은 것으로 나타나고 있다.

표 11-1 | 역대 최고인민회의 여성의원 비

기 수	선거연도	최고인민회의대의원			상임/상설회의위원		
		총수	여성수	비율	총수	여성수	비율
1	1948	572	69	12.0	34	1	2.9
2	1957	215	27	12.5	32	2	6.2
3	1962	383	35	9.1	27	3	11.1
4	1967	457	73	15.9	18	1	5.5
5	1972	541	113	20.8	19	2	10.5
6	1977	579	120	20.7	19	2	10.5
7	1982	615	121	19.6	19	2	10.5
8	1986	655	138	21.0	15	3	20.0
9	1990	687	138	20.0	15	2	13.3
10	1998	687	138	20.0	16	2	12.5
12	2009	687					

출처 : 통일부(2000), 북한개요.

지방인민회의에서 여성들의 참여는 1972년까지 20~25%선을 유지했으며 1981년 이후 전체 대의원 중 여성의원 비율이 발표되고 있지 않아 정확하지는 않지만 계속 이 수치를 유지하고 있다고 추정해 볼 수 있다. 한편 역대 내각의 여성장관은 10%를 넘지 않는다. 전체 비율로 보면 남한의 경우와 크게 다르지 않으나 북한의 여성장관들은 자주 핵심 요직에 등용된다는 점이 남한과 다른 것이라고 할 수 있다.

한편 북한의 정치체제에서 실질적인 최고권력기구는 노동당이다. 여성이 북한의 정치권력의 핵심체인 노동당원이 되는 데는 만 18세 이상이면 원칙적으로 아무런 제약이 없다. 그러나 당원이 되는 것은 쉽지가 않은데 무엇보다도 출신성분과 사회주의 건설에의 참여도가 중요한 관건이 된다. 반면 일반 주민층에서는 당성과 함께 직장에서의 노력여성이 큰 비중을 차지한다. 1999년 현재 노동당 중앙위원회 위원은 총 127명이고 그 중 여성은 6명(4.7%)이다. 실질적인 권한을 행사하고 있는 중앙위원회 정치국이나 비서국의 정위원에는 여성이 한 명도 없다. 단 중앙위원회 정치국 후보위원 8명 중 1명(12.5%, 이선실)의 여성위원이 있을 뿐이다. 노동당에 참여하고 있는 여성들의 숫자는 내각이나 최고인민위원회에 비해 상대적으로 뒤지고 있는데, 이는 북한의 핵심적인 권력기관에도 역시 여성의 진출이 제한되어 있음을 알 수 있다. 그런데 당 간부로 진출하는 것은 최고인민회의에 진출하는 것과는 약간의 차이가 있는데 노력영웅 출신보다는 여맹 등 사회단체 출신이 더 많고, 출신배경이 중요하게 작용하고 있음을 알 수 있다.

앞에서 살펴본 것 같이 북한 여성들은 수적인 참여 정도에 있어서는 세계적으로 손색이 없는 높은 정치진출을 보이고 있다. 그러나 북한 역시 고위직으로 갈수록, 핵심부서 일수록 여성의 진출이 어려운 것으로 나타나고 있다.

여성의 정치참여는 단순히 수적인 대표성에서만 실현되는 것이 아니라 실제로 여성정치인들이 북한의 정치·경제·사회 전반에 걸쳐 얼마만큼 영향력을 발휘하고 있는지 그리고 그들이 정책결정과정에서 실제로 얼마만큼 중요한 영향력을 행사하고 있는지를 규명하는 것이 중요하다. 이러한 관점에서 볼 때, 북한의 경우 여성정치인들의 실질적 권한과 공식적 대표성 간에는 커다란 격차가 있어 보인다. 북한의 여성정치인들은 수적인 대표성은 높은 편이나 대부분이 정치인으로서 독자적인 행동권과 결정권을 갖는다기보다는 당과 상부에서 하달되는 임무를 수행하는 일에 그치고 있기 때문이다. 몇몇 소수의 여

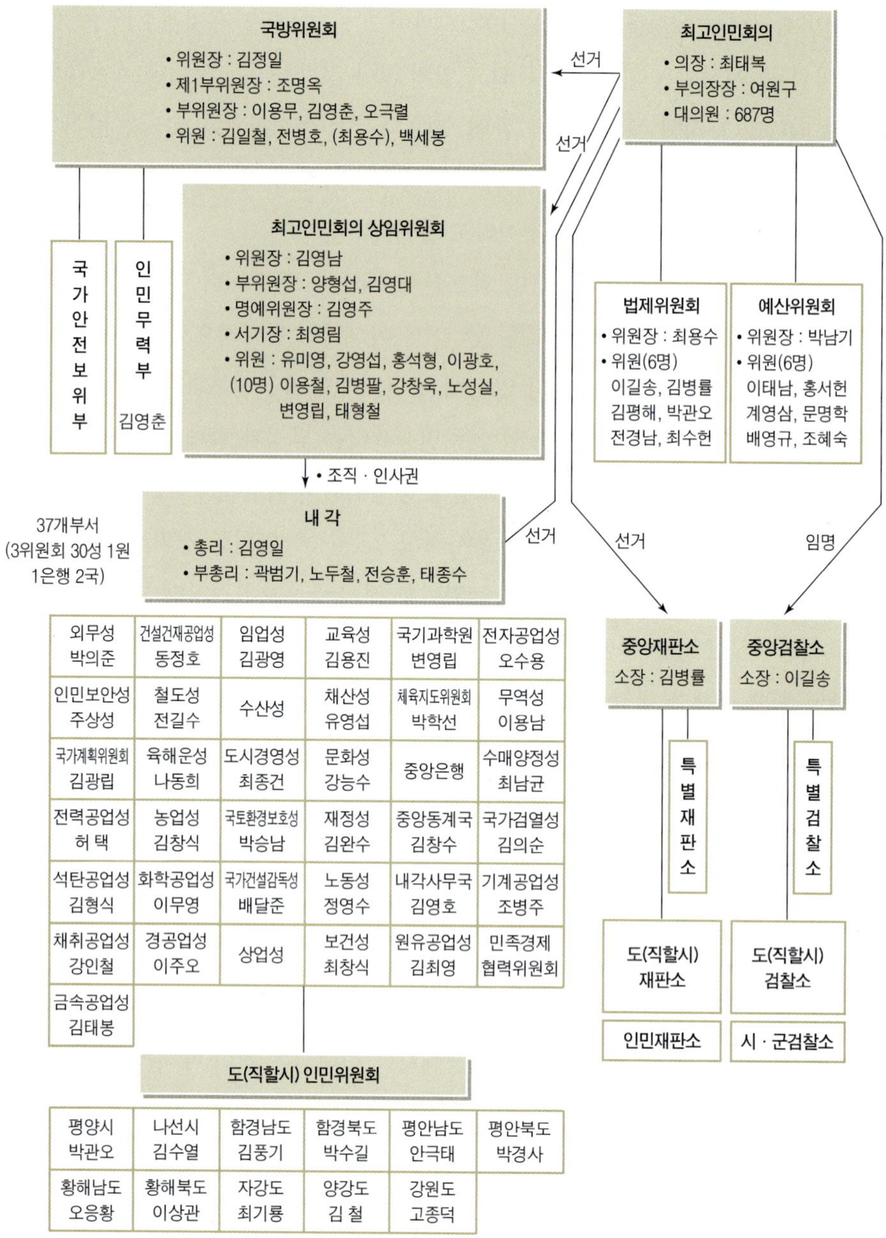

그림 11-1 | 북한의 국가기구 (2011년 2월 현재)

주 : 국방위원회 제1부위원장 조명록, 최고인민회의 부위원장 여원구 : 사망

성들이 정치일선에서 오랫동안 활약하고 있으나 이들도 당 중앙위원회나 정치국 같은 핵심 정책 결정과정에서는 제외되어 있는 형편이다.

앞의 표에서 볼 수 있는 것과 같이 2011년 2월 현재 북한의 최고 국가기구 내에서 여성이 점하고 있는 자리는 최고인민회의 상임위원회의 노성실, 최고인민회의 예산위원회의 조혜숙 정도이다.

2) 경제적 지위

일반적으로 여성의 경제적 지위는 여성의 경제활동 참가율, 기혼과 미혼여성의 비율, 여성의 취업분야, 남녀의 임금구조, 고용과 대우의 측면에서 살펴볼 수 있다.

북한 여성의 경제활동참가율은 47.5%로 남한과 거의 같은 비율을 보이고 있다. 북한에서 여성의 경제활동 참가율이 높은 것은 한국전쟁을 치르면서 심각한 노동력 부족에 직면했던 북한 정권이 지속적으로 여성의 사회참여를 강조한 결과라고 볼 수 있다. 아울러 북한은 모성보호제도를 강화하고 탁아제도를 확대하는 등 여성의 사회참여를 제도적으로 뒷받침했다.

한편 북한 여성들의 직업노동 참가율은 혼인상태에 따라 크게 차이를 보이고 있다. 북한 기혼여성의 70~80%가 직업을 갖고 있지 않은 것으로 나타나 있으며, 결혼을 하면 10명 중 6~7명은 직장을 그만 둔다는 귀순자의 증언이 있다.[1] 따라서 미혼 여성의 노동 참가율은 90% 이상인 데 반해 기혼여성의 경우는 30%정도에 그치고 있다. 북한 정권은 이미 1970년대부터 여성들이 결혼과 함께 직장을 그만둠으로써 초래되는 여성노동력의 유실을 감소하기 위해 여성들의 결혼 적령기를 늦출 것을 사회적 미덕으로 장려해 왔다. 김일성은 1971년 10월 7일 '여맹' 제4차대회에서 행한 연설에서 "녀성들은 학교를 졸업하자마자 가정생활에 파묻히지 말고 시집을 좀 늦게 가더라도 당과 혁명을 위하여 더 많이 배우고 더 많이 일하도록"[2] 요구하고 있다. 또한 1990년의 가족법도 "청년들이 조국과

1) 김애실(1996), 「경제체제와 남북한 여성의 경제적 지위」, 『통일을 대비한 남북한 여성의 삶에 대한 비교』, 이화여자대학교 한국여성연구원.

2) 김일성(1984), 「녀성들은 혁명화, 로동계급화할데 대하여」, 『김일성저작집 26』, 평양, 조선로동당출판사.

인민을 위하여, 사회와 집단을 위하여 보람있게 일한 다음 결혼하는 사회적 기풍"을 국가가 장려하는 것으로 규정했다.(제9조)

그러나 1980년대 후반부터 북한에서도 여성의 직업노동 참여의 중요성이 현저히 저하되어 가고 있다는 징후가 나타나고 있다. 그 이유는 첫째, 전반적인 경기침체로 기혼여성들의 실업이 불가피하게 되었다는 사실을 들 수 있으며, 둘째, 인구구조의 변화로 생산연령층의 인구비율이 늘어났기 때문에 기혼여성의 직업노동에로의 강제적인 동원의 필요성도 저하되었다.

여성들의 경제적 지위를 파악하기 위해서는 노동에 있어서 성별 직종분리가 존재하는 지를 밝히는 것이 중요하다. 이에 따르는 작업으로, 북한여성들의 취업경로를 살펴보면, 북한에서는 직업이 개인의 자유로운 선택과 경쟁에 의해 결정되는 것이 아니라 국가의 노동력 배치에 따라 결정된다. 모든 노동능력을 가진 사람은 학교를 졸업하면 우선 정무원이 도별로 배치하고, 도 인민위원회가 가정성분, 사상, 학업성적, 재학 중의 정치활동 참가실태 등을 고려하여 시, 군 및 부서 배치를 하게 된다.[3] 이러한 노동력 배치과정에서 원칙적으로는 서열에 따른 차별이 부재한 것으로 알려져 왔지만, 실제로는 여성에게 적당한 직장을 배치하기 위한 남녀노동력 재배치조치를 통하여 여성의 직업이 상대적으로 비중이 낮은 직종에 편중되도록 하였다.

1970년대 초 여성인력의 배치를 보면 경공업 부문(70%), 인민학교 교사(80%), 농업부문(60%)에 집중되어 있었고, 고등중학교 교사(35%), 임업부문(30%), 광산과 탄광의 지하노동(20%), 중공업 부문(15%), 대학교수(15%)에도 진출하고 있다. 현재 북한여성들이 구체적으로 어떠한 직업에 종사하고 있는가를 밝혀주는 통계는 찾아보기 힘들다. 다만 한 연구에 의하면, 16세 이상 여성노동자들의 직업별 분포를 보면, 국영기업소 노동자 56%, 정부기관이나 기타 기관의 사무원 17%, 농장원 27%, 협동기업소 노동자 0.9% 등으로 나타나고 있다.[4]

이러한 상황에서 북한의 고급 여성인력이라고 할 수 있는 전문가 및 기술자에 관한 통계를 통해 북한 여성의 지위변화를 살펴볼 수 있다. 1963년 29만 4천 명의 전문가 및 기술

3) 김태일(1993), 「북한 국영기업소의 관리운영 체계」, 민족통일연구원.
4) 장필화(1992), 「북한 사회의 성별분업」, 이화여대 한국여성연구소 주최 통일문제학술세미나 발표논문.

표 11-2 | 북한의 직종 및 급수별 임금 (단위 : 원)

직종		임금	비고
사무원	부장급	300~350	당, 정부 장급 이상 특급 기업소 지배인
	지방단위간부	100~150	도 간부 및 군 단위 책임자
	일반 사무원	70	
기술자	책임자급	150~290	1-2급 기업소, 공장지배인 및 기사장
	5등급기술자	75~78	
노동자	중노동자	130	광부, 제철, 제련, 고업종사자
	경노동자	90	일반 기계운전자
	기타	60~80	일반 경노동자
교원	대학	200~250	
	일반	80	
군인장교	장성급	250~490	
	영관급	120~213	
	위관급	84~110	
기타	의사	120~250	'평양산원' 의 경우
	배우	200~300	인민배우, 공훈배우 등

출처 : 국토통일원(1988), 북한 경제개관.

자 중 여자는 4만3천명으로 전체의 14.6%에 불과했으나 1989년 에는 총 135만 명 중 37%에 달하는 50여만 명을 차지하는 것으로 보도되었다. 또 1963년에는 1989년 사이의 전문가 및 기술자 수의 증가를 성별로 보면, 남성은 수적으로 60만 9천 명이 늘어나 2.5배의 증가에 그쳤지만 여성은 45만 7천명이 늘어 10.6배의 증가를 가져왔다.[5] 따라서 이 분야에서의 여성인력의 증가가 매우 빠른 속도로 진행된 것을 알 수 있다. 물론 북한의 전문가 및 기술직이 무엇인가에 대한 논의가 필요하나 북한사회의 고급인력이라는 점에서 여성의 지위가 그 만큼 향상되었음을 시사하는 것으로 해석해 볼 수 있다.

마지막으로 남녀 간의 임금격차를 통해 북한 여성의 경제적 지위를 살펴보고자 한다.

5) 장필화, 앞의 글.

표 11-3 | 북한의 GNI 추정결과

구분	1975	1980	1985	1990	1995	2000	2001	2002	2003	2004	2005	2006	2007	2008
GNI (억달러)	94	135	151	231	223	168	157	170	184	208	242	256	267	248
1인당 GNI(달러)	579	758	757	1142	1034	757	706	762	818	914	1056	1108	1152	1065

주 : 1998년 이전의 통계는 GNP개념
출처 : 통일원(2011)

실제로 북한 남녀노동자의 성별임금을 알아볼 수 있는 자료는 찾아볼 수 없다. 다만 북한의 임금체계가 다른 사회주의 국가들과 마찬가지로 '노동에 따른 분배' 라는 사회주의의 분배원칙을 따르고 있어 직종에 따라 임금이 차별적으로 결정된다는 사실을 통해 추정해 볼 때 각 직종 내 남녀비율이 결국 남녀 간의 임금차이를 가져온다는 것을 알 수 있다. 따라서 앞에서 살펴본 북한의 성별직종 분리현상에 의해 여성들이 경공업부문, 사무직부문에 편중되어 있으며, 남성보다 사회적으로 경시되는 직종, 보다 손쉬운 작업장에 비숙련 노동자로 집중배치 되어있어 그에 따른 낮은 보수를 받고 있음을 알 수 있다. 예를 들어 북한에서 여성노동자가 집중적으로 종사하고 있는 일반사무직과 5등급 기술직의 월 평균임금은 70~80원가량이며 이는 계층별 임금수준의 최하위에 속하는 것이고 북한 여성들의 평균임금은 남성임금의 60~70% 정도를 차지하고 있다고 볼 수 있다. 북한사회에서 나타나고 있는 성별분업은 북한여성의 광범위한 경제활동에도 불구하고 가부장적인 사회 속에서 남성을 우위에 두고 여성을 예속시키는 요소로 작용하고 있는 것이다.

남한 정부는 1990년부터 UN의 국민계정체계에 따라 북한의 국민소득을 추정 · 발표하고 있다. 지금까지 남한정부가 평가하고 있는 북한의 연고 별 GNI 및 1인당 GNI는 〈표 11-3〉과 같다.

3) 가족 내에서의 지위와 역할

1990년 제정된 조선민주주의 인민공화국 「가족법」은 제1조에서 그 제정 목적을 "온 사회를 단합된 사회주의 대가정으로 되게 하는 데 이바지" 하는 것이라고 밝힘으로써 '가족국가관' 을 반영하고 있다. 또한 3조 "사회의 기층생활단위" 에서 가족의 사회적 존재 필요성을 적극적으로 인정하고 "국가는 가정을 공고히 하는데 깊은 배려를 돌린다" 고 규정하고 있다.

북한에서 가족에 대한 국가의 의무는 결혼 및 이혼을 규제함으로써 가족의 안정화를 추구하고, 여성들이 사회에 진출할 수 있는 여건을 마련하며, 어린이들의 양육을 사회화시키는 것 등이다. 북한에서 가족의 사회적 기능은 자녀의 출산 및 양육, 노동력의 사회공급 등의 일반적인 기능 외에 '가정의 혁명화' 가 중요하게 제기되고 있다. 가정의 혁명화는 가정의 사회화기능을 적극적으로 활용하는 것으로 가족 성원들이 가정생활을 통해 주체사상, 노동계급의 사상으로 무장되는 것을 의미한다. 이러한 가정의 혁명화를 추진하는 핵심적 주체는 여성으로 상정된다. 결국 여성이 바로 서고, 그를 토대로 가정이 혁명화 되어야만 사회 및 국가도 혁명화되고 공산주의화 될 수 있다고 보는 것이다. 그러나 이러한 대 명제는 여성들의 실제 가정생활에서는 다른 모습으로 나타나고 있다.

북한사회에서 혼인을 위한 배우자 선택은 중매와 연애가 혼용되고 있으나 점차로 중매보다는 당사자 간의 선택이 주가 되는 방향으로 변해 가는 추세로 나타나고 있다. 이는 남녀가 접촉할 수 있는 기회가 과거 전통적인 사회에 비해 늘어났고, 여성의 사회진출로 남성들과 동등한 활동의 범위가 확대된 데서 남녀 간의 이성교제의 가능성이 높아진 것에 기인한다. 한편 결혼은 사회적 지위 상승, 혹은 유지를 위해 활용할 수 있는 중요한 변수로 여겨지고 있다. 결혼상대의 평가기준으로 건강, 인물, 행실, 집안 같은 것을 따지는 것은 과거부터 보편적인 관행이다. 배우자의 조건에서 가장 중요하게 고려되는 사항은 직업, 장래성, 집안을 들고 있다.[6] 여기에서 주목할 만한 것은 공산주의적 애정관계와 건전한 사상에 입각한 혼인을 이론적으로 강조함에도 불구하고, 실제에 있어서는 갖가지 현실적인 요인, 실용적인 조건이 중요한 것으로 드러나고 있다는 것이다.

또한 혼인연령은 만혼이 장려되어 왔으며, 실제로 귀순자들의 증언에서도 혼인 적령기는 남자 30~31세, 여자 28~29세가 보통이라고 알려지고 있다. 한편 이혼은 1956년 내각결정 제24호에 의하여 합의이혼 절차를 폐지하고 재판에만 의거하여 이혼할 수 있도록

6) 손기웅(1995), 「북한 정신문화 연구 : 주민의식을 중심으로」, 세종대 통일문제연구소 주최 학술 심포지엄 발표 논문, 1995년 5월 19일.

하여, 이혼에 있어서 국가의 규제가 이루어지고 있다. 실제로 북한에서의 이혼은 흔치 않은 것이나 도시를 중심으로 늘어나고 있는 추세이다.

가족관계 중 부부관계를 살펴보면, 공식적으로 남녀평등과 여성해방의 이념을 내세우는 것과는 달리 일상생활에서도 상당한 정도 과거의 정통적인 남녀관계의 유형이 남아있는 것으로 알려지고 있다. 여성의 가정 내에서의 지위는 전통적인 가부장적 질서의 틀 내에서 어머니, 아내, 며느리라는 타인과의 관계에 의해서 규정되는 종속적인 존재로서의 의미가 중요하다. '북한주민 의식구조 변화실태에 관한 연구'[7]에 의하면 남자가 가사일을 돌보는 데 대해 부정적인 견해가 81%나 된다고 하여 북한여성은 직장과 함께 가사일 전반을 감수하고 있는 것으로 나타나고 있다. 결국 여성은 가정에서는 아내이면서 가정밖에 나가서 활동을 하고 있는데 남편은 가사에 대해서는 거의 역할분담을 하지 않는 이중 부담을 안고 거기에서 생기는 역할기대와 역할수행 사이의 긴장을 느끼며 살아가는 것으로 나타나고 있다.

부모자식관계에 있어서도 가족의 혈연적 유대가 강조되는 전통적 가족주의의 틀이 온존하고 있는 것으로 보인다. 실제로 웃어른이나 부모에 대한 공경심이 강하게 남아있어 부모와의 동거, 부양이 당연한 도덕적 의무로 되어있다. 이러한 전통적 가족관계는 한편으로는 가족 구성원들 간의 정서적 유대와 상호작용을 유지시키는 역할을 하기도 한다. 북한당국은 가정을 정치사회화와 혁명의 수단으로 강조함으로써 인위적으로 전통적인 가족관계를 파괴하려 하였으나 남녀평등 정책, 여성의 노동화 정책, 자녀양육의 사회화 등은 가족구성원들 사이의 정서적인 관계를 약화시키지 못하였으며 오히려 이러한 사회정책이 가족구성원들의 정서적 유대나 감정을 더 긴밀하게 하는데 잠재적으로 기여한 측면이 있다.

앞에서 살펴본 북한여성의 가족 내에서의 지위는 세 가지 측면에서 정리해 볼 수 있다. 첫째, 성별노동분업의 측면에서 여성은 가정에서 가사노동의 일차적 책임자로 규정되어 있다. 특히 가부장제의 특징인 성별분업논리는 취업한 기혼여성들이 가정 내에서 여전히 가사노동을 담당해야 하는 이중부담을 겪고 있다는 것이다. 둘째, 가족 내에서의 전통적 사고와 유대관계는 북한사회에서도 여전히 남아선호사상이 강하게 남아있게 하는 요인

7) 국토통일원(1983)

이었음을 알 수 있다. 셋째, 가사노동의 사회화는 여성들이 쉽게 조리할 수 있는 식료가공품을 발전시키고, 밥과 국을 공급하는 밥공장과 가족식당, 세탁소 등의 편의시설을 확대시키며 가전제품을 보급하는 등의 세 가지 방향으로 진행되었다. 가사노동의 사회화문제를 국가가 정책적으로 제시했다는 점은 그 의의를 충분히 갖는다고 할 수 있다. 그러나 북한의 1980년 이후의 극심한 경제난은 현재 그 성과를 거의 찾아볼 수 없게 만들고 있다.

3. 여성과 통일운동

1) 여성 통일운동의 필요성

여성문제 해결을 지향하는 여성운동은 분단구조를 극복하는 통일운동과 직결되어야 한다. 여성의 통일운동을 논함에 있어 여성이 통일의 주체가 되어야 하는 필요성과 당위성은 다음과 같이 정리될 수 있을 것이다.

첫째, 사회의 절반을 차지하고 있는 구성원으로서의 여성은 민족적 과제인 통일문제에 있어서 그 몫을 다해야 하는 것이다. 그 동안 남성중심의 사회구조 속에서 자신의 역할을 다 할 수 없었던 여성은 여성해방적 차원과 민족적 차원에서 통일이라는 민족의 대 결합에 동참함으로써 그 사회적 역할을 다 해야 하는 것이다.

한반도에 살고 있는 여성은 분단으로 인한 고통을 가장 많이 강요받은 존재이다. 때문에 분단의 구조를 철폐하고 전 사회의 민주화를 추진하는 통일운동에 동참해야 함은 하나의 지상명령이라 할 수 있다.

둘째, 여성이 주체적으로 참여하지 않은, 여성을 배제한 통일은 여성의 지위하락을 가져올 것이다. 이러한 예는 이미 독일 통일의 과정과 통독 이후에 나타난 상황에서 나타나 있다. 통일은 반드시 달성해야 할 과제이지만, 여성의 문제가 고려되지 않은 상황에서 통일이 추진되고 실현된다면 통일은 여성의 해방과는 무관한 것이 될 것이다. 여성억압의 고리를 끊고 통일 내용에 남녀평등적 지향성을 포함시키기 위해서는 '여성의 통일운동'

이 절대적으로 요구되는 것이다.

셋째, 화해와 평화 그리고 화합을 추구하는 여성의 특성이 통일운동에 더 적합하다는 것이다. 그러나 여성성이나 모성에 대한 지나친 강조가 기존의 성역할을 고착시키는 동시에 남성을 지배, 착취의 심성을 지닌 존재로 규정하여 성차별에 반대하는 남성들과의 연대 가능성을 약화시킨다는 비판이 있기도 하다.

2) 여성 통일운동의 현황

(1) '여연' 중심의 남북교류사업

한국기독교계 진보적 여성들을 중심으로 한 일부 지도층 여성들은 1980년대 들어와 남북교회 여성들 사이의 교류를 제안하면서 민족 간의 화해와 북한생활을 바로 알기 위한 운동을 시작하였다. 여러 가지 프로그램을 진행시키면서 교육자료를 발간하고 민족통일을 여성해방신학과의 연관 내에서 이해하기 위한 연구도 시작하였다.

1987년 2월에 조직된 '여연(한국여성단체연합)'은 여성운동의 구심체 역할을 담당하였다. '여연'은 여성의 정치의식 고양 작업 및 여성노동자 · 농민의 생존권 투쟁 강화라는 주요과제와 더불어 통일운동을 추진해 왔다. 1990년대 들어 여연은 조직 내에 '통일평화위원회'를 만들어 통일과 평화문제를 전담시키고 있다. 여연 '통일평화위원회'의 목적은 남북관계의 변화에 능동적으로 대처하며 대중교육을 수행하고 통일운동 지도력을 양성하는데 있다. '통일평화위원회'는 좀더 대중적이고 확대된 형화운동을 위해 발전적으로 해체되고 '아세아의평화와 여성의 역할' 토론회[8] 한국실행위원회와 함께 1997

8) '아세아의 평화와 여성의 역할' 토론회는 남한과 북한 및 일본여성이 주체가 되어 아시아 평화를 위한 여성의 역할을 중심적으로 논의하는 토론회가 서울과 평양, 동경을 무대로 4차에 걸쳐 개최되었다. 제1차 토론회는 동경에서 개최되었다. 이 토론회는 '우리 여성들이 무엇을 할 수 있을 것인가'에 대해 생각할 수 있게 해준 계기가 되었다. 본격적으로 토론회가 시작된 것은 1991년 11월 25일~30일까지 열린 제2차 서울 토론회부터이다. '여성과 문화'라는 주제 아래 진행된 서울토론회에서 남측은 "가부장제 문화와 여성"이란 발표를 통해 남한사회의 가부장적 문화와 여성을 어떻게 억압, 차별하는가를 밝히고자 했으며, 북측은 "통일과 여성"에서 연방제안을 자신들의 통일방안으로 제시하면서 남북여성들이 통일방안을 함께 모색해 나갈 것을 강조했다. 3차 토론회는 1992년 9월 평양에서 열렸다. 토론회에서는 "민족단

년 3월 '평화를 만드는 여성회' 로 조직된다.

'평화를 만드는 여성회' 는 여성평화운동의 과제와 범위를 군축과 교류 등의 정치적 사업과 이를 위한 평화정책 수립, 평화교육, 탈북여성지원, 사회문화적인 평화운동 개발 등을 통해 활발히 활동하고 있다.

평화 · 통일운동에서의 성패의 관건은 대중운동으로서의 기반을 확보하는가 못하는가에 달려있다. 대중운동으로서의 기반을 확보하지 못하는 한 전체 통일운동에 영향력을 행사하기 어렵고 따라서 여성이 통일과정에서 자신의 요구를 관철시키거나 실제적인 대표성을 획득하기 어렵다. 그러므로 현 단계의 과제는 광범위한 여성 대중을 기반으로 한 운동의 대중적 확산이다.

(2) 평화군축운동

한국사회에서 평화군축운동은 통일운동의 일환으로 추진된다.[9] "통일운동이 분단으로 잘려진 민족의 생명을 복원하는 운동이라 한다면, 평화운동은 생명의 억눌림을 풀어주는 운동이라 할 수 있다. 평화는 군비축소 및 핵문제가 해결되어 전쟁위험이 없는 상태를 의미하는 소극적 평화뿐 아니라, '경제정의' 를 핵심으로 한 사회평화, '개인과 공통체 삶의 온전성과 총체성이 보장' 되는 적극적인 평화로 이해된다."[10]

여성조직들의 연대활동 중 여성의 통일 · 평화운동과 가장 긴밀하게 연결된 사업은 여연을 비롯해 7개의 단체가 모여서 만든 '방위비 삭감을 위한 연대모임' 활동이었다. 1992년 연대모임은 '방위비 삭감을 위한 정책토론회' 와 이어서 '여성복지 확대와 방위비 삭감을 요구하는 결의대회' 에 참가하여 중요한 역할을 담당했다.

1993년에는 '남북 사이의 화해 · 불가침 및 교류 · 협력에 관한 합의서' 국회 동의를 위한 1,000인 입장발표에 여성계의 72인을 참가하게 하였고, 1994년에는 새롭게 태어난

결과 일본의 침략과 지배, 전후책임 그리고 평화창조" 라는 주제 아래 정신대문제가 중심적으로 논의되었다. 1993년 4월의 4차 동경토론회는 "종군위안부문제와 한반도 평화통일 문제" 를 주제로 삼고 일본의 식민지 지배와 전쟁책임, 전후 보상문제 등 정신대 대책문제를 논의했다.

9) 지선미(1992), 「평화군축운동과 여성운동」, 『평화군축운동과 여성운동』, 한국여성단체연합.

10) 평양토론회 남측 주제 발제문(1993), 「아세아의 평화와 여성의 역할」.

통일 운동체인 '자주평화통일 민족 회의'에 가입하고 공동대표 1인, 운영위원 1인, 대의원 4인을 파견하는 등 연대활동을 강화하였다. 동년 '여연'의 '통일평화위원회'는 패트리어트 미사일 배치 반대 결의대회를 열었고, 여연과 통일시대민주주의 국민회의 여성위원회 등 14개 단체가 모여 '평화를 만드는 여성연대'를 한시적으로 결성하였다. 당시 북한의 핵문제를 둘러싸고 한반도에 전쟁발발 직전의 위기감이 감돌던 상황에서 미국의 대북한 핵전쟁과 관련하여 전쟁반대, 제재반대, 일괄타결 촉구의 평화행진을 하는 등 반전운동을 전개하였다.

(3) 남북여성 연대사업

정신대에 대한 본격적인 문제제기는 1990년 13개의 여성단체들에 의해 '한국정신대문제대책협의회'(정대협)가 발족되면서부터이다. '정대협'은 일본정부에 대해 6개항을 받아들일 것을 요구하였다. 첫째, 일본정부는 조선인 여성들을 종군위안부로서 강제 연행한 사실을 인정할 것, 둘째, 그것에 대해 공식적으로 사죄할 것, 셋째, 만행의 전모를 스스로 밝힐 것, 넷째, 희생자들을 위하여 위령비를 세울 것, 다섯째, 생존자와 유족들에게 배상할 것, 여섯째, 이러한 잘못을 되풀이하지 않기 위해 역사교육 속에서 이 사실을 가르칠 것 등이다. 특히 제4차 '아세아의 평화와 여성의 역할' 동경 토론회에서는 일본정부에 대해 진상규명과 전모를 파악하여 공개할 것과 현금, 건강의료지원, 고용, 주택, 토지 등의 '화폐적 배상' 외에 '비화폐적 배상'을 포함한 '총체적 배상' 그리고 책임자 처벌 등을 요구했다.

남북 여성의 연대사업이라는 관점에서 정신대문제 대책운동은 남북여성 모두에게 정신대피해의 아픔을 공감시켜 한 민족이라는 공동체의식을 다지게 하는 동시에 자주성 회복에 공동으로 참여해야 한다는 결의를 다지게 하는 민족자주성운동이다.[11]

(4) 북한이탈 여성주민을 위한 활동

북한이탈주민이라 함은, 「북한이탈주민보호 및 정착지원에 관한 법률」에 의하면 "북한

11) 이효재 · 박현선, 여성한국사회연구소(1992), 「여성과 통일」, 사회문화연구소, 438.

표 11-4 | 북한이탈주민 입국현황 (단위 : 명, %)

구분	~'98	~'01	'02	'03	'04	'05	'06	'07	'08	'09	'10	합계
남(명)	829	563	506	469	626	423	509	570	612	666	355	6,128
여(명)	118	480	632	812	1,268	960	1,509	1,974	2,197	2,261	1,196	13,407
합계(명)	947	1,043	1,138	1,281	1,894	1,383	2,019	2,544	2,809	2,927	1,551	19,535
여성비율	12%	46%	55%	63%	67%	69%	75%	78%	78%	77%	77%	69%

출처 : 통일부(2011).

에 주소, 직계가족, 배우자, 직장 등을 두고 있는 자로서 북한을 벗어난 후 외국의 국적을 취득하지 아니한 자"를 말한다.

〈표 11-4〉에서 볼 수 있는 것처럼, 탈북주민의 국내유입은 2000년을 기점으로 큰 폭으로 늘어나고 있다. 또한, 2002년을 기점으로 연 유입 인원이 1,000명대를 넘어선 이후 2006년에 이르면 매년 2,000명이 넘는 탈북주민들이 유입되고 있으며, 이는 시간이 흐를수록 수적인 면에서 큰 폭으로 증가하리라는 것을 예상할 수 있다.

한편, 탈북주민들의 입국현황을 성별로 살펴보면, 초기 입국자의 다수가 남성이었던 것에 비해 탈북주민들이 대량 유입되기 시작한 2000년을 기점으로 여성 입국자의 수가 큰 폭으로 늘어나고 있음을 알 수 있다.

남한사회에 정착한 북한이탈 여성주민들은 남한사회에서 사회 · 문화적인 적응에 어려움을 겪고 있다. 우선은 기술발전이 앞서 있는 남한 사회의 생활에 적응하는데 제일 큰 어려움을 겪고 있다. 예를 들어 언어의 문제로 남한사회에서 사용하는 말과 북한사회에서 사용했던 말의 차이만으로도 많은 혼동이 올 수 있는데, 이에 더하여 남한사회에서 습관적으로 사용하는 영어 단어가 이들에게는 큰 고충의 대상인 것이다. 이러한 문제 못지않게 남한사람들과의 교류와 대화에서 단절감을 느끼고 있으며, 부부관계에서의 갈등도 적지 않다. 북한이탈 남성들의 경우 가부장적인 태도나 의식구조로 인하여 남한사회에 적응해 가는 여성들과 갈등관계에 빠지는 것이다. 게다가 적지 않은 수의 남성들이 실직상태에 놓여있기 때문에 아내가 남한의 자유로운 생활과 인간관계를 누리는 것에 큰 불안을 느끼고 있는 것이다.

이러한 문제의 해결을 위해 정부차원에서는 2007년 이후 자립 · 자활의지를 형성할 수 있는 제도 마련에 중점을 두어, '북한이탈주민 지원제도 개선 종합대책' 을 수립하고, 북한이탈주민 정착지원법 및 시행령을 개정하였고, 이를 시행하고 있다.

북한이탈 여성주민을 위한 민간차원에서의 노력의 시작은 몇몇 종교단체와 민간단체로부터였다. 특히 개신교의 역할이 컸으며 다른 한편으로는 북한이탈주민후원회 등도 설립되어 활동하였다. 드러나 이러한 지원 프로그램의 특징은 단기적이거나 일회성이기 쉬웠고, 주로 물질적인 지원에 치우치는 경우가 많았다.

이러한 문제의식 아래 '평화를 만드는 여성회' 는 남북한 여성 간의 대화모임을 9차례에 걸쳐 시행하였다. 이 대화모임은 '진달래와 무궁화' 라는 남북한 여성들의 모임 결성으로 이어졌다. 이 모임에서는 북한이탈 여성주민을 돕는다는 취지 못지않게 양자 간의 대화가 강조되었다. 즉, 남과 북의 여성들이 함께 대화하고, 우선 '서로가 어떻게 다른가를 확인하고 이 차이를 넘어서서 어떻게 서로간의 간격을 좁힐 수 있을까?' 를 모색하는 모임을 지향하였다. 생필품나누기, 가정방문, 캠프, 취미생활 함께하기, 놀이동산 함께가기 같은 프로그램은 북한이탈 여성주민들의 외로움을 덜어주고 남한사회의 문화를 이해할 수 있게 함으로써 이들의 자신감을 높이는데 기여하였다. 그러나 이 모임은 3년 만에 해소되고 말았다. 그 이유는 이 모임에 참석하는 양측 사이에 남북관계를 둘러싸고 정치적 입장 차가 상당히 컸고, 남북교류를 주요사업으로 설정하고 있는 여성단체에게는 북한이탈 여성주민에 대한 지원은 교류사업에 대한 부담으로 작용하였기 때문이다.[12]

이에 비해 YWCA는 북한이탈 여성주민과 관련된 상담-직업훈련-직업알선으로 이어지는 프로그램을 비교적 꾸준히 해오고 있고, 탈북자 가족과의 만남 프로그램도 시도하였다. 또한 Y의 서부지역위원회는 2001년부터 연길에서 버려진 북한이탈어린이 지원사업을 지속적으로 해오고 있고, 북한이탈어린이를 위한 탁아소사업도 전개하고 있다.[13]

장기적으로 볼 때 '진달래와 무궁화' 와 같은 모임이 지니는 의미는, 미래의 통일을 대비해서 북측 여성들 내에서 통합사회를 위한 지도력이 형성되는 계기가 될 수 있다는 점과 서로를 알고 이해하는 과정이 바로 통일 이후 남과 북의 여성들이 진정한 통합을 이룰 수 있는 모델개발을 위한 실험의 장이 될 수 있을 것이라는 점이다.

12) 심영희 · 김엘림엮음(2005), 『한국여성평화운동사』, 한울, 89.

13) 대한YWCA연합회(2006), 『한국YWCA 80년사 : 생명의 바람으로』, 대한YWCA연합회 참조.

3) 여성 통일운동의 과제

(1) 주체의 형성

대다수 국민들은 막연히 통일을 원하지만 구체적인 통일에 대해서는 생각을 못하고 있는 실정이다. 이제는 통일운동에 있어 주체를 형성하는 일이 시급하면서도 핵심적인 일인 것이다. 여성계, 통일단체와 사회단체가 중심이 되어 통일의 문제를 국민들의 생활 안으로 끌어들여야 한다. 즉 국민들이 납득할 수 있는 통일방안을 개발하고, 국민의 생활과 연관된 통일사업을 추진해야 하는 것이다. 통일방안이나 그 추진 내용이 일부의 학자나 운동가에 국한되는 것이 아니라 국민 및 여성들의 관심사가 되어야 하며 그 속에서 지속적인 교육 및 홍보사업이 추진되어야 하는 것이다.

기존의 여성 통일운동이 크게 활성화되지 못하고 있는 것은 통일운동 자체의 한계도 있었지만, 직접적으로는 여성운동 자체의 위상이 미비하였기 때문이라는 비판이 있다. 여성운동의 대중적 확산이 통일운동을 강화하고, 동시에 통일운동의 강화가 여성운동의 대중화를 낳을 수 있다는 점에 유의하여야 하는 것이다.[14]

(2) 통일방안에 대한 모색

통일방안에 대한 모색에는 두 가지 차원이 존재한다. 하나는 여성통일운동 가운데서 한반도 통일이 가장 현실적이고 합리적인 통일방안을 모색해 나가는 과정이다. 또 하나는 이렇게 만들어진 통일방안을 가지고 국민적 · 사회적 공감대를 확보해 나가는 작업이다. 물론 통일이 통일방안에만 입각해 진행되는 것은 아니니다. 그러나 통일운동을 추진하는 과정에서 통일방안 없는 통일운동은 불가능하다는 것 또한 사실이다. 이런 점에서 통일방안은 통일운동에서 하나의 청사진인 셈이다. 그렇다면 여성통일운동에서 모색하고 추진해야할 통일방안의 과제는 무엇인가? 이것은 크게 세 가지로 나누어 생각해 볼 수 있다.[15]

---

14) 정현백(1992), 「여성운동의 차원에서 본 통일운동에 대한 고찰과 전망」, 『여성운동과 통일운동 세미나』, 한국여성단체연합.

15) 이효재 · 박효선, 앞의 책, 442.

첫째, 통일국가의 궁극적인 형태와 관련된 것이다. 이것은 복합국가 형태로의 통일이라는 문제와 연관된 것이다. 지금의 남북한은 각기 다른 두 체제로 분단되어 있다. 따라서 남북한이 각기 다른 두 체제를 서로 인정한다면, 이러한 조건하에 복합국가 형태로 통일을 이루어야 할 것이다. 이것은 결국 '연방체제'나 '국가연합' 형태의 통일을 추진한다는 의미이다. 그러나 정치학적 개념에서 '국가연합'이란 '두 개의 국가'로 인식되어 있다는 점에 유의하여야 할 것이다.

둘째, 연방제의 문제와 관련해서는 두 가지 논의가 존재한다. 하나는 국가연합에서 출발하여 연방제로 나아가는 방식으로 김대중의 '공화국연합제'가 여기에 해당하는 것이다. 다른 하나는 국가연합의 단계를 거치지 않고 바로 연방제로 나아가는 방식으로 북한의 '고려민주연방공화국'이 바로 그것이다. 현 김대중 정부는 연방제라는 표현 대신 '3단계 통일방안'을 제시하고 있다.[16]

셋째, 두 개의 체제로 시작되는 연방제가 실현된다 하더라도 연방제 자체는 과도기적 단계이므로 궁극적으로는 하나의 체제로 나아갈 수밖에 없다는 점을 인식하고 통일국가의 체제를 모색하는 것이 필요하다. 이 문제와 관련해 현 시점에서 우리가 할 수 있는 것은 체제문제를 해결할 수 있는 다양한 가능성을 모색하는 것이라 하겠다.

앞의 논의에 의거해 여성통일운동에서 상정할 수 있는 현실적이고 합리적인 통일방안의 조건은 두 가지로 압축해 볼 수 있다. 하나는 두 체제가 엄연히 존재하는 한반도의 현실에서는 연방제 통일방안이 가장 적절하다는 것이고, 다른 하나는 연방제 통일을 추진하는 과정에서 연방제 자체는 과도기적인 단계라는 인식이 필요하다는 것이다.

이러한 통일방안에 대한 모색이 여성통일운동에서 갖는 의미는 통일방안에 여성들의 입장과 요구를 반영해야만 여성의 지위 및 권익 향상을 꾀할 수 있다는 것이다. 이러한 통일방안에 의해 달성되는 통일체제 내에서만이 남한의 자본주의적 가부장제와 북한의 사회주의적 가부장제가 극복될 수 있고, 통일의 각 과정마다 여성문제 해결을 위한 제도적 장치가 보장될 수 있기 때문이다.

16) 3단계 통일방안의 도식은 : 평화정착→평화교류→평화통일의 단계로 발전하는 것을 의미한다. 3단계 통일론에 대해서는, 아태평화재단(1995), 『김대중의 3단계 통일론』, 아태평화출판사를 참조할 것.

(3) 민족 공동체의 형성

통일은 사회구조적 측면에서는 정치적 결합, 권력의 결합, 경제적 결합 등의 제도적인 결합인 것이다. 그러나 사회통합, 문화통합, 생활의 통합은 통일이후에도 지속되는 장기적인 과제인 것이다.[17]

독일통일의 사례를 통하여 우리는 법률적 · 제도적 통합도 중요하지만 오랫동안 서로 다른 체제의 구성원으로 살아온 서독주민과 동독주민 사이의 사회 · 문화적 통합의 문제는 미묘하고 까다로운 사안이라는 점을 알 수 있었다. 즉 진정한 의미의 통일이란 법률적 · 제도적 통합을 달성하는 것만으로는 부족하며 서로 다른 생활세계에서 살아온 사람들이 시간을 두고 사회 · 문화적 공동체를 이루기 위해 노력해야 한다는 사실이다.

분단 이전의 남북한 주민들은 동일한 국가의 국민으로 살아오면서 같은 민족의 구성원이라는 공동체 의식을 강하게 갖고 있었다. 그럼에도 불구하고 지난 반세기 동안의 분단으로 인해 남북한 주민들의 생활방식이 크게 달라지면서 상대방에 대한 이질감을 느끼게 된 측면이 존재한다. 이러한 이질감의 극복은 남북한의 화해 · 협력과 통일로 가는 과정에서 반드시 해결해야 하는 과제라 하겠다.

삶의 통합, 사회통합의 내용을 채우는 일은 공동체적 통일을 이루는 과정에서 실천될 수 있다. 특히 민족공동체의 형성은 성과 계급 그리고 민족문제를 해결하는 길인 것이다. 그런데 공동체적 연대는 가족생활을 기초로 생활문제를 해결하려는 데서 가능하다. 공동체적 조직 속에서 여성해방은 공동체적 해방을 의미하는 것이다. 이러한 공동체는 생산공동체, 소비공동체, 재생산공동체적 성격을 갖는다. 또한 중간단계에서는 지역단위, 직장 · 생산직 단위의 공동체가 있고, 국가적 차원에서는 통일사회, 민족공동체를 이루는 것이다. 즉 가족 ⇒ 협동적 조직 ⇒ 지역자치사회 ⇒ 복지국가 ⇒ 민족공동체로 확대되는 과정에서 여성해방 및 통일이 실현될 수 있는 것이다.

---

17) 윤택림 외(2001), 통일 이후 사회생활 속에서의 통합문제는 『여성이 만드는 통일한국의 미래』, 생각의 나무 참조.

(4) 남북여성 간의 교류

여성 통일운동은 북한여성들과의 교류 및 연대사업을 적극적으로 쉬지 않고 추진해야 한다. 교류와 통일의 관계에서 보면, 교류는 통일을 위한 전 단계이므로 단계적으로 발전되어가야 한다. 동시에 남북한 일반여성들이 결합하지 못하는 교류는 통일의 대중적 확산에 기여할 수 없다. 따라서 남북 당국의 공식적인 교류로부터 소외된 조건 속에서 남북 여성들은 교류를 통해 상대방의 삶에 대한 깊은 이해와 사회적 조건에 대한 객관적인 지식과 이해를 넓혀갈 수 있어야 한다.

그런데 남북여성의 교류와 연대에서 문제가 되는 것은 무엇일까? 남한의 여성들은 자발적인 여성조직이나 여성운동의 경험이 거의 없는 북한여성이나 북한의 여성조직과 연대하여 남북여성들의 권익향상을 추구하는 통일정책을 요구하고 펼쳐 나아갈 수 있을 것인가? 북한 유일의 여성조직인 '여맹(조선민주주의 여성동맹)'은 당의 외곽단체로서 당과 정부의 정책을 일반여성에게 구현하는 중간자의 역할을 해오고 있다. '여맹'이 어느 정도 자체의 자율성을 갖고있다고는 하나 그 자율성이란 당과 정부의 기본 노선 속에서만 가능한 것이다. 때문에 조직 자체의 통일에 대한 그리고 남북여성교류에 대한 입장 표명이나 방안의 제시를 기대하기란 어렵다.

따라서 적극적인 남북여성 연대사업에 있어 제약조건을 개선하기 위해 북한정부에 대해서도 민간차원의 교류협력이 가능하도록 사회 · 정치적 조건을 형성하고 국제적인 고립화의 위기를 벗어날 수 있는 계기를 마련하라는 요구를 할 수 있을 것이다. 계속되는 교류나 접촉의 어려움에도 불구하고 남북여성 간의 교류에 대한 지속적인 시도 없이는 이질감 극복이라는 시급한 문제의 해결은 요원한 것으로 남을 수밖에 없을 것이다.

(5) 북한이탈 여성주민 지원

앞에서 언급한 북한이탈 여성주민은 우리사회의 새로운 소수자 내지 사회적 약자층이기는 하나 향후 남북통일과 통일된 한반도의 사회적 통합을 주도할 이들이기도 하다. 따라서 이들이 소수이지만 국민적 공감대를 바탕으로 생산적 사회구성원으로 정착할 수 있도록 다양한 지원책이 모색되어야 할 것이다.

그 지원책으로 첫째, 북한이탈주민의 사회정착은 크게 관의 역할인 주거, 생계, 신변보호, 학력인정, 직업훈련 등과 민간차원에서의 실질적 사회적응에 관한 도움이다. 이 과정에서 북한이탈주민들은 관의 제도적 도움이 무엇보다도 중요하지만 앞으로도 계속 늘어날 북한이탈주민에 대한 통일부의 하나원 프로그램만으로는 감당하기에는 한계에 직면하게 될 것이다. 물론 1999년 하나원의 개원이후 두 차례의 증축을 거쳐 현재에 이르고 있으나 여전히 북한이탈주민의 수용능력에는 한계가 있을 것 이라는 점을 예측할 수 있다. 이에 각 지역의 사회복지시설을 적극 활용할 필요가 있다. 지역사회복지시설은 늘어나는 북한이탈주민들이 보다 지역사회에 잘 정착할 수 있도록 원조할 수 있는 체계를 가지고 있다. 물론 관에서 북한이탈주민의 사회정착을 위한 프로그램 운영에 참여하는 지역사회복지기관에 역할수행을 위한 제도적 · 물적 지원이 있어야 할 것이다.

둘째, 지역단위로 '북한이탈주민 사회정착지원관' 설치 · 운영으로, 하나원의 교육프로그램 중 일부를 '북한이탈주민 사회정착지원관'으로 이관하고, 특히 북한이탈주민에게 공급되는 공공임대주택과 정착금 지원 및 취업보호프로그램을 각 지역 '북한이탈주민 사회정착지원관'에 위임하는 방안을 모색할 필요가 있다. 그 이유로는 우선, 북한이탈주민은 공공임대주택을 정부로부터 배정받아 일정지역에 집단으로 거주하기 때문에 이들이 다수 거주하고 있는 전국적인 지역 안에 북한이탈주민에 대한 지원 경험이 있고, 오랫동안의 지지기반을 가지고 있는 민간자원의 활용이 용이하고, 북한이탈주민들이 남한의 적응과정에서 가장 어려움을 겪고 있는 경제 · 사회 · 문화 · 심리적 문제를 효과적으로 해결할 수 있는 유용한 대안이 될 수 있다.

또한, 정착금 지원에 있어서도 새로운 대안을 모색할 필요가 있다. 북한이탈주민들이 현금관리능력이 부족하고 특히 지원금이 본인들의 정착을 위해 사용되지 못하는 경우를 대비하기 위해서이다. 북한이탈주민들은 자본주의체제에 대한 이해 부족과 현금관리능력의 부족으로 사회정착 이전에 정착금이 탕진되는 경우가 허다하다. 이에 북한이탈주민 본인에게 제공되는 정착금을 줄이고 그들의 정착과정을 위임받아 원조하는 '북한이탈주민 사회정착지원관'에서 나머지 비용을 지원하여 정착금 대신 적응서비스를 제공하는 것을 모색할 필요가 있다.

셋째, 지역사회복지기관들의 '북한이탈주민 사회정착지원관' 운영을 위한 프로그램

개발, 북한이탈주민의 문제는 더 이상 정부에 의존해 해결되기를 바랄 것이 아니라 민간단체에서도 적극적인 해결방안을 모색해야 할 것이다. 이러한 측면에서 지역사회복지관들이 현재 실행하고 있는 프로그램들을 바탕으로 북한이탈주민들에게 적합한 서비스 프로그램을 찾아야 할 것이다. 최근 입국하는 북한이탈주민의 유형이 가족 · 여성 · 아동 · 청소년 등으로 넓혀지고 있고, 이들의 욕구도 직업교육 · 건강 · 지역정보안내 · 대인관계 · 학업 · 취업 등 매우 다양하게 나타나고 있는 바, 이러한 욕구의 해결은 각 지역사회복지관에서 프로그램을 개발하여 이들을 적용시키는 것이 효과성에서 앞설 것이다.

생각해 볼 문제

1. 남북여성 공통의 억압구조에 대해 생각해 봅시다.
2. 북한여성의 가족 내에서의 지위에 대해 알아봅시다.
3. 여성통일운동의 과제에 대해 논의해 봅시다.

참고문헌 >>>>>>>>

Chapter 1 현대 한국사회와 여성

경제기획원,「인구 및 주택센서스 보고서」, 각 연도.

고영복 편(1993),『현대사회문제』, 사회문화연구소.

기든스 A.(2001), 송호근 외 역(2003),『현대사회학』, 을유문화사.

김태현 · 이문숙(2009),『사회문제론』, 교문사.

손승영(1995), "한국사회의 변화와 가족", 여성한국사회연구회(편),『한국가족문화의 오늘과 내일』, 사회문화연구소.

연세대사회발전연구소(1998),「공기업 체질개선방안」.

이효재(1995), "한국사회의 민주화와 가족", 여성한국사회연구회(편),『한국가족문화의 오늘과 내일』, 사회문화연구소.

조옥라(1986), "가부장제에 관한 이론적 고찰",『한국여성학』, 제2집, 한국여성학회.

조 은(1986), "가부장제와 경제 : 가부장제의 자본주의적 변용과 한국의 여성노동",『한국여성학』, 제2집, 한국여성학회.

하트만, "자본주의, 가부장제, 성별분업", 여성평우회 편(1985),『제3세계의 여성노동』, 창작과 비평사.

Chapter 2 여성문제를 보는 시각

곽삼근 외(1999),『일상의 여성학』, 박영사.

벨 훅스,『행복한 페미니즘』, 박정애 옮김(2003).

스트럴 · 재거(엮음), 신인령 역(1983),『여성해방의 이론체계』, 풀빛.

이화여대 여성연구소(1986),『여성학 방법론』.

이효재 엮음(1979),『여성해방의 이론과 현실』, 창작과 비평사.

이효재 외(1991),『자본주의 시장경제와 혼인』, 또하나의 문화.

조혜정(1988),『한국의 여성과 남성』, 문학과 지성사.

하트만 · 번햄 외,『여성해방 이론의 쟁점』, 김혜경 · 김애령 역, 태암.

Beauvoir De Simone(1986), *Le Deuxième Sexe I et II*, Gallimard.

Cixous H.(1981), "The Laugh of Medusa" in Elaine Marks and Isabells de Courtivron(ed.), *New French Feminism*, N.Y., Schocken Books.

Cixous H.(1992), *Du Feminin*, Presses Universitaires de Grenoble.

Irigaray L.(1977), *Le Sexe qui n'en est pas un*, Editions de Minuit.

Firestone S.(1970), *The Dialectic of Sex : The Case of Feminist Revolution*, N.Y., William Morrow.

Kristeva J.(1982), *Desire in Language*, (trans), Leon Roudiez, N.Y., Columbia University Press.

Mill J-S, "The Subjection of Women", in J-S Mill and H-T Mill, *Essay on Sex Equality*, Alice S. Rossi(ed. 1972), University of Chicago.

Mitchell J.(1971), *Woman's Estate*, N.Y., Pantheon Books.

Nicholson L.(1986), *Gender and History : The Limits of Social Theory in the Age of the Family*, N.Y., Columbia Univ. Press.

Rubin G.(1975), "The Traffic in Women", Toward an Anthropology of women, N.Y., Monthly Review Press.

Schneir M.(ed., 1972), *Feminism : The Essential Historical Writings*, Vintage Books.

Wallach S.(1996), *Feminism and History*, Oxford Univ. Press.

Wollstonecraft M., *A Vandication of the Rights of Women*, (Poston C. ed., 1975), N.Y., Norton.

Zaretsky E.(1976), *Capitalism, the Family and Personal Life*, N.Y., Harper & Row.

Chapter 3 여성과 가족

기든스 A., 『현대사회의 성, 사랑, 에로티시즘』, 배은경 · 황정미 역(1996), 새물결.

김태현 · 이문숙(2007), 『여성복지론』, 교문사.

동아일보(2001.5.21).

문소정(1995), "가족과 경제생활", 『한국가족문화의 오늘과 내일』, 여성한국사회연구소 편, 사회문화연구소.

박경애(1998), "이혼현황 : 인구통계학적 분석", 한국가족학회, 「한국사회의 이혼실태와 대응방향」, 1998년도 추계학술대회 발표 초록.

박민자(1992), "부부관계의 평등성", 여성한국사회연구회(편), 『한국가족의 부부관계』, 사회문화연구소.

_____(2000), "가족과 여성", 『새로쓰는 여성과 한국사회』, 사회문화연구소.

박숙자(1995), "가족관계의 변화", 『한국가족문화의 오늘과 내일』, 한국여성사회연구소(편), 사회문화연구소.

박숙자 외(1995), 『가족과 성의 사회학 : 고전사회학에서 포스트모던 가족론까지』, 사회비평사.

변화순 외(2001), 『한국가족의 변화와 여성의 역할 및 지위에 관한 연구』, 한국여성개발원.

손승영(1995), "한국사회의 변화와 가족", 여성한국사회연구회(편), 『한국가족문화의 오늘과 내일』,

사회문화연구소.

에보트와 엘레스, 『여성사회학』, 박민자 역(1991), 경문사.

여성신문(2000.9.8).

유희정(1995), "부모자녀관계", 『가족과 한국사회』, 경문사.

이재경(1997), "정의의 관점에서 본 가족", 『가족철학』, 이화여대출판부.

정영애 · 장화경(2010), 『가족과 젠더』, 교문사.

조선일보(2001.4.20).

통계청(1997), 「인구주택 총조사보고서』.

통계청(각 연도), 「경제활동 인구조사」.

푸코 M., 『성의 역사』, 이규현 역(1990), 나남.

한국여성개발원(1994), 「여성관련 사회통계 및 지표」.

__________(1998), 「저소득층 모자가족에 관한 연구」, 한국여성개발원.

한국여성개발원(1998), 「취업주부의 역할분담과 갈등요인에 관한 연구」,한국여성개발원.

__________(1998), 「한국가족의 변화와 여성의 역할 및 지위에 관한 연구」, 한국여성개발원,

한국여성정책연구원(2011), 「여성통계」, http://www.kwdi.re.kr/

한남제(1984), 『한국도시가족 연구』, 일지사.

Baber Kristine M. & Katherine R. Allen(1992), *Women and Families : Feminist Reconstruction*, The Guilford Press.

Blood & Wolfe(1960), *Husbands and Wives : The Dynamics of Married Living*, Glenco, Ⅲ, Free Press.

Blöss Thierry(2002), *La dialectique des rapports hommes-femmes*, PUF.

Durkheim E.(1978), "Introduction to the Sociology of the Family", in M. Traugott, *Emile Durkheim on Institutional Analysis*, Chicago, University of Chicago Press.

Engels F.(1972), *The Origine of the Family, Private Property and the State*, N.Y., Pathfinder Press.

Morgan D.(1975), *Social Theory and the Family*, London & Boston, Routledoge and Kegan Paul.

Parsons T. & Bales R.(1955), *Family Socialization and Interaction Process*, IL, Free Press.

Chapter 5 여성과 성

게르드 브란튼베르그, 『이갈리아의 딸들』, 노옥재 외 역(1996), 황금가지.

김은실(2001), 『여성의 몸, 몸의 문화정치학』, 또 하나의 문화.

루스 허바드(1990), 『생명과학에 대한 여성학적 비판』, 김미숙(역), 이화여대출판부.

박민자 외(1991), 『여성사회학』, 경문사.

서울대 우조교 성희롱사건 공동대책위원회(1994), 「침묵에서 외침으로」.

심영희(1993), 『여성의 시회참여와 성폭력』, 나남.

_____(1998), 『위험사회와 성폭력』, 나남.

여성한국사회연구소 편(2000), 『새로 쓰는 여성과 한국사회』, 사회문연구소.

이영자(1996), "소비사회와 여성문화", 『한국여성학』, 제12권 2호.

이원숙(1998), 『성폭력과 사회복지』, 강남대 출판부.

장필화(2000), 『여성 몸 성』, 또 하나의 문화.

조순경(1994), "성희롱, 왜 고용상의 차별인가?", 『직장내 성희롱, 어떻게 볼 것인가?』, 남녀고용평등을 위한 교수 모임.

조준상 · 이은정(1997), 『그 많던 여학생들은 어디로 갔는가』, 가지 않은 길.

한국가정법률상담소(1996), 「가정폭력, 그 실상과 대책」, 한국가정법률상담소 창립40주년 기념 심포지움.

한국성폭력상담소(2010), 「2010년 상담현황분석」, 한국성폭력상담소.

한국여성개발연구원(2000), 「2000년 여성통계연보」, 한국여성개발연구원.

한국형사정책연구원(1992), 「가정폭력의 실태와 대책에 관한 연구」, 한국형사정책연구원.

_______________(1998), 「대중문화의 선정성이 청소년 성범죄에 미치는 영향」, 한국형사정책연구원.

헬렌 피셔, 『성의 계약』, 박매영 역(1993), 정신세계사.

Bell Ruth et al.(1998), *Changing Bodies, Changing Lives*, New York, Vintage Books.

Cohen J., "Critical Social Theory and Feminist Critiques", in Johanna Meehan(ed., 1995) *Gendering the Discourse*, New York.

Gells R. & Claire C.(1990), *Intimate Violence in Femilies*, Newbury Park, Sage.

LAmke L.K.(1982), "The Impact of Sex-role Orientation on Self-Esteem in EarlyAdole scence", *Child Development*, 53.

Paul E. Mullen (et al, 2000), *Stalkers and their victims*, Cambridge Univ. Press.

R.K, Merton(1938), "Social Structure and Anomie", *American Sociological Review*, vol. 3, SAFE Cyber Net.

Whitley B.E. Jr.(1985), "Sex-role Orientation & Self-esteem : A Critical Meta-analytic Review", *Journal of Personality & Social Psychology*, 44.

Yeatman Anna(1997), "Feminism and Power", Shanley Mary L. & Narayan Uma(eds.), *Reconstructing Political Theory : Feminist Perspectives*, Cambridge, Polity Press.

Chapter 6 여성과 문화

또 하나의 문화(1988), 『남성문화, 지배문화』, 청하.

스튜어트 홀(외), 『현대성과 현대문화』, 전효관 외 역(1996), 현실문화연구.

여성한국사회연구회 편(2000), 『남성과 한국사회』, 사회문화연구소.

장혜경 외(2000), 「전업주부의 심리 · 정서적 안녕과 갈등요인에 관한 연구」, 한국여성개발원.

조혜정(1995), 『한국의 여성과 남성』, 문학과 지성사.

짐멜 G.(1993), 『여성문화와 남성문화』, 김희 역, 이화여대출판부.

파트너 시스템, 1993. 2월 조사.

한국여성개발원(1995), 「여성의 대중매체 수용의식 개발프로그램」, 한국여성개발원.

__________(1996), 「대중매체의 성차별지표 개발 : 텔레비전을 중심으로」, 한국여성개발원.

__________(1998), 「여성의 문화활동 활성화방안 연구」, 한국여성개발원.

__________(2000), 「여성통계연보 2000」, 한국여성개발원.

__________(2000), 「전업주부심리 · 정서적 안녕과 갈등요인에 관한 연구」.

Gerbner, G.(1986), Grooss, L., Morgan, M., & Signorielli N., "Living with Television : The Dynamics of the Cultivation Process", in J. Bryant & D. Wilmann(eds.), Perspectives in Media effect, Hillsdale, NJ, Lawrence Erlbaum Associates.

Chapter 7 여성관련법

곽삼근 외(1999), 『일상의 여성학』, 박영사.

국회여성특별위원회(1998), 「여성관련법률의 입법과정 및 향후과제」.

김선욱(1998), "여성과 법, 이룬 것과 이루지 못한 것", 『여성과 사회』, 제9호, 창작과 비평사.

김엘림(1999), "여성인관귀 남녀차별", 「한국인권의 현황과 과제」, 인권학술대회 발제자료, 세계인권선언 50주년 기념사업회.

노동부(1999), 「직장내 성희롱-예방에서 대응까지」.

문소정(1994), "여성과 법", 여성한국사회연구회(편), 『여성과 한국사회』, 사회문화연구소.

배은경(1997), "성폭력문제를 통해 본 여성의 시민권", 『여성과 사회』, 제8호, 창작과 비평사.

신용자(1992), "Sexual Harassment의 개념과 그 대응책의 동향", 「입법자료분석」, 제4권 제1호, 국회도서관.

윤후정 · 신인령(1989), 『법여성학-평등권과 여성』, 이화여대출판부.

이영애(2000), 『국가와 성』, 법문사.

이은영(1996), "일에서의 여성의 법적 지위", 조형 엮음, 『양성평등과 한국 법체계』, 이화여대출판부.

조성숙(1998), "여성과 법률", 『여성학의 이해』, 한국여성학연구회(편).

조순경(1999), "성차별적 '구조조정'과 여성고용", 「구조조정과정에서의 여성고용 악화, 어떻게 대응할 것인가」, 토론회 자료, 한국여성단체연합.

한국여성개발원(2001), 「한국가족의 변화와 여성의 역할 및 지위에 관한 연구」, 한국여성개발원.

한국여성단체연합(1999), 「한국여성단체연합소식」, 제17호.

한국여성연구회(1997), 『여성학 강의』, 동녘.

Chapter 8 여성과 정책

교육과학기술부(1998), 교육양성과.

권영자(1995), "한국의 여성정책에 관한 연구", 성신여자대학교 박사학위 논문.

김선욱 · 윤덕경(1996), 「북경여성회의 행동강령이행을 위한 정책과제 연구」, 한국여성개발원.

대통령직속 여성특별위원회(1998), 「유엔여성차별철폐협약 제4차 이행보고서(1994-1997)」, 여성특위.

__________(2000), 「2000 여성백서」, 여성특위.

박경숙(1993), "복지사회와 여성", 『21세기와 여성』, 한국여성개발원.

변화순(1992), "국가정책과 여성", 『여성연구』, 제9권 3호.

변화순 · 황정임(1998), 「산업형 매매춘에 관한연구」, 한국여성개발원.

여성부(2002), 「2002년도 여성부 업무계획」 대통령 보고.

여성한국사회연구소 편(2000), 『새로쓰는 여성과 한국사회』, 사회문화연구소.

유희정(1998), 「보육서비스의 질적 수준향상에 관한 연구」, 한국여성개발원.

정재훈(1988), "복지페미니즘의 이데올로기적 특성에 관한 연구", 서울대 석사학위 논문.

조형(1993), "사회변동과정에서의 여성정책의 위상과 의미", 한국여성학회 월례학술발표.

한국여성개발원(1994), 「UN과 ILO의 여성관계조약과 한국여성노동관계법의 비교연구」, 한국여성개발원.

__________(1995), 「제4차 세계여성회의 북경선언, 행동강령」, 한국여성개발원.

__________(1999), 「남녀고용평등법 시행 10년의 성과와 과제」, 한국여성개발원.

__________(2000), 「2000 여성통계연보」, 한국여성개발원.

한국여성단체협의회(1999), 『여성』, 372호.

한국여성연구소(2000), 『새 여성학강의』, 동녘.

한국여성정책연구원(2010), 「성인지통계 2009」, 한국여성정책연구원.

ILO, Yearbook of Labor Statistics, 2009.

IMD, World Competitiveness Yearbook, 2009.

UNDP, Human Development Report, 2009, 2010..

Williams, F., Social Policy : A Critical lntroduction, Cambridge, Polity Press, 1989.

Chapter 9 여성과 정치

강경희 외(2005), 『여성정치학 입문』, 들녘.

김선욱(1995), "여성과 정치참여", 「한국여성발전 50년」, 제2정무장관실.

김영명(1992), 『한국현대정치사 : 정치변동의 역학』, 을유문화사.

김원홍(1997), 「국회의원 여성후보에 관한 연구」, 한국여성개발원.

김원홍 · 김은경(1998), 「선거구조 개혁과 여성의 대표성 확보방안」, 한국여성개발원.

김원홍 · 김혜영 · 김은경(2000), 「정당의 여성 당직자 확대방안」, 한국여성개발원.

김정숙 편(1997), 『여성과 정치 II』, 한국여성정치문화연구소.

박재창(2000), 『정부와 여성참여』, 법문사.

백영옥(2000), 『16대 총선과 여성- 4.13 총선평가 : 여성후보를 중심으로』, 한국여성정치문화연구소.

손봉숙 편(2000), 『90년대의 여성정치』, 다해.

오장미경(2001), "2000년 여성운동의 흐름", 『여성과 사회』, 제12호, 창작과 비평사.

여성신문

이범준 외(1998), 『21세기 정치와 여성』, 나남.

이승희(1993), "한국인의 정치적 태도와 행태의 성차연구", 『정치학회보』, 26집, 제3호.

이영애 편(2001), 『뉴 밀레니엄의 성정치학』, 법문사.

장공자 외(1998), 『새로운 정치학』, 인간사랑.

장성자 · 김원홍(1995), 「정당의 여성정치참여 지원방안」, 한국여성개발원.

한겨레신문

한국여성개발원(1994), 「선거운동 여성자원봉사 훈련 프로그램 개발」, 한국여성개발원.

__________(2001), 「해방 후 한국여성의 정치참여 현황과 향후 과제」, 한국여성개발원, 2001.

한국여성정책연구원(2010), 「성인지통계 2009」, 한국여성정책연구원.

Inter-Parliamentary Union(1997), *Democracy still in The Making*, Geneve.

Noack P.(1993), *Olympe de Gouges, 1748~1793* : Editions de Fallois.

Randall, V.(1987), *Women and Politics, London and Basingstoke*, Macmillan.

Sainsbury, D.(1993), "The Politics of Increased Women's Representation : The Swedish Case", Joni Lovenduski and Norris(eds.), *Gender and Party Politics*, Sage Publication.

Chapter 10 여성과 사회운동

보건사회부(1981), 「여성과 새마을운동」.

박용옥(1998), 『한국여성항일운동사연구』, 지식산업사.

손승영, "여성연구의 경향과 과제", 여성한국사회연구회(편, 1994), 『여성과 한국사회』, 사회문화연구소.

신영숙, "여성운동의 역사적 고찰", 여성한국사회연구회(편, 1994), 『여성과 한국사회』, 사회문화연구소.

여성한국사회연구소 편(2000), 『새로 쓰는 여성과 한국사회』, 사회문화연구소.

이승희(1994), 『여성운동과 정치이론』, 녹두.

_____(1994), 『한국현대여성운동사』, 백산서당.

이신행 외(1999), 『시민사회운동』, 법문사.

이효재(1996), "분단시대의 여성운동", 『한국의 여성운동 - 어제와 오늘』, 정우사.

정현백(1993), "변화하는 세계와 여성해방운동론의모색", 한국여성연구회(편, 1993), 『여성과 사회』, 4, 창작과 비평사.

정현백(2000), "한국 여성통일운동의 현황과 과제", 『여성과 평화』, 한국여성평화연구원.

푸르셍 연구소(2000), 『여성적 가치의 선택』, 동문선.

한국여성단체연합(1998), 『열린희망 : 한국여성단체연합 10년사』, 동덕여대한국여성연구소.

한국여성의 전화연합 엮음(1999), 『한국여성인권운동사』, 한울.

함인희(2000), 『남북공동선언실천을 위한 여성의 역할과 과제』, 민주평화통일자문회의 주최 제49차 여성분과위원회 발표논문.

Nickie Ch. & Hintjens H.(1998), *Gender, Ethnicity and political Ideologies*, N.Y., Routledge.

Collins H-P.(1990), *Black Feminist Thought : Knowledge Consciousness and the Politics of Empowerment*, Boston, Unwin Hyman.

Yuval-Davis, N. & Anthias F.(1991), "The Citizenship Debate : Women, the State and Ethnic Processes", *Feminist Review*, 39.

Chapter 11 여성과 통일문제

국토통일원(1988), 「북한 경제개관」.

김광수 외(1996), 『북한의 이해』, 집문당.

김귀옥 외(1997), 『북한여성들은 어떻게 살고 있을까』, 대동.

김수곤 외(1996), 『통일 이후의 사회화 생활』, 미래인력연구센터.

김애실(1996), "경제체제와 남북한 여성의 경제적 지위", 『통일을 대비한 남북한 여성의 삶에 대한 비교』, 이화여자대학교 한국여성연구원.

김태일(1993), 「북한 국영기업소의 관리운영체계」, 민족통일연구원.

김태현 · 이문숙(2002), 『21세기에 만나는 여성의 삶』, 성신여대출판부.

____________(2009), 『사회문제론』, 교문사.

대통령 직속 여성특별위원회(2000), 『2000 여성백서』, 대통령 직속 여성특별위원회.

서동만(2005), 「6자회담 합의의 몇 가지 쟁점과 과제」, 제35차 통이전략포럼 자료집, 경남대 극동문제연구소.

손기웅(1995), "북한 정신문화 연구 : 주민의식을 중심으로", 세종대 통일문제연구소 주최 학술 심포지움 발표논문.

손봉숙(1993), 『북한의 여성 : 그 삶의 현장』, 공보처.

심영희 · 김엘리 엮음(2005), 『한국여성평화운동사』, 한울.

여성한국사회연구소 편(2000), 『새로쓰는 여성과 한국사회』, 사회문화연구소.

윤택림 외(2001), 『여성이 만드는 통일한국의 미래』, 생각의 나무.

이미경(1992), "아세아의 평화와 여성의 역할' 평양 토론회의 성과와 전망", 『민주 여성』, 13호, 한국여성단체연합.

이범준 외(1998), 『21세기 정치와 여성』, 나남출판.

이영애 편(2001), 『뉴 밀레니엄의 성정치학』, 법문사.

이현숙(2004), "South Lorean Women and North Korean Women Beings to Work Together For Peace-Building", 국제회의 발제문.

장공자 외(1998), 『새로운 정치학』, 인간사랑.

장혜경(2003), 「남북화해협력을 위한 제도적 비전 공유 - 남북여성교류협력 활성화 방안모색」, 평화를 만드는 여성회.

정현백(1992), "여성운동 차원에서 본 통일운동에 대한 고찰과 전망", 『여성운동과 통일운동 세미나』, 한국여성단체연합.

조미진(1992), "군축과 여성복지의 전망", 『평화군축 운동과 여성운동』, 한국여성단체연합.

지선미(1992), "평화군축운동과 여성운동", 『평화군축운동과 여성운동』, 한국여성단체연합.

통일부(2000), 「북한개요」. 통일부 홈페이지.

평화를 만드는 여성회(2002), 「남북여성교류와 통일교육」.

________________ (2003), 「남북교류와 여성의 역할」.

한국여성개발원(2000), 『2000 여성통계연보』, 한국여성개발원.

____________(2000), 『북한이탈주민가족의 가족안정성 및 사회적응과 여성의 역할』, 한국여성개발원.

한국여성단체연합 엮음(1998), 『열린희망:한국여성단체연합10년사』, 동덕여대 한국여성 연구소.

찾아보기

ㅇ

저자소개

김태현(金兌玄)

이화여자대학교 가정대학 가정관리학과 졸업

고려대학교 대학원 가정학과 졸업(석사)

고려대학교 대학원 가정학과 졸업(박사)

현재 성신여자대학교 생활과학대학 사회복지학과 교수

한국여성정책연구원 원장

이문숙(李文淑)

성신여자대학교 사범대학 사회교육과 졸업

이화여자대학교 대학원 정치외교학과 졸업(정치학 석사)

프랑스 Université des Sciences Sociales de Toulouse I 졸업(정치학 박사)

현재 서울사이버대학교 인간복지학부 사회복지학과 교수

현대사회와 여성

2011년 6월 7일 초판 인쇄 · 2011년 6월 13일 초판 발행

지은이 김태현 · 이문숙 ■ 펴낸이 류제동 ■ 펴낸곳 (주)교 문 사

편집 김선형 ■ 디자인 이수미 ■ 영업 정용섭 · 이진석 · 송기윤
출력 현대미디어 ■ 인쇄 동화인쇄공사 ■ 제책 과성제책

주소 413-756 경기도 파주시 교하읍 문발리 출판문화정보산업단지 536-2
전화 031-955-6111(代) ■ 전송 031-955-0955 ■ 등록 1960. 10. 28 제406-2006-000035호
홈페이지 www.kyomunsa.co.kr ■이메일 webmaster@kyomunsa.co.kr ■ 값 18,000원

ISBN 978-89-363-1110-0 (93330)

*잘못된 책은 바꿔 드립니다.